POUR COMPRENDRE LES MATHÉMATIQUES

CM1
cycle 3

GUIDE PÉDAGOGIQUE

J.-P. Blanc
Directeur d'école

P. Bramand
Professeur agrégé

P. Debû
Professeur d'I.U.F.M.

A. Dubois
Directrice d'école

J. Gély
Directeur d'école

É. Lafont
Professeur des Écoles

D. Peynichou
I.M.F.

A. Vargas
Directeur d'école

hachette
ÉDUCATION

• *Conception et réalisation de la maquette de couverture* : Estelle Chandelier avec une illustration de Jean-Louis Goussé
• *Maquette intérieure* : Estelle Chandelier
• *Mise en page et réalisation* : Médiamax
• *Dessins techniques* : Gilles Poing
• *Édition* : Janine Cottereau-Durand

Pour Hachette Éducation, le principe est d'utiliser des papiers composés de fibres naturelles, renouvelables, recyclables, fabriquées à partir de bois issus de forêts qui adoptent un système d'aménagement durable.
En outre, Hachette Éducation attend de ses fournisseurs de papier qu'ils s'inscrivent dans une démarche de certification environnementale reconnue.

ISBN 978-2-01-117480-2

www.hachette-education.com

Sommaire

Évaluations

Annexes

Avant-propos

Ce guide pédagogique constitue le complément indispensable du livre de l'élève. Son objectif est de permettre à tous les professeurs des écoles, sans exception, de mettre en œuvre le programme du CM1 (deuxième année du cycle 3), le plus aisément possible mais avec justesse et efficacité.
Nous avons innové avec prudence en nous appuyant sur les travaux des IREM[1], des chercheurs en didactique et en psychologie cognitive[2], mais aussi sur la culture pédagogique accumulée par les praticiens au cours du dernier demi-siècle. Point de table rase par conséquent : c'est en concevant des **outils simples de maniement** pour le maître, des **outils clairs** d'accès et de structure pour l'enfant que l'on vérifiera que pour « faire des mathématiques» il faut aimer et comprendre les mathématiques.

On trouvera successivement dans cet ouvrage :
- un court exposé de nos choix pédagogiques en regard des programmes en vigueur dans la partie **Domaines mathématiques** ;
- la **Mise en œuvre des leçons** pour chacune des séquences du manuel de l'élève, avec des batteries de calcul mental, des propositions d'activités, les commentaires des exercices… ;
- les **Évaluations** du calcul mental par compétence et les **Évaluations** des périodes présentées par domaine mathématique ;
- les **Annexes** relatives à des questions importantes du travail pédagogique.

1. Notamment ceux de Guy Brousseau et ses étudiants, IREM de Bordeaux.
2. Qu'il soit fait mention parmi d'autres de Gérard Vergnaud, Brit Mari Barth, Jean-Paul Fischer, Germaine Pêcheux, René Berthelot, Marie-Hélène Salin.

Domaines mathématiques

Introduction

« ... il ne doit pas y avoir d'enseignement doctrinal ; il n'y a pas de vérité à enseigner comme vérité ; il y a des faits en présence desquels il faut mettre l'enfant afin qu'il en devienne juge.[1] »

Nous faisons nôtre cette valeureuse prise de position de Gérard Bouchet. En ce qui concerne l'enseignement des mathématiques, elle pourrait se traduire par : faire des mathématiques, c'est résoudre des problèmes. Nous nous sommes placés dans une perspective résolument **constructiviste**. C'est par son activité sur les choses, c'est en transformant le milieu qui l'entoure que l'enfant remet en question ses schèmes cognitifs et images mentales et en construit de nouveaux. Mais ce travail n'est pas effectué dans l'isolement, indépendamment de l'environnement humain de l'enfant. C'est une activité sociale dont le médiateur principal est le langage. L'échange avec les pairs d'une part, le rôle de l'adulte d'autre part, prennent une place déterminante dans le processus d'apprentissage.

Nous nous inscrivons ainsi dans un triple courant dont nous considérons les apports comme complémentaires et non pas contradictoires, celui des neurosciences représenté notamment par « l'école » J.-P. Changeux et S. Dehaene, celui de Piaget et de ses continuateurs, et celui de l'approche socioculturelle qui se réclame notamment de Vygotsky.

Faire des mathématiques, c'est résoudre des problèmes. Il est souhaitable que chaque étape de l'apprentissage place l'élève dans des situations d'investigation qui lui imposent d'élaborer et de verbaliser les images mentales, les outils, les concepts logiques et mathématiques. Cela demande du temps.

« Laisser du temps au temps » de l'apprentissage est l'une de nos préoccupations permanentes. Il faut donner aux enfants le temps de construire les concepts et les outils fondamentaux du programme. Pour répéter sans lasser, il faut prévoir un savant dosage entre les activités de découverte et d'expérimentation, les exercices d'entraînement, les phases de conceptualisation, les exercices de soutien, les prolongements dans les activités pluridisciplinaires.

Nous proposons, pour ce faire, les solutions suivantes.

- **la pratique quotidienne du calcul mental** dès la première semaine de la rentrée. L'acquisition et le renforcement des mécanismes de calcul, l'entraînement de la mémoire, la familiarité obtenue à l'égard des nombres (leur transformation en objets « concrets » en quelque sorte) conduisent insensiblement au calcul pensé et maîtrisé. Cela permet de dégager une grande partie du temps habituellement consacré à l'acquisition des algorithmes de calcul d'une part, au traitement des calculs dans les situations où ils parasitent l'objectif principal d'autre part ;
- **la pratique d'activités pluridisciplinaires** qui permet de multiplier le temps utile et contribue de surcroît à donner du sens aux concepts et outils mathématiques. La mise en œuvre des activités motrices, de construction d'objets, de pliages, de tracés, les manipulations de puzzles peuvent s'effectuer transversalement à d'autres champs disciplinaires : EPS, arts plastiques, travaux manuels et technologie. L'analyse d'un énoncé de problème relève aussi bien du français que des mathématiques. L'histoire, la géographie, la physique et les sciences naturelles sont l'occasion de mesurer, de construire ou d'interpréter tableaux et graphiques ;
- **les banques d'exercices** et **les ateliers problèmes** qui facilitent la gestion du temps dans la classe et aident l'enseignant à pratiquer une pédagogie différenciée. S'il est souhaitable que tous les enfants participent au travail collectif de recherche des leçons et évaluent leurs compétences en effectuant les exercices proposés, il n'est pas utile, bien au contraire, qu'ils effectuent tous et au même moment les exercices et les problèmes des banques. Ceux-ci sont à la disposition de l'enseignant qui trouvera des outils pour remédier aux insuffisances des uns et la matière pour l'entraînement et l'approfondissement pour les autres. Les problèmes se prêtent par ailleurs aussi bien à un travail de recherche en petits groupes qu'au travail individuel.
- **les ateliers informatiques** qui apportent une aide non négligeable aux enseignants en leur proposant des activités géométriques complémentaires qui permettent aux enfants d'approfondir les notions étudiées sous une forme différente qui les libère des difficultés liées aux tracés avec les instruments.

---

1. Nombres

Les nombres entiers jusqu'au milliard[2]

CONNAISSANCES ET COMPÉTENCES	LEÇONS DU MANUEL
Connaître, savoir écrire et nommer les nombres entiers jusqu'au million, **jusqu'au milliard.**	2 Les nombres jusqu'à 9 999 6 Les nombres jusqu'à 999 999 **34 La classe des millions** **39 Nombres et calculatrice** **40 Les grands nombres en géographie**

1. G. Bouchet, *Laïcité et enseignement*, Armand Colin, 1996.
2. Dans la lecture du tableau, le texte en caractère normal indique des connaissances ou des capacités acquises en CE2 : elles sont à consolider.
Le texte en caractère gras indique des connaissances ou des capacités retenues pour le CM1 : elles constituent le cœur du programme.
Le texte en italique indique des connaissances ou des capacités dont la maîtrise n'est pas retenue pour ce niveau : elles constituent toutefois des objectifs de fin de cycle.

CONNAISSANCES ET COMPÉTENCES	LEÇONS DU MANUEL
Comparer, ranger, encadrer ces nombres.	2 Les nombres jusqu'à 9 999 6 Les nombres jusqu'à 999 999 **34 La classe des millions** **40 Les grands nombres en géographie** **65 Procédures personnelles (5)**
Connaître et utiliser des expressions telles que : double, moitié ou demi, triple, quart, d'un nombre entier.	54 Demi, tiers, quart… 80 Moitié de nombres impairs
Connaître et utiliser certaines relations entre des nombres d'usage courant : entre 5, 10, 25, 50, 100, entre 15, 30, 60.	20 Jongler avec les nombres 100 et 1 000
Reconnaître les multiples des nombres d'usage courant : 5, 10, 15, 20, 25, 50.	**24 Multiples de 2, 5 et 10** **30 Les multiples d'un nombre**

Fractions

CONNAISSANCES ET COMPÉTENCES	LEÇONS DU MANUEL
Nommer les fractions simples et décimales en utilisant le vocabulaire : demi, tiers, quart, dixième, centième.	**59 Fractions (1)** **61 Fractions (2)** **63 Fractions (3)** **67 Fractions décimales (1)** **69 Fractions décimales (2)** **71 Fractions et mesures**
Utiliser ces fractions dans des cas simples de partage ou de codage de mesures de grandeurs.	
Écrire une fraction sous forme de somme d'un entier et d'une fraction inférieure à 1.	*61 Fractions (2)* *63 Fractions (3)*

Nombres décimaux

CONNAISSANCES ET COMPÉTENCES	LEÇONS DU MANUEL
Connaître la valeur de chacun des chiffres de la partie décimale en fonction de sa position (jusqu'au $1/100^{e}$).	**74 Nombres décimaux (1)** **76 Nombres décimaux (2)** **88 Calculatrice et décimaux**
Repérer les nombres décimaux, les placer sur une droite graduée.	
Comparer les nombres décimaux, les ranger.	
Encadrer les nombres décimaux par deux nombres entiers consécutifs.	
Passer d'une écriture fractionnaire à une écriture à virgule et réciproquement.	
Donner une valeur approchée à l'unité près, au dixième ou au centième près.	

Nos choix pédagogiques

Deux principes nous ont guidés :

1. accorder une attention extrême à la construction des concepts et des notions nouvelles, et les introduire chaque fois que possible comme réponses et outils pertinents de résolution de problèmes ;

2. pratiquer un entraînement systématique pour réactualiser des connaissances anciennes et éviter qu'elles ne s'usent faute d'être utilisées.

Notre progression générale comporte :

– la réactualisation des connaissances acquises sur les nombres entiers naturels pendant la première année du cycle 3 (CE2) et l'extension de la numération au-delà du million ;

– l'introduction des fractions et des nombres décimaux. Il s'agit en particulier de faire apparaître la nécessité d'introduire de « nouveaux nombres » pour résoudre de nouvelles classes de problèmes. Nous avons choisi la méthode préconisée dans les programmes qui consiste à exprimer la mesure d'une aire ou la mesure d'un segment en choisissant pour unité la mesure d'un autre segment. Une procédure qui s'y apparente consiste à graduer une demi-droite et à chercher à coder les points intermédiaires.

2. Calcul

Calcul mentalement

CONNAISSANCES ET COMPÉTENCES	LEÇONS DU MANUEL
Mémoriser et mobiliser les résultats des tables d'addition et de multiplication.	*Cf. Tableau du calcul mental quotidien ci-après*
Calculer mentalement des sommes, des différences, des produits.	
Multiplier un nombre entier ou décimal par 10, 100, 1 000.	**14 Multiplier par 10, 100, 1 000** **15 Multiplier par 20, 30, 200, 300** **81 Multiplier un nombre décimal par 10, 100, 1 000**
Estimer mentalement un ordre de grandeur du résultat.	**18 Ordre de grandeur**

Effectuer un calcul posé

CONNAISSANCES ET COMPÉTENCES	LEÇONS DU MANUEL
Addition, soustraction, multiplication.	**4 La soustraction** **8 Utiliser la propriété de la différence** **12 La soustraction posée** **19 La multiplication en ligne** **25 La multiplication posée (1)** **32 La multiplication posée (2)**
Addition et soustraction de deux nombres décimaux.	**77 Ajouter des nombres décimaux simples** **78 Additionner et soustraire des nombres décimaux** **85 Organiser un calcul**
Multiplication d'un nombre décimal par un nombre entier.	**82 La multiplication posée (3)**
Division euclidienne de deux entiers.	**43 Recherche du quotient et du reste par encadrement** **45 Diviser par un nombre d'un chiffre** **50 La division posée (1)**
Division décimale de deux entiers.	**89 La division posée (2) : quotient décimal**
Connaître quelques fonctionnalités de la calculatrice utiles pour effectuer une suite de calculs.	**39 Nombres et calculatrice** **88 Calculatrice et décimaux**

Problèmes

CONNAISSANCES ET COMPÉTENCES	LEÇONS DU MANUEL
Résoudre des problèmes engageant une démarche à une ou plusieurs étapes.	**1 Situations additives ou soustractives** **13 Situations multiplicatives** **21 Mobilise tes connaissances (1) Atelier problèmes (1)** **36 Situations de division (1)** **38 Situations de division (2)** **41 Mobilise tes connaissances (2) Atelier problèmes (2)** **49 Aide à la résolution** **57 Mobilise tes connaissances (3) Atelier problèmes (3)** **62 Choisir l'opération, les étapes d'une solution** **73 Mobilise tes connaissances (4) Atelier problèmes (4)** **87 Formuler la question** **92 Mobilise tes connaissances (5) Atelier problèmes (5)**

Calcul mental quotidien

Résultats mémorisés, procédures automatisées

CONNAISSANCES ET COMPÉTENCES	PAGES DU MANUEL (PAR PÉRIODE)				
	P1	P2	P3	P4	P5
Connaître les tables d'addition (de 1 à 9) et de multiplication (de 2 à 9).	10-28 30-31 32-34 36	56-68	94-100 104 106	128 132 140	160 176
Connaître le complément à la dizaine supérieure pour tout nombre inférieur à 100 ou le complément à l'entier immédiatement supérieur pour tout décimal ayant un chiffre après la virgule.	**18-20 26**	**77**		**146**	
Additionner ou soustraire mentalement des dizaines entières (nombres inférieurs à 100) ou des centaines entières (nombres inférieurs à 1 000).	14-17 23-39	51-52 53-54 60-74	98	126 130 133 136	
Multiplier ou diviser un nombre entier ou décimal par 10, 100, 1 000.	**37**	**63**	**111**	**138 143**	**167 168 170 173**
Organiser et effectuer mentalement, sur des nombres entiers, un calcul additif, soustractif, multiplicatif ou un calcul de division en s'appuyant sur des résultats mémorisés et en utilisant de façon implicite les propriétés des nombres et des opérations.	**16-22 27-38**	**58-64 66-70**	**90-92 96-102 107 108 110**	**124 134**	
Organiser et effectuer des calculs du type 1,5 + 0,5 ; 2,8 + 0,2 ; 1,5 × 2 ; 0,5 × 3, en s'appuyant sur les résultats mémorisés et en utilisant de façon implicite les propriétés des nombres et des opérations.					*172 174 178 180*
Évaluer un ordre de grandeur d'un résultat, en utilisant un calcul approché, évaluer le nombre de chiffres d'un quotient.				**144**	

Connaissances des nombres

CONNAISSANCES ET COMPÉTENCES	PAGES DU MANUEL (PAR PÉRIODE)				
	P1	P2	P3	P4	P5
Connaître, savoir écrire et nommer les nombres entiers, les fractions et les nombres décimaux. En connaître la valeur de chacun des chiffres.	12-24	48-50 62-72 76	86-88 93	120 122 142	156 158 162 163 164 165 166 181

Calcul réfléchi

CONNAISSANCES ET COMPÉTENCES	PAGES DU MANUEL (PAR PÉRIODE)				
	P1	P2	P3	P4	P5
Organiser et effectuer avec l'aide de l'écrit, sur des nombres entiers, un calcul additif, soustractif, multiplicatif ou un calcul de division en s'appuyant sur des résultats mémorisés et en utilisant de façon implicite les propriétés des nombres et des opérations.	**11-13 15-19 21-25 29-35**	**49-55 59-65 69-73**	**87-91 97-103 109**	**121 125 129 135 139**	**159**
Organiser et effectuer des calculs du type 1,5 + 0,5 ; 2,8 + 0,2 ; 1,5 × 2 ; 0,5 × 3, en s'appuyant sur les résultats mémorisés et en utilisant de façon implicite les propriétés des nombres et des opérations.					*167 169 171 175*

Nos choix pédagogiques

Bien entendu, l'objectif prioritaire vise à rendre opératoires les connaissances numériques des élèves en les appliquant à la résolution des problèmes qu'elles permettent de traiter, dans des situations empruntées à l'environnement social ou à d'autres domaines disciplinaires étudiés à l'école.
Trois moyens de calcul sont aujourd'hui à la disposition des enfants : **le calcul mental**, **le calcul posé**, usuellement désigné par le terme de « techniques opératoires », et **le calcul instrumenté** (utilisation d'une calculatrice, d'un ordinateur).

2.1. *Calcul mental : résultats mémorisés, procédures automatisées, calcul réfléchi*

Automatisé ou réfléchi, le calcul mental doit occuper une place primordiale à l'école élémentaire et faire l'objet d'une pratique quotidienne.
Sa maîtrise est indispensable pour les besoins de la vie courante, que ce soit pour obtenir un résultat exact ou pour en évaluer un ordre de grandeur. Elle est également nécessaire à une bonne compréhension de certaines notions mathématiques (traitements relatifs à la proportionnalité, compréhension du calcul sur les nombres relatifs ou sur les fractions au collège). Et surtout, la pratique régulière du calcul mental réfléchi permet de familiariser les élèves avec les nombres et d'approcher, en situation, certaines propriétés des opérations.
Il convient particulièrement, dans ce domaine, de distinguer ce qu'il faut mémoriser ou automatiser (les tables, quelques doubles et moitiés, le calcul sur les dizaines et les centaines entières, les compléments à la dizaine supérieure, etc.) et ce qu'il faut être capable de reconstruire et qui relève du calcul réfléchi (idée de rendre plus simple un calcul, souvent en procédant par étapes plus nombreuses, mais en s'appuyant sur ce qui est connu). Le calcul réfléchi ne se limite pas toujours à un calcul mental. Il peut s'appuyer sur des traces écrites qui, de plus, rendent compte des différentes étapes utilisées, donc du raisonnement mis en œuvre.
Le recours à des jeux numériques fournit un cadre propice à la pratique du calcul mental.

Pratiques de classe

A. Calcul mental automatisé par le procédé La Martinière

C'est la méthode de base. Elle a été mise au point au début du siècle par les instituteurs de l'école La Martinière, à Lyon, et notamment par Monsieur Tabureau. Elle relève, avant la lettre, du comportementalisme de Wilson et de l'enseignement programmé de Skinner, à ceci près que chaque procédure a fait l'objet d'une élaboration constructionniste.
Chaque enfant dispose d'une ardoise. L'enseignant donne la consigne « 13 + 28 ». Les enfants mémorisent les données et calculent de tête. Au signal de l'enseignant, ils écrivent le résultat sur leur ardoise. Au nouveau signal, ils présentent leur résultat en levant leur ardoise. L'enseignant peut alors contrôler rapidement. Il doit imposer un rythme et un découpage du temps très précis :
- temps d'écoute des données ;
- temps de calcul de tête ;
- temps de restitution (écriture) du résultat ;
- temps de validation (ardoise levée).

Les consignes peuvent être données par voie visuelle (présentation d'étiquettes), orale (l'enseignant énonce les données).
La méthode comportementaliste met en œuvre le renforcement positif et la loi de récence.

a) Renforcement positif

Les neuf dixièmes des élèves de la classe doivent donner une réponse juste aux différents items. C'est à l'enseignant d'ajuster la difficulté de la tâche au niveau des enfants. La réussite motive, encourage, exerce un effet bénéfique sur la mémorisation. Son emploi quotidien permet d'élever progressivement le niveau d'exigence.

b) Loi de récence

La confrontation immédiate de la réponse de l'enfant, presque toujours juste, avec la réponse exacte renforce la conviction de l'enfant. Il est déconseillé d'apporter en cours de séance des explications sur les façons de calculer pour ne pas casser le rythme. Le travail sur les procédures de calcul doit prendre place à un autre moment. Enfin, le plus souvent, mieux vaut ne pas écrire les données au tableau, car l'exercice consiste à les mémoriser, à effectuer le calcul mentalement, puis à restituer le résultat. On entraîne tout à la fois la mémoire à court terme et la mémoire à long terme. Cependant, lorsqu'on aborde une difficulté nouvelle et plus grande, par exemple, au CM, l'addition de deux nombres décimaux, les données peuvent être écrites au tableau, les calculs s'effectuant mentalement, le résultat seul s'écrivant sur l'ardoise.
Remarque : il est souhaitable de pratiquer cette forme de calcul quotidiennement, pendant 10 à 15 minutes, au début de chaque leçon. À ce propos, on trouvera dans ce guide pédagogique une ou plusieurs batteries d'items de calcul mental, en fonction du temps préconisé pour traiter la leçon.

B. Le calcul réfléchi

Tout calcul pratiqué par les enfants est évidemment mental. Cependant, nous distinguons dans ce qui suit le calcul mental pratiqué sans le recours à l'écrit du calcul réfléchi qui fait appel à ce dernier. **Le calcul réfléchi permet de construire les procédures mises en œuvre par le calcul mental.** Ainsi les deux modes de calcul sont profondément liés.
Nous proposons d'entraîner les enfants à :
- disposer d'un répertoire de formules prêtes à l'emploi : la pratique du calcul réfléchi permet de les construire, et la pratique du calcul mental permet de les fixer et de les employer spontanément ;
- savoir choisir la forme de calcul la plus adéquate : c'est la connaissance de plusieurs méthodes de calcul qui le rend possible ;
- être capable d'estimer un ordre de grandeur, de juger de la plausibilité d'un résultat ; ces compétences sont possibles que si l'on est à l'aise dans le monde des nombres.

Les séquences de travail écrit revêtent deux formes dans le livre de l'élève :
– des leçons, proprement dites, de calcul réfléchi où les élèves rencontrent diverses façons d'effectuer un même calcul. C'est l'occasion pour eux de choisir celle qui leur sied le mieux, la plus rapide, la plus simple ;
– des batteries de calculs en ligne figurent en bas de page de certaines leçons en alternance avec des exercices de réinvestissement. L'enseignant pourra en concevoir d'autres, à partir de ces modèles, à condition de respecter les données de base numérique de chaque batterie. Par exemple :
• *Produit d'un nombre par 4*
• *Différences de nombres proches...*

2.2. *Calcul posé*

Le travail sur les techniques usuelles (ou calcul posé) doit faire l'objet d'un recentrage.
Aujourd'hui, l'apprentissage des techniques de calcul posé ne se justifie plus par leur utilisation effective dans la société, mais doit être centré sur deux objectifs essentiels :
– leur maîtrise, dans des cas simples, permet aux élèves de mieux apprécier l'efficacité des instruments qu'ils utilisent ;
– le travail qui vise à construire, à analyser et à s'approprier ces techniques conduit à utiliser et combiner de nombreuses propriétés relatives au système d'écriture des nombres (numération décimale de position) et aux opérations en jeu ; en retour, ce travail assure une meilleure maîtrise de ces propriétés.
Il est essentiel que, bien avant la mise en place des techniques écrites usuelles, les élèves soient invités à produire des résultats en élaborant et en utilisant des procédures personnelles, mentalement ou en s'aidant d'un écrit.

2.3. *Calcul instrumenté*

Au-delà de son emploi dans le cadre de la résolution de problèmes, la pratique du calcul instrumenté (utilisation d'une calculatrice ou initiation à l'usage d'un tableur) doit donner lieu à des activités spécifiques. En effet, l'utilisation de machines nécessite fréquemment une organisation préalable des calculs à effectuer, puis le contrôle des résultats obtenus par un calcul approché. De même, il est utile d'étudier certaines fonctionnalités des calculatrices, comme le résultat fourni par l'usage de la touche ÷ en relation avec l'opération division, l'utilisation des touches mémoire en relation avec le calcul d'une expression comportant des parenthèses.
Les possibilités des machines et leurs limites d'utilisation peuvent être mises en évidence dans l'optique d'un usage raisonné.
En calcul, la démarche conduit donc à utiliser tous les outils disponibles : translation sur la suite numérique, utilisation de la table de Pythagore de la multiplication, utilisation de la calculatrice, etc. Toutes ces techniques font l'objet de commentaires dans les différents chapitres concernés de ce guide pédagogique.

3. Espace et géométrie

Dans le plan

CONNAISSANCES ET COMPÉTENCES	LEÇONS DU MANUEL
Reconnaître que des droites sont parallèles.	**22 Droites parallèles (1)** **26 Atelier informatique (2) : tracer des droites parallèles** **55 Droites parallèles (2)**
Utiliser les instruments (règle et équerre) pour tracer des droites parallèles.	
Utiliser en situation le vocabulaire géométrique : points alignés, droite, droites perpendiculaires, droites parallèles, segment, milieu, angle, axe de symétrie, centre d'un cercle, rayon, diamètre.	**10 Droites perpendiculaires** **11 Atelier informatique (1) : tracer des droites perpendiculaires**
Reconnaître, décrire, nommer et reproduire, tracer des figures géométriques : carré, rectangle, losange, triangle rectangle.	3 Figures planes 35 Triangles **51 Propriétés des quadrilatères** 53 Atelier informatique (3) : tracer des quadrilatères **75 Programmes de construction**
Vérifier la nature d'une figure simple en utilisant la règle graduée, l'équerre, le compas.	
Décrire une figure en vue de l'identifier parmi d'autres figures ou de la faire reproduire.	
Construire un cercle avec un compas.	58 Le cercle
Reconnaître qu'une figure possède un ou plusieurs axes de symétrie, par pliage ou à l'aide du calque.	17 Axes de symétrie d'une figure

Dans l'espace

CONNAISSANCES ET COMPÉTENCES	LEÇONS DU MANUEL
Utiliser en situation le vocabulaire : face, arête, sommet.	**44 Solides (1) : jeu du portrait** **66 Solides (2) : autour du cube** **72 Solides (3) : patrons**
Reconnaître, décrire et nommer les solides droits : cube, pavé, prisme.	
Reconnaître ou compléter un patron de cube ou de pavé.	

Problèmes de reproduction, de construction

CONNAISSANCES ET COMPÉTENCES	LEÇONS DU MANUEL
Compléter une figure par symétrie axiale.	**42 Compléter une figure par symétrie** **64 Atelier informatique (4) : tracer le symétrique d'une figure** **70 Identifier et tracer le symétrique d'une figure**
Tracer une figure simple à partir d'un programme de construction ou en suivant des consignes.	**75 Programmes de construction**

Nos choix pédagogiques

Les mathématiques ne se réduisent pas aux activités numériques. Elles concernent aussi la construction de l'espace qui implique une éducation de l'œil et de la main. Nous avons consacré une place importante à la géométrie, et particulièrement à la fonction structurante de la symétrie axiale utilisée comme outil. Au cycle 3, nous passons de la reconnaissance des propriétés des objets de manière perceptive à leur étude en ayant recours aux instruments de tracé et de mesure.
Comme pour les activités numériques, les concepts délicats (segment, milieu, perpendiculaires, parallèles, cercle...) sont abordés explicitement. Les outils de la géométrie (équerre, règle graduée...) sont construits par les enfants. Ce n'est qu'une fois leur maniement compris et maîtrisé, que les instruments du commerce sont systématiquement utilisés. Nous proposons de nombreuses activités de géométrie en deux ou en trois dimensions en prenant pour support le pliage, les puzzles, les constructions de patrons.
En ce qui concerne les reproductions et constructions des figures planes, nous avons donné une large place aux tracés à main levée. Ils permettent aux enfants de se représenter mentalement les figures à construire et d'estimer la place qu'elles occupent sur la feuille de papier. Elles permettent ensuite la construction précise des figures en utilisant les instruments du dessin géométrique.
Enfin les quatre « Ateliers informatiques » de géométrie donnent la mesure de l'importance que nous accordons à ces outils puissants de création et de représentation. Ils œuvrent, nous semble-t-il, au maintien et à la consolidation des concepts. Ils participent aussi au développement de l'autonomie des enfants et renforcent leur confiance en soi.
La structuration de l'espace et les compétences géométriques se construisent dans la durée, tout au long de l'année. Elles impliquent une véritable activité de manipulations et de tracés. C'est pourquoi les leçons de géométrie sont généralement prévues pour trois journées.

4. Grandeurs et mesures

CONNAISSANCES ET COMPÉTENCES	LEÇONS DU MANUEL
Connaître et utiliser les unités usuelles de mesure des durées, ainsi que les unités du système métrique pour les longueurs, les masses et les contenances, et leurs relations.	**7 Du mètre au millimètre** **27 Du mètre au kilomètre** **37 Le calendrier** **47 Les masses** **68 Contenances** **83 Unités de mesure et système décimal**
Lire l'heure sur une montre à aiguilles ou une horloge.	9 Lire l'heure
Calculer une durée à partir de la donnée de l'instant initial et de l'instant final.	*23 Calcul de durées (1)* *33 Calcul de durées (2)*
Formules du périmètre du carré et du rectangle.	**86 Périmètre du carré et du rectangle**

Aires

CONNAISSANCES ET COMPÉTENCES	LEÇONS DU MANUEL
Classer et ranger des surfaces selon leur aire.	**52 Les aires : comparaison** **56 Mesure des aires** **60 Aire et périmètre**
Mesurer ou estimer l'aire d'une surface grâce à un pavage effectif à l'aide d'une surface de référence (d'aire une unité) ou grâce à l'utilisation d'un réseau quadrillé.	

Angles

CONNAISSANCES ET COMPÉTENCES	LEÇONS DU MANUEL
Comparer les angles d'une figure en utilisant un gabarit.	**48 Les angles**
Estimer, et vérifier en utilisant l'équerre, qu'un angle est droit.	

Nos choix pédagogiques

Comme le préconisent les programmes, l'essentiel des activités concernant la partie « Grandeurs et mesures » porte sur la résolution de problèmes « concrets », réels ou évoqués, en utilisant des procédés directs, des instruments de mesure, des estimations ou des informations données avec les unités usuelles. Les activités scientifiques et technologiques fournissent un champ d'application privilégié pour ce domaine.
Toute activité de mesurage implique l'utilisation d'instruments, le choix approprié de l'unité, une estimation du résultat (ordre de grandeur).

4.1. *Longueurs, masses, volumes (contenances)*

Les objets mesurés sont de nature et de dimensions variées, le choix de l'instrument approprié constituant un objectif important. En particulier, les élèves sont entraînés à lire le résultat d'une mesure sur une graduation.
Il est important que les élèves disposent de références pour certaines grandeurs :
– 1 m, c'est un grand pas ;
– 1 kg, c'est la masse d'un litre d'eau...
La mesure des longueurs constitue un contexte privilégié pour prendre conscience de l'insuffisance des entiers et pour travailler sur les fractions et les nombres décimaux.
Quelques références historiques sont fournies aux élèves et donnent lieu à des activités. Nous avons souligné l'importance de la Révolution française dans la mise en place d'un système basé sur des références universelles (mètre défini, à l'origine, en référence à la mesure du méridien terrestre, kilogramme comme masse d'un litre d'eau pure) et sur la volonté de faciliter les calculs (système métrique décimal) (voir annexe ***Grandeurs et mesures*** à la fin de cet ouvrage).
Les exercices de transformations de mesures par des changements d'unités ne doivent pas occuper une place excessive, et les conversions entre unités trop lointaines sont exclues.

En revanche, les élèves doivent avoir une bonne connaissance des relations entre les unités les plus utilisées :
– pour les longueurs (1 m = 100 cm ; 1 cm = 10 mm ; 1 dm = 10 cm ; 1 km = 1 000 m) ;
– pour les masses (1 kg = 1 000 g ; 1 t = 1 000 kg) ;
– pour les contenances (1 L = 100 cL ; 1 L = 1000 mL).
Ces relations doivent être mémorisées et donc utilisables sans recours à un tableau de conversion.

4.2. *Durées*

Les élèves doivent être capables de lire l'heure sur une montre à aiguilles ou sur une montre digitale et d'évaluer des durées, ainsi que d'utiliser un chronomètre. En liaison avec le travail sur les fractions, des relations sont explicitées entre les expressions en fractions d'heure et en minutes.
Le recours à la droite graduée pour calculer une durée est systématique.
Les élèves doivent retenir les relations : 1 jour = 24 h, 1 h = 60 min, 1 min = 60 s.

4.3. *Aires*

La notion d'aire est mise en place, notamment par des activités de classement et rangement de surfaces qui précèdent les activités de mesurage.
Le résultat de la mesure d'une aire exprimé avec une unité du système métrique, ainsi que son calcul, sont reportés au CM2.

4.4. *Angles*

Les angles géométriques sont des classes d'équivalence de secteurs angulaires pour la relation d'isométrie. L'équivalent de ce que sont les longueurs pour les segments. Les secteurs angulaires sont des parties non bornées du plan et, à ce titre, difficilement abordables par les enfants. La construction de la notion d'angle ne fait que débuter à l'école élémentaire ; elle n'est pas encore achevée à la sortie du collège.
Les gabarits d'angles sont des secteurs angulaires tronqués conservant l'origine du secteur. C'est pourquoi, ils permettent de comparer ou de tracer les angles représentés par une paire de demi-droites de même origine. L'activité préparatoire que nous proposons consiste à dégager les notions d'angles « égaux », ou « plus petit » ou « plus grand » qu'un angle donné en comparant des gabarits d'angles.
Les activités de classement et de rangement d'angles précèdent les activités de mesurage en degrés, qui relèvent du collège. Les élèves doivent, en particulier, prendre conscience du fait que les longueurs des « côtés » n'ont aucune incidence sur le résultat de la comparaison des angles.

5. Organisation et gestion de données

CONNAISSANCES ET COMPÉTENCES	LEÇONS DU MANUEL
Construire un tableau ou un graphique.	3 Figures planes 5 Procédures personnelles (1) 16 Rechercher des données 28 Interpréter un graphique 31 Procédures personnelles (2) 35 Triangles 46 Procédures personnelles (3) 51 Propriétés des quadrilatères 79 Procédures personnelles (5) 90 Tracer un graphique 91 La proportionnalité en cuisine
Interpréter un tableau ou un graphique.	
Lire les coordonnées d'un point ou placer un point dont on connaît les coordonnées	29 Repérage sur un plan
Placer un point dont on connaît les coordonnées.	
Utiliser un tableau ou la « règle de trois » dans des situations très simples de proportionnalité.	84 Approche de la proportionnalité 91 La proportionnalité en cuisine

Nos choix pédagogiques

5.1. *Une place centrale pour la résolution de problèmes*

Depuis le début de cette collection, nous avons toujours placé la résolution de problèmes au centre de toute acquisition mathématique. C'est pour résoudre des problèmes que l'enfant a besoin de construire des outils mathématiques : techniques opératoires, instruments de mesure, etc. Ces outils seront ensuite réinvestis pour résoudre des problèmes plus complexes.
Notre démarche est en parfaite conformité avec les programmes officiels qui, depuis plusieurs dizaines d'années, accordent une place centrale à la résolution des problèmes.

« La résolution de problèmes constitue le critère principal de la maîtrise des connaissances dans tous les domaines des mathématiques, mais elle est également le moyen d'en assurer une appropriation qui en garantit le sens. Dès les premiers apprentissages, les mathématiques doivent être perçues, et donc vécues comme fournissant des moyens, des outils pour anticiper, prévoir et décider.
Faire des mathématiques, c'est élaborer de tels outils qui permettent de résoudre de véritables problèmes, puis chercher à mieux connaître les outils élaborés et s'entraîner à leur utilisation pour les rendre opératoires dans de nouveaux problèmes. [...] À travers ces activités, le développement des capacités à chercher, abstraire, raisonner, prouver, amorcé au cycle 2, se poursuit. Pour cela, il est nécessaire de porter une attention particulière aux démarches mises en œuvre par les élèves, à leurs erreurs, à leurs méthodes de travail et de les exploiter dans des moments de débat.
Les situations sur lesquelles portent les problèmes sont diverses. Elles peuvent être issues de la vie de la classe, de la vie courante, d'autres domaines de connaissances (sciences expérimentales et technologie, géographie…), de jeux, ou concerner des objets mathématiques (figures, nombres…).
Elles sont présentées sous des formes variées : à partir d'une expérience effective, à partir d'une description orale, à partir d'un support écrit (texte, document, tableau, graphique, schéma, figure).
Des compétences spécifiques, d'ordre méthodologique, sont à l'œuvre dans les activités de résolution de problèmes, que ceux-ci soient situés dans le domaine numérique, dans le domaine géométrique ou dans celui de la mesure. Ces compétences n'ont pas à être travaillées pour elles-mêmes, l'objectif essentiel étant toujours de résoudre le problème proposé. »

5.2. *Différents types de problèmes*

Pour répondre à toutes ces demandes, nous avons choisi de consacrer un nombre important de séances aux différents types de problèmes.

• **Des problèmes destinés à permettre la construction de connaissances nouvelles.**
Il s'agit des situations problèmes proposées au début de chaque leçon dans la rubrique « **Chercher** ». Ces problèmes placent les enfants en situation de recherche, car ils ne possèdent généralement pas la technique, la formule leur permettant de résoudre ces problèmes de manière experte. C'est ce travail de recherche, individuellement et en petits groupes, qui va leur permettre d'atteindre l'objectif fixé par cette leçon et d'acquérir les capacités, les connaissances correspondantes. Ces problèmes sont généralement précédés d'une rubrique « **Lire, débattre** » destinée à sensibiliser, à motiver l'enfant à ce type de situation en provoquant les discussions, des débats sur le thème de la leçon. Les questions ne seront pas obligatoirement résolues immédiatement, mais il sera possible d'y revenir en fin de leçon ; on constatera alors que, maintenant, ils peuvent être résolus.

• **Des problèmes destinés à permettre l'utilisation des acquis de la leçon :**
– dans des situations d'application immédiate. Ce sont les problèmes qui terminent généralement chaque leçon dans la rubrique « **S'exercer, résoudre** ». Ils sont rangés par ordre de difficulté croissante ;
– dans des situations de réinvestissement qui reprennent, plusieurs jours après la leçon, les apprentissages antérieurs permettant ainsi une consolidation de ces acquis.

• **Des problèmes plus complexes demandant aux enfants de mettre en œuvre des capacités variées dans les domaines numériques, géométriques ou de mesure.**
Ces problèmes se retrouvent notamment dans les pages « **Mobilise tes connaissances** » où, à partir de situations d'actualité et de documents variés, les questions posées conduisent les enfants à faire appel à l'ensemble de leurs connaissances et de leurs aptitudes.

• **Des problèmes de recherche dont le but essentiel n'est pas d'acquérir une technique précise, mais plutôt de développer des aptitudes de chercheurs face à une situation pour laquelle les élèves ne possèdent pas de solution experte.**
L'élève doit mettre en place une démarche d'investigation. Trop souvent, pour beaucoup d'élèves, résoudre un problème consiste à effectuer des calculs avec les nombres que l'on trouve dans l'énoncé ou à appliquer mécaniquement ce que l'on vient d'apprendre dans la leçon ; vérifier sa réponse signifie alors tout simplement recompter ses calculs sans se demander s'il existe d'autres démarches possibles. Ces démarches d'investigation demandent à l'enfant imagination et esprit d'initiative. Il doit formuler des hypothèses, tâtonner, développer des démonstrations, argumenter face à ses camarades qui ont utilisé des démarches différentes, vérifier les réponses. Ces problèmes se retrouvent pour chaque période dans les pages : « **Problèmes : procédures personnelles** ».

• Quelques leçons portent essentiellement sur **la méthodologie** et les outils à utiliser lors de la résolution de problèmes : recherche de données, choix de l'opération, rédaction des réponses, exploitation de tableaux, de graphiques, de cartes, de plans, etc.

À la fin de chaque période, l'enseignant pourra trouver des problèmes des deux derniers types dans les pages « **Atelier problèmes** ».

5.3. *Approche de la proportionnalité*

« L'étude de la proportionnalité pour elle-même relève du collège. À l'école primaire, il s'agit d'étendre la reconnaissance de problèmes qui relèvent du domaine multiplicatif. Ces problèmes seront traités en s'appuyant sur des raisonnements qui peuvent être élaborés et énoncés par les élèves dans le contexte de la situation. »

Mise en œuvre des leçons

Propositions de répartitions par période et par semaine

Période 1

Semaine	Nombres	Calcul	Géométrie	Mesures	Problèmes
Du .... Au	2 Les nombres jusqu'à 9 999				1 Situations additives ou soustractives
Du .... Au		4 La soustraction	3 Figures planes		5 Procédures Personnelles (1)
Du .... Au	6 Les nombres jusqu'à 999 999			7 Du mètre au millimètre	
Du .... Au		8 Utiliser la propriété de la différence	10 Droites perpendiculaires	9 Lire l'heure	
Du .... Au		12 La soustraction posée	11 Atelier informatique (1)		13 Situations multiplicatives
Du .... Au		14 et 15 Multiplier par 10, 100… Multiplier par 20, 30…			16 Rechercher des données
Du .... Au	18 Ordre de grandeur		17 Axes de symétrie d'une figure		
Du .... Au	20 Jongler avec les nombres 100 et 1 000	19 La multiplication en ligne			21 Mobilise tes connaissances (1)

Période 2

Semaine	Nombres	Calcul	Géométrie	Mesures	Problèmes
Du .... Au	**24** Multiples de 2, 5 et 10		**22** Droites parallèles (1)	**23** Calcul de durées (1)	
Du .... Au		**25** La multiplication posée (1)	**26** Atelier informatique (2)	**27** Du mètre au kilomètre	
Du .... Au	**30** Les multiples d'un nombre		**29** Repérage sur un plan		**28** Interpréter un graphique
Du .... Au		**32** La multiplication posée (2)		**33** Calcul de durées (2)	**31** Procédures personnelles (2)
Du .... Au	**34** La classe des millions		**35** Triangles		
Du .... Au				**37** Le calendrier	**36** et **38** Situations de division (1) et (2)
Du .... Au	**40** Les grands nombres en géographie	**39** Nombres et calculatrice			**41** Mobilise tes connaissances (2)

Période 3

Semaine	Nombres	Calcul	Géométrie	Mesures	Problèmes
Du .... Au		43 La division : recherche du quotient et du reste par encadrement	42 Compléter une figure par symétrie		
Du .... Au		45 Diviser un nombre par un nombre d'un chiffre	44 Solides (1) : Jeu du portrait		46 Procédures personnelles (3)
Du .... Au			48 Les angles	47 Les masses	
Du .... Au		50 La division posée (1)	51 Propriétés des quadrilatères		49 Aide à la résolution
Du .... Au			53 Atelier informatique (3)	52 Les aires : comparaison	
Du .... Au	54 Demi, tiers, quart		55 Droites parallèles (2)		
Du .... Au				56 Mesure des aires	57 Mobilise tes connaissances (3)

Période 4

Semaine	Nombres	Calcul	Géométrie	Mesures	Problèmes
Du .... Au	**59** Fractions (1)		**58** Le cercle		
Du .... Au	**61** Fractions (2)			**60** Aire et périmètre	
Du .... Au	**63** Fractions (3)				**62** Choisir l'opération, les différentes étapes d'une solution
Du .... Au			**64** Atelier informatique (4)		**65** Procédures personnelles (4)
Du .... Au	**67** Fractions décimales (1)		**66** Solides (2) : Autour du cube	**68** Contenances	
Du .... Au	**69** Fractions décimales (2)		**70** Identifier et tracer le symétrique d'une figure	**71** Fractions et mesures	
Du .... Au			**72** Solides (3) : patrons		**73** Mobilise tes connaissances (4)

Période 5

Semaine	Nombres	Calcul	Géométrie	Mesures	Problèmes
Du .... Au	**74** Nombres décimaux (1)		**75** Programmes de construction		
Du .... Au	**76** Nombres décimaux (2)	**77** et **78** Additionner et soustraire des nombres décimaux			
Du .... Au		**80** Moitié de nombres impairs		**83** Unités de mesure et système décimal	**79** Procédures personnelles (5)
Du .... Au		**81** Multiplier un nombre décimal par 10, 100, 1 000			**84** Approche de la proportionnalité
Du .... Au		**82** La multiplication posée (3)		**86** Périmètre du carré et du rectangle	**87** Formuler la question
Du .... Au		**85** Organiser des calculs **88** Calculatrice et décimaux			**90** Tracer un graphique **91** La proportionnalité en cuisine
Du .... Au		**89** La division posée (2)			**92** Mobilise tes connaissances (5)

Découverte du manuel

(manuel de l'élève p. 2-3)

Observations préliminaires

Avant de commencer le travail proprement dit, l'enseignant demande aux enfants d'observer leur manuel dès la première page.

- « *Que trouve-t-on sur les pages 2 et 3 ?* »
- « *Qu'est-ce qu'un « Mode d'emploi » ? « Qui en a déjà utilisé un et à quelle occasion ?* »
- « *Quelles informations celui du manuel vous donne-t-il ?* »
- « *Combien d'activités différentes sont proposées dans une leçon ?* »
- « *Toutes les pages sont elles sur le même modèle ?* »
- « *Qu'est-ce qu'un sommaire ? Quelle est son utilité ?* »
- « *Comment savoir de quoi traite la leçon de la page 72 sans chercher cette page ?* »
- « *Que trouve-t-on à la page 134 ? Vérifiez-le ensuite.* »
- « *À quelle page figure la leçon* Lire l'heure *?* »

L'enseignant invite les enfants à feuilleter le manuel et à donner leur point de vue, à poser les questions relatives aux thèmes qui les intéressent. Certaines particularités (pages de présentation de période, coins du chercheur, Mobilise tes connaissances...) seront commentées ou laissées à découvrir.

Bienvenue au CM1

(manuel de l'élève p. 6-7)

Ces deux pages sont conçues dans un esprit tout à fait différent de celui des autres leçons du manuel. Nous y proposons une suite de petits problèmes présentés d'une manière attrayante qui, nous l'espérons, permettront aux enfants d'aborder agréablement l'année scolaire en général, et les mathématiques en particulier.

Il ne s'agit ni de bilan, ni d'apprentissage mais d'une remise en route qui permet à l'enseignant d'observer ses élèves : leur attitude, leur comportement face à une situation problème. Attendent-ils passivement un ordre, une aide ? Savent-ils prendre des initiatives, lire seuls un énoncé, se mettre en situation de recherche, collaborer avec leurs camarades ? etc.

En début d'année, ces informations sont aussi importantes pour l'enseignant que la connaissance du niveau scolaire qu'il serait hasardeux de vouloir évaluer les tout premiers jours de classe.

Les activités proposées dans ces deux pages peuvent être réparties sur deux ou trois journées, mais chaque enseignant peut les adapter suivant ses besoins, les intérêts et les possibilités de ses élèves.

Tout au long du travail et au moment de la correction, l'enseignant adopte une attitude résolument positive, encourageant les efforts, relevant les réussites. En aucun cas, en ce début d'année scolaire, il ne met les enfants en situation d'échec, mais il apporte l'aide nécessaire aux élèves ou aux groupes qui semblent en difficulté.

Objectifs en terme de compétences

Ces problèmes ne visent pas l'acquisition de connaissances nouvelles mais la mise en place d'un comportement de recherche, la consolidation des acquis de l'année précédente et le réinvestissement des compétences souvent peu entretenues pendant les vacances : lire, ordonner, calculer, argumenter, rédiger...

Leur résolution est l'occasion de :

- savoir lire et interpréter une situation ;
- chercher les indices utiles pour répondre aux questions ;
- réinvestir les acquis sur la numération, les techniques opératoires usuelles, les mesures et la géométrie.

Mise en œuvre des activités

Les activités proposées dans ces deux pages se présentent sous la forme de petits problèmes qui se posent aux participants d'un tournoi sportif auxquels les enfants de CM1 peuvent s'identifier. Elles s'inscrivent dans l'esprit des programmes : « La résolution de problèmes constitue le critère principal de la maîtrise des connaissances dans tous les domaines mathématiques... C'est l'activité même de résolution de problèmes qui est privilégiée dans le but de provoquer chez les élèves un comportement de recherche et des compétences d'ordre méthodologique... ».

Activités

L'enseignant utilise l'ensemble les problèmes de cette page comme il l'entend en tenant compte de ses contraintes et de son projet pédagogique. Cependant, toujours dans l'esprit des nouveaux programmes, nous proposons deux démarches qui favorisent les échanges entre enfants, échanges d'idées, d'arguments de solutions. Il choisit celle qui convient le mieux aux enfants : le travail en petits groupes, à départ individuel, ou le rallye mathématique.

A Le travail en petits groupes, à départ individuel

Matériel

Une grande feuille de format A3 pour la mise en commun des travaux individuels, par groupe de trois ou quatre enfants.

Cette forme de travail favorise d'abord la recherche individuelle, puis la confrontation en petits groupes et enfin la mise en commun.

Les enfants ouvrent leur manuel pages 6 et 7 et observent tout le document. Ils essaient de comprendre les situations et de deviner ce qu'il convient de faire.

Après quelques minutes d'observation, l'enseignant les interroge : *« Quelles scènes sont représentées sur ces pages ? Quel travail vous demande-t-on ? Où figurent les informations qui vont permettre de répondre aux questions ? »*

Les informations nécessaires pour répondre aux questions se trouvent généralement sur le dessin. Le premier travail consiste à rechercher les données utiles.

Si certains enfants éprouvent des difficultés de lecture après l'inactivité scolaire des vacances, l'enseignant demande à quelques bons lecteurs de lire les questions à haute voix. Puis, il les lit à son tour, et procède à une interrogation rapide pour s'assurer que tous ont compris ce qu'il convient de faire.

Chaque enfant essaie ensuite de répondre sur son cahier d'essais aux questions posées. En cas de blocage sur une question, l'enseignant leur conseille de passer à la question suivante.

Pendant que les enfants travaillent individuellement, il s'assure que chacun effectue correctement sa tâche. Il conseille ceux qui éprouvent des difficultés ou qui ont mal compris les consignes.

Après environ un quart d'heure de travail personnel, il regroupe les enfants par trois ou quatre et distribue une feuille à chaque groupe. Il leur demande de mettre en commun leurs résultats, de comparer les réponses et, en cas de divergence, d'essayer de découvrir la bonne solution. Après accord du groupe, les enfants rédigent la réponse définitive sur la feuille collective en veillant à la présentation.

L'enseignant précise que chaque membre du groupe doit pouvoir justifier le raisonnement qui leur a permis de trouver la réponse. Pendant ce travail, il s'assure que les membres du groupe coopèrent et qu'ils participent effectivement à la confrontation et à la rédaction. Il intervient, si nécessaire, pour aider les groupes en difficulté.

Quand la majorité des groupes a rédigé les réponses, l'enseignant procède à la mise en commun. Pour chaque problème, il désigne un rapporteur qui vient présenter les résultats de son groupe, expliquer le raisonnement et les calculs utilisés. Un rapporteur de chacun des autres groupes vient ensuite confirmer ce résultat ou exposer sa propre solution. L'enseignant n'intervient qu'en cas d'échec général ou de divergence non résolue. Il peut apporter aussi une démarche différente de celles présentées par les enfants.

B Le rallye mathématique

Cette manière de procéder valorise d'abord le travail en groupe, l'esprit d'organisation et le partage des responsabilités. En ce début d'année, on ne choisit cette formule que si les élèves ont un minimum d'expérience du travail en groupe. L'enseignant répartit les enfants en deux ou trois équipes de 8 à 12. Dans la mesure où il connaît le niveau de ses élèves, il évite de placer les « meilleurs » dans le même groupe.

Il leur donne ensuite ces consignes :

« Chaque équipe doit répondre aux questions posées. Organisez-vous pour vous partager le travail afin que tous les problèmes soient résolus en 45 minutes.

Vous pouvez travailler d'abord individuellement ou en petits groupes, vous aider, discuter entre vous pour le choix des solutions. Pour terminer vous devez vous mettre d'accord sur ces solutions et donner une réponse unique pour chaque problème. »

Les enfants s'organisent librement. Le règlement habituel des rallyes précise que l'enseignant ne doit pas intervenir. Les conseils du type : « *Tu devrais relire. Es-tu bien sûr du résultat ? Vous devriez écouter un tel...* » sont, en principe, exclus. Cet aspect de totale prise en charge par les élèves des problèmes à résoudre est une des caractéristiques des rallyes.

Un rallye habituel est, avant tout, une compétition entre classes, l'esprit de compétition étant destiné à stimuler les enfants. Ici, il s'agit surtout de les inciter à s'organiser, rechercher ensemble et, bien sûr, mobiliser leurs compétences dans le domaine mathématique. Donc, si un groupe semble dans l'incapacité de s'organiser et de travailler efficacement, l'enseignant donne quelques conseils. Il est indispensable, à ce moment de l'année, que chacun éprouve de la satisfaction à se rendre utile et efficace.

L'enseignant pense à rappeler régulièrement le temps encore disponible et les tâches à accomplir.

Quand le temps imparti est terminé il relève les feuilles réponses, puis demande à un élève de répondre à la première question et d'expliquer la méthode de son groupe pour y parvenir. Un membre du groupe complète éventuellement ses explications. Les autres groupes communiquent aussi leurs réponses et leurs explications ou valident les précédentes.

L'enseignant n'intervient que si une erreur n'a pas été réfutée par le groupe ou si les explications ne semblent pas claires pour tout le monde. De la même manière, la classe apporte les réponses aux autres problèmes et les commente.

S'il souhaite rester dans l'esprit « rallye », l'enseignant note ensuite les réponses écrites de chaque groupe en attribuant, par exemple, deux points pour chaque problème si le raisonnement est correct et deux points si les calculs le sont aussi. Il peut ajouter un point si la présentation orale est très claire. Le total des points permet de désigner l'équipe victorieuse, mais il est recommandé de ne pas accorder trop d'importance à ce « classement » afin de ne pas mettre d'autres équipes en situation d'échec.

Certaines questions font appel à des compétences multiples : conversions de minutes en secondes, de grammes et kilogrammes, de mètres en centimètres, multiplications posées, soustractions avec retenue... Si certains groupes semblent « en panne », l'enseignant apporte une explication rapide.

Réponses aux questions

1re épreuve : Courir

1 La longueur du tour du terrain de sport mesure 350 m ; (140 + 140 + 70 = 350).

2 Chaque équipe parcourt 1 050 m ; (350 × 3 = 1 050).

3 Le terrain a la forme d'un triangle isocèle.

4 L'équipe d'Ingrid n'a pas réussi l'épreuve, car elle a mis plus de 3 min (ou 180 s) ; (250 s > 180 s).

2e épreuve : Lancer

5 Le mur contient 45 briques (9 × 5).

6 Mathis a fait tomber 15 briques (45 – 30 = 15).

Cléa a fait tomber 15 briques (45 – 30 = 15).

Mickael a fait tomber 5 briques (45 – 40 = 5).

7 Ordre croissant des résultats : 5 > 15. Mickael a remporté l'épreuve.

3e épreuve : Sauter

8 L'équipe d'Ali a réussi un total de 1 210 cm (340 + 305 + 280 + 285 = 1 210). Scores rangés du plus petit au plus grand : 280 < 285 < 305 < 340.

9 L'équipe d'Ali a donc réussi l'épreuve, car la somme des quatre sauts est supérieure à 10 m.
1 200 cm = 12 m 10 cm > 10 m.

4e épreuve : Porter

10 Les équipiers de Théo ont transporté 63 dictionnaires (9 × 7).
11 Les cartons transportés pèsent 126 kg (2 × 63).
L'équipe a réussi l'épreuve, car elle a transporté plus de 100 kg de livres.

5e épreuve : Construire

12 C'est le patron ③ qui permet de construire la pyramide : la base est carrée, les faces latérales sont des triangles.
13 Le patron ① permet de construire un parallélépipède rectangle ou pavé.
Le patron ② permet de construire un cube.
Le patron ④ est incomplet : il ne permet pas de construire un solide.

Prolongements

Si le temps le permet et si l'enseignant le juge utile, à l'issue de la présentation et de la discussion, il demande aux enfants de proposer des situations semblables, vécues et susceptibles de donner lieu à de petits problèmes. Il leur laisse un moment de réflexion, puis invite quelques volontaires à exposer les situations auxquelles ils ont pensé. On note au tableau les plus intéressantes, puis on engage la discussion collective :
« Cette situation est-elle un problème ? Peut-elle le devenir ? »
« A-t-on toutes les données nécessaires pour répondre aux questions ? »
La classe peut ainsi constituer une banque de problèmes personnalisés.

Présentation de la Période 1

(manuel de l'élève p. 8-9)

Observations préliminaires

Le livre est divisé en cinq Périodes. Chacune d'elles débute par une page de présentation des notions étudiées durant la période et se termine par une évaluation des acquis (Fais le point), une Banque d'exercices et un Atelier problèmes.
Au premier abord, l'enseignant pourrait considérer ces pages de présentation comme des illustrations gratuites. Néanmoins, elles constituent un moyen plus ludique qu'une simple table des matières pour sensibiliser les élèves aux notions qu'ils vont aborder. En effet, chacune de ces notions est illustrée par un ou plusieurs détails du dessin qu'il s'agit de retrouver.

Recherche des notions

Les pages 8 et 9 introduisent la Période 1. L'enseignant demande aux élèves d'observer le dessin, puis de communiquer leurs découvertes à la classe. Il est probable que les détails comiques retiendront d'abord leur attention avant la description de la situation générale ; c'est intentionnel : mieux vaut entamer un travail dans la gaieté qu'avec appréhension.
L'enseignant lit ensuite les consignes.

Celle consistant à retrouver Mathéo, la mascotte, est purement ludique. C'est un entraînement au travail visuel de recherche d'informations sur un dessin complexe, qui facilitera par la suite l'exploitation d'autres documents.
La recherche des détails du dessin correspondant aux notions à étudier peut :
• soit être dirigée collectivement par l'enseignant qui oriente les recherches par des questions précises :
– « *Quel détail du dessin correspond à une situation additive ?* »
– « Lequel permet d'observer des surfaces planes ? »...
• soit commencer par un moment de recherche personnelle ou en petits groupes.
Chaque enfant recherche alors les détails du dessin correspondant aux notions qui figurent dans le tableau du bas de la page. La mise en commun des découvertes donne lieu à un débat très enrichissant pour les enfants mais aussi pour l'enseignant, car elle lui permet de repérer les représentations des enfants et leur interprétation des termes employés dans les titres des leçons.

Le dessin ci-dessous propose quelques exemples de réponses possibles. Les enfants en trouveront d'autres que la classe accepte si leur auteur est capable de les justifier.
Si cette page est abordée et traitée comme une activité de recherche ludique, elle peut susciter des discussions intéressantes et contribuer à la motivation des enfants.

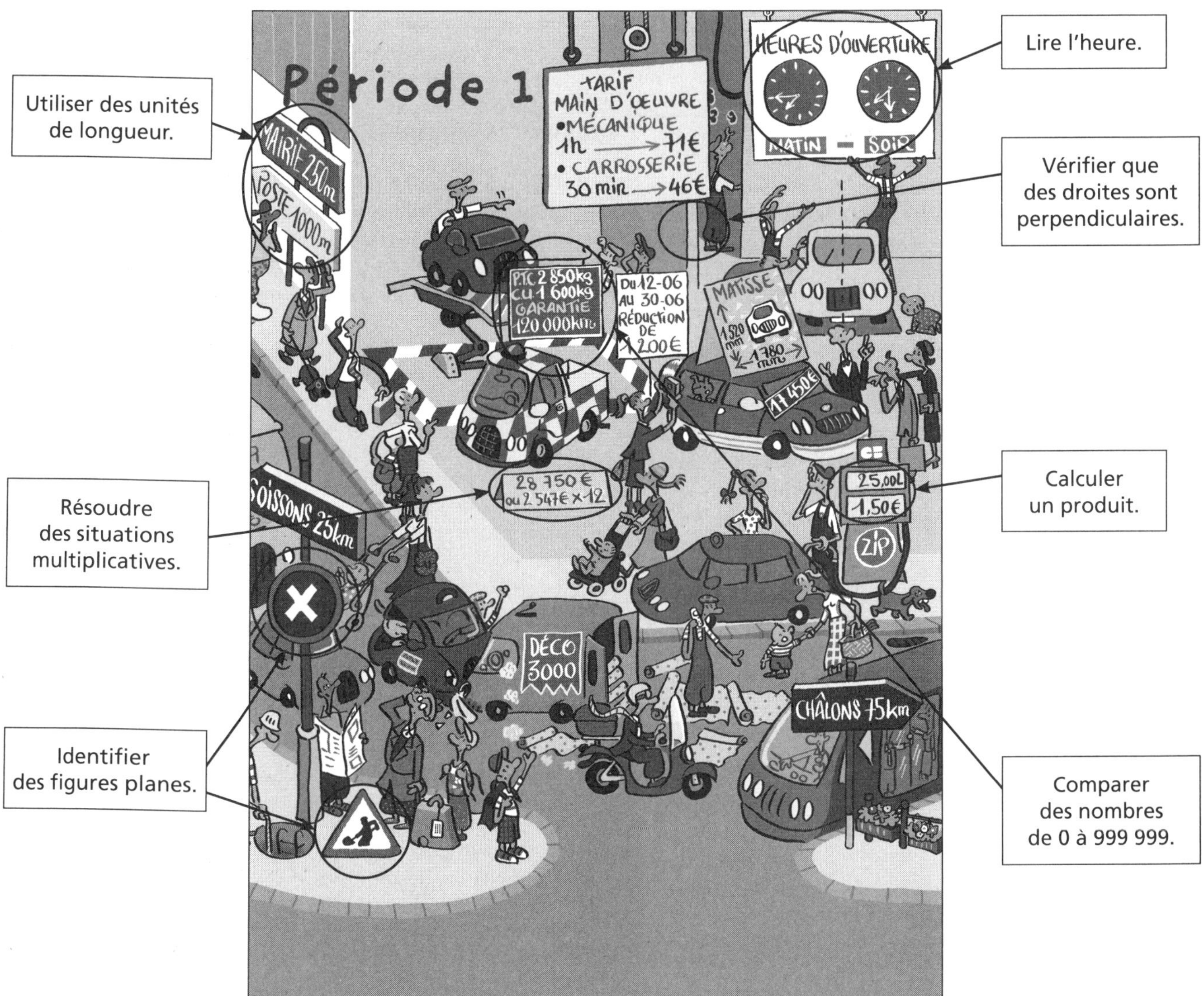

1 PROBLÈMES Situations additives ou soustractives

(manuel de l'élève p. 10-11)

Compétence : Reconnaître une situation additive ou soustractive simple.

Calcul mental

Calculer de petites sommes et différences.

L'enseignant dit : « 8 + 5 ». L'élève écrit 13. L'enseignant dit : « 9 – 3 ». L'élève écrit : 6.
Première séquence : 9 + 3 ; 5 + 7 ; 4 + 6 ; 5 + 8 ; 9 + 4 ; 8 – 6 ; 9 – 4 ; 7 – 3 ; 12 – 6 ; 10 – 3.
Deuxième séquence : 8 + 4 ; 2 + 9 ; 8 – 6 ; 9 – 2 ; 4 + 5 ; 7 + 8 ; 8 – 3 ; 7 + 7 ; 9 + 9 ; 10 – 7.

Observations préliminaires

La plupart des élèves et certains enseignants pensent encore qu'à l'école primaire, l'essentiel en mathématique vise la maîtrise des quatre opérations : addition, soustraction, multiplication et division. Ces compétences, certes utiles, ne sont pas primordiales, puisque les enfants sont entraînés au calcul réfléchi et que les calculatrices permettent d'effectuer les opérations complexes. Le calcul instrumenté libère du temps qui leur permet de se consacrer à la réflexion. Les étapes primordiales dans la résolution des problèmes sont la compréhension de la situation, l'analyse des données et enfin le choix des opérations.
Savoir reconnaître des situations additives ou soustractives est l'objectif de cette leçon. Il n'est pas question de proposer un problème type dont les enfants appliqueraient la méthode de résolution de façon systématique. Au cours de la mise en commun, on s'attachera davantage au raisonnement et à la démarche qu'au contrôle du seul résultat numérique.

Activités collectives

Lire, débattre

Les enfants lisent silencieusement la phrase qui introduit le débat et le dialogue entre les trois personnages. Cette activité, à laquelle l'enseignant consacre quelques minutes, introduit la séquence qui va suivre. L'enseignant invite les élèves à réagir aux affirmations de chacun des personnages.
La discussion permet d'attirer leur attention sur certains mots trompeurs : « de plus » n'implique pas systématiquement une situation additive, « de moins » n'induit pas toujours une situation soustractive. L'importance du contexte est primordiale.
Afin de vérifier si les enfants ont compris le sens de ces expressions selon le contexte mathématique, l'enseignant leur demande d'inventer un énoncé avec ces mots trompeurs, par exemple : « *Ma sœur de 20 ans a 9 ans de plus que moi. Quel est mon âge ?* »
Si la classe ne parvient pas à un accord, la réponse au débat peut rester en suspens et sera donnée dans le point C de la rubrique Chercher.

Chercher

A L'enseignant demande à un volontaire de lire à haute voix l'énoncé et la première question du problème.
Pour passer à l'étape du choix de l'opération, l'enseignant répartit les enfants en groupes de 4 ou 5, qui désignent chacun un rapporteur. Lors de la mise en commun des recherches, l'équipe qui pense avoir trouvé la réponse délègue son rapporteur. Celui-ci explique sa démarche aux autres qui valident ou critiquent la réponse. Si le rapporteur commet une erreur, il est remplacé par celui d'une autre équipe. Les rapporteurs suivants ne viennent au tableau que s'ils ont une démarche différente à proposer.
Pour aider les élèves dans la recherche de l'opération, l'enseignant leur propose de simplifier les données. Ils comprendront plus facilement si on leur propose de résoudre un problème avec de petits nombres plutôt qu'avec des grands. De la sorte, le sens de l'opération est plus facile à découvrir.
Lorsque les enfants ont choisi les opérations, ils effectuent les calculs individuellement et rédigent les réponses.
Si je veux connaître le nombre de voitures garées, j'ajoute les 148 véhicules déjà garés aux 39 qui viennent d'arriver. L'opération qui donne le nombre total de voitures garées est une addition :
148 + 39 = 187.
Dans ce parking, 187 voitures sont maintenant garées.

B Un autre volontaire lit la deuxième question du problème. L'enseignant reproduit le schéma proposé au tableau, les enfants le tracent sur leur cahier. Après un temps de réflexion, les élèves sont invités à l'expliquer, guidés par l'enseignant qui, si nécessaire, pose quelques questions :
– « *Que représente le nombre que l'on va écrire dans le cadre vert ?* »
– « *Que représente celui que l'on va écrire dans le cadre bleu ? Quelle opération va permettre de le trouver ?* »
Comme précédemment, le travail peut se faire soit en groupe, soit par deux, soit individuellement. L'enfant ou le groupe qui pense connaître la solution vient exposer sa solution qui est critiquée par le reste de la classe.
Pour trouver le nombre de places restantes, il faut utiliser le calcul intermédiaire (148 + 39) écrit dans le cadre vert.
La mise en commun des réponses révèle que l'opération qui permet de trouver le nombre de places libres est la soustraction : 250 – 187 = 63.
Il reste 63 places libres dans le parking.

C Après lecture de la question, les élèves travaillent individuellement. Cette question permet d'apporter ou de vérifier la réponse au débat : « *Quel est le plus grand parking ?* »
Pour aider les élèves en difficulté, l'enseignant peut schématiser la situation au tableau.
Il s'avère que si le parking de la poste peut accueillir 50 véhicules de moins que celui du Palais c'est qu'il est plus petit que ce dernier. Réciproquement, le parking du Palais est donc plus grand. L'opération qui permet de trouver le nombre de places de ce parking est une addition (250 + 50).
Le parking du Palais contient 300 places.

Activités individuelles

S'exercer, résoudre

1, **2**, **3** et **4** Ces problèmes sont des situations additives et soustractives simples. Les activités complémentaires proposées aideront les enfants en difficulté à les résoudre.

1 342 – 102 = 240. 240 passagers descendent à Paris

2 26 + 23 + 4 = 53. 53 passagers sont montés dans le car.

3 187 – 155 = 32. Leur différence de taille est 32 cm.

4 18 + 49 + 8 = 75. Le glacier a vendu 75 cornets.

5 Cette situation soustractive simple est indiquée par la question : « *Quelle distance lui reste-t-il encore à parcourir ?* »
425 – 260 = 165. Il lui reste 165 km à parcourir.

6 Dans ce problème, il faut trouver la partie manquante du total, c'est-à-dire le prix du tapis. Cette résolution est plus délicate, car les élèves doivent effectuer un calcul intermédiaire : 256 + 363 + 199 = 818.
Le prix du tapis s'obtient en effectuant une soustraction : 915 – 818 = 97.
Le prix du tapis est 97 €.

7 Pour aider les enfants à résoudre ce problème complexe (calcul intermédiaire, grands nombres), l'enseignant fera un schéma au tableau, ou demandera aux élèves d'en réaliser un. L'expression « camp de base » sera expliquée.
a. 5 680 + 880 = 6 560. Le jour suivant ils sont à 6 560 m d'altitude.
b. 8 848 – 6 560 = 2 288. Ils se situent à 2 288 m du sommet.

Calcul réfléchi

Sommes de deux nombres (1)
Les enfants observent l'exemple que l'enseignant fait commenter collectivement. Dans le cas présent, on ajoute d'abord le chiffre des dizaines du second terme, puis celui des unités.
54 + 13 = 54 + 10 + 3 = 64 + 3 = 67
45 + 24 = 45 + 20 + 4 = 65 + 4 = 69
67 + 31 = 67 + 30 + 1 = 97 + 1 = 98
146 + 42 = 146 + 40 + 2 = 186 + 2 = 188
235 + 24 = 235 + 20 + 4 = 255 + 4 = 259

Banque d'exercices : n°s 1 et 2 p. 44 du manuel de l'élève.

(1) L'effectif du CM1 est 23 élèves.
73 – (24 + 26) = 73 – 50 = 23.

(2) Célia possède 9 €.
17 – 8 = 9.

Prolongements

La classe est partagée en deux groupes : un premier groupe effectue l'activité complémentaire sur les problèmes.
Un deuxième groupe se consacre à la remédiation des techniques opératoires de la soustraction.

1. Activité complémentaire sur les problèmes
Pour ce groupe, nous choisissons de travailler sur des situations additives ou soustractives habituelles :

situation initiale → transformation → situation finale

Nous commençons avec des problèmes simples quant au choix des nombres, pour finir par des problèmes dont les nombres élevés seront un obstacle à surmonter pour la compréhension des énoncés.

• Problèmes simples
1. Dans un car, il y a 52 voyageurs, 12 personnes en descendent. Combien de passagers compte alors ce car ?
2. Dans un car, il y a 64 voyageurs ; après deux arrêts, ils ne sont plus que 36. Combien de voyageurs sont descendus ?
3. 13 voyageurs descendent d'un car. Il en reste 45 à l'intérieur. Combien de voyageurs transportait ce car ?

L'enseignant écrit ces problèmes au tableau.
Ce travail peut se faire par deux ou en équipe. Les questions sont débattues et validées par l'ensemble des groupes.
Ensuite, pour chaque problème, chaque équipe propose sa solution et vient la présenter au tableau sous forme de schéma. Les enfants doivent choisir la schématisation la plus parlante et la plus simple. Sur le schéma, les enfants placent les nombres et un point d'interrogation qui représente la question. Les nombres choisis ne font pas obstacle à la compréhension et les calculs simples s'effectuent mentalement.

Les voyageurs qui sont déjà dans le car	→	ceux qui en descendent	→	ceux qui restent
......		......		......

• Problème plus difficile combinant deux opérations dans la transformation
Dans un car, il y a 52 voyageurs ; 12 personnes en descendent et 15 personnes y montent. Combien de passagers compte maintenant ce car ?

• Problème dans lequel les grands nombres perturbent la compréhension
Le collège Marcel Pagnol comptait 1 015 élèves au mois de juin. En septembre, il en compte 977. Combien d'élèves ont quitté ce collège ?

2. Activité de remédiation portant sur les techniques opératoires de la soustraction
L'enseignant regroupe les enfants en difficulté sur la technique opératoire de la soustraction et leur propose des activités de soutien.
Ces activités se déroulent en trois temps.
• L'enseignant s'assure que les décompositions additives des nombres compris entre 10 et 20 sont connues en faisant compléter des additions à trou du type 8 + ... = 15.
• Les enfants utilisent la technique de la soustraction en ligne avec des retraits successifs (avec ou sans aide de la droite numérique).
• Les enfants utilisent la technique de la soustraction en colonne.

2 Les nombres jusqu'à 9 999

(manuel de l'élève p. 12-13)

COMPÉTENCE : Consolider la connaissance des nombres entiers naturels.

Calcul mental

Dictée de nombres.

L'enseignant dit : « cent quatre-vingt-deux ». L'élève écrit 182.

Première séquence : huit cent soixante-dix-huit ; mille six cents ; deux mille trois cents ; neuf cent quarante ; cinq mille cinquante ; trois mille quatre ; neuf mille quatre-vingt-seize ; trois mille quatre.

Deuxième séquence : six mille ; cinq cents ; trois mille trois cents ; mille quarante ; cinq cent quatre-vingt-douze ; cent soixante-seize ; mille trois cent quatre-vingt-quatorze ; mille soixante-dix ; deux mille dix ; quatre mille huit ; neuf cent quatre-vingt-dix-neuf.

Matériel

Cartes à photocopier (en fin de leçon). Prévoir, de préférence, du bristol de façon à faciliter le découpage et la manipulation par les enfants.

Observations préliminaires

Les leçons 2, 6, 34 et 40 sont consacrées à l'étude de la numération. La première consiste en une séance de révision des entiers qui vise à mettre en œuvre les acquis de la première année du cycle 3. Elle s'adresse tout particulièrement aux enfants qui ont besoin de consolider ces bases.

La leçon 6 étend la numération aux entiers de six chiffres. Les leçons 34 et 40 permettent d'approfondir le travail sur les grands nombres et de faire prendre conscience aux enfants du rôle des mathématiques dans d'autres domaines.

Notre numération décimale est une numération de position à base dix. La numération avec les cartes proposées dans cette leçon est à base dix mais n'est pas une numération dans laquelle la position des cartes intervient. Il est beaucoup plus facile et rapide de lire un nombre écrit en numération de position qu'avec une liste de cartes. L'enseignant doit attirer l'attention des enfants sur cette différence importante. Elle conditionne la compréhension de la place du chiffre dans l'écriture du nombre.

Activités collectives

Lire, débattre

Les enfants observent les jeux de cartes de Clément, Anaïs, Sophie et Teddy. Ils lisent les bulles qui illustrent la situation et contiennent les questions.

Après quelques minutes de réflexion individuelle, l'enseignant les invite à communiquer leurs réponses et à les justifier.

– « *Pourquoi êtes-vous sûrs que la carte Étoile vaut 1 000 points ?* » Clément, Anaïs, et Sophie ont chacun plus de 2 000 points et leurs jeux respectifs comprennent deux cartes Étoile. De la même manière, ils découvrent que la Lune vaut 100 points et le Bateau 10. Il est alors facile de trouver le nombre de points de Teddy : 3 cartes Étoile, c'est 3 000 points, etc.

L'enseignant montre un jeu comprenant 1 carte Étoile, 5 cartes Lune. Les enfants écrivent le nombre de points sur leur cahier d'essais. Si nécessaire, il répète quelques fois cet entraînement.

Chercher

Les enfants lisent individuellement chacune des questions. S'ils le souhaitent, ils élaborent les réponses en petits groupes. Lors de la mise en commun, l'enseignant intervient pour redresser les erreurs et insiste sur les points qui ont soulevé des difficultés.

A Les enfants n'éprouvent généralement aucune difficulté pour trouver le nombre de points le plus grand. C'est celui de Teddy dont le jeu contient 3 cartes Étoile (3 000) au lieu de 2 cartes (2 000) pour les autres. À tour de rôle, quelques volontaires expliquent comment ordonner les nombres de la tranche des deux mille en s'aidant des cartes : 2 040 est le plus petit puisque le jeu de Sophie ne contient pas de carte Lune (100) et ainsi de suite en comparant les centaines, puis les dizaines : 2 040 ; 2 130, 2 220.

L'enseignant attire l'attention des enfants. Pour trouver le nombre de points le plus grand, il faut repérer les cartes qui représentent la plus grande quantité et les compter pour chaque enfant. Quand le nombre est écrit en chiffres, il suffit de comparer les chiffres à partir de la gauche. C'est plus rapide et plus facile. À l'issue de cette phase d'investigation, la classe rédige en commun la règle qui permet de comparer les nombres : ***le plus grand est celui qui a le plus grand nombre de chiffres. S'ils ont le même nombre de chiffres, on compare les chiffres en partant de la gauche : d'abord les milliers, puis les centaines, puis les dizaines...***

L'enseignant fait remarquer le zéro intermédiaire du nombre 2 040. Ce zéro représente les centaines, il indique que le jeu de Sophie contient « zéro » carte de 100.

B Réponses

Nombre de points d'Anaïs : deux mille deux cent vingt ;
Nombre de points de Teddy : trois mille cent vingt.

C Afin de vérifier que tous les enfants ont compris, l'enseignant leur demande de justifier la décomposition du nombre 3 210 à l'aide des cartes. Ils doivent poser sur leur bureau 3 cartes Étoile qui valent 3 × 1 000 ou 3 000 points, etc.

La décomposition du nombre 2 220 permet d'insister sur la valeur de chacun des chiffres qui le composent en fonction de sa position, valeur que les enfants retrouvent facilement à l'aide des cartes : de gauche à droite en première position, 2 milliers, en deuxième position 2 centaines, et enfin en troisième position 2 dizaines.

D Si aucun enfant ne le propose, toujours à l'aide des cartes, l'enseignant fait remarquer que les nombres qui ont le même chiffre des centaines sont ceux qui contiennent le même nombre de cartes Lune ; c'est le cas pour 2 130 et 3 120. Procéder de même pour les dizaines : 3 120 et 2 220.

L'écriture des nombres dans un tableau de numération identique à celui du Mémo constitue une aide pour visualiser rapidement les réponses.

Réponses : 2 130 et 3 120 ont le même chiffre des centaines
3 120 et 2 220 ont le même chiffre des dizaines.

E L'enseignant montre une carte Étoile (1 000) et propose de l'échanger avec des cartes Lune (100).

– « *Combien de cartes Lune devrez-vous me donner ?* »

– « *Et pour échanger une carte Lune (100), combien de cartes Bateau (10) devrez-vous me donner ?* »
Il propose aux enfants de compléter les égalités :
3 210 = (… × 1 000) + 210
3 210 = (… × 100) + 10 ; 3 210 contient 32 centaines.
3 210 = … × 10 ; 3 210 contient 321 dizaines.
Les enfants répondent ensuite aux questions :
2 130 = (21 × 100) + 30 ; le nombre de points de Clément contient 21 centaines.
2 220 = 222 × 10 ; le nombre de points d'Anaïs contient 222 dizaines.

F Les enfants reproduisent la droite graduée sur leur cahier. L'enseignant leur fait remarquer qu'elle est graduée de 100 en 100, puis il leur demande de préciser le sens de l'adverbe « approximativement ». Sur cette droite, les nombres 2 000 et 3 000 correspondent exactement à des graduations déjà tracées. En revanche, il n'existe pas de graduation précise pour positionner 2 040 qui sera placé à peu près entre 2 000 et 2 100, presque au milieu de l'intervalle.

Calcul réfléchi

Somme de deux nombres (2)
Les enfants observent l'exemple que l'enseignant fait commenter collectivement. Dans le cas présent, on ajoute d'abord les dizaines entre elles, puis les unités avant d'effectuer la somme des résultats partiels.
Bien sûr, l'enseignant accepte toute autre proposition qui permet d'obtenir le résultat et que son utilisateur est capable de justifier.
Par exemple : 38 + 25 = 40 + 23 = 40 + 20 + 3 = 63.
36 + 28 = 30 + 20 + 6 + 8 = 50 + 14 = 64
45 + 37 = 40 + 30 + 5 + 7 = 70 + 12 = 82
58 + 23 = 50 + 20 + 8 + 3 = 70 + 11 = 81
66 + 25 = 60 + 20 + 6 + 5 = 80 + 11 = 91
86 + 26 = 80 + 20 + 6 + 6 = 100 + 12 = 112

Activités individuelles

S'exercer, résoudre

1 Les enfants doivent veiller à ne pas oublier les zéros intermédiaires, notamment lorsqu'il s'agit de recomposer les nombres. La représentation des nombres à l'aide des cartes constitue une remédiation efficace.
a. 3 245 = 3 000 + **200** + **40** + **5**
3 245 = (3 × **1 000**) + (2 × **100**) + (4 × **10**) + **5**
b. 6 204 = 6 000 + **200** + **4**
6 204 = (6 × **1 000**) + (**2** × **100**) + **4**
c. (4 × 1 000) + (8 × 100) + 5 = **4 805**
d. 3 090 = 3 000 + **90**
3 090 = (3 × **1 000**) + (**9** × **10**)
e. (5 × 1 000) + (8 × 10) + 3 = **5 083**
f. 8 000 + 90 + 7 = **8 097**

2 Les enfants peuvent se reporter au tableau de numération du Mémo, pour vérifier leurs réponses afin de ne pas oublier les zéros intermédiaires principalement dans l'écriture de 7 007 et la lecture de 6 005. Dans ce cas, la décomposition en **m/c/d/u** constitue une aide, de même que la représentation des nombres à l'aide des cartes de l'activité « Chercher ».

trois mille cent quatre-vingt-quinze	**3 195**
trois mille six cent quatre	3 604
mille huit cent soixante-dix-neuf	1 879
six cent soixante-dix-neuf	**679**
sept mille sept	**7 007**
six mille cinq	6 005
deux mille quatre-vingt-quatre	**2 084**

3 Si nécessaire, l'enseignant demande à un volontaire de préciser les sens de « ordre décroissant ».
Réponse : La Réunion : 9 180 km ; Mayotte : 8 000 km ; Guyane française : 7 052 km ; Guadeloupe : 6 756 km ; Martinique : 6 748 km.

4 3 420 = (34 × 100) + 20 3 420 = 342 × 10
Je suis le nombre 3 420 : il contient 34 centaines (34 > 20) et est égal à un nombre entier de dizaines (342 dizaines).

5 Au préalable, les enfants doivent observer les graduations : la droite est graduée de 1 000 en 1 000, chaque demi-graduation vaut donc 500 unités.
A : 2 000 B : 3 500 C : 6 000 D : 8 500

Banque d'exercices : n°s 3 à 6 p. 44 du manuel de l'élève.

(3) 3 080 = (3 × 1 000) + (8 × 10) = 3 000 + 80
4 444 = (4 × 1 000) + (4 × 100) + (4 × 10) + 4
= 4 000 + 400 + 40 + 4
2 999 = (2 × 1 000) + (9 × 100) + (9 × 10) + 9
= 2 000 + 900 + 90 + 9
8 008 = (8 × 1 000) + 8 = 8 000 + 8

(4) **a.** Le plus petit nombre de quatre chiffres : 3 067.
b. Le plus grand : 7 630.

(5) 2 135 = (21 × 100) + (3 × 10) + (5 × 1).
Pour avoir 2 135 €, il faut 21 billets de 100 €, 3 billets de 10 € et 5 pièces de 1 €.

(6) Ordre décroissant des profondeurs des mers et des océans :
9 128 m (Fosse de Porto Rico)
7 450 m (Fosse de la Sonde-Java)
6 400 m (Fosse de Madagascar ouest)
5 121 m (Fosse du Cap Matapan)
4 115 m (Fosse sud-est de la Sicile)

Prolongements

Activités complémentaires
Si besoin est, l'enseignant peut conduire une activité de consolidation des acquis :
1. en utilisant du matériel emboîtable : cubes, barres, plaques pour concrétiser la décomposition des nombres ;
2. à l'aide des cartes nombres réparties respectivement dans trois boîtes : une pour les milliers, une pour les centaines et enfin une pour les dizaines. Il s'agit d'écrire les nombres obtenus à partir des cartes tirées. On commence par tirer trois cartes, une de chaque boîte, puis au choix, on en tire six. On poursuit avec six cartes sans piocher dans la boîte des dizaines, puis toujours avec six cartes sans piocher dans la boîte des centaines ;
3. en invitant les enfants à une réflexion sur la numération romaine qu'ils connaissent car elle fait partie de notre environnement socioculturel ; ils pourront ainsi mettre en évidence l'intérêt de notre système d'écriture des nombres.

3 Figures planes

(manuel de l'élève p. 14-15)

COMPÉTENCES : **Décrire une figure en vue de l'identifier parmi d'autres figures.**
Vérifier la nature d'une figure plane simple en utilisant la règle, l'équerre, le compas.

Calcul mental

Calculer des sommes de dizaines entières.
L'enseignant dit : « 40 + 30 ». L'élève écrit 70.
Première séquence : 40 + 30 ; 20 + 60 ; 50 + 10 ; 30 + 30 ; 40 + 50 ; 50 + 20 ; 30 + 40 ; 60 + 40 ; 10 + 70.
Deuxième séquence : 30 + 40 ; 60 + 20 ; 10 + 50 ; 30 + 30 ; 50 + 40 ; 20 + 50 ; 40 + 30 ; 40 + 60 ; 50 + 80 ; 90 + 40.

Matériel

Au choix, des posters comprenant un assez grand nombre de figures planes identifiables, du papier à tapisser ayant les mêmes propriétés ou plus simplement la planche à photocopier figurant à la fin de la leçon.

Observations préliminaires

Les leçons de géométrie demandent le plus souvent plusieurs séances de travail : il est nécessaire, selon le cas, de manipuler, plier et découper, dessiner et tracer avant d'en venir à des exercices d'évaluation. Les enseignants décident en fonction des besoins de leur classe du découpage temporel des activités. Un choix souvent fécond consiste à consacrer une première journée aux activités collectives de recherche et de découverte et une seconde à résoudre individuellement ou en ateliers de quelques élèves les exercices et problèmes d'application. Consacrer deux journées à une leçon implique d'organiser deux séances de calcul mental (priorité affirmée des programmes).

Activités collectives

Chaque enfant ou chaque groupe d'enfants dispose d'un document sur lequel figurent un assez grand nombre de figures planes, par exemple la photocopie de la planche jointe en annexe. L'enseignant leur demande de chercher les figures qu'ils reconnaissent, de noter leur nom et d'indiquer si possible à quoi ils les ont reconnues.
Après quelques minutes de recherche, on fait le point et on dresse la « carte d'identité » des figures reconnues. Il ne s'agit pas d'une recherche exhaustive des propriétés des figures mais plus simplement de celles qui ont justifié les affirmations des enfants. Ainsi la « carte » du rectangle, dessinée au tableau, comprend le nom « rectangle », un dessin de rectangle, et les propriétés relevées par les enfants, par exemple « côtés opposés égaux » ou « quatre angles droits ».
Les enfants devraient reconnaître le carré, le rectangle, le triangle (avec confusion linguistique possible entre triangle rectangle et rectangle) et le disque (probablement désigné par « cercle », ce qui exige une mise au point de l'enseignant).

Lire, débattre

Les enfants sont invités à répondre à la question de Mathéo. Un contre-exemple suffit à invalider l'affirmation de la fillette ; cependant il est aussi intéressant de remarquer que tous les polygones sont décomposables de multiples façons en triangles. Si aucun enfant n'évoque le disque ou une autre figure à bord courbe, la réponse au débat est renvoyée à la fin de la séance.

Chercher

Le travail peut être individuel ou mené par paire.

A Les enfants devraient tous reconnaître de manière perceptive les triangles, rectangles, carrés et disques. Certains, peut-être, énonceront le losange, mais l'enseignant corrigera en donnant le nom du parallélogramme.
Selon les besoins de la classe et les demandes des enfants il est loisible à l'enseignant de préciser les caractéristiques des triangles : rectangle, isocèle, équilatéral.

B Grâce aux instruments de géométrie, les élèves dégagent quelques propriétés des différentes figures répertoriées dans l'œuvre de Victor Vasarely. Les réponses sont résumées dans le tableau ci-dessous.

Figure	Nombre de côtés	Nombre d'angles droits	Nombre de côtés égaux	Nom de la figure
A	4	4	4	Carré
B	0	0	0	Disque
C	3	1	2	Triangle rectangle isocèle
D	4	0	2 + 2	Parallélogramme
E	5	3	2	Pentagone
F	4	4	2 + 2	Rectangle
G	3	0	3	Triangle équilatéral

C Les élèves énumèrent les instruments de géométrie utilisés précédemment :
– pour trouver les angles droits : l'équerre ;
– pour comparer la longueur des côtés : la règle ou la bande de papier, le compas.

D Tous les polygones peuvent être décomposés en triangles. Ce n'est pas le cas des figures possédant des bords tout ou en partie courbes, ici la figure B, le disque.

Activités individuelles

S'exercer, résoudre

1 La figure comprend cinq carrés imbriqués. Les erreurs peuvent provenir d'un manque d'attention ou de difficultés perceptives : les carrés dont les côtés ne sont pas parallèles au bord de la feuille peuvent être lus comme de simples losanges. Dans ce cas, opérer une rotation du manuel constitue une aide efficace.

2 Les enfants peuvent travailler de manière purement perceptive ou recourir aux instruments pour justifier leurs impressions. Il faudra demander aux premiers de vérifier leurs affirmations en les renvoyant au Mémo.
a. Les figures 3 et 9 ont tous leurs côtés égaux (carré et triangle équilatéral).

b. Les figures 1, 3, 6, 7 et 8 ont au moins un angle droit.
c. Il y a 7 triangles coloriés et 10 si on compte les triangles blancs découpés sur l'arrière plan.

3 Si l'enseignant dispose du temps suffisant la méthode la plus féconde consiste à faire reproduire la composition de l'exercice. Dans ce cas un travail en équipe est le plus adapté car il faut commencer par construire les formes de base avant de les coller. Sinon l'exercice se résume à un effort de perception des formes en partie recouvertes.
a. Tom a commencé par coller le triangle jaune, puis le carré vert.
b. Tom peut choisir de coller en dernier le petit triangle bleu foncé ou le disque bleu clair.

Calcul réfléchi

Sans commentaire : l'enfant s'appuie sur l'exemple résolu.
On obtient successivement : 48, 56, 70, 78 et 112

7 **a.** 1 : triangle équilatéral ; 2 : trapèze ; 3 : rectangle ; 4 : triangle rectangle ; 5 : cercle ; 6 : triangle rectangle.
b. 4 triangles : 1, 6, 4 et les figures 2 et 4 réunies qui forment un triangle.

Prolongements

Planche ci-dessous à photocopier.

Leçon 3 – Figures planes

Nom : ....

Prénom : ....

4 CALCUL RÉFLÉCHI
La soustraction en ligne

(manuel de l'élève p. 16)

COMPÉTENCE : Retrancher un nombre de deux chiffres sans poser l'opération en colonnes.

Calcul mental

Calculer des sommes de deux nombres de deux chiffres.

L'enseignant dit : « 12 + 25 ». L'élève écrit 37.

12 + 25 ; 15 + 16 ; 25 + 15 ; 25 + 14 ; 25 + 25 ; 25 + 26 ; 25 + 27 ; 25 + 35 ; 35 + 35 ; 35 + 37. 13 + 47 20 + 32

Matériel

• 12 demi-feuilles de papier par élève pour fabriquer des billets factices : 2 billets factices de 50 € ; 1 billet de 20 € ; 7 billets de 10 €.

• Idem pour l'enseignant avec des feuilles entières qui seront plus lisibles au tableau.

Activités collectives

Comprendre, choisir

• Activité livre fermé

L'enseignant choisit de commencer à travailler livres fermés. Il écrit au tableau le calcul à effectuer : 123 – 84. Il annonce une contrainte : « interdiction de poser l'opération en colonnes ». Il laisse aux enfants le libre choix de leurs méthodes. À tour de rôle, quelques volontaires exposent leur choix au tableau. Pour faciliter l'explication et les calculs, l'enseignant trace plusieurs droites numériques au tableau. Les enfants les renseignent lors de l'explication des calculs. Confronté à des méthodes différentes, chaque enfant peut ainsi juger de leur pertinence et choisir celle qui lui convient le mieux.

• Activité livre ouvert

Les enfants observent et commentent les solutions proposées par Marion et Hugo. « *Qui a employé les mêmes méthodes ? Quels calculs paraissent plus faciles ? Pourquoi ? Lesquels sont plus sûrs ? Pourquoi ? Lequel préfères-tu ?* » Les enfants prennent conscience qu'il n'existe pas de procédure unique pour effectuer des calculs. Les sauts sur la droite numérique peuvent varier. Certaines procédures longues sont faciles, d'autres, plus courtes, se révèlent assez difficiles.

A Chaque enfant trace le premier schéma sur son cahier d'essais et analyse la méthode de Marion. L'enseignant demande ensuite à un enfant de venir au tableau expliquer cette méthode. Marion calcule en effectuant des sauts en avant sur la droite numérique. Elle calcule l'écart en cherchant par sauts successifs le complément de 84 à 123. L'enseignant interroge alors l'enfant sur le nombre 100 choisi par Marion pour effectuer le premier saut. Le passage par un nombre entier de dizaines facilite le calcul. Pour faciliter davantage encore les calculs, il peut faire figurer les nombres entiers de dizaines sur la droite numérique. Les enfants complètent leur schéma et les phrases.
De 84 à 100, il y a 16 et de 100 à 123 c'est 23 ; de 84 à 123 il y a 16 + 23 ; 16 + 23 = 39, donc 123 – 84 = 39.

B Les enfants tracent le schéma de Hugo, recopient et analysent son calcul. L'enseignant demande à l'un d'eux d'expliquer à haute voix le procédé de Hugo qui a calculé en effectuant des sauts arrière sur la droite numérique. Il recule à partir du grand nombre et arrive au petit nombre en effectuant des sauts arrière. L'enseignant attire l'attention des enfants sur les nombres choisis pour effectuer les sauts arrière. Les nombres entiers de dizaines permettent des calculs plus faciles.
Puis, tous les enfants reproduisent et complètent la deuxième droite numérique ainsi que les calculs sur leurs cahiers d'essais. L'enfant resté au tableau effectue les calculs devant la classe qui les valide :
123 – 3 = 120 ; 120 – 80 = 40 ; 40 – 1 = 39.
Les enfants constatent qu'il existe plusieurs méthodes pour effectuer une soustraction. L'enseignant leur demande de choisir celle qui leur convient et d'expliciter la raison de ce choix.

Activités individuelles

S'exercer, résoudre

1 Cet exercice est une application directe de l'activité « Comprendre et choisir ».
Il propose, avec des nombres différents, les deux types de calculs avec le soutien de la droite numérique. Il peut être l'occasion d'une compétition entre les enfants qui utilisent les sauts en avant et ceux qui utilisent les sauts en arrière.
184 – 96 = 88 ; 153 – 75 = 78

2 Certains enfants peuvent se passer de l'aide de la droite numérique, mais celle-ci n'est pas interdite à ceux qui en éprouvent le besoin. Il permet une confrontation entre ceux qui utilisent la complémentation et ceux qui utilisent les retraits.
a. 138 – 54 = 84 ; 127 – 66 = 61 ; 223 – 54 = 169
b. 152 – 77 = 75 ; 202 – 85 = 117 ; 315 – 126 = 189

3, 4, 5 Ce sont de petits problèmes soustractifs simples pour calculer écarts et restes. L'utilisation de la droite numérique est permise.

3 152 – 94 = 58 ; leur différence de taille est 58 cm.

4 225 – 68 = 157 ; il reste un morceau de planche de 157 cm.

5 182 – 87 = 95 ; 95 km séparent ce coureur de l'arrivée.

Banque d'exercices : n° 8 p. 44 du manuel de l'élève.

(8) 135 – 82 = 53 ; 202 – 75 = 127

5 PROBLÈMES
Procédures personnelles (1)

(manuel de l'élève p. 17)

COMPÉTENCE : Élaborer une démarche personnelle pour résoudre des problèmes.

Calcul mental

Calculer des sommes de dizaines.
L'enseignant dit : « 50 + 80 ». L'élève écrit 130.
50 + 80 ; 40 + 70 ; 60 + 60 ; 30 + 70 ; 20 + 90 ; 80 + 80 ; 60 + 50 ; 30 + 80 ; 70 + 50 ; 90 + 40.

Matériel

Par groupe de quatre ou cinq enfants : une feuille de papier format 50 × 65 cm (ou A3) et des gros feutres.

Observations préliminaires

La table des matières (page 5 du manuel de l'élève) récapitule le domaine « Problèmes » qui comprend 21 leçons dont les objectifs diffèrent.
Certaines ont pour objectif essentiel de développer une méthodologie (leçons 16, 28, 49...).
D'autres visent à entraîner les enfants à mobiliser l'ensemble de leurs compétences pour résoudre des problèmes complexes. Ce sont les pages « Mobilise tes connaissances » qui terminent chaque période.
D'autres encore proposent aux enfants des problèmes pour lesquels ils ne possèdent pas de solutions expertes. Ils doivent donc trouver seuls, puis en groupe, des procédures personnelles. Dans le document d'application des programmes, ces problèmes sont dénommés « Problèmes de recherche ». Dans ce manuel, on les trouve dans les leçons : « Problèmes : procédures personnelles » (Leçons 5, 31, 46...), et dans les pages « Atelier problèmes » en fin de période (pages 46, 84, 118...).

Les problèmes de cette page appartiennent à cette dernière catégorie. Face à une situation nouvelle, les enfants sont amenés à prendre des initiatives, à imaginer des solutions personnelles. Ces problèmes permettent aussi de leur faire prendre conscience qu'il existe souvent plusieurs démarches pour trouver le résultat. Pour y parvenir, les enfants doivent accepter de confronter leurs résultats et les procédures mises en œuvre avec les réponses de leurs camarades. Il faut donc savoir expliquer, argumenter, mais aussi écouter, comprendre la démarche de l'autre.

Pour faciliter le travail des enseignants, nous avons choisi d'offrir deux approches différentes de ces types de problèmes :
- des situations de recherche, sans commentaire ni aide. Ces problèmes se trouvent en fin de période dans les pages « Atelier problèmes ».
- des situations recherche suivies de quelques indices, des amorces de procédures que les enfants pourront comparer avec celles qu'ils ont imaginées. Comme il n'est pas souhaitable que les enfants puissent en prendre connaissance avant d'avoir effectué leur propre recherche, nous conseillons à l'enseignant d'écrire l'énoncé du problème au tableau, les enfants travaillant livre fermé. Ils prendront connaissance des propositions du manuel à l'issue de leur propre recherche.

Activités individuelles puis collectives

Chercher, argumenter

Les enfants lisent et commentent l'énoncé du problème écrit au tableau. L'enseignant leur indique le déroulement de la séance : 10 minutes de recherche personnelle, 10 à 20 minutes de recherche en groupe pour arriver à une seule production qui sera présentée à la classe, sous forme d'affiche par exemple, par un rapporteur désigné par l'ensemble du groupe.

Phase 1 – Recherche personnelle
Les enfants essaient de résoudre individuellement le problème. Ils peuvent dessiner, manipuler... L'enseignant n'intervient pas.

Phase 2 – Recherche en groupe
L'enseignant forme des groupes de quatre ou cinq enfants. Il passe discrètement de groupe en groupe et s'assure que tous les enfants participent aux échanges et à la réflexion. Il veille à la discipline, mais s'abstient d'orienter le travail des groupes. Il écoute, observe et note les procédures utilisées pour mieux gérer la mise en commun. En cas de blocage dans un groupe, il suggère l'utilisation de schémas, la mise en œuvre d'activités concrètes (manipuler les morceaux de papier sur lesquels on a écrit les noms...) pour permettre aux enfants de visualiser les propositions.

Phase 3 – Mise en commun
Chaque rapporteur vient présenter à tour de rôle la proposition de son groupe.
L'enseignant sollicite la participation des autres groupes pour débattre sur la validité des solutions et les différents types d'erreurs.
On retient du débat que :
1. le chemin qui mène à la réponse n'est pas unique ;
2. chercher, c'est procéder à des essais, écrire, dessiner, discuter de la validité de sa solution ;
3. le travail avec des camarades est une aide pour trouver la réponse ; il permet généralement d'enrichir et d'améliorer ses propres découvertes.

Phase 4 – Travail à partir du livre
Le recours au manuel permet d'analyser les différentes suggestions qu'il présente et de les comparer avec les réalisations proposées par les différents groupes :
– Construire un schéma avec cinq cases représentant les places occupées : *« Qui l'a fait ? Pourquoi est-ce utile ? »...*
– Écrire chaque nom sur un morceau de papier : *« Avez-vous procédé ainsi ? Quel est l'intérêt de cette manipulation ? »*
– Léa est la plus facile à placer. *« Pourquoi ? Qui a commencé par Léa ? »...*

Activités individuelles

S'exercer, résoudre

1 Les enfants travaillent seuls. Après un moment de recherche personnelle, ceux qui éprouvent des difficultés peuvent travailler à deux ou trois.
Le plus facile à placer est Ludovic car le plus grand. Il s'agit alors de comparer les autres à la taille de Frédéric. Antoine est plus grand que lui, mais il dépasse David. L'ordre est donc le suivant : Ludovic > Antoine > Frédéric > David.

Le moment de la mise en commun est aussi important que celui de la recherche proprement dite. Il ne suffit pas de trouver la bonne réponse, il faut être capable d'expliquer le raisonnement qui a permis de la trouver et de le confronter avec celui de ses camarades.

2 Le camion est le moins cher ; c'est la poupée ensuite qui sert de référence.
L'ordre décroissant est donc : ballon, poupée, robot, camion.

Banque d'exercices : n° 9 p. 44 du manuel de l'élève.

(9) Rangement des enfants par ordre croissant : Thomas, Fred, Marie et Léa.

Prolongements

Atelier problèmes (1) : n°s 1 à 4, p. 46 du manuel.
Si l'enseignant veut renforcer dans les jours qui suivent les acquis de cette leçon il peut encore proposer les problèmes suivants :

Problème 1
Le Rhône est plus long que la Seine. La Garonne est plus courte que la Seine. La Loire est plus longue que le Rhône.
Range ces fleuves du plus court au plus long.

Problème 2
Cinq enfants ont comparé leur poids sur la balançoire : Elian est plus lourd que Béatrice ; Thomas est plus léger que José ; Carole est plus légère que Béatrice et Thomas plus lourd qu'Elian.
Range-les du plus léger au plus lourd.

6 Les nombres jusqu'à 999 999

(manuel de l'élève p. 18-19)

COMPÉTENCE : Consolider la connaissance des nombres entiers naturels jusqu'à 999 999.

Calcul mental

Trouver le complément à la dizaine supérieure.
L'enseignant dit : « Combien ajoute-t-on à 18 pour atteindre 20 ? ».
L'élève écrit : 2.
Première séquence : 18 ; 14 ; 75 ; 92 ; 79 ; 48 ; 77 ; 91 ; 96 ; 51.
Deuxième séquence : 23, 94 ; 48 ; 57 ; 69 ; 82 ; 31 ; 79 ; 65 ; 95.

Matériel

• Cartes à photocopier en fin de leçon. Prévoir, de préférence, du bristol de façon à faciliter le découpage et la manipulation par les enfants.
• Grille de mots croisés.

Activités collectives

Lire, débattre

Les enfants observent les jeux de cartes de Clément, Anaïs, Sophie et Teddy. Ils reconnaissent la situation de la leçon 2 précédente avec un jeu enrichi de deux nouvelles cartes. Ils travaillent individuellement.
Après quelques minutes de réflexion, l'enseignant procède oralement à la mise en commun des réponses qu'ils doivent justifier. « *Pourquoi êtes-vous sûrs que la carte Terre vaut 10 000 points ?* » (Clément a une seule carte Terre pour 10 040 points.)
De la même manière, en comparant les nombres de points respectifs d'Anaïs et de Sophie à leurs cartes, ils découvrent qu'une carte Soleil vaut 100 000 points. (Anaïs en a quatre pour 400 100 points et Sophie deux pour 201 200 points.)
Pour convaincre les indécis, l'enseignant montre un jeu comprenant 3 cartes Soleil, 5 cartes Terre. Les enfants écrivent le nombre de points sur leur cahier d'essais.
Si nécessaire, proposer quelques items analogues.

Chercher

Les enfants lisent individuellement chacune des questions. S'ils le souhaitent, ils élaborent les réponses en petits groupes. Lors de la mise en commun, l'enseignant intervient pour redresser les erreurs et insiste sur les points qui ont soulevé des difficultés.

Ⓐ Le score de Teddy
La somme des points correspondant à chacune des cartes du jeu de Teddy permet aux enfants de trouver son score : 220 010 points. L'enseignant insiste sur la valeur de chaque chiffre dans l'écriture de ce nombre. Selon sa position le chiffre « 2 » n'a pas la même valeur. De gauche à droite, le premier « 2 » vaut deux cartes Soleil, soit 2 × 100 000 points ; le « 2 » suivant vaut deux cartes Terre, soit 2 × 10 000 points.
L'enseignant montre un jeu comprenant 3 cartes Soleil, 5 cartes Terre. Les enfants écrivent le nombre de points sur leur cahier d'essais. Si nécessaire, répéter quelques fois cet entraînement.
Le recours à un tableau de numération selon le modèle du Mémo constitue une aide pour renforcer la maîtrise de la numération et appréhender le rôle des zéros intermédiaires. L'enseignant fait remarquer les zéros intermédiaires du nombre 22**0** **0**10 qui représentent successivement les milliers et les centaines, puisque le jeu de Teddy ne contient aucune carte Étoile (1 000) et aucune carte Lune (100). Si l'on omettait d'écrire ces zéros, on obtiendrait un nombre différent : 2 210.

L'enseignant montre successivement 5 cartes Soleil et 3 cartes Lune ; 4 cartes Soleil et 3 cartes Terre ; 1 carte Soleil, 3 cartes Étoile et 2 cartes Bateau ; 5 cartes Terre et 1 carte Étoile. Les enfants écrivent les nombres sur leur cahier d'essais.
Ordre croissant : 400 100 ; 220 010 ; 201 200 ; 10 040.
Au cours de la mise en commun des réponses, l'enseignant fait remarquer que la règle rédigée pour les nombres jusqu'à 9 999 demeure valable et peut s'étendre pour ordonner les nombres des tranches supérieures : ***Si les nombres ont le même nombre de chiffres, on compare les chiffres en partant de la gauche, d'abord les centaines de milliers, puis les dizaines de milliers, puis les milliers...***

Ⓑ Pour représenter le nombre 203 000, les enfants doivent placer sur leur bureau 2 cartes Soleil et 3 cartes Étoile. Pour le nombre 30 200, ils disposent 3 cartes Terre et 1 carte Lune. L'enseignant fait remarquer que la valeur du chiffre « 2 » et celle du chiffre « 3 » n'est pas la même, car ils n'occupent pas la même position dans l'écriture des nombres. Si nécessaire, il propose un entraînement supplémentaire en commençant avec des nombres plus petits : 840 ; 480 ; 9 400 ; 4 900 ; puis avec des nombres plus grands : 78 500 ; 75 800 ; 305 600 ; 605 300.

Ⓒ En petits groupes les enfants procèdent aux échanges de cartes, puis complètent les égalités. Quelques volontaires viennent au tableau proposer les réponses de leur groupe. La classe valide les réponses correctes :
– il faut 10 cartes Étoile pour avoir une carte Terre ;
– il faut donner 10 cartes Terre ou 100 cartes Étoile pour avoir une carte Soleil.

Ⓓ a. Les enfants placent devant eux les cartes de Sophie.
Sophie a une carte Étoile qui vaut 1 millier : dans 20**1** 200, le chiffre **1** représente les milliers.
Sophie a aussi 2 cartes Soleil qui valent 200 cartes Étoile, c'est-à-dire 200 milliers : dans **201** 200 il y a **201** milliers.
L'enseignant propose ensuite aux enfants de trouver les nombres de milliers et le chiffre des milliers dans les nombres 10 400 et 400 100. Il les invite à observer le Mémo qui constitue une aide pour vérifier leurs réponses.
Procéder de même pour les questions **b.** et **c.**.

Ⓔ L'enseignant écrit quelques nombres au tableau, par exemple 75 907 ; 543 800 ; 990 360. Un enfant les lit à haute voix. Il demande alors de noter les mots utilisés par leur camarade. Il s'agit de remarquer qu'en ajoutant le mot « mille » à ceux qu'ils connaissent déjà, ils peuvent écrire tous les nombres jusqu'à 999 999.

Activités individuelles

S'exercer, résoudre

1 La difficulté de l'exercice est liée à la numération orale qui donne le nom des classes, lequel ne doit pas figurer dans l'écriture en lettres. La position des chiffres indique à quelle classe ils appartiennent. Si nécessaire, faire écrire les trois premiers nombres dans un tableau de numération identique à celui du Mémo.
L'enseignant reproduit au tableau ou sur une grande feuille la grille à compléter. Un volontaire explique à ses camarades comment procéder. Les enfants complètent la grille photocopiée que l'enseignant leur a distribuée.

Lors de la mise en commun ils remarquent que la lecture « verticale » de la grille permet de vérifier les réponses des lignes « horizontales ».

	A	B	C	D	E	F
1	7	5	1	2	9	
2	3	0	6	8	0	1
3		8	1	0	3	0
4	4	0	0		9	0
5	9	6	0	2	4	7
6	1	0	0	0		8

2 L'enseignant fait rappeler la règle de comparaison des nombres qui permet de trouver rapidement le plus petit, soit 3 500, car c'est un nombre de quatre chiffres. Tous les autres ont six chiffres, le plus grand est 82 350 qui a le plus grand nombre de dizaines de milliers. Si nécessaire, le tableau de numération du Mémo constitue une aide pour ordonner ces nombres.

3 Il s'agit du travail réciproque de l'activité de l'exercice **1**. Les mêmes remarques demeurent valables.
Hyères : cinquante et un mille trois cent douze habitants ;
Thionville : trente-neuf mille quatre cent quatre-vingt habitants ;
Toulouse : trois cent quatre-vingt-dix mille quatre cent un habitants.
Remarques orthographiques : « mille » est toujours invariable ; « vingt » et « cent » ne varient que lorsqu'ils sont multipliés et s'ils ne sont pas suivis d'un autre numéral, par exemple : *quatre-vingts euros ; huit cents euros ; quatre-vingt-trois euros ; huit cent cinq euros.*
Les nombres inférieurs à 100 s'écrivent avec un trait d'union, par exemple : « soixante-quinze ».

4 La présentation des nombres dans un tableau de numération constitue une aide pour les réponses. L'enseignant peut aussi demander aux élèves en difficulté d'utiliser les cartes de l'activité Chercher pour représenter ces nombres, en particulier pour répondre aux questions **a.** et **b.**
a. **2**42 160, **2**34 600, **2**34 500 ont le même nombre de centaines de milliers.
b. **234** 600 et **234** 500 ont le même nombre de milliers.
c. 23**4** 600, 2**4** 650 et 23**4** 500 ont le même chiffre des milliers.
d. 234 **6**00 et 24 **6**50 ont le même chiffre des centaines.

5 a. Le plus grand nombre possible : 865 432.
b. Le plus petit nombre possible : 234 568.

Calcul réfléchi

Ajouter des multiples de 5
L'enseignant fait observer et commenter l'exemple. Il s'agit de remarquer qu'ajouter 5 unités à 5 unités revient à ajouter une dizaine.
65 + 25 = 90 55 + 35 = 90 75 + 15 = 90
105 + 35 = 140 185 + 45 = 230

Banque d'exercices : nos 10 à 13 p. 44 du manuel de l'élève.

(10) cent mille cent : 100 100
six cent huit mille cinq cents : 608 500
trois cent mille huit : 300 008
deux cent quarante-trois mille quatre-vingt-cinq : 243 085

(11) Guadeloupe (1 705 km²) ; Réunion (2 512 km²) ; Grande-Bretagne (228 200 km²) ; Sumatra (471 000 km²) ; Madagascar (596 356 km²)

(12)

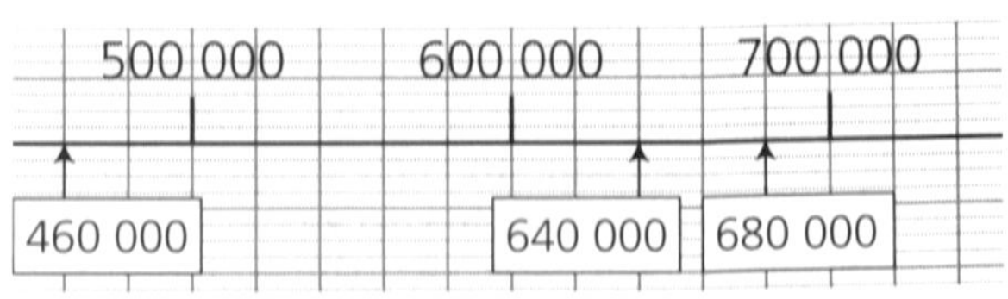

(13)

Nombre précédent	Nombre donné	Nombre suivant
908	909	910
2 419	2 420	2 421
7 999	8 000	8 001
3 998	3 999	4 000

Prolongements

Activités complémentaires
Si besoin est, l'enseignant peut conduire une activité de consolidation des acquis à l'aide des cartes nombres respectivement réparties dans cinq boîtes, une pour les dizaines, une pour les centaines, une pour les milliers, une pour les dizaines de milliers et une pour les centaines de milliers.
On tire huit cartes en piochant au choix dans les boîtes et on écrit les nombres obtenus à partir des cartes tirées. On poursuit sans piocher dans la boîte des dizaines de milliers et dans celle des centaines, etc.

7 Du mètre au millimètre

(manuel de l'élève p. 20-21)

COMPÉTENCES : Connaître les sous-multiples du mètre.
Utiliser les équivalences entre les unités.
Effectuer des opérations sur les longueurs.

Calcul mental

Trouver les compléments à 100.
L'enseignant dit : « Combien faut-il ajouter à 90 pour avoir 100 ? » L'élève écrit 10.
Première séquence : Combien faut-il ajouter à 90 ? 70 ? 50 ? 40 ? 30 ? 20 ? 60 ? 80 ? 10 ? 75 ?
Deuxième séquence : Combien faut-il ajouter à 85 ? 75 ? 95 ? 88 ? 97 ? 94 ? 76 ? 79 ? 91 ? 98 ?

Matériel

- Divers mètres apportés par les enfants : mètre de couturière, de menuisier...
- Les instruments de mesure des longueurs utilisés en classe.
- Deux ou trois liteaux en bois d'environ 2 m 30.

Observations préliminaires

Dans cette leçon, nous limitons au mètre et à ses sous-multiples le travail sur les mesures de longueur. L'étude des multiples du mètre fera l'objet de la leçon 27. Pour que les enfants maîtrisent correctement les relations entre ces unités, il est indispensable de les inciter à réaliser des exercices pratiques de mesurage aussi souvent que l'occasion s'en présente, par exemple au cours des leçons de géométrie (tracés de segments, de figures dont les dimensions sont données, etc.), des séances de travail manuel (réalisation du patron d'une boîte, d'une maquette..), en biologie pour mesurer la croissance d'un végétal, en éducation physique pour mesurer la hauteur et la longueur du saut, etc.

Activités individuelles

Lire, débattre

Les élèves lisent individuellement les exemples de l'encadré orange et la question de Mathéo. Ils constatent que la plupart de ces exemples évoquent des mesures de longueur. Si nécessaire, l'enseignant fait expliquer le mot « intrus » par ceux qui le connaissent. Il s'agit de découvrir dans la liste l'exemple qui ne devrait pas y figurer, à savoir « la contenance d'une bouteille » et de justifier ce choix. Pour clore le débat, il invite les enfants à citer les différentes unités de longueur généralement utilisées pour chacun des exemples : le kilomètre pour la distance entre deux villes ; le mètre pour l'altitude d'une montagne ; etc.

Activités collectives

• Les instruments de mesure

L'enseignant présente aux enfants différents modèles de mètres : mètre pliant, mètre à ruban, « centimètre » de couturière, grande règle plate de la classe, etc. Les enfants les observent et font part de leurs remarques que la classe récapitule lors de la mise en commun : ces instruments sont fabriqués avec des matériaux divers ; certains mesurent exactement un mètre, d'autres, dépliés au déroulés mesurent plus d'un mètre ; l'appellation « mètre » de couturière est curieuse, car cet instrument mesure 150 cm.

• Activité de mesurage

Cette activité se pratique dans la cour de l'école, sous le préau ou dans un couloir. Les élèves sont répartis par groupes de quatre. Muni du matériel nécessaire, un premier groupe trace à la craie sur le sol des segments de longueur 1 m, 1 m 50 cm, 2 m, 90 cm, etc. Un deuxième groupe vérifie les mesures. Un troisième groupe effectue des mesures dans l'environnement immédiat ; dimensions des portes, des fenêtres, etc., sous le contrôle d'un quatrième groupe. Permuter les rôles des groupes.

Chercher

A Les enfants lisent individuellement la consigne. Par groupes de quatre, ils effectuent le découpage des bandes de 1 dm, de préférence dans du carton pour faciliter la manipulation. Mathéo rappelle à ceux qui l'auraient oublié que 1 dm = 10 cm. L'enseignant précise qu'ils utilisent souvent « le double » décimètre qui mesure 20 cm. Ils le vérifient en observant les graduations portées sur les instruments afin d'établir les liens entre les unités. Ils répondent ensuite aux questions du manuel.

a. Il suffit d'assembler bout à bout 10 bandes de un décimètre avec du ruban adhésif pour former un mètre pliant qui concrétise bien l'égalité : 1 m = 10 dm.

Comme Mathéo leur rappelle qu'un dm = 10 cm, il est facile de calculer que : 1 m = 100 cm.

b. Ils consultent ensuite leur règle graduée pour compléter les égalités suivantes :
1 cm = 10 mm   1 m = 1 000 mm.

B Les enfants lisent la consigne et la bulle de Mathéo, puis répondent individuellement aux questions. L'enseignant exige qu'ils mesurent avec précision les dimensions du drapeau ; il veille à une utilisation correcte du double décimètre, en particulier à la place du zéro et à la lecture des graduations.

a. Périmètre du drapeau : 200 mm ou 20 cm :
60 + 40 = 100   100 × 2 = 200
Périmètre de la partie rouge 160 mm ou 16 cm :
60 + 20 = 80   80 × 2 = 160

b. La correction collective permet de rectifier l'erreur de certains enfants qui ont pensé à tort que le périmètre de la partie rouge est égal à la moitié du périmètre du drapeau. Pour convaincre les indécis, l'enseignant propose de mesurer le périmètre de deux bureaux assemblés, de donner sans effectuer la mesure le périmètre d'un bureau, et enfin de vérifier leur réponse en mesurant.

C L'enseignant demande à quelques volontaires de commenter la consigne. Cet échange vise à remettre en mémoire la signification de « ligne brisée », rappelée également par Mathéo. L'enseignant reprend les conseils d'utilisation du double décimètre et accorde suffisamment de temps aux enfants encore malhabiles. Par petits groupes, les enfants tracent sur leur cahier d'essais la ligne brisée ABCD et déterminent les dimensions à donner à chacun des trois segments qui la composent. La mesure de la ligne ABCD étant donnée en décimètres et millimètres rend cette tâche délicate et conduira très probablement les enfants à exprimer cette dimension en millimètres : 2 dm 5 mm = 205 mm. Il existe de nombreuses décompositions de 205 en une somme de trois termes, par exemple 80 + 70 + 55 ; 80 + 80 + 45 ; 60 + 120 + 25 ; etc. La classe valide les réponses correctes. En conclusion, l'enseignant fait lire le mémo de la page 20 et commente l'utilisation du tableau de conversion.

Activités individuelles

S'exercer, résoudre

1 Cet exercice permet de consolider les liens entres les unités de mesure.
Longueur de la table : 2 m 15 cm = 200 cm + 15 cm = 215 cm.
Largeur d'une feuille : 210 mm = 21 cm.
Hauteur du bureau : 720 mm = 72 cm.
Longueur du tableau : 2 m 50 cm = 200 cm + 50 cm = 250 cm.
Les enfants qui éprouvent des difficultés peuvent utiliser un tableau analogue à celui du Mémo. L'enseignant doit alors veiller à ce qu'ils n'écrivent qu'un seul chiffre par colonne. C'est le cas avec 210 mm : il faut placer 0 dans la colonne des mm, 1 dans celle des cm et 2 dans celle des dm ; 210 mm = 20 cm + 10 mm = 21 cm. Idem pour 720 mm.

2 Ordonner des mesures de longueur nécessite de les exprimer avec la même unité.
799 mm < 810 mm ou 81 cm < 900 mm ou 9 dm.

3 Lors de la correction, l'enseignant s'assure si les erreurs proviennent des conversions ou si elles sont dues à une maîtrise insuffisante de la technique de l'addition. Dans le premier cas, les enfants vérifient les conversions et peuvent utiliser le tableau ; dans le second, ils privilégient le calcul mental ou recomptent les additions.
50 cm + 50 mm = 500 mm + 50 mm = 550 mm.
8 dm + 82 cm + 540 mm = 80 cm + 82 cm + 54 cm = 216 cm.
6 dm 8 mm + 52 mm = 600 mm + 8 mm + 52 mm = 660 mm.

4 Par analogie avec la réponse **A** **a.** « du Chercher » : « 10 bandes de un décimètre permettent de former une bande d'un mètre », les élèves doivent trouver facilement qu'on obtient un mètre en mettant bout à bout 5 doubles décimètres. Le vérifier par la réalisation pratique.

5 L'enseignant exige un tracé rigoureux. Si nécessaire, il demande aux enfants de relire le conseil de Mathéo relatif au périmètre du drapeau. Avant de se lancer dans le tracé, ils doivent trouver la mesure du côté du carré : 5 cm. L'utilisation de papier quadrillé facilite la construction des angles droits.

6 L'enseignant rappelle les conseils d'utilisation du double décimètre : place du zéro et lecture des graduations. Il conseille d'effectuer toutes les mesures des segments en mm.
a. ABCDE = 53 + 54 + 92 + 48 = 247.
La longueur totale de la ligne est 247 mm.
b. 247 mm = 24 cm 7 mm.

7 Dimensions de la couverture du livre : 20 cm sur 28 cm 5 mm.
Périmètre en mm : (200 + 285) × 2 = 970 mm.
En cm : 97 cm.

Calcul réfléchi

Les enfants observent individuellement l'exemple et en déduisent la méthode de calcul.
Moitié de 44 = 22 ; moitié de 46 = 23 ; moitié de 62 = 31 ; moitié de 68 = 34 ; moitié de 84 = 42 ; moitié de 86 = 43.

Banque d'exercices : nos 14 et 15 p. 45 du manuel de l'élève.

(14) 623 mm = 6 dm 2 cm 3 mm ; 1 520 mm = 1 m 5 dm 2 cm
5 100 mm = 5 m 1 dm ; 709 mm = 7 dm 9 mm.

(15) 1 dm 5 cm 7 mm = 157 mm — 3 dm 9 mm = 309 mm
1 m 8 mm = 1 008 mm — 7 dm 4 mm = 704 mm

Prolongements

- *Cahiers d'activités mathématiques CM1*, fiches 19 et 20, p. 21 et 22.
- Annexe 5 « **Grandeurs et mesures** » p. 258 de cet ouvrage.

8 CALCUL RÉFLÉCHI Utiliser la propriété de la différence

(manuel de l'élève p. 22)

COMPÉTENCES : Connaître la propriété fondamentale de la différence et l'utiliser. Aborder la technique de la soustraction.

Calcul mental

Retrancher un petit nombre.
L'enseignant dit : « 18 – 3 ». L'élève écrit 15.
18 – 3 ; 19 – 5 ; 17 – 4 ; 13 – 5 ; 12 – 4 ; 14 – 6 ; 16 – 7 ; 18 – 9 ; 21 – 4 ; 23 – 5.

Matériel

Billets factices de 50 € et de 20 € fabriqués par les enfants.

Activités collectives

Comprendre

A Munis de leurs cahiers d'essais, les enfants lisent le problème sur le livre ou au tableau. Ils répondent à la question : *« La différence de fortune a-t-elle changé ? »*. Les nombres ont été choisis pour éviter les difficultés de calcul. Comme Dragan et Samuel ont tous deux un billet de 50 €, la différence est le billet de 20 € que possède Samuel. Pour la concrétiser, les enfants manipulent les billets factices qu'ils ont fabriqués avec des demi-feuilles de papier, et l'enseignant affiche au tableau des billets factices fabriqués avec des feuilles de papier entières pour être lisibles de loin. Chaque enfant écrit la différence sur son cahier d'essais, puis celle-ci est validée au tableau : 70 – 50 = 20.
Pour répondre à la deuxième question : *« La différence change-t-elle après un gain de 10 € ? »*, les enfants manipulent les billets et lorsque la plupart d'entre eux ont terminé leur réflexion, l'enseignant les interroge et la classe valide les réponses en affichant les billets factices au tableau pour faire apparaître la différence entre les fortunes. Dragan et Samuel possèdent chacun un billet de 50 € et un billet de 10 €, mais Samuel possède toujours un billet supplémentaire de 20 €. La différence est donc toujours 20 €. La différence est notée sur chaque cahier d'essais puis validée au tableau : 80 – 60 = 20.
Les enfants lisent alors la suite pour répondre à la troisième question. Cette fois, Dragan et Samuel dépensent chacun 10 €. La différence de fortune aura-t-elle changé ? Les enfants concrétisent la situation avec les billets factices. Pour faciliter la manipulation, ils doivent changer le billet de 50 € de Dragan en cinq billets de 10 € et le billet de 20 € de Samuel en deux billets de 10 €. Ils s'aperçoivent alors que Dragan ne possèdent plus que 40 € mais que Samuel possède 60 €. La différence entre les deux sommes est toujours 20 € : elle n'a pas changé. Ils écrivent la différence sur leurs cahiers d'essais : 60 – 40 = 20. Elle est validée au tableau.
En leur posant la question difficile : *« Que peut-on en conclure ? »*, l'enseignant attend que les enfants lui répondent qu'une différence ne change pas si on ajoute ou on retranche un même nombre aux deux termes de la différence ; le mémo de la leçon rappelle cette propriété.
Pour asseoir cette propriété fondamentale, il leur propose de la vérifier avec d'autres nombres, les enfants calculant les différences sur leurs cahiers d'essais.

B Il s'agit maintenant d'appliquer cette propriété pour faciliter les calculs soustractifs.
Les enfants ouvrent leurs livres et observent la première égalité que l'enseignant a écrite au tableau :
56 – 17 = (56 + ...) – (17 + 3) = ...
L'enseignant fait remarquer qu'on a ajouté 3 à 17 ; on doit donc ajouter 3 à 56. Il demande *« Pourquoi a-t-on choisi d'ajouter 3 à 17 ? »*. Il attend la réponse : *« 20 est plus facile à soustraire que 17 »*. Les enfants recopient et complètent l'égalité :
a. 56 – 17 = (56 + 3) – (17 + 3) = 59 – 20 = 39.
Si certains enfants restent rétifs aux explications, le calcul direct en utilisant une droite numérique peut les convaincre.

b. Les enfants observent la deuxième égalité et cherchent le nombre à ajouter pour faciliter le calcul. Quand ils l'ont trouvé, ils justifient leur choix, puis complètent l'égalité qui est validée au tableau.
72 – 28 = (72 + 2) – (28 + 2) = 74 – 30 = 44
Puis chacun d'eux recopie et complète les deux égalités suivantes.
c. 51 – 32 = 59 – 40 = 19
Certains enfants verront que pour faciliter les calculs, il est intéressant de trouver le complément à la dizaine entière du deuxième nombre de la deuxième différence.
Le Mémo proposé est un exemple qui peut être remplacé par un texte élaboré par la classe.

Activités individuelles

S'exercer, résoudre

1 L'exercice reprend l'activité **B** du Chercher. Le commentaire de l'exemple est nécessaire pour réactiver la mémoire de l'activité.
a. 42 – 18 = 44 – 20 = 24
b. 64 – 17 = 67 – 20 = 47
c. 53 – 26 = 57 – 30 = 27
d. 81 – 33 = 88 – 40 = 48

2 On ne demande pas le calcul final, mais pendant la correction la justification orale de l'égalité des différences sera nécessaire. Les enfants s'apercevront qu'on peut justifier les égalités par un ajout ou un retrait selon le sens de lecture des égalités.
Les différences égales sont :
c. 92 – 37 = 90 – 35 : retrait de 2 à chaque terme.
d. 72 – 29 = 73 – 30 : ajout de 1 à chaque terme.
e. 123 – 57 = 126 – 60 : ajout de 3 à chaque terme.
f. 624 – 336 = 524 – 236 : retrait de 100 à chaque terme.

3 Il s'agit d'un petit problème de synthèse. Si l'enfant a compris la propriété fondamentale de la différence, il est inutile de calculer la différence une deuxième fois puisque cette différence ne changeant pas, le premier calcul suffit. Les nombres choisis (des dizaines entières) permettent un calcul facile.
La différence est 20 billes.

Banque d'exercices : n° 16 p. 45 du manuel de l'élève.

16 **a.** 128 – 94 = 34.
La différence de fortune entre les deux enfants est 34 €.
b. Cette différence de fortune ne change pas, car si l'on ajoute ou retranche un même nombre à chacun des termes d'une différence, cette différence ne change pas.
c. Vérification.
128 – 14 = 114   94 – 14 = 80
114 – 80 = 34

9 Lire l'heure

(manuel de l'élève p. 23)

COMPÉTENCE : Lire l'heure sur un cadran à aiguilles.

Calcul mental

Calculer des différences de dizaines, de centaines.

L'enseignant dit : « 80 – 20 ».
L'élève écrit 60.
80 – 20 ; 120 – 60 ; 190 – 30 ; 240 – 20 ; 210 – 20 ; 500 – 200 ; 100 – 30 ; 280 – 50 ; 700 – 300 ; 200 – 60.

Matériel

• Un grand cadran à aiguilles mobiles (matériel à photocopie et à découper à la fin de la leçon).
• Différents réveils et montres à aiguilles ou à affichage digital.
• Quelques documents où sont écrits des heures du matin et des heures du soir : emplois du temps, programmes de télévision, etc.
• Photocopies de cadrans à lire et à compléter (photofiche en fin de leçon).

Observations préliminaires

Comme toutes les activités visant la structuration du temps, la maîtrise de la lecture de l'heure ne s'acquiert pas en une seule séance. C'est tout au long de l'année que l'enseignant invite ses élèves à lire l'heure qu'indique la pendule de la classe ou sa montre, à interpréter un emploi du temps, à respecter un horaire, la durée d'un exercice ou d'une récréation. Chaque fois que l'occasion se présente, il les met en situation de lire un horaire de train ou de bus, un programme de télévision, etc.
L'une des principales difficultés de cet apprentissage est liée aux différentes façons de donner l'heure oralement et par écrit. Comprendre que « 5 heures moins le quart » correspond à « 16 h 45 » n'est jamais facile. De nombreux exercices seront nécessaires avant que cette compétence soit automatisée.

Activités collectives

• Observation de cadrans et de documents

L'enseignant montre différents cadrans de montres et de réveils et demande aux enfants de préciser qui les utilise et dans quelle occasion.
Il vérifie ensuite leurs connaissances en ce domaine :
« À quelle heure vous levez-vous ? À quelle heure entre-t-on en classe ? »
« À quelle heure quittez-vous l'école ? À quelle heure vous couchez-vous ? »
Pour chaque réponse, il demande à quelques volontaires d'écrire au tableau les réponses de leurs camarades ; d'autres montrent sur le grand cadran la position des aiguilles correspondant aux heures indiquées.
La lecture et l'écriture des heures de l'après-midi seront sans doute l'objet de contestations de la part de certains enfants et susciteront un débat intéressant.
Si les enfants ne relèvent pas ce problème, l'enseignant pose la question :
« Vous dites que vous entrez en classe à 9 h et que vous quittez l'école à 5 h. Est-ce possible que 5 h soit plus tard que 9 h ? »
La réponse permet d'aborder les heures de l'après-midi qui sont toujours un peu mystérieuses pour les enfants, car elles ne figurent pas sur les montres à aiguilles. À l'aide du grand cadran, l'enseignant fait défiler les heures de classe :
Il est 9 h, 10 h , 11 h, 12 h ou midi, puis 13 h, 14 h, 15 h, etc., alors que les aiguilles sont sur 1, 2, 3...
Il demande aux enfants de formuler la règle : ***« Pour lire les heures de l'après midi, il faut ajouter 12 aux heures indiquées par les aiguilles. »***

Il montre alors quelques documents où sont écrits des heures du matin et des heures du soir : emplois du temps, horaires de train, programmes télé... Il demande aux enfants s'ils en connaissent d'autres.

Lire, chercher

A Les enfants lisent silencieusement le texte de présentation, observent les images et commencent à répondre individuellement aux trois premières questions.
Il permet ensuite aux enfants de confronter leurs réponses par petits groupes et de décider d'une réponse commune.
Au cours de la mise en commun, les réponses sont données oralement.
a. Si certains enfants ne savent pas lire l'heure du passage du Tour à Gap, l'enseignant les repère pour les faire travailler ensuite en petit groupe sur la lecture du cadran.
Si la plupart des enfants proposent 1 h 25 pour le passage à Briançon, il pose la question :
– *« Est-ce 1 h 25 du matin ou de l'après midi ? » Réponse attendue :* « C'est l'après-midi. »
– *« Comment doit-on dire alors pour éviter cette confusion ? »* « Il faut ajouter 12 à l'heure indiquée par l'aiguille des heures ; il est donc 13 h 25. »
Les enfants lisent ensuite les autres cadrans, puis discutent les réponses. L'enseignant attire leur attention sur l'erreur fréquemment commise de lire l'heure la plus proche de l'aiguille. À la Grave, il n'est pas 15 h 45 mais 14 h 45 puisqu'il n'est pas encore 15 h. De même à l'Alpe-d'Huez il est 15 h 55 et non 16 h 55.
b. La lecture de l'heure donnée ci-dessus est celle que l'on trouve dans les journaux, dans les écrits en général. Dans le langage de tous les jours, on donne l'heure d'une autre façon.
« Où étaient les coureurs à 3 heures moins le quart ? »
« Ils étaient à La Grave. »
Le cadran indique qu'il sera 3 h dans un quart d'heure, d'où cette écriture soustractive.
c. La même question est posée pour 4 heures moins cinq.
« Les coureurs étaient à l'Alpe-d'Huez. »

B Les enfants cherchent ensuite à répondre à la question suivante : *« Quelle heure était-il 20 min après 14 h 45 ? »*
Plusieurs d'entre eux donnent leur réponse et indiquent comment ils l'ont trouvée.
L'enseignant montre sur le grand cadran le chemin parcouru par l'aiguille des minutes en 20 minutes. Il peut aussi montrer cette durée sur la ligne du temps tracée au tableau, qui permet de schématiser clairement le parcours des aiguilles.

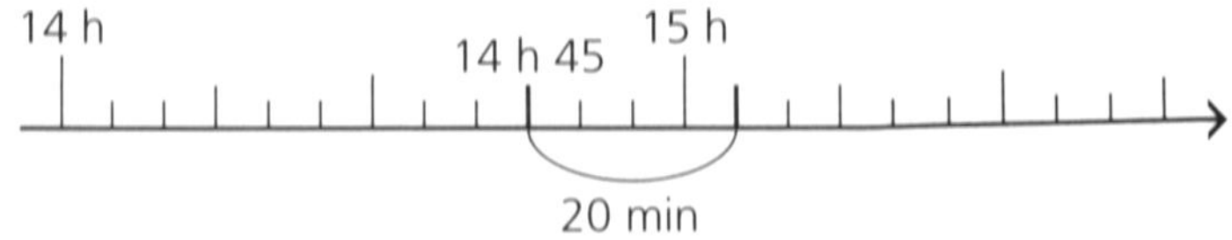

Activités individuelles

S'exercer, résoudre

1 a. heure du matin :
❶ 2 h 20
❷ 8 h 35
❸ 9 h 40
❹ 4 h 50
❺ 0 h 10

heure du soir :
14 h 20
20 h 35
21 h 40
16 h 50
12 h 10

b. ❸ 10 h moins 20 ❹ 5 h moins 10

c. Une demi-heure plus tard, la pendule ❷ indiquera 9 h 05.

Banque d'exercices n°s 17 et 18 p. 45 du manuel de l'élève.

(17)

MATIN	
cadran A aiguilles à 9 h 35	cadran B aiguilles à 10 h 40
SOIR	
cadran C aiguilles à 13 h 20	cadran D aiguilles à 18 h 55

(18) Le TGV arrivera à 9 heures. 8h 40 min + 20 min = 9 h.

Leçon 9 – Lire l'heure

Nom : ....

Prénom : ....

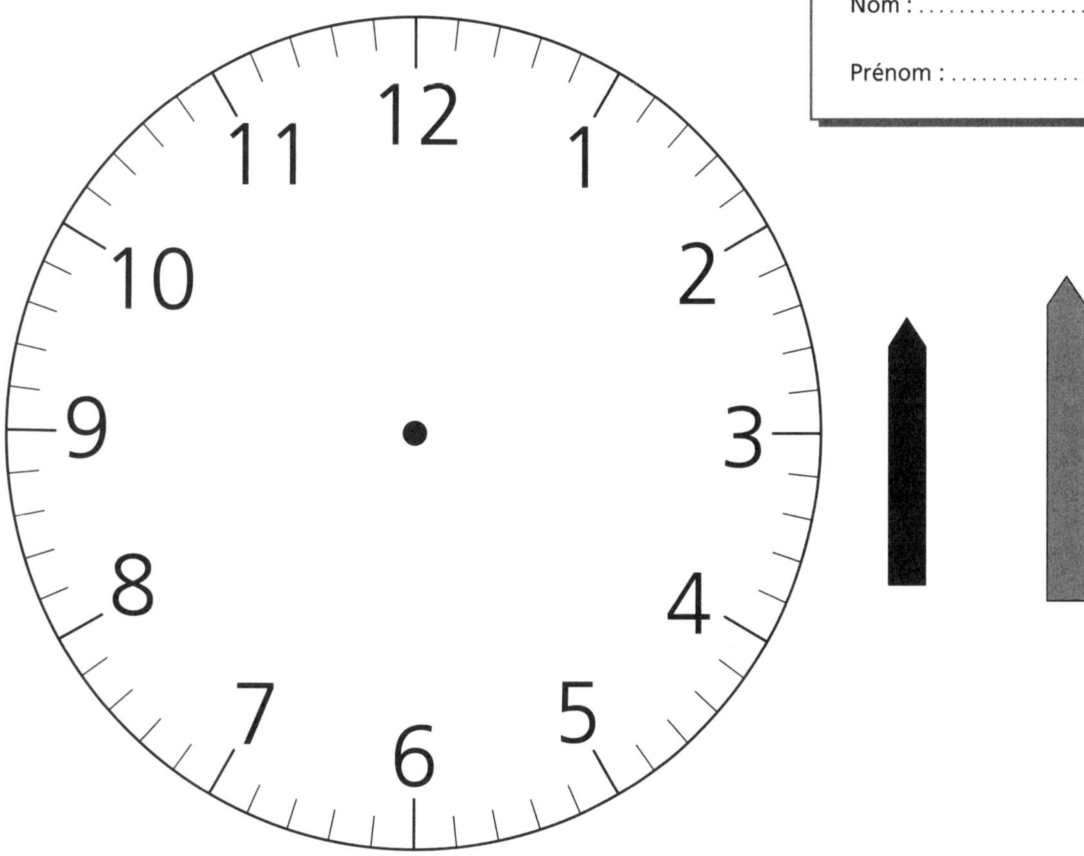

10 Droites perpendiculaires

(manuel de l'élève p. 24-25)

COMPÉTENCES : Vérifier que deux droites sont perpendiculaires. Tracer des angles droits et des droites perpendiculaires.

Calcul mental

Dictée de nombres.

L'enseignant dit : « deux mille trois ». L'élève écrit 2 003.

Première séquence : 2 003 ; 927 ; 1 356 ; 871 ; 9 090 ; 3 303 ; 5 027 ; 4 236 ; 4 040 ; 8 809.

Deuxième séquence : 520 ; 1 066 ; 891 ; 1 101 ; 5 007 ; 2 040 ; 6 606 ; 7 057 ; 9 091; 9 080.

Matériel

Feuilles de papier « déchirées » pour fabriquer des équerres.

Observations préliminaires

Les notions d'angle droit et d'équerre sont généralement introduites dès le CE1, par pliage, à partir des quadrillages ou de l'étude du carré. La notion de droites perpendiculaires fait l'objet d'un travail important au CE2. Cependant, il est vérifié que les enfants éprouvent encore souvent des difficultés à maîtriser les outils et les concepts. Confusion de vocabulaire entre perpendiculaire et parallèle, difficulté à manier l'équerre dans les exercices de tracés et de construction, difficulté à reconnaître que des droites sont perpendiculaires, alors que la reconnaissance des angles droits dans une figure fermée est généralement acquise.

Il est donc important au CM1 de reprendre les notions abordées antérieurement, de les étendre (faire le lien avec la symétrie orthogonale par exemple) et de multiplier les exercices de construction et de repérage, en particulier à l'occasion de l'étude des figures simples du plan et de l'espace au programme.

Activités collectives

Activité préliminaire

Un premier travail de recensement des connaissances peut être utile. L'enseignant trace au tableau une paire de droites sécantes arbitraire, une paire de droites perpendiculaires et une droite isolée.

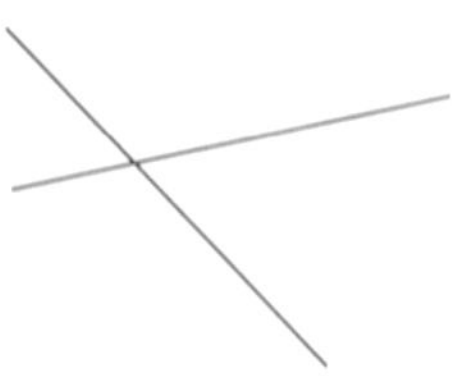

droites sécantes

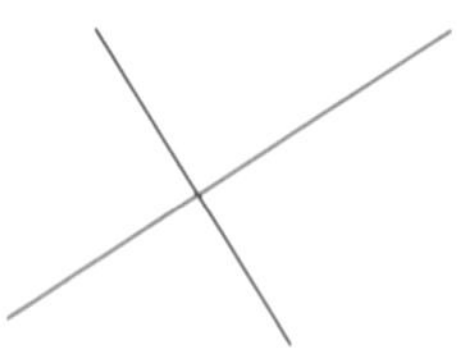

droites perpendiculaires

droite isolée

Il demande aux enfants d'observer les deux premiers dessins et de dire ce qu'ils en pensent. Il demande ensuite comment on peut vérifier que le deuxième dessin représente deux droites perpendiculaires et ce qu'on peut dire des angles que forment ces droites. Un ou plusieurs enfants vont effectuer les vérifications au tableau en utilisant notamment l'équerre collective de la classe. Il s'agit de remémorer au cours de cette phase de travail le vocabulaire « angle droit », « équerre » et « droites perpendiculaires ».

Quelques enfants viennent enfin tracer des droites perpendiculaires à la droite « isolée » du troisième dessin. L'enseignant en profite pour vérifier la tenue de la règle et de l'équerre. Le même travail est repris sur le cahier d'essais.

Lire, chercher

Le débat est un débat de physicien. Si la classe ne trouve pas d'accord, le mieux est de renvoyer à l'observation de la pratique, dans la cour à la récréation. Alors il deviendra évident que la balle revient dans la main de Mathéo lorsqu'il la lance perpendiculairement au sol (figure ❷).

Chercher

Le travail est effectué individuellement ou par paire d'élèves.

Ⓐ **a.** Les angles droits sont le plus souvent reconnus, la vérification se fait à l'aide de l'équerre.

b. La reproduction de la figure à main levée est facile sur papier quadrillé ou seyès. L'enseignant a le loisir d'imposer le papier uni aux élèves les plus à l'aise et d'autoriser le papier quadrillé aux autres.

La reproduction à l'aide de la règle et de l'équerre est difficile sur papier uni car il faut respecter les mesures relatives des différents segments. Il est conseillé de travailler sur papier quadrillé pour éviter cette difficulté par ailleurs étrangère aux objectifs de la leçon.

Ⓑ **a.** La fabrication de l'équerre de papier reprend une construction que les enfants ont sans doute pratiquée au CE2. Elle demande beaucoup de soin mais ne présente pas de difficulté pratique. L'enseignant observe le travail des enfants et conseille les plus maladroits.

b. Seules les figures A et D représentent des couples de droites perpendiculaires. Le cas de A est simple et devrait être trouvé par tous les enfants. Le cas D impose le prolongement mental des droites puisque leur point d'intersection n'apparaît pas sur la figure.

La discussion entre les enfants est le meilleur moyen de leur faire prendre conscience de la relativité de la représentation du concept.

Activités individuelles

S'exercer, résoudre

1 Les couples de droites perpendiculaires sont (a, c), (f, c) et (b, d). La recherche des angles droits dépend de la manière dont les enfants manient leur équerre. Ceux qui ont commis des erreurs peuvent avec profit profiter de l'aide de leur camarades plus aguerris.

2 Les tracés demandés en **a.** et en **b.** mettent en œuvre les savoir-faire techniques des enfants. L'enseignant peut remédier aux erreurs en envoyant les enfants qui manquent de maîtrise, effectuer des tracés équivalents au tableau. Dans un premier temps, un enfant peut tenir la règle tandis que l'autre utilise l'équerre et trace. Dans un second temps, l'enfant est invité à manier les deux instruments simultanément.

3 Il s'agit d'un véritable problème de géométrie qui demande du temps. On peut conseiller aux enfants de commencer par reproduire la figure à main levée, sans respecter fidèlement les dimensions. Ce travail donne des indications sur le « départ » du tracé. Commencer par le grand triangle jaune est une bonne idée. Une autre consiste à tracer d'abord deux droites perpendiculaires qui formeront les bords de gauche et du bas de la figure. Ces choix peuvent donner lieu à une discussion précédant le tracé aux instruments.

Banque d'exercices nos 19 et 20 p. 45 du manuel de l'élève.

(19) Angles droits de la figure : 1 et 4.

(20) Les droites sont perpendiculaires dans les figures A et D.

Calcul réfléchi

Différence de deux nombres
Sans commentaire : les enfants appliquent le procédé illustré par l'exemple résolu.
On obtient successivement 39 ; 58 ; 46 ; 36 et 74.

Prolongements

Équerre à coin tronqué
Pour vérifier que des droites sont perpendiculaires, il n'est pas nécessaire d'utiliser un gabarit d'angle droit. Il est important que les enfants en prennent conscience et décontextualisent le concept de droites perpendiculaires de celui d'équerre du commerce. Pour cela, on peut leur proposer de vérifier la perpendicularité de deux droites en utilisant des équerres tronquées : « fonds de bière » en carré arrondi, équerre dont on a brisé la partie sommitale de l'angle droit, gabarit à construire comme ci-dessous.

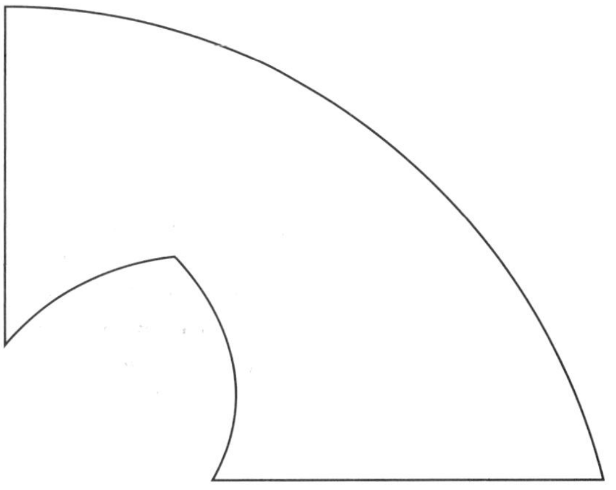

11 Atelier informatique *(1)*
Tracer des droites perpendiculaires (manuel de l'élève p. 26)

COMPÉTENCE : Utiliser un logiciel de géométrie dynamique pour tracer des droites perpendiculaires.

Calcul mental

Complément à la centaine supérieure.
L'enseignant dit : « Que faut-il ajouter à 92 pour obtenir 100 ? ».
L'élève écrit 8.
92 ; 190 ; 398 ; 580 ; 360 ; 780 ; 460 ; 785 ; 170 ; 250.

Matériel

Ces activités ont été conçues à partir du logiciel *Declic32* (téléchargeable gratuitement sur http://emmanuel.ostenne.free.fr/. Pour de plus amples explications, se référer à l'**Annexe 4 Ateliers informatiques**, p. 256 de cet ouvrage. Mais ces activités peuvent être adaptées et réalisées avec tout autre logiciel de géométrie dynamique, tels que TracenPoche (http://tracenpoche.sesamath.net/) ou CaRMetal (http://db-maths.nuxit.net/CaRMetal/).

Activités

1. En général, le logiciel est ouvert par un double-clic à l'aide du bouton gauche de la souris. Pendant cette phase d'observation, les élèves se familiarisent avec les boutons qui seront utilisés lors de l'activité. En positionnant la souris pendant deux secondes sur chacun des boutons, une petite étiquette apparaît et indique la fonction du bouton. Ceci est pratique pour distinguer des boutons similaires. Une aide textuelle apparaît également au bas de la page : elle indique clairement la ou les actions à conduire avec la souris.
Le bouton « Supprimer » permet de corriger des erreurs éventuelles.

2 et **3** En suivant pas à pas les consignes, les élèves ne devraient pas rencontrer de difficultés particulières, même s'ils ne sont pas habitués au maniement de l'outil informatique. Ceux qui maîtrisent déjà ce nouvel outil ou ont appris rapidement à l'utiliser, peuvent initier ensuite leurs camarades.
À ce moment de l'activité, l'enseignant peut intervenir afin de montrer aux élèves qu'ils peuvent déplacer, sur l'écran, la feuille sur laquelle sont tracées les droites. Avec la souris, clic gauche maintenu (le pointeur de la souris change d'aspect : se transforme en), ils déplacent la « feuille blanche » : la droite apparaît alors vraiment comme un objet géométrique infini.
Réponse attendue à la question : « *À l'endroit où les deux droites perpendiculaires se coupent, un petit carré apparaît pour symboliser l'angle droit.* »

4 Cette dernière activité permet de réinvestir la notion de perpendicularité. Les élèves tracent « manuellement » quelques droites noires qui doivent être perpendiculaires à la droite bleue. Ensuite, ils vérifient la perpendicularité de chacune d'entre elles avec la droite bleue en faisant glisser la droite rouge grâce au point visible qui a permis de la tracer.

Réponse à la question : « *Si la droite rouge se superpose à une droite noire, alors cette droite noire est perpendiculaire à la droite bleue.* »
L'avantage d'un logiciel de géométrie dynamique réside dans le fait que, si un point d'une droite est déplacé (au moyen de la souris, clic gauche maintenu), les autres droites tracées (parallèles ou perpendiculaires) conservent leurs propriétés.
Les élèves vérifient ainsi chacune des droites noires tracées et évaluent leur aptitude à tracer des droites perpendiculaires « à main levée ».

Prolongements

Construire les figures de l'exercice n° 2 (page 25 du manuel) en utilisant les mêmes boutons que précédemment ainsi que deux nouveaux boutons : « Point » et « Point sur ... ». Il est aussi possible de nommer les points mais aussi de changer quelques attributs (position des lettres, couleur, épaisseur...). Pour cela, il faut effectuer un clic droit avec la souris (le mot « Aspect » apparaît), suivi d'un clic gauche sur le point pour afficher une nouvelle fenêtre et taper la lettre dans la case prévue à cet effet.

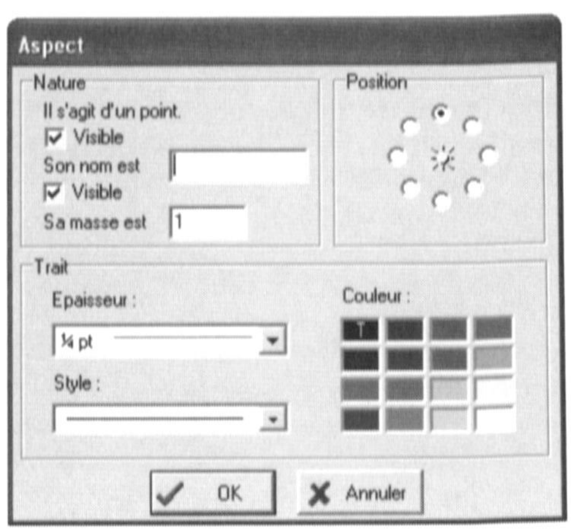

12 La soustraction posée

(manuel de l'élève p. 27)

COMPÉTENCE : **Maîtriser l'algorithme de la soustraction.**

Calcul mental

Retrancher deux nombres proches.

L'enseignant dit : « 31 – 29 ». L'élève écrit 2.

31 – 29 ; 13 – 9 ; 25 – 18 ; 41 – 39 ; 64 – 57 ; 48 – 39 ; 109 – 98 ; 141 – 139 ; 202 – 198 ; 501 – 496.

Observations préliminaires

L'algorithme que nous présentons dans cette leçon fait appel à la propriété fondamentale de la différence : ***« La différence de deux nombres ne change pas si on ajoute ou si on retranche un même nombre à ses deux termes ».***

Pour ne pas oublier de comptabiliser la « retenue », qui représente l'emprunt fait aux dizaines et aux centaines du nombre du haut, on la porte dans la colonne des dizaines ou des centaines du nombre du bas.

Activités collectives

Comprendre

Les élèves lisent l'énoncé du problème. L'enseignant s'assure, par quelques questions, que la classe a compris la situation. Pour aider à la compréhension, il peut la schématiser au tableau.

Les élèves analysent par la méthode de calcul, déjà mise en place au CE2. Un volontaire vient au tableau reprendre le calcul de la soustraction à voix haute.

```
   1 1 1
 1 2 5 4
–  6 5 7
 1 1 1
 -------
 0 5 9 7
```

On commence par la colonne des unités :

4 – 7, impossible. J'emprunte 1 dizaine à 5 dizaines ; je la reporte dans la colonne des unités :

1 d 4 u = 14 u ; je peux alors effectuer 14 – 7 = 7.

Je pense à retenir la dizaine prélevée en disant : je retiens 1 que j'ajoute aux 5 dizaines à soustraire (nombre du bas), ce qui fait 5 + 1 = 6 dizaines à soustraire.

Dans la colonne des dizaines, j'ai maintenant 5 – 6, impossible. Je recommence comme pour les unités. J'emprunte une centaine : 15 – 6 = 9, puis je retiens la centaine que j'ai prélevée en l'ajoutant au nombre de centaines à soustraire.

Dans la colonne des centaines, j'ai maintenant 2 – 7, impossible. Je recommence comme pour les unités et les dizaines. J'emprunte un millier : 12 – 7 = 5, puis je retiens le millier que j'ai prélevé en l'ajoutant au nombre des milliers à soustraire ici 0, ce qui fait 0 + 1 = 1 ; 1 – 1 = 0.

L'enseignant demande aux enfants de vérifier la soustraction sans la recalculer. Ils doivent penser à l'addition 597 + 657 = 1 254 qu'ils effectuent sur la soustraction posée en prenant les nombres à rebours.

L'enseignant pose une autre opération de son choix que les enfants effectuent individuellement.

Activités individuelles

S'exercer, résoudre

1 Les soustractions sont posées. Cet exercice permet de contrôler la maîtrise de l'algorithme. Pendant la correction, l'enseignant regroupe les élèves en difficulté pour détecter les erreurs de calcul (retenues oubliées, tables non sues, etc.) Si nécessaire, il explique à nouveau le mécanisme de la retenue et fait remarquer qu'elle n'est pas systématique.

Résultats des soustractions : 522 ; 308 ; 449.

2 Les enfants doivent poser les soustractions. Il faut donc qu'ils pensent à aligner correctement les chiffres pour faciliter les calculs. Comme le précédent, cet exercice permet de vérifier si le mécanisme opératoire est acquis.

Résultats des soustractions :238 ; 389 ; 1 379.

3 Les soustractions « à trous ».

Cet exercice est plus difficile car il mêle la soustraction et l'addition. Les enfants ont parfois des difficultés importantes avec les retenues. L'enseignant veille à ce qu'ils les notent toutes.

a. 2 472 – 728 = **1 744**

b. 4 **350** – **826** = 3 524

c. 6 223 – **2 654** = 3 569

4, **5**, **6** Comme le soulignent les programmes, « Les compétences relatives aux techniques opératoires sont inséparables de la résolution des problèmes ». Ces exercices proposent donc de mettre en application le sens de la soustraction. La difficulté de ces problèmes est graduelle. Elle réside dans la complexité des nombres.

4 1 100 – 565 = 535. Il reste 535 € à payer.

5 8 848 – 4 808 = 4 040. La différence d'altitude est 4 040 m.

6 16 918 – 13 972 = 2 946. La différence de longueur entre les deux tunnels est 2 946 m.

Banque d'exercices : n° 21 p. 45 du manuel de l'élève.

```
   4 2 5 9        3 8 4 9
 –   7 6 4      – 2 2 4 3
 ---------      ---------
 = 3 4 9 5      = 1 6 0 6
```

13 PROBLÈMES Situations multiplicatives

(manuel de l'élève p. 28-29)

COMPÉTENCE : Reconnaître des situations multiplicatives.

Calcul mental

Tables de multiplication de 2, 5, 10.
L'enseignant dit : « 2 × 8 ». L'élève écrit 16.
Première séquence : 2 × 8 ; 2 × 7 ; 2 × 9 ; 2 × 8 ; 5 × 6 ; 5 × 9 ; 5 × 7 ; 10 × 8 ; 10 × 4 ; 10 × 9.
Deuxième séquence : 5 × 5 ; 2 × 9 ; 5 × 8 ; 2 × 6 ; 10 × 4 ; 5 × 9 ; 10 × 7 ; 5 × 4 ; 2 × 7 ; 5 × 5.

Observations préliminaires

« L'élaboration des connaissances se réalise au travers de la résolution des problèmes ». Cependant, il est parfois difficile de trouver l'équilibre entre les activités servant à construire la notion et les exercices d'entraînement. Souvent, l'investissement pour construire les notions se fait au détriment de leur fonctionnement. Les élèves qui arrivent au CM1 ont déjà une approche sérieuse de la multiplication, du moins ont-ils compris, dans des situations simples, le sens de cette opération.
Pour prendre en compte ces acquis nous avons privilégié des exemples empruntés à la vie courante.

Activités collectives

Lire, débattre

Les enfants lisent en silence le dialogue des trois personnages. L'enseignant les invite à réagir aux affirmations de chacun des personnages.
Les enfants font appel aux acquis du CE2 et explicitent les différentes méthodes pour arriver au résultat.
Lors de la discussion, il apparaît que l'addition réitérée 9 + 9 + 9 + … peut être remplacée par la multiplication 37 × 9.

Chercher

A L'enseignant demande aux élèves de suivre la consigne du livre : « *Observe les dessins et lis toutes les questions avant de répondre* ».
Ils travaillent individuellement, mais, en cas de blocage, ils peuvent demander l'appui de l'enseignant qui conseille généralement de relire attentivement l'énoncé ou de schématiser la situation.
Dès que la majorité des enfants a terminé, l'enseignant leur demande de se grouper par deux ou par quatre, de confronter leurs résultats et de rédiger une réponse collective.
La mise en commun permet ensuite de discuter chaque situation
1. Le nombre de pétales : cette situation multiplicative simple peut être vérifiée par le comptage des pétales : 5 × 5 = 25.
2. Le nombre de timbres : la situation est moins facile, car une partie de la page de timbres est masquée : le comptage n'est plus possible. La mise en commun montre que le nombre de timbres est égal à : 6 × 5 = 30.
3. Le nombre total de billes : l'échange d'avis entre les élèves révèle que cette situation n'est pas une situation multiplicative mais une situation additive de trois termes différents : 25 + 40 + 30 = 95.
4. Les places dans le bus : les enfants remarquent que cette situation peut être résolue par une addition réitérée 54 + 54 + 54 + 54. C'est donc une situation multiplicative.
La calculatrice permet de trouver le résultat : 54 × 4 = 216.
Les élèves sont invités à lire le Mémo de la page 28 du manuel.

B Chaque élève cherche la solution. La difficulté de cette situation multiplicative vient du calcul intermédiaire. Lors de la comparaison des résultats, deux solutions apparaissent : certains enfants calculent d'abord le montant de l'équipement pour une joueuse, puis ils multiplient ce résultat par 5.
12 + 19 + 30 = 61
61 × 5 = 305
D'autres calculent le prix des 5 maillots, celui des 5 shorts, celui des 5 chaussures qu'ils ajoutent ensuite.
12 × 5 = 60 19 × 5 = 95 30 × 5 = 150
60 + 95 + 150 = 305
La comparaison des solutions montre que les deux méthodes permettent de parvenir au même résultat.

Activités individuelles

S'exercer, résoudre

1 Cet exercice est une application directe de la première partie du Chercher. Le calcul du nombre de chocolats dans la boîte rappelle celui de la planche de timbres.
La multiplication permet de le trouver : 5 × 6 = 30.
Le nombre de perles du boulier ne relève pas d'une situation multiplicative mais d'une situation additive.
Nombre de boules : 4 + 7 + 10 = 21.
La situation avec les bidons est une situation multiplicative ; les enfants peuvent utiliser l'addition réitérée ou la multiplication.
15 + 15 + 15 + 15 = 60 ou 15 × 4 = 60

2 Cette situation multiplicative dissimule un petit piège car il ne faut pas oublier de compter Léo parmi les convives :
18 × 5 = 90. Léo a dépensé 90 €.

3 Cet exercice combine une situation multiplicative avec une situation additive.
(12 × 25) + 30 = 330
La salle de spectacle compte 330 places.

4 Les élèves posent les opérations, les calculs intermédiaires sont réalisés à l'aide de la calculatrice.

La maison du modèle réduit			
Quantité	**Articles**	**Prix unitaire**	**Total**
6	Wagons	38 €	228 €
36	Rails	3 €	108 €
1	locomotive	240 €	240 €
		Prix total	576 €

5 Dans cette situation multiplicative, le prix des livres figure sur les dessins et non dans l'énoncé. L'enseignant peut proposer de le présenter comme la facture du problème précédent.

Commande de la BCD			
Quantité	**Articles**	**Prix unitaire**	**Total**
8	Contes de Perrault	8 €	64 €
23	Livrets de lecture	5 €	115 €
4	DVD	28 €	112 €
1	Dictionnaire	32 €	32 €
		Prix total	323 €

Calcul réfléchi

Ajouter 9, 19, 29...

Les enfants observent l'exemple et déduisent la méthode de calcul : **pour ajouter 9, on ajoute 10, puis on retranche 1.**

45 + 9 = 54 ; 67 + 9 = 76 ; 56 + 19 = 75 ; 83 + 29 = 112 ; 92 + 39 = 131.

Banque d'exercices : n° 22 p. 45 du manuel de l'élève.

(22) **a.** 8 × 4 = 32 Chaque page contient 32 timbres.
b. 32 × 20 = 640 L'album contient 640 timbres.

14 CALCUL RÉFLÉCHI Multiplier par 10, 100, 1 000

(manuel de l'élève p. 30)

COMPÉTENCE : Multiplier un nombre entier par 10, 100, 1 000.

Calcul mental

Tables de multiplication de 2, 4, 8.
L'enseignant dit : « 4 × 3 ». L'élève écrit 12.
4 × 3 ; 8 × 2 ; 5 × 4 ; 7 × 4 ; 5 × 8 ; 7 × 8 ; 4 × 9 ; 6 × 4 ; 6 × 8 ; 9 × 8.

Activités collectives

Comprendre

• 1. Au tableau

L'enseignant écrit l'opération 37 × 10. Il peut l'introduire par un problème.
Il demande aux enfants de la calculer en leur laissant le libre choix de la méthode. Certains enfants poseront l'opération. L'enseignant désigne deux enfants qui ont choisi des méthodes différentes et demande à chacun d'expliquer son calcul. La classe valide le résultat. L'enseignant propose ensuite à la classe de calculer de la même manière 48 × 100.

• 2. Livre ouvert

Chaque enfant lit le calcul de Pierre et ses explications, puis les compare à celles trouvées en classe. Les enfants se prononcent sur la méthode la plus rapide. Ils complètent le calcul :
37 × 10 = 10 × 37 ; 10 c'est une dizaine ; 10 × 37 c'est 37 dizaines ; 37 dizaines c'est 370.
37 × 10 = 370.
Chacun examine ensuite le calcul de Besma et ses explications, les compare à celles émises en classe et à celles de Pierre, puis enfin termine le calcul :
48 × 100 = 100 × 48 ; 100 c'est une centaine ; 100 × 48 c'est 48 centaines ;
48 centaines c'est 4 800.
48 × 100 = 4 800.
Les enfants constatent qu'il n'est pas nécessaire de poser les opérations pour multiplier par 10 ou par 100.
Ils lisent la remarque de Mathéo : « *J'ai compris comment faire pour multiplier par 1 000.* », et répondent à sa question : « Et toi ? » en donnant les résultats des opérations proposées : 53 × 1 000 et 50 × 1000 ainsi que l'explication de leur calcul.
L'enseignant les reprend au tableau :
1 000 c'est un millier

53 × 1 000 c'est 53 milliers	50 × 1 000 c'est 50 milliers
53 milliers c'est 53 000	50 milliers c'est 50 000
53 × 1 000 = 53 000	50 × 1 000 = 50 000

Il propose alors d'effectuer d'autres multiplications par 10, 100, 1 000 pour s'assurer de la compréhension de la technique opératoire, opérations et résultats sont écrits au tableau.
Les enfants observent toutes ces égalités ; l'enseignant leur demande de se regrouper pour rédiger une règle qui permet de trouver rapidement le résultat d'une multiplication par 10, par 100 ou par 1 000.
L'enseignant montre aux enfants qui utilisent l'expression « *ajouter un, deux, trois zéros aux nombres* », qu'ajouter zéro ne change pas le nombre, par exemple : 48 + 0 = 48. Il est donc préférable de dire et écrire ***« placer un zéro à droite du nombre »*** ou ***«écrire un zéro à droite... »***

Les enfants comparent la règle qu'ils ont rédigée à celle du Mémo.

Activités individuelles

S'exercer, résoudre

1 Cet exercice vise la consolidation des acquis. Il s'agit d'appliquer la règle pour trouver les réponses.

a. 45 × 10 = 450	54 × 100 = 5 400	23 × 1 000 = 23 000
b. 74 × 10 = 740	83 × 100 = 8 300	40 × 1 000 = 40 000
c. 152 × 10 = 1 520	241 × 100 = 24 100	120 × 1 000 = 120 000

2 Dans les items proposés, le résultat est donné. L'élève doit trouver l'un des deux termes du produit. Il doit tenir compte du (ou des) zéro(s) du résultat et du (ou des) zéro(s) des termes du produit pour trouver l'autre terme. Par exemple : 780 × **100** = 78 **000** ; on ne doit pas multiplier par 1 000 comme on pourrait le supposer en observant les trois zéros de 78 000.

a. 86 × 100 = 8 600	510 × 10 = 5 100
b. 96 × 10 = 960	240 × 100 = 24 000
c. 780 × 100 = 78 000	31 × 1 000 = 31 000

En cas d'erreur, demander aux enfants de cacher le résultat et d'effectuer le produit qu'ils viennent de compléter. S'ils ont écrit 86 × 10, le résultat est 860 et non 8 600 !

3, 4, 5 La résolution de ces problèmes simples relève du calcul mental. Ils permettent de vérifier la capacité des élèves à « trouver mentalement le résultat numérique d'un problème à données simples ».

3 10 × 15 = 150 Tamara pourra distribuer 150 sucettes.

4 24 × 10 = 240 Corentin a acheté 240 timbres.

5 100 × 25 = 2 500 Sofia a parcouru 2 500 m.

6 Ce problème est plus complexe que les précédents. La réponse nécessite deux opérations.
5 000 + (20 × 1 000) = 5 000 + 20 000 = 25 000.
Le stade peut accueillir 25 000 spectateurs assis.

Banque d'exercices : n° 23 p. 45 du manuel de l'élève.

(23) 9 × 10 = 90 ; 17 × 10 = 170 ; 45 × 100 = 4 500 ;
31 × 1 000 = 31 000
12 × 20 = 240 ; 8 × 200 = 1 600 ; 300 × 14 = 4 200 ;
500 × 6 = 3 000

15 CALCUL RÉFLÉCHI
Multiplier par 20, 30, 200, 300...

(manuel de l'élève p. 31)

COMPÉTENCE : **Multiplier par un nombre entier de dizaines, de centaines.**

Calcul mental

Tables de multiplication de 3, 6.

L'enseignant dit : « 3 × 5 ». L'élève écrit 15.

3 × 5 ; 6 × 5 ; 3 × 9 ; 6 × 4 ; 3 × 7 ; 6 × 7 ; 3 × 6 ; 6 × 6 ; 3 × 8 ; 6 × 8.

Activités collectives

Comprendre

A L'enseignant écrit au tableau l'opération 42 × 20, à calculer en ligne. Il peut l'introduire par un problème simple.
Les enfants calculent individuellement selon la méthode de leur choix, puis comparent leurs résultats et confrontent leurs méthodes. Il n'existe pas de méthode unique. Les enfants peuvent proposer :
42 × 20, c'est 42 × 2 dizaines = 84 dizaines = 840
ou 42 × 20 = (42 × 10) + (42 × 10) = 420 + 420 = 840.
Les enfants maîtrisent certaines méthodes, parfois lourdes, mais sûres. Cependant, d'autres démarches se révèlent plus efficaces car économes en temps et écritures : elles mettent en œuvre des techniques expertes vers lesquelles il faut faire évoluer les enfants. Pour y parvenir, on mettra en avant la méthode qui décompose 20 en 2 × 10 comme le propose l'activité « Comprendre » du manuel.
Multiplier par 20, c'est multiplier par deux puis par dix ou l'inverse.
Les enfants lisent, recopient, expliquent et complètent les calculs de Zélia, puis ceux de Caroline. S'ils ont pratiqué l'activité précédente, ils comparent leurs méthodes personnelles avec celles proposées par Zélia et Caroline. Ils choisissent la méthode qui leur convient le mieux.
Les méthodes proposées dans le livre se ressemblent ; Zélia multiplie le nombre par 10 puis par 2, Caroline fait l'inverse. Pour certains enfants, il est plus facile de prendre le double d'un nombre de deux chiffres que celui d'un nombre de trois chiffres. Tous remarqueront que pour multiplier par 20, il n'est pas nécessaire de poser l'opération et que pour calculer, il suffit de décomposer l'opération difficile en une suite d'opérations plus simples.

B Ils lisent ensuite la bulle de Mathéo et calculent les produits : 21 × 100 et 15 × 300. Si, pour de nombreux enfants, calculer le double de 21 ou 210 ne pose pas de difficulté, prendre le triple de 15 peut s'avérer plus délicat. En accord avec les programmes, l'enseignant permet l'écriture des résultats intermédiaires.

Pour clore l'activité, il demande aux enfants de rédiger, individuellement ou en groupes, la règle qui figurera dans « la mémoire mathématique » de la classe. Les enfants compareront leurs productions à celle proposée dans le Mémo.

Activités individuelles

S'exercer, résoudre

1 Cette application vise à consolider les acquis de la leçon et permet à l'enseignant de repérer les enfants qui ont encore besoin de poursuivre le travail d'apprentissage.

a. 45 × 20 = 900
45 × 200 = 9 000

b. 60 × 20 = 1 200
60 × 200 = 12 000

c. 12 × 30 = 360
12 × 300 = 3 600

d. 50 ×40 = 2 000
50 × 400 = 20 000

2, 3, 4 La résolution de ces petits problèmes relève du calcul mental et satisfait aux compétences préconisées dans les programmes. Ils permettent de vérifier la maîtrise de la multiplication par un nombre entier de dizaines.

2 15 × 20 = 300. La tirelire de José contient 300 c, c'est-à-dire 3 €.

3 21 × 40 = 840. Les élèves de l'école des Amandiers ont fabriqué 840 étoiles.

4 300 × 15 = 4 500 km. Le chauffeur de taxi a parcouru 4 500 km en 15 jours.

Banque d'exercices : n° 24 p. 45 du manuel de l'élève.

(24) **a.** 5 × 100 = 500 ; 20 × 4 = 80 ; 20 × 19 = 380
b. 32 × 100 = 3 200 ; 30 × 300 = 9 000 ; 400 × 10 = 4 000

16 PROBLÈMES Rechercher des données

(manuel de l'élève p. 32-33)

COMPÉTENCE : Rechercher les informations pertinentes dans différents types de documents (textes, tableaux, plans...) pour résoudre un problème.

Calcul mental

Tables de multiplication de 6, 7.
L'enseignant dit : « 6 × 7 ». L'élève écrit 42.
Première séquence : 6 × 7 ; 6 × 6 ; 7 × 5 ; 6 × 8 ; 7 × 7 ; 6 × 4 ; 7 × 3 ; 6 × 5 ; 7 × 8 ; 7 × 9.
Deuxième séquence : 6 × 4 ; 7 × 3 ; 6 × 8 ; 7 × 4 ; 6 × 6 ; 7 × 6 ; 7 × 7 ; 7 × 10 ; 7 × 9 ; 6 × 9.

Observations préliminaires

Chaque problème étant à lui seul l'occasion de lire, débattre, chercher, résoudre, les leçons « Problèmes » ne se présentent pas comme les autres. La répartition des problèmes sur plusieurs journées est laissée au choix de l'enseignant qui organise le travail en fonction des aptitudes des enfants.
Pour chacun des problèmes proposés, le travail se déroule ainsi :
– présentation collective de la situation et des documents ;
– travail de recherche et de rédaction des réponses, individuellement ou en petits groupes ;
– mise en commun, confrontation des réponses et des démarches. Cette dernière étape est essentielle. L'enseignant qui se contenterait de rendre aux élèves les travaux corrigés sans discussion collective les priverait d'un échange très enrichissant : l'exposé des réponses et de leurs justifications, la confrontation des arguments, la prise de conscience des différents processus mis en oeuvre par d'autres élèves...

Activités collectives

Lire, chercher

L'enseignant demande aux enfants d'observer l'ensemble de la page, de prendre connaissance des documents qui y figurent et de lire les questions auxquelles ils devront répondre.
Après quelques minutes d'observation, il les interroge pour vérifier s'ils ont bien interprété la situation, les documents présentés et s'ils ont compris les questions.
– *« Que représente la grande photo ? »*
– *« Quels renseignements nous donnent les documents placés autour de la photo ? »* (Les horaires, les tarifs, les moyens d'accès...)
– *« Quelle est votre tâche ? »* (Répondre aux questions écrites au-dessous des documents.)
– *« De quels éléments avez-vous besoin pour répondre à ces questions ? »*...
Les enfants travaillent ensuite seuls environ un quart d'heure, puis l'enseignant leur permet de confronter leurs réponses par groupes de 4 ou 5. Pour chaque question, ils s'entendent sur une réponse commune.

• Mise en commun

Une partie importante du travail d'explicitation se déroule lors de la mise en commun des réponses à chaque question qui sont exposées, commentées, réfutées si nécessaire. Les enfants assurent l'essentiel de l'argumentation, l'enseignant n'intervient que pour valider les réponses, apporter les arguments supplémentaires, réfuter les affirmations erronées.

• Réponses aux questions

A Le théâtre est ouvert au public :
– au mois de mai durant 9 h : de 9 h à 18 h.
– au mois d'août 10 h : de 9 h à 19 h.

B Longueur du trajet aller : 66 km (37 km d'Arles à Avignon et 29 km d'Avignon à Orange).
Longueur du trajet aller-retour : 132 km (2 × 66 = 132).

C Au tarif habituel, cette famille devrait payer 28 € (8 + 8 + 6 + 6 = 28).
Avec l'offre famille elle paie : 22 € (8 + 8 + 6 = 22).

Activités individuelles

S'exercer, résoudre

1 Avant de proposer ce problème, au cours d'une discussion collective, l'enseignant s'assure que les enfants savent interpréter les documents proposés.
L'exploitation du ticket de caisse justifie quelques éclaircissements, car tous les enfants ne manipulent pas forcément ce genre de document. Certains, par exemple, ignorent que « CB » signifie « Carte Bancaire ». Un travail en petits groupes peut aussi les aider à découvrir collectivement la signification de chacune des informations portées sur le ticket.
La première réponse (**a.**) ne demande qu'une simple lecture, les autres nécessitent de croiser les informations données dans plusieurs documents.
a. La visite a eu lieu le 26 avril 2007 à 15 h 02.
b. Deux adultes ont payé l'entrée 12 € (6 × 2 = 12).
c. Ce groupe comprend 24 enfants (3 × 24 = 72).

2 Les conseils ci-dessus demeurent valables.
a. La construction du Grand Palais a duré 4 ans : 1897, 1898, 1899, 1900. On compte généralement l'année où les travaux commencent et celle où on les termine.
b. La masse de verre est 2 000 tonnes (9 000 – 7 000 = 2 000).
c. La longueur du bâtiment est environ 5 fois plus importante que la hauteur (5 × 44 = 220).
d. 1 000 pots de peinture pèsent 30 000 kg. On a donc utilisé 2 000 pots de 30 kg. Vérification : 30 × 2 000 = 60 000.

Prolongement

Atelier problèmes (1) : n°s 5 à 8, p. 46 du manuel de l'élève.

17 Axes de symétrie d'une figure

(manuel de l'élève p. 34-35)

**COMPÉTENCES : Percevoir qu'une figure possède un ou plusieurs axes de symétrie.
Vérifier, en utilisant différentes techniques, qu'une droite est axe de symétrie d'une figure.**

Calcul mental

Tables de multiplication de 9 et 10.
Première séquence : 9 × 5 ; 8 × 9 ; 10 × 4 ; 6 × 10 ; 5 × 9 ; 10 × 9 ; 9 × 7 ; 3 × 9 ; 6 × 9 ; 9 × 9 ; 12 × 10 ; 9 × 11.
Deuxième séquence : 5 × 9 ; 9 × 8 ; 5 × 10 ; 7 × 9 ; 9 × 9 ; 10 × 7 ; 3 × 9 ; 9 × 4 ; 9 × 6 ; 10 × 9 ; 15 × 10 ; 9 × 20.

Matériel

Par enfant ou groupe d'enfants :
• Deux demi-feuilles de papier uni de format commercial (A4).
• Deux gabarits : une figure admettant un axe de symétrie et une autre régulière, par exemple un parallélogramme, sans axe de symétrie.
(Voir en annexe quelques modèles photocopiables.)

Observations préliminaires

Les enfants sont familiarisés avec la notion d'axe de symétrie d'une figure depuis le cycle 2. Ils ont appris à les tracer par pliage ou en utilisant le quadrillage. Cette première leçon sur la symétrie se propose de remettre en mémoire et de consolider ces savoirs. Elle se propose aussi de mettre en œuvre les différentes techniques qui permettent de reconnaître qu'une figure admet un ou plusieurs axes de symétrie et de les tracer : pliage, calque, retournement d'un gabarit.

Activités collectives

Lire, débattre

Ce questionnement vise à établir la différence entre figures superposables par translation et figures superposables par symétrie. Ou encore « tout ce qui est régulier n'est pas forcément symétrique ». En cas de doute des enfants, les inviter à plier mentalement la figure pour la rabattre sur elle-même, ce qui déclenchera leur compréhension.

• Activité de pliage

Les enfants travaillent individuellement ou par petits groupes de deux ou trois pour faciliter les échanges entre pairs.

1. Chaque enfant dispose d'une feuille de papier uni. Il la plie. Il est invité à dessiner une figure arbitraire partant du pli et le rejoignant, puis à la découper. Les enfants font part de leurs observations que l'enseignant note au tableau. *« La figure (dépliée) obtenue possède deux parties égales (superposables). » ; « Elle admet un axe de symétrie. » ; « Le pli matérialise l'axe de symétrie qui est une droite. »*, etc. L'enseignant demande aux enfants comment différencier une figure possédant un axe de symétrie, d'une figure qui n'en possède pas. *« Une figure possédant un axe de symétrie est plus régulière qu'une figure sans axe de symétrie »*. Il distribue à chaque élève (ou groupe d'élèves) une seconde feuille de papier. Les enfants sont invités à tracer le contour de leur figure sur cette feuille, puis à retourner la figure et essayer de la poser à nouveau dans son contour. Les enfants constatent que c'est possible.

2. Les enfants désignent ensuite les figures de leur entourage qui possèdent un ou plusieurs axes de symétrie. Un grand nombre des objets visibles dans la salle de classe ont cette propriété. Une liste est établie.

3. L'enseignant leur distribue enfin les deux gabarits et leur demande de rechercher les axes de symétrie éventuels de ces deux figures. La méthode la plus simple qui vient à l'esprit est de chercher à plier la figure sur elle-même. L'enseignant attire alors l'attention des enfants sur une autre méthode : tracer le contour de la figure et regarder si la figure retournée rentre ou non dans le contour. Les enfants constatent ainsi que le parallélogramme, pourtant bien régulier, n'admet pas d'axes de symétrie.

Chercher

A Les différentes méthodes de recherche et de vérification sont indiquées dans le texte. Les enfants choisissent celle qui leur paraît la plus simple ou la plus séduisante. Une discussion permet de comparer l'efficacité de ces méthodes au moment de la correction.
La figure **A** admet six axes de symétrie (droites passant par deux sommets opposés et médiatrices des côtés), la figure **B** en admet cinq, la **C** en admet un seul (médiatrice de l'hypoténuse) et le parallélogramme **D** ne possède pas d'axe de symétrie.

B Laisser les enfants dessiner sur papier quadrillé (le carroyage de leur cahier par exemple), sinon l'exercice sera trop long en regard de l'objectif : découvrir les quatre axes de symétrie du carré.

C L'exercice est perceptif. Dans le seul cas où il y aurait un désaccord dans la classe, il faudrait faire décalquer la ou les figures litigieuses et vérifier par pliage l'existence des axes discutés.
Les figures **1** et **4** possèdent un seul axe de symétrie, la figure **5** en a deux, la **2** en a quatre, la **6** huit et la figure **3** ne possède pas d'axe de symétrie ; quant à la figure **7** une infinité, l'ensemble des diamètres du cercle.

Activités individuelles

S'exercer, résoudre

1 La droite rouge n'est un axe de symétrie que pour les figures **1**, **7** et **8**. Les figures **5** et **6** peuvent conduire à des erreurs perceptives. Les autres sont des cas ou l'erreur est rarissime.
En cas d'erreur, un moyen de remédiation efficace consiste à décalquer, découper et choisir une des deux méthodes : chercher à plier la figure sur elle-même ou retourner la figure et voir si elle se superpose au modèle.

2 Seule la lettre F parmi les lettres proposées n'admet pas d'axe de symétrie.
Même remédiation à proposer aux enfants commettant des erreurs que celle de l'exercice précédent.

3 L'exercice est trompeur : la faïence ne possède que la symétrie du carré, c'est-à-dire quatre axes de symétrie. La confusion possible résulte des multiples symétries des différents motifs de la mosaïque.

4 La fleur ne possède que trois axes de symétrie. Certains enfants s'en apercevront sans doute après un examen superficiel du dessin. La méthode ultime de vérification consiste ici encore à décalquer et à plier.

5 C'est la figure la moins riche qui impose ses symétries. Ainsi la figure A possède les symétries du carré : quatre axes ; la figure B celles de l'hexagone : six axes et la figure C celle du triangle isocèle : un seul axe.

Calcul réfléchi

Ajouter 8, 18, 28...
La méthode est détaillée par l'exemple. Sans commentaire.
On obtient successivement : 44, 55, 83, 65 et 62.

Banque d'exercices : n° 25 p. 45 du manuel de l'élève.

(25) Les droites EG et HF sont axes de symétrie de la figure.

Leçon 17 – Axes de symétrie d'une figure

Nom : ....

Prénom : ....

Figure 1

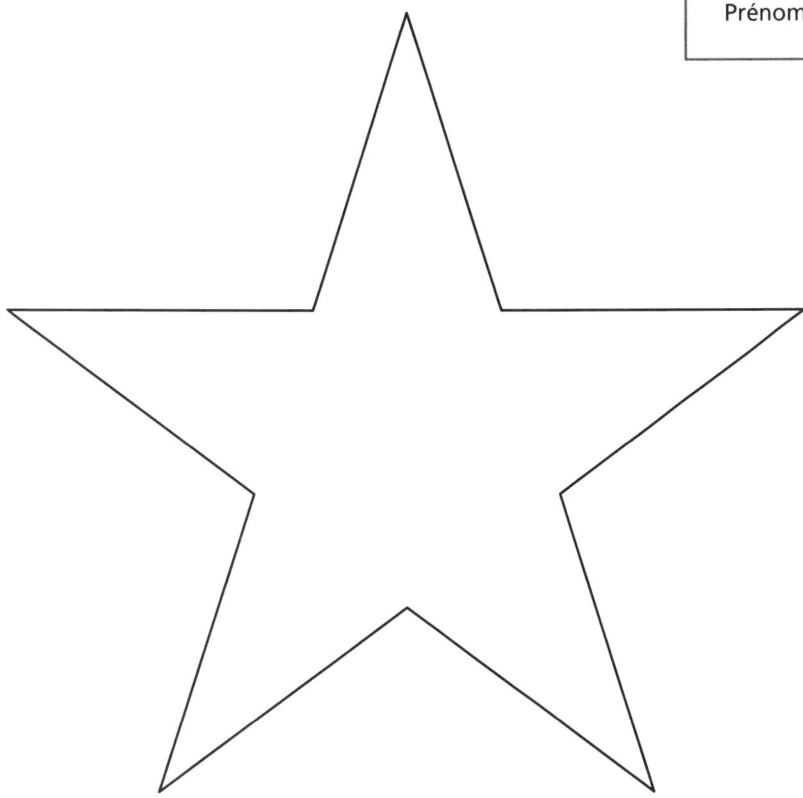

Figure 2

18 Ordre de grandeur

(manuel de l'élève p. 36-37)

**COMPÉTENCES : Évaluer un ordre de grandeur d'un résultat en utilisant un calcul approché.
Utiliser à bon escient la calculatrice.**

Calcul mental

Calculer des petits produits
L'enseignant dit : « 4 × 3 ». L'élève écrit 12.
Première séquence : 4 × 3 ; 5 × 4 ; 6 × 3 ; 9 × 2 ; 3 × 5 ; 4 × 4 ; 3 × 7 ; 6 × 4 ; 5 × 5 ; 3 × 8
Deuxième séquence : 3 × 5 ; 2 × 9 ; 4 × 6 ; 5 × 5 ; 4 × 8 ; 3 × 7 ; 4 × 7 ; 3 × 8 ; 4 × 8 ; 5 × 6

Activités collectives

Lire, débattre

Les enfants prennent connaissance silencieusement des documents présentés. Après quelques minutes d'observation, l'enseignant leur demande de dire ce qu'ils ont compris et retenu. Il est probable que le thème lui-même, la quantité de déchets produits, retiendra d'abord leur attention. Si le sujet semble les intéresser, il leur propose de consacrer un moment à l'étude de ce problème et, éventuellement, confie à quelques volontaires une étude future plus approfondie.
Il demande ensuite :
– « *Avez-vous compris ce que disent les trois personnages ? Qu'en pensez-vous ?* »
Quelques enfants prendront sans doute à leur compte la réflexion de Mathéo :
– « *Comment fait-il pour calculer si vite ?* »
Dans le cas contraire, c'est l'enseignant qui demande :
– « *À votre avis, comment Timéo a-t-il trouvé le nombre 800 millions qui ne figure pas dans le tableau ?* »
Les réponses sont ensuite mises en commum ; quelques enfants viennent les écrire au tableau et les justifier.
Il laisse les enfants émettre différentes hypothèses, vraies ou fausses, et se contente de conclure : « *Vous comprendrez comment il a pu faire quand nous aurons effectué les calculs qui suivent.* »

Chercher

A L'enseignant demande qui a compris ce qu'il fallait faire et qui veut l'expliquer à ses camarades. Si personne ne se propose, il le fait lui-même en traçant au tableau une droite graduée en dizaines :
– « *Arrondir un nombre à la dizaine la plus proche, c'est trouver le nombre terminé par un zéro, le plus proche de ce nombre. Par exemple, 24 est proche de 20 et 27 est proche de 30.* »
Cette affirmation est visualisée au tableau sur la droite graduée.
Le Mémo peut aussi être consulté pour consolider ce savoir faire.
– « *Recherchez maintenant les réponses à la consigne donnée dans le manuel et notez-les sur votre cahier d'essais.* »
Si certains enfants semblent avoir des difficultés, il leur demande de reproduire sur leur cahier d'essais la droite donnée dans le manuel en respectant rigoureusement les graduations.
Les réponses sont ensuite mises en commun ; quelques enfants viennent écrire et justifier leur réponse. 14 → 20 ; 28 → 30 ; 89 → 90 ; 374 → 370 ; 343 → 340

B « *Avec ces nombres arrondis, pouvez-vous maintenant calculer plus facilement la production de déchets ?* » « *Timéo avait-il raison ?* »
– *Oui, mais la réponse n'est pas exacte !*
« *C'est une valeur approximative, on dit aussi un « **ordre de grandeur** ». « Mais croyez-vous que les nombres donnés dans le tableau sont des valeurs exactes ? Quand on dit que les collectivités ont produit 14 millions de tonnes de déchets, il s'agit d'un ordre de grandeur. Ce n'est pas la masse exacte, ni à un kilogramme près, ni à une tonne près, ni à 100 000 tonnes près. C'est un nombre arrondi au million de tonnes !* »

C Les enfants arrondissent ensuite les deux derniers nombres à la centaine la plus proche. Ils doivent y parvenir seuls s'ils ont compris le travail effectué en **A** ; dans le cas contraire, la mise en commun sera l'occasion d'une explication supplémentaire, voire de quelques exercices de consolidation.

D L'enseignant demande enfin de lire individuellement le petit texte et de répondre à la question posée sans poser d'opération et sans utiliser de calculatrice.
La mise en commun permet à l'enseignant de vérifier si les enfants savent maintenant calculer l'ordre de grandeur d'un résultat en arrondissant les nombres.
Si certains enfants éprouvent encore des difficultés, il procède alors avec eux à quelques calculs de nombres approchés.

Activités individuelles

S'exercer, résoudre

1 Valeur approchée à la dizaine près.
Si nécessaire, l'enseignant utilise la droite graduée pour justifier le résultat.
13 → 10   189 → 190   19 → 20   22 → 20   36 → 40

2 Valeur approchée et valeur exacte.

	Valeur approchée	Valeur exacte
38 + 84	120	122
1 709 – 1 210	500	499
21 × 38	800	798
68 + 398 + 42	500	508
521 × 17	10 000	8 857

3 a → 776   **b** → 1 000   **c** → 105   **d** → 312

4 Un billet de 100 € suffira à Xavier. On peut arrondir et calculer mentalement :
10 + 30 + 30 + 20 = 90

5 Les nombres 47 000 et 34 500 sont des valeurs approchées.
Valeur approchée à la dizaine de milliers près : 47 000 → 50 000 ; 34 500 → 30 000

Calcul réfléchi

Multiplier par 10, 100, 1 000.
47 × 10 = 470   56 × 10 = 560
78 × 100 = 7 800
20 × 1 000 = 20 000   34 × 1 000 = 34 000

19 CALCUL RÉFLÉCHI La multiplication en ligne

(manuel de l'élève p. 38)

COMPÉTENCE : Multiplier par un nombre d'un chiffre (calcul en ligne).

Calcul mental

Ajouter un petit nombre à un nombre de 3 chiffres.
L'enseignant dit : « $124 + 3$ ». L'élève écrit 127.
$135 + 4$; $143 + 5$; $154 + 3$; $246 + 3$; $352 + 6$; $158 + 3$; $147 + 5$; $256 + 4$; $205 + 5$; $327 + 6$.

Matériel

Une grande feuille de papier quadrillé de 26×10 carreaux comme matériel collectif ou une feuille quadrillée par enfant.

Activités collectives

Comprendre et choisir

• Activité 1

L'enseignant écrit le produit 26×8 au tableau. Il peut l'introduire par un petit problème.
Il impose la contrainte du calcul en ligne et la décomposition du produit en produits plus simples à calculer. Les enfants travaillent individuellement ou en petits groupes. La classe valide les productions individuelles ou collectives. L'utilisation du papier quadrillé *(fig. 1)* est une aide précieuse pour concrétiser les décompositions et les valider.

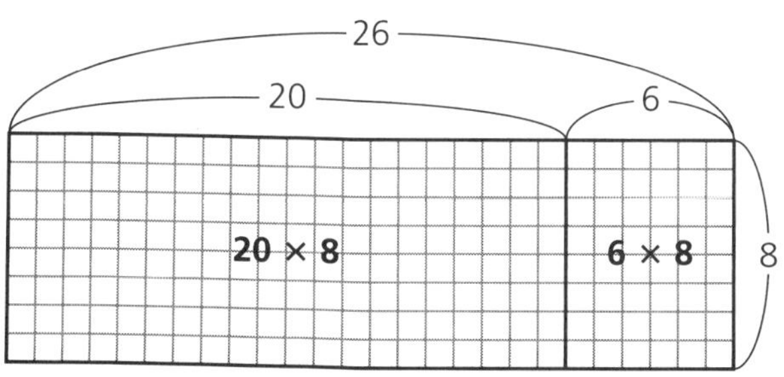

• Activité 2

a. Les enfants lisent l'énoncé de l'activité « Comprendre et choisir». Ils observent ensuite et commentent le procédé de Rachid qui a décomposé 26 en $20 + 6$ et se sert de la distributivité de la multiplication pour calculer. Il multiplie 20 par 8 et 6 par 8, puis effectue la somme des résultats :
$26 \times 8 = (20 \times 8) + (6 \times 8) = 160 + 48 = 208$.
C'est la technique usuelle de la multiplication. Il faut savoir multiplier un nombre entier de dizaines, puis un nombre d'unités par 8. Les enfants prennent conscience de l'utilité de connaître les tables de multiplication, ici celle la table de 8.

b. Le procédé de Léa fait appel à la soustraction. Il est moins courant mais intéressant, car il propose une voie nouvelle aux enfants. La justification de ce calcul est l'occasion d'un débat fructueux. L'utilisation de la feuille de papier quadrillé de 10 carreaux sur 26 carreaux (fig. 2) permet de convaincre les plus réticents. L'enseignant fait découvrir aux enfants que Léa a choisi de décomposer 8 en $10 - 2$ parce qu'il est facile de multiplier par 10 (*cf.* leçon 14) et par 2 (prendre le double). L'opération délicate demeure la soustraction. Les enfants peuvent alors compléter le calcul :
$(26 \times 10) - (26 \times 2) = 260 - 52 = 208$.

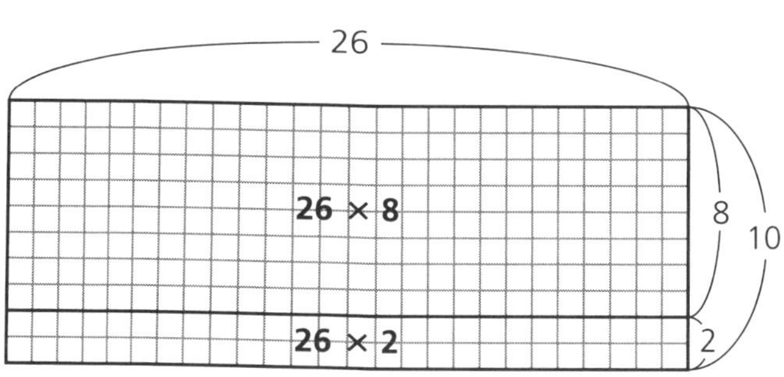

c. Les enfants cherchent alors d'autres façons de calculer en trouvant d'autres décompositions intéressantes des nombres **26** et **8**.
Si nécessaire, l'enseignant peut en suggérer quelques-unes, par exemple :
$(26 \times 4) + (26 \times 4)$ ou $(26 \times 2) \times 4$
ou $(25 \times 4) + (25 \times 4) + (1 \times 8)$
ou demander aux enfants de justifier les propositions de décompositions qu'il donne lui-même.

Activités individuelles

S'exercer, résoudre

1

a.

$28 \times 6 = (20 \times 6) + (8 \times 6)$ $= 120 + 48$ $= 168$	$28 \times 6 = (30 \times 6) - (2 \times 6)$ $= 180 - 12$ $= 168$
$35 \times 7 = (30 \times 7) + (5 \times 7)$ $= 210 + 35$ $= 245$	$35 \times 7 = (40 \times 7) - (5 \times 7)$ $= 280 - 35$ $= 245$
$47 \times 8 = (40 \times 8) + (7 \times 8)$ $= 320 + 56$ $= 376$	$47 \times 8 = (50 \times 8) - (3 \times 8)$ $= 400 - 24$ $= 376$

b.

$42 \times 7 = (40 \times 7) + (2 \times 7)$ $= 280 + 14$ $= 294$	$42 \times 7 = (42 \times 10) - (42 \times 3)$ $= 420 - 126$ $= 294$
$63 \times 3 = (60 \times 3) + (3 \times 3)$ $= 180 + 9$ $= 189$	$63 \times 3 = (63 \times 2) + (63 \times 1)$ $= 126 + 63$ $= 189$
$54 \times 4 = (50 \times 4) + (4 \times 4)$ $= 200 + 16$ $= 216$	$54 \times 4 = (54 \times 2) + (54 \times 2)$ $= 108 + 108$ $= 216$

Lors de la correction, il est important que les enfants découvrent d'autres décompositions intéressantes mais différentes des décompositions canoniques.

2 Les enfants utilisent sûrement la décomposition canonique de 25 en $20 + 5$. La correction permet de mettre en évidence deux autres décompositions intéressantes pour leur rapidité d'obtention du résultat :
$25 \times 8 = (25 \times 4) + (25 \times 4) = 100 + 100 = 200$
ou $25 \times 8 = (30 \times 8) - (5 \times 8) = 240 - 40 = 200$
Sofiane possède 200 images.

3 Le nombre 9 a été choisi pour pousser les enfants à utiliser sa décomposition en $10 - 1$.
$24 \times 9 = (24 \times 10) - (24 \times 1) = 240 - 24 = 216$
On préférera cette solution, mais l'essentiel est de trouver une décomposition qui mène au résultat.
Théo possède 216 soldats.

4 La décomposition canonique est parfaitement adaptée pour calculer cette multiplication
64 × 6 = (60 × 6) + (4 × 6) = 360 + 24 = 384
Karine a parcouru 384 km à bicyclette.

5 La décomposition canonique de 96 en 90 + 6 aura encore la préférence des enfants.
Le nombre 96 a été choisi pour sa proximité avec 100. La correction le mettra en évidence.
96 × 4 = (100 × 4) – (4 × 4) = 400 – 16 = 384
On sert 384 repas pendant 4 jours.

6 Deux multiplications et une addition sont nécessaires pour répondre à ce problème. Le choix des décompositions est ouvert. Pour 17 et 23 on préférera les décompositions 20 – 3 et 25 – 2 qui n'auront sûrement pas été celles des enfants mais que la correction valorisera.
17 × 6 = (20 × 6) – (3 × 6) = 120 – 18 = 102
23 × 5 = (25 × 5) – (2 × 5) = 125 – 10 = 115
102 + 115 = 217
La tempête a détruit 217 arbres.

Banque d'exercices : n°s 26 et 27 p. 45 du manuel de l'élève.

(26) 124 × 6 = 744 ; 212 × 5 = 1 060 ; 97 × 8 = 776 ; 657 × 4 = 2 628

(27) (12 × 4) + 7 = 48 + 7 = 55
Théo possède 55 perles.

20 CALCUL RÉFLÉCHI Jongler avec les nombres 100 et 1 000

(manuel de l'élève p. 39)

COMPÉTENCE : Comprendre la structure arithmétique des nombres 100 et 1 000.

Calcul mental

Ajouter des dizaines à un nombre « rond » de 3 chiffres.
L'enseignant dit : « 180 + 30 ». L'élève écrit 210.
180 + 30 ; 130 + 40 ; 150 + 50 ; 190 + 20 ; 260 + 30 ; 280 + 40 ; 350 + 50 ; 370 + 40 ; 420 + 40 ; 480 + 50.

Activités collectives

Comprendre

A L'enseignant fixe les règles du jeu. Il faut trouver le plus grand nombre d'écritures possible de 100 et de 1 000 en utilisant uniquement les nombres et les signes imposés. Chaque écriture juste vaut un point et une erreur coûte un point en moins. Le tableau est séparé en deux : une partie réservée au nombre 100, l'autre au nombre 1 000.
Les enfants travaillent par équipes de quatre. L'enseignant laisse le temps à chaque équipe de s'organiser pour être le plus efficace possible. Quand elles ont fini leur travail, l'enseignant choisit une équipe qui écrit ses résultats au tableau. La classe les valide. Les équipes qui en ont trouvé d'autres les écrivent à leur tour et les soumettent à l'approbation de la classe. Dans les parties du tableau réservées à chacun des deux nombres, un enfant ou l'enseignant répertorie l'ensemble des écritures correctes et les classe en deux colonnes : l'une pour les formes additives, l'autre pour les formes multiplicatives. On ajoute une colonne supplémentaire si des enfants ont proposé des écritures mêlant les signes + et x. Les équipes font le décompte de leurs points pour connaître l'équipe gagnante.
La classe commente les écritures. L'enseignant souligne les écritures analogiques entre 100 et 1 000, par exemple 50 × 2 et 500 × 2, 75 + 25 et 750 + 250, 25 × 4 et 250 × 4... et met en évidence celles qui sont importantes et qu'il faut automatiser. Elles seront affichées en classe. Le Mémo du manuel fixe les écritures à connaître impérativement.

B Cette activité se déroule livre ouvert. Il s'agit de compléter les égalités. Les enfants complètent d'abord celles qui mènent à 100 en utilisant les multiples de 25 :
50 + 25 = 75 ; 75 + 25 = 100
Puis celles de 1 000 en utilisant les multiples de 250 :
250 + 250 = 500 ; 250 × 4 = 1 000.
Une difficulté attend les enfants dans l'égalité :
500 + 350 + ... = 1 000.
C'est 150 qu'il faut écrire.

Activités individuelles

S'exercer, résoudre

1, **2** Ce sont les applications de l'activité « Comprendre ». Ces deux exercices privilégient le calcul de sommes de multiples de 5.

1 Les étiquettes **a**, **b**, **d** et **f** sont égales à 100.

2 Les étiquettes **a**, **b**, **d** et **f** sont égales à 1 000.

3 Il s'agit d'un exercice plus varié et plus difficile. Il faut trouver le complément, le multiplicateur ou le résultat d'une somme ou d'une différence pour obtenir 1 000.
a. 300 + 700 = 1 000 ; 200 × 5 = 1 000 ; 250 + 500 + 250 = 1 000 ; 250 × 4 = 1 000
b. 1 000 – 250 = 750 ; 550 + 150 + 300 = 1 000 ;
1 000 = 7 centaines + 3 centaines ; 1000 – 750 = 250.

4 C'est un problème qui nécessite plusieurs opérations pour répondre à l'unique question. L'enseignant s'assure d'abord de la compréhension de l'énoncé avant de laisser les enfants calculer.
Le samedi, le livreur parcourt 150 km.

21 Mobilise tes connaissances
La Lune, notre satellite artificiel

(manuel de l'élève p. 40-41)

Présentation générale des doubles pages « Mobilise tes connaissances »

Chacune des cinq périodes du manuel se termine par un document de deux pages intitulé « **Mobilise tes connaissances** » qui porte sur un thème d'actualité. L'objectif et la présentation de ces pages diffèrent de ceux des autres leçons. Leur mise en œuvre nécessite une démarche pédagogique particulière.
Ces doubles pages s'appuient sur des documents réels : reportages, photos, etc., présentés sous la forme d'un magazine par des enfants qui posent des questions à leurs lecteurs. Répondre à ces questions nécessite des recherches de données, puis des calculs variés qui correspondent généralement aux notions étudiées durant la période. Ce travail requiert la mobilisation d'un grand nombre de connaissances et de savoir-faire mathématiques, linguistiques, scientifiques. Il répond ainsi pleinement au programme. Il favorise de ce fait un travail pluridisciplinaire et permet l'utilisation d'un vocabulaire approprié.

COMPÉTENCES : **Mobiliser l'ensemble de ses connaissances et de ses savoir-faire pour interpréter des documents et résoudre des problèmes complexes.**

Déroulement de la séquence

Présentation collective

L'enseignant peut décider de traiter les deux pages successivement ou simultanément. Dans les deux cas, il est conseillé de consacrer deux séances à ce travail si l'on souhaite exploiter les informations fournies qui relèvent des domaines mathématiques, scientifiques, géographiques, et y apporter des éléments de réponse.
Les élèves lisent individuellement le texte introductif, puis l'enseignant le fait lire à haute voix s'il estime favoriser ainsi la compréhension de tous. Les enfants communiquent ensuite à la classe leurs connaissances sur la Lune, par exemple sa distance à la Terre, ses phases, ses éclipses ; ils font part de l'intérêt que les hommes y portent.
Cette discussion vise à leur faire prendre conscience qu'il s'agit dans ces deux pages de documents réels qui les concernent et dont on parle souvent à la télévision, à la radio, dans les journaux.
L'enseignant leur demande ensuite d'observer et de lire les documents qui figurent sur les deux pages (ou sur l'une des pages). Il leur laisse quelques minutes pour ce travail, puis leur donne la parole pour qu'ils puissent apporter des informations supplémentaires, poser des questions ou répondre à celles de leurs camarades. Il n'intervient que si aucun enfant ne sait répondre. Il s'assure, en posant quelques questions, que les informations données ont bien été comprises.

Travail individuel et en groupes

L'enseignant demande ensuite aux élèves de lire les questions, de rechercher les données utiles pour y répondre, d'effectuer les calculs nécessaires et de rédiger les réponses. Il leur signale qu'ils peuvent trouver sur ces deux pages tous les renseignements utiles pour répondre aux questions, ils ne sont donc pas obligés de consulter d'autres documents.
Après un moment de travail individuel, il leur permet, de collaborer avec deux ou trois de leurs camarades pour la rédaction collective des réponses.

Mise en commun

La mise en commun des résultats permet la confrontation des travaux des petits groupes. Si les réponses divergent, l'enseignant demande à chacun de justifier ses résultats. Il n'intervient que si les réponses ne sont pas suffisamment explicites pour tous.

Réponses aux questions

1 Le diamètre de la Lune mesure environ 3 000 km, ce qui correspond environ au quart du diamètre de la Terre : 4 × 3 000 = 12 000.
On sait maintenant le mesurer avec précision, il mesure en réalité 3 476 km.

2 La distance Terre-Lune est d'environ 400 000 km : 40 000 × 10 = 400 000.
Cette distance n'est pas toujours la même, car l'orbite de la Lune n'est pas parfaitement circulaire. La distance moyenne la plus couramment citée est 384 000 km.

3 – Départ du Cap Kennedy le 16 juillet 1969 à 13 h 30 min.
– Alunissage le 20 juillet 1969 à 21 h 15 min.
– Retour sur Terre le 24 juillet 1969 à 16 h 50 min.

4 L'alunissage d'*Apollo 15* a eu lieu le 30 juillet 1971.

5 L'autonomie du *LRV* est d'environ 6 h : 6 × 16 = 96.

6 On a utilisé 200 cordes à piano pour chaque roue : 4 × 200 = 800.

7 Le *LRV* a parcouru en moyenne 9 km par jour : 3 × 9 = 27.

8 Sur la Lune, tu pèserais 6 « kg » : 6 × 6 = 36.

9 Sur la Lune, tu pourrais sauter 6 m 60 cm : 1 m 10 cm × 6.

10 La roche pèse 18 kg sur la Terre : 6 × 3 = 18.

11 Le premier et le dernier croissant ainsi que le premier et le dernier quartier ont un axe de symétrie. La pleine Lune a un nombre infini d'axes de symétrie.
La mise en commun des recherches effectuées pour répondre à ces questions peut déboucher sur la réalisation d'un panneau collectif et illustré regroupant l'essentiel des informations recueillies durant ce travail.

Prolongements

L'enseignant peut proposer aux enfants d'approfondir le sujet par un travail interdisciplinaire qui peut porter sur des thèmes variés, scientifiques ou littéraires : la place de la Lune dans le système solaire ; les éclipses et les phases de la Lune ; l'influence de la Lune sur les marées ; la Lune dans la littérature ; l'observation de la Lune autrefois et de nos jours...

Documentation
http://www.astronomes.com/c1_solaire/_p141_lune.html
http://fr.wikipedia.org/wiki/Lun

Fais le point (1)

Fiche autocorrective pour l'élève

(manuel de l'élève p. 42-43)

Connaissance des nombres

	Énoncé	A	B	C	Aide
1	Écris en lettres : 1 030	mille trente **Bravo !**	cent trente Faux Tu as oublié le zéro intercalé.	mille trois Faux Le chiffre 3 représente les dizaines et non les unités.	**Leçon 2** Mémo *(p. 12)* Exercices 1, 2, 3 *(p. 13)*
2	(9 × 1 000) + (5 × 100) + 2 = ...	952 Faux 9 est le chiffre des milliers.	9 502 **Bravo !**	9 052 Faux 5 est le chiffre des centaines.	
3	Complète la suite : 1 080 ; 1 085 ; 1 090 ; 1 095 ;	2 000 Faux Tu confonds 1 095 avec 1 995.	10 100 Faux Tu confonds 10 095 avec 1 095.	1 100 **Bravo !**	
4	Range par ordre croissant : 7 380 ; 7 003 ; 7 030	7 380 7 003 7 030 Faux Aucun nombre n'est à sa bonne place.	7 030 7 380 7 003 Faux Tu confonds ordre croissant et ordre décroissant.	7003 7030 7380 **Bravo !**	
5	Écris en chiffres : sept cent huit mille cinquante	7 850 Faux 7 est le chiffre des milliers.	708 050 **Bravo !**	78 050 Faux 7 est le chiffre des dizaines de milliers.	**Leçon 2** Mémo *(p. 18)* Exercices 2, 3, 4 *(p. 19)*
6	Quelle est la valeur du chiffre **7** dans 74 625 ?	7 dizaines de mille **Bravo !**	7 milliers Faux Le chiffre des milliers est 4.	7 centaines Faux Le chiffre des centaines est 6.	
7	Écris la valeur approchée de : 21 + 205 + 138	540 Faux Tu as confondu 21 avec 210.	360 **Bravo !**	220 Faux Tu as oublié 138.	**Leçon 18** Mémo *(p. 36)*

Fais le point (1)

Géométrie

	Énoncé	A	B	C	Aide
8	Identifie la figure bleue. 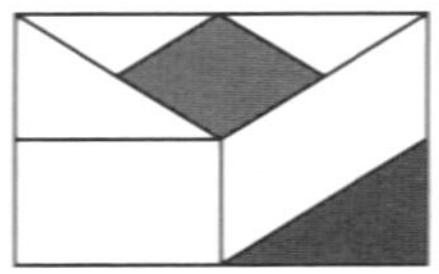	triangle Faux La figure bleue a quatre côtés.	losange **Bravo !**	carré Faux La figure bleue n'a aucun angle droit.	**Leçon 3** Chercher *(p. 14)*
9	Identifie la figure rouge.	losange Faux Le losange a quatre côtés.	rectangle Faux Le rectangle a quatre côtés.	triangle **Bravo !**	
10	Quelles droites sont perpendiculaires ? 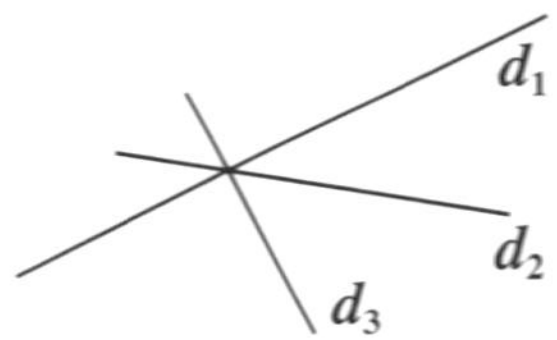	d_1 et d_3 **Bravo !**	d_1 et d_2 Faux Ces deux droites ne se coupent pas en formant un angle droit.	d_2 et d_3 Faux Ces deux droites ne se coupent pas en formant un angle droit.	**Leçon 10** Mémo *(p. 24)* Exercice 1 *(p. 25)*
11	Quelle figure a seulement un axe de symétrie ? 	Figure A **Bravo !**	Figure B Faux Cette figure n'a pas d'axe de symétrie.	Figure C Faux Cette figure possède deux axes de symétrie.	**Leçon 17** Mémo *(p. 34)* Exercice 1 et 2 *(p. 35)*

Calcul

	Énoncé	A	B	C	Aide
12	Calcule sans poser d'opération : 124 – 26	150 Faux Tu as additionné.	108 Faux Tu as oublié la retenue.	98 **Bravo !**	**Leçon 4** Mémo *(p. 16)* Exercice 1 *(p. 16)*
13	Pose et effectue : 2 032 – 864	2 896 Faux Tu as additionné.	1 238 Faux Seul le chiffre des unités est bon.	1 168 **Bravo !**	**Leçon 12** Mémo *(p. 27)* Exercice 2 *(p. 27)*
14	Calcule en ligne : 38 × 7	256 Faux Tu as mal décomposé les nombres.	266 **Bravo !**	264 Faux Tu as mal décomposé les nombres.	**Leçon 19** Mémo *(p. 38)* Exercice 1 *(p. 38)*

Fais le point (1)

Mesures

	Énoncé	A	B	C	Aide
15	2 m 8 cm = …	28 cm Faux Tu confonds m et dm.	208 cm **Bravo !**	280 cm Faux 200 + 8 = 208 et non 280.	**Leçon 7** Mémo *(p. 20)* Exercices 1 et 3 *(p. 21)*
16	200 mm = …	20 cm **Bravo !**	2 cm Faux 2 cm = 20 mm	200 cm Faux 200 cm = 2 000 mm	
17	Quel est le périmètre de cette figure ? 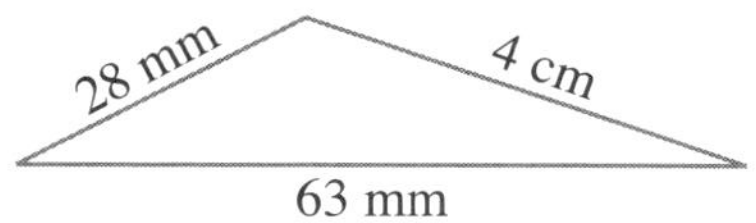 	131 mm **Bravo !**	95 mm Faux Tu n'as pas converti 4 cm en 40 mm.	91 mm Faux Tu as oublié le côté de 4 cm.	
18	Quelle heure est-il : – le matin ? 	8 h 50 Faux Il n'est pas encore 8 h.	7 h 50 **Bravo !**	8 h10 Faux Tu confonds « moins 10 » et « et 10 ».	**Leçon 9** Mémo *(p. 23)* Exercice 1 *(p. 23)*
19	– l'après-midi ?	20 h 50 Faux Il n'est pas encore 20 h.	20 h 10 Faux Il n'est pas encore 20 h.	19 h 50 **Bravo !**	

Problèmes

	Énoncé	A	B	C	Aide
20	Calcule la distance entre B et C. 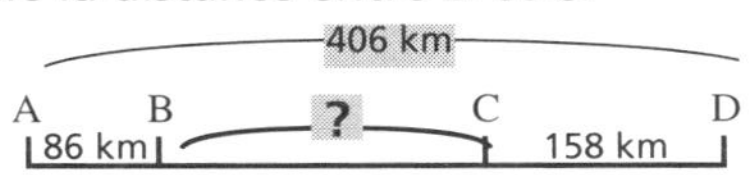 	244 Faux Tu as ajouté les distances AB et CD.	162 **Bravo !**	650 Faux Tu as ajouté toutes les distances.	**Leçon 1** Chercher **B** *(p. 10)*
21	À chaque séance de natation, Pierre parcourt 6 longueurs de 25 m. Il s'entraîne 4 fois par semaine. Quelle distance parcourt-il – à chaque séance ?	150 m	110 m	250 m Faux Tu as ajouté 6 et 4 (des longueurs et des jours).	**Leçon 13** Mémo *(p. 28)*
	– par semaine ?	600 m **Bravo !**	900 m Faux Tu as entouré au hasard !	300 m Faux Tu n'as compté que 2 **entraînements par semaine.**	

Atelier problèmes (1)

A Problèmes pour apprendre à chercher *(Démarche d'investigation)*

Problème 1
Ces nombres sont 11, 12 et 13 ; (11 + 12 + 13 = 36).
On peut également trouver la réponse par tâtonnement, mais aussi en effectuant l'opération 36 divisé par 3 = 12.
Les nombres sont : 12 + 1 ; 12 et 12 – 1.

Problème 2
12 autruches et 8 antilopes se cachent derrière les buissons.
– Nombre de pattes (12 × 2) + (8 × 4) = 56.
– Nombre de têtes : 12 + 8 = 20.

Problème 3
Au bout de 4 pas, Valentin repartira du pied droit en même temps que Charles.

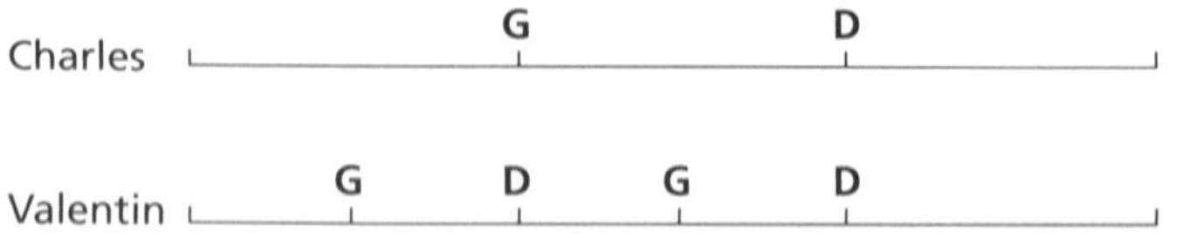

B Problèmes à étapes

Problème 4
Fatou possède 95 coquillages.
– 9 paquets de 10, et il reste 5 coquillages ;
– 6 paquets de 15, et il reste 5 coquillages.

Problème 5
Le ravitaillement a lieu au kilomètre 102 (moitié de 204).
Les coureurs ont parcouru 79 km ; (41 + 38 = 79).
Il leur reste à parcourir 23 km ; (102 – 79 = 23).

Problème 6
La longueur de l'échelle est 326 cm = 3 m 26 cm ;
(23 × 12) + (2 × 25) = 326.

Problème 7
– Prix des arcs : 7 × 60 = 420 €.
– Prix des flèches : 30 × 5 = 150 €.
– Montant de la commande : 420 + 150 = 570 €.
– Il reste 30 € à la compagnie ; (600 – 570 = 30).

Problème 8
Il reste 35 billes à Edmond en rentrant chez lui ;
(25 + 12 – 20 + 18 = 35).
Ce calcul se fait mentalement en regroupant les termes 12 et 18 pour obtenir des dizaines entières.

Présentation de la Période 2

(manuel de l'élève p. 47)

Observations préliminaires

Toutes les remarques relatives la présentation de la Période 1 (page 25) demeurent valables pour cette nouvelle période. L'enseignant peut s'y reporter utilement pour l'exploitation de cette page.
Les objectifs des leçons de la période : grands nombres, situations multiplicatives apparaissent explicitement sur le dessin ainsi que longueurs et durées. On trouve des droites parallèles, des triangles dans les engins de levage ; le calcul du nombre de conteneurs ou de caisses de poissons permet d'évoquer des situations de divisions

	Leçons		Leçons
• Vérifier que des droites sont parallèles.	**22, 26**	• Résoudre des problèmes.	**31, 36, 38, 41**
• Calculer des durées.	**23, 33**	• Reconnaître et tracer des triangles.	**35**
• Reconnaître les multiples.	**24, 30**	• Lire, écrire les grands nombres.	**34, 40**
• Calculer un produit.	**25, 32**	• Reconnaître et résoudre des situations de division.	**36, 38**
• Utiliser des mesures de longueur.	**27**	• Lire et utiliser un calendrier.	**37**
• Interpréter un graphique.	**28**	• Utiliser la calculatrice.	**39**
• Utiliser une carte ou un plan.	**29**		

Grands nombres.

Situation de division.

Calcul de durée. Problème. Calculer un produit.

Calcul de durée.

Droites parallèles. Triangles.

Utiliser une calculatrice.

Utiliser un plan.

Interpréter un graphique.

Mesures de longueur.

22 Droites parallèles *(1)*

(manuel de l'élève p. 48-49)

COMPÉTENCES : Reconnaître et tracer des droites parallèles.

Calcul mental

Trouver le nombre de dizaines dans un nombre.
L'enseignant dit : « Quel est le nombre de dizaines dans 1 250 ? ». L'élève écrit 125.
Première séquence : 1 250 ; 356 ; 1 063 ; 4 508 ; 7 332 ; 1 234 ; 935 ; 75 ; 365 ; 8 089.
Deuxième séquence : 6 356 ; 1 245 ; 508 ; 2 650 ; 3 234 ; 1 935 ; 98 ; 3065 ; 789 ; 41 210.

Matériel

- Une demi-feuille de papier uni de format A4 par enfant.
- Les instruments du dessin géométrique.

Observations préliminaires

La notion de droites parallèles a été abordée au CE2, cependant elle est loin d'être maîtrisée. Le concept se construit progressivement à travers plusieurs perceptions : « droites du plan qui ne se rencontrent jamais » comme les rails du chemin de fer, « droites du plan qui sont penchées pareillement par rapport à une autre droite » ou encore « droites du plan de même orientation », « droites du plan perpendiculaires à une même troisième ». La première n'est guère opérationnelle mais construit une image mentale intéressante. La dernière est sans doute la plus féconde pour opérer les tracés au cycle 3.
C'est par une pratique régulière et étendue dans le temps d'activités mettant en jeu des parallèles que les enfants surmontent progressivement les difficultés relatives à ce concept. On pourra consacrer trois journées à la leçon si on désire faire effectuer tous les exercices proposés, ou bien différer une partie des exercices dans le temps.

Activités collectives

Lire, débattre

Le débat ne porte que sur la confusion linguistique fréquente entre « parallèle » et « perpendiculaire ». Il permet de faire le point sur ce que les enfants ont retenu de la leçon sur les droites perpendiculaires (leçon 10).

Chercher

A Les enfants disposent chacun d'une feuille de papier. Ils lisent les consignes et observent les dessins. L'enseignant demande à un enfant de commenter les différentes étapes du pliage. Si les explications ne sont pas jugées satisfaisantes par la classe, il demande à un enfant « contestataire » de prendre le relais. Lorsque les consignes sont claires pour tous, les enfants effectuent les pliages, repassent en bleu le pli qui coupe les deux autres et en rouge les deux autres plis. Les deux droites rouges sont **parallèles**, elles sont toutes deux **perpendiculaires** à la droite bleue.
L'enseignant insiste sur cet aspect linguistique et demande si c'est toujours le cas. *« Quand deux droites sont parallèles, si on trace une perpendiculaire à l'une, est-ce qu'elle sera aussi perpendiculaire à l'autre ? ».* Il invite les enfants à chercher des exemples dans l'environnement (droites d'intersection des murs de la classe, bords du tableau, des cahiers et des manuels, lignes du quadrillage séyès des cahiers...).

B Les enfants travaillent seuls ou avec un camarade afin de s'aider mutuellement. L'enseignant fait effectuer le tracé sur du papier quadrillé (cahier séyès). Le travail est difficile sur papier uni et peut être proposé dans un second temps, par exemple à titre de recherche à la maison. Les enfants vérifient à l'aide de leur équerre la présence d'angles droits autres que ceux du carré. Ils comparent ensuite leurs productions.

Activités individuelles

S'exercer, résoudre

1, 2 Ces deux exercices utilisent la propriété qui lie parallèles et perpendiculaires énoncée dans le Mémo. L'illusion optique de l'exercice **1** laisserait à penser que **a** et **b** ne sont pas des droites, mais des lignes courbes. Le recours à la règle est nécessaire.
Dans les deux exercices, l'enfant doit repérer si une droite déjà tracée est perpendiculaire aux droites qu'il suppose parallèles : pour cela, il utilise son équerre. Cette droite apparaît clairement dans l'exercice **1**. L'exercice **2** est plus difficile, car on a deux faisceaux de droites parallèles. Les droites **a** et **b** sont parallèles à la droite rouge, car toutes ces droites sont perpendiculaires à la droite **g**. Les droites **c** et **e** sont parallèles à la droite verte, car toutes ces droites sont perpendiculaires à la droite **h**. L'enseignant trace au tableau une droite et demande à un enfant de venir tracer une parallèle à cette droite. La classe donne son avis et aide l'enfant acteur. Il s'agit de faire émerger la méthode : tracer une perpendiculaire à la droite, puis une perpendiculaire à la dernière tracée. Après reprise de l'exercice au tableau par deux ou trois enfants sur des droites diversement orientées au tableau, chaque enfant effectue un tracé analogue sur une feuille de papier uni.

3 Pour être probant, le tracé doit être rigoureux. Il est conseillé d'effectuer d'abord le tracé à main levée pour avoir une idée de la figure, le programme de construction comportant trois étapes.
La droite MN est parallèle à AC. Les élèves le vérifient en utilisant la méthode montrée dans le Mémo : ils posent l'équerre sur la droite MN, la règle sert de rail et l'équerre glisse jusqu'au côté AC parallèle à MN.
Pour l'enseignant, c'est le théorème des milieux qui est présenté ici : si une droite passe par le milieu des deux côtés d'un triangle alors elle est parallèle au troisième côté. La longueur joignant les milieux de deux côtés d'un triangle est égale à la moitié de celle du troisième côté.

4 C'est un exercice un peu long, cependant le modèle permet de guider la construction pas à pas.

5 C'est un exercice de construction « classique » qui impose beaucoup de contraintes : il s'agit cette fois non seulement de tracer une perpendiculaire puis une parallèle à une droite donnée, mais encore de leur imposer de passer par un point déterminé. La rigueur est nécessaire, en conséquence il ne faut pas ménager le temps aux enfants.

Calcul réfléchi

Retrancher 9, 19...

La méthode de calcul est explicitée par l'exemple effectué. Les enfants procèdent par analogie.

On obtient successivement :

38 ; 177 ; 35 ; 43 et 54.

Banque d'exercices : n° 1 p. 82 du manuel de l'élève.

(1) On reconnaît des droites parallèles dans les figures A et B.

Prolongements

Cahier d'activités mathématiques CM1 : Fiches 4 et 5, p. 7 et 8.

Atelier informatique (2), manuel de l'élève p. 53.

23 Calcul de durées *(1)*

(manuel de l'élève p. 50)

COMPÉTENCE : Calculer une durée en minutes et secondes.

Calcul mental

Trouver le nombre de centaines.
L'enseignant dit : « Quel est le nombre de centaines dans 14 595 ? ». L'élève écrit 145.
14 595 ; 25 874 ; 6 540 ; 123 546 ; 720 605 ; 78 259 ; 4 563 ; 54 108 ; 854 190 ; 700 581.

Matériel

- Le plus grand nombre possible d'appareils rythmant le déroulement du temps ou mesurant des durées : chronomètres, pendules, métronomes, etc.
- Selon les moyens dont dispose l'école, portique, fil et masse pour construire un pendule simple.

Observations préliminaires

Repérage dans le temps et mesure des durées sont des activités complexes. Seul le mouvement est perceptible par nos sens. L'unité de mesure des durées la plus facile à appréhender est sans doute la seconde. Elle mesure, à peu de chose près, notre rythme cardiaque. Un pendule simple de longueur un mètre « bat » la seconde. L'enseignant dispose ainsi des outils susceptibles de faire prendre conscience aux enfants de la durée correspondant à une seconde.

Activités collectives

- **Comment se représenter la seconde**

1. Le rythme cardiaque

L'enseignant dispose d'une montre ou mieux d'un chronomètre. Il explique aux enfants ce qu'est le rythme cardiaque et leur demande comment prendre leur pouls (le plus commode est de le prendre à la base du cou, à défaut au poignet).
Il les invite ensuite à compter le nombre de pulsations à partir du signal qu'il donne, pendant une durée de trente secondes. Chaque enfant note alors le nombre qu'il a trouvé et le reporte au tableau. On constate que le nombre de pulsations varie d'un enfant à l'autre mais reste compris dans une fourchette de 25 à 35. On en déduit qu'une seconde correspond à peu près à la durée qui sépare deux battements de cœur successifs.

2. Le pendule

L'enseignant construit un pendule simple en suspendant un anneau à un fil. Les enfants constatent que plus le fil est court, plus le pendule oscille rapidement. Pour une longueur d'environ un mètre, la période est de deux secondes : le pendule passe deux fois par sa position d'équilibre pendant une période ; la durée entre chaque passage par cette position d'équilibre est donc d'une seconde. On dit qu'un tel pendule « bat » la seconde.

3. La comptine numérique

Un enfant s'empare du chronomètre et compte devant ses camarades au rythme des secondes : 1, 2, 3, 4, ... La classe récite à son tour la comptine numérique au rythme d'un nombre par seconde, d'abord guidé par le titulaire du chronomètre, ensuite sans son secours.

Lire, chercher

L'enseignant demande aux enfants à combien de secondes correspond une minute. Un enfant écrit au tableau la relation de base : **1 minute = 60 secondes.**

Un autre lit ensuite les trois lignes de texte qui décrivent la situation de leur manuel, puis la classe répond aux questions de l'enseignant : « *Qu'est-ce qu'un « relais junior ? »* » « *Que signifie "s'affrontent en patinage sur 1 500 m"* ? »
Lorsque la situation est comprise par la classe entière, les enfants sont invités à travailler par paires et à répondre aux quatre questions. Au moment de la correction collective, la classe discute et compare les différentes méthodes utilisées.

A Corentin est le seul à avoir mis plus de 3 minutes pour parcourir les 1 500 m. Pour départager les autres concurrents, il faut comparer les nombres de secondes qui excèdent les deux minutes. On obtient alors l'ordre du plus rapide au plus lent : Véronique ; Aurélien ; Grégory ; Corentin.

B Deux méthodes de calcul peuvent être appliquées : effectuer séparément la somme des minutes et celle des secondes, puis convertir en secondes et minutes le résultat obtenu ; ou convertir toutes les durées en secondes, effectuer la somme et enfin convertir en minutes et secondes.

méthode 1	méthode 2
(2 + 3 + 2 + 2) min = 9 min (43 + 2 + 49 + 29) s = 123 s 123 secondes = 2 min 3 s total : 11 minutes 3 secondes	2 min 43 s = 163 s 3 min 02 s = 182 s 2 min 49 s = 169 s 2 min 29 s = 149 s total : 663 s = (660 + 3) s total : 11 minutes 3 secondes

C Le temps collectif de l'équipe bleue est inférieur à celui de l'équipe jaune. Elle a donc gagné le relais.

D Deux méthodes de calcul sont à la disposition des enfants :
10 min 48 s = 648 s 663 – 648 = 15
La différence est 15 secondes.

11 min 3 s – 10 min 48 s = 1 min 3 s – 48 s = 63 s – 48 s = 15 s

Si aucun enfant ne le propose, l'enseignant invite la classe à prendre connaissance du Mémo au bas de la page 50. Il trace ensuite au tableau une droite graduée qui permet de visualiser les données de la question **D**. À leur tour, les enfants la reproduisent sur leur cahier, complètent les renseignements et calculent l'écart entre les temps des deux équipes. Par exemple :

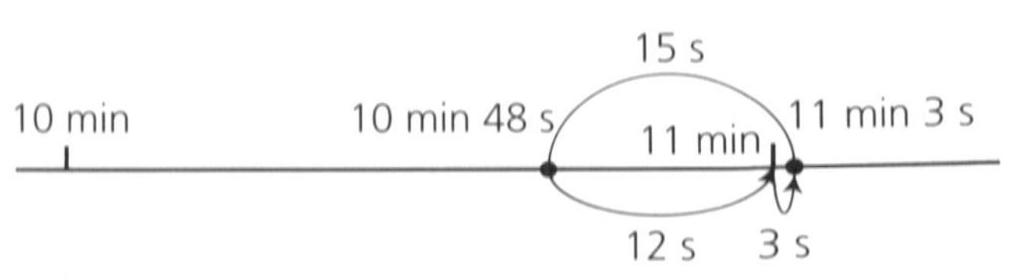

Activités individuelles

S'exercer, résoudre

1 Pour comparer les deux temps, le plus simple est de les réduire en secondes.
Alexis a mis 1 min 2 s, soit 62 s et Thiméo 71 s.
Alexis est le plus rapide.

2 Il est indispensable de lire attentivement l'énoncé pour comprendre qu'il s'agit d'un problème additif. Une fois l'énoncé compris, une autre cause d'erreur est le calcul d'une somme en minutes et secondes. Le plus simple est de tout convertir en secondes.
Escargot de Souraya : 2 min 42 s = 162 s ;
Escargot d'Estelle : 162 s + 90 s = 252 s = 4 min 12 s

3 L'énoncé est long, et les données numériques nombreuses. Il est sage de procéder à une analyse collective et de réécrire les données utiles au tableau avant de laisser les enfants effectuer seuls les calculs. Comme précédemment, deux méthodes de calcul coexistent. Compte tenu de la taille des nombres, la plus simple procède par étapes :
27 min 02 s – 26 min 17 s = 1 min 02 s – 17 s = 62 s – 17 s = 45 s.

Comme pour la question **D** de l'activité « Lire, chercher » les enfants peuvent calculer cette différence en s'aidant de la droite numérique.

Banque d'exercices : n°s 2 et 3 p. 82 du manuel de l'élève.

(2) 70 s = 1 min et 10 s ; 120 s = 2 min ;
150 s = 2 min et 30 s ; 190 s = 3 min et 10 s

(3) Différence de durée entre les deux morceaux de musique : 10 s.
3 min 50 s = 230 s
230 – 220 = 10

Prolongements

Il est fécond de prendre appui sur les compétitions et les entraînements sportifs scolaires pour confier aux enfants la fonction de chronométreur, puis d'utiliser les résultats dûment relevés pour comparer, classer, calculer.

24 Multiples de 2, 5 et 10

(manuel de l'élève p. 51)

COMPÉTENCE : **Reconnaître les multiples de 2, 5 et 10.**

Calcul mental

Retrancher un multiple de 10.
L'enseignant dit : « 95 – 60 ». L'élève écrit 35.
95 – 60 ; 78 – 20 ; 46 – 30 ; 92 – 50 ; 87 – 40 ; 99 – 70 ; 174 – 60 ; 265 – 50 ; 193 – 60 ; 358 – 40.

Activités collectives

Comprendre

A Chemin violet

Les élèves lisent la consigne et répondent individuellement aux questions. Ils reconnaissent sans difficulté que les nombres 0, 2, 4, 6, ... 18, 20 se trouvent dans la table de multiplication de 2.
Quand la plupart des enfants ont répondu, la confrontation des réponses permet, après validation par la classe, de dégager les conclusions que l'enseignant écrit au tableau :
– on a obtenu ces nombres en multipliant par 2 la suite des nombres entiers, ce sont des **multiples** de 2 ;
– les multiples de 2 sont les nombres pairs. Ils se terminent par 0, 2, 4, 6 ou 8.

Pour vérifier que les enfants ont compris, l'enseignant leur demande de rechercher les multiples de 2 parmi les nombres 98, 123, 45, 204, 1 079.

Chemin bleu

Ils procèdent ensuite par analogie pour les nombres du chemin bleu. Ils constatent eux-mêmes que ces nombres sont dans la table de 5 et qu'ils se terminent par 0 ou par 5. Ils rédigent alors une règle qui permet de reconnaître les multiples de 5.

B Chemin vert

L'observation des nombres du chemin vert permet à l'enseignant d'attirer l'attention des enfants sur leur propriété. Il fait remarquer que 30 qui appartient au chemin vert, appartient aussi au chemin violet et au chemin bleu : il est à la fois multiple de 2 et de 5.
L'enseignant leur demande de compléter les égalités suivantes sur leur cahier d'essais :
30 = 15 × ...   30 = 5 × ...   30 = 3 × ...
Il pose alors la question : « *De quels nombres 30 est-il multi-ple ?* » et propose au enfants de faire le même travail avec les nombres 20 et 60.
Lors de la mise en commun des réponses, on retient que : **les nombres terminés par 0 sont des multiples de 10** ; ce sont des nombres entiers de dizaines.

Le nombre zéro

– « *Sur quels chemins se trouve le nombre zéro ?* » Les enfants remarquent sans difficulté que 0 appartient aux trois chemins. Ils complètent les égalités :
0 × 1 = ...   0 × 2 = ...   0 × 5 = ...   0 × 10 = ...
– « *De quels nombres 0 est-il multiple ?* ». Les exemples ci-dessus montrent que 0 est multiple de 1, de 2, de 5, de 10. D'autres exemples : 0 × 25 = 0 ; 0 × 142 = 0 ; 0 × 2 258 = 0, etc. permettent de remarquer que 0 est multiple des tous les nombres.

Activités individuelles

S'exercer, résoudre

1, 2 Ces exercices constituent un entraînement à la reconnaissance des multiples de 2, de 5 et de 10. L'enseignant s'assure que tous les enfants ont compris la contrainte liée à l'encadrement dont les bornes doivent être rigoureusement respectées.

1 a. Multiples de 2 : 78, 80, 82, 84, 86, 88, 90, 92.
b. Multiples de 5 : 280, 285, 290, 295, 300.
c. Multiples de 10 : 9 940, 9 950, 9 960, 9 970, 9 990, 10 000, 10 010, 10 020.

2 Multiples de 2 : 468, 4 000, 842, 90, 2 100.
Multiples de 5 : 605, 4 000, 90, 2 100.
Multiples de 10 : 4 000, 90, 2 100.

3 Sous la forme d'une devinette, ce problème conduit les enfants à rechercher les multiples de 2 et de 5 compris entre 77 et 82, puis à sélectionner le nombre qui convient.
71 < 72, 74, 76, 78, 80, < 82
71 < 75, 80 < 82
Si aucun enfant ne le fait remarquer, l'enseignant précise que l'âge du grand-père est multiple de 10. Entre 71 et 82, il y a un seul multiple de 10 : le nombre 80. Le grand père a donc 80 ans.

Banque d'exercices : n° 4 p. 82 du manuel de l'élève.

(4) a. 25 ; 0 ; 70 ; 190
b. 48 ; 120 ; 0
c. 30 ; 0 ; 450
d. 70 ; 190 ; 120 ; 0 ; 30 ; 450

25 La multiplication posée *(1)* : Multiplier par un nombre d'un chiffre

(manuel de l'élève p. 52)

COMPÉTENCE : Multiplier un nombre de deux ou trois chiffres par un nombre d'un chiffre.

Calcul mental

Retrancher un multiple de 10.
L'enseignant dit : « 185 – 40 ». L'élève écrit 145.
185 – 40 ; 115 – 10 ; 148 – 30 ; 205 – 50 ; 325 -70 ; 509 – 20 ; 328 – 30 ; 518 – 20 ; 462 – 50 ; 692 – 80.

Activités collectives

Comprendre

A Les élèves lisent la consigne et observent les étapes du calcul de Morgan.
Le réinvestissent des acquis de la leçon 19 (*La multiplication en ligne*) leur permet de comprendre chacune des étapes de cette procédure. Ils effectuent ensuite la multiplication sur leurs cahiers d'essais en veillant à aligner correctement les chiffres des produits partiels.
L'enseignant pose l'opération de Julie au tableau et fait analyser la technique de Julie.
Un élève vient au tableau continuer le calcul de Julie.

Je commence par les unités :
6 × 3 = 18. J'écris 8 et je retiens ①.
Je continue avec les dizaines :
6 × 7 = 42 42 + ① = 43
J'écris 3 et je retiens 4.
Je termine par les centaines :
6 × 1 = 6 6 + 4 = 10. J'écris 10. 173 × 6 = 1 038

	1	7	3		
×			6	①	④
1	0	3	8		

L'enseignant fait remarquer que la technique de Julie est celle que l'on utilise couramment pour effectuer une multiplication complexe quand on ne dispose pas de calculatrice.
La comparaison de l'algorithme de Julie avec celui de Morgan permet de justifier l'utilité des retenues.
Cet algorithme « condensé » permet d'éviter d'écrire deux lignes de calculs intermédiaires, souvent source d'erreurs, car on groupe les calculs en les effectuant mentalement.

B Pour consolider la maîtrise de cet algorithme, l'enseignant propose aux enfants d'effectuer sur leurs cahiers d'essais 704 × 8, puis 870 × 5, afin d'attirer leur attention sur le zéro intercalé ou placé à la fin du nombre que l'on multiplie. La correction collective au tableau permet à l'enseignant de remédier aux erreurs éventuelles. Les principales sont dues à la méconnaissance des tables de multiplication ou à l'oubli du zéro et des retenues. Pour éviter l'oubli de la retenue, on l'écrit à côté de l'opération puis on la barre lorsqu'on l'a prise en compte.

Activités individuelles

S'exercer, résoudre

1 Cet exercice constitue un entraînement à la multiplication d'un nombre de deux ou de trois chiffres par un nombre d'un chiffre. Il permet de vérifier que la technique est acquise.
Toute erreur devra être analysée pour en trouver la cause : méconnaissance des tables, oubli des retenues, etc.

a. 57 × 7 = 399 — 86 × 8 = 688
375 × 5 = 1 875 — 237 × 4 = 948
b. 258 × 4 = 1032 — 164 × 6 = 984
370 × 9 = 3 330 — 509 × 8 = 4 072

Les problèmes suivants visent à entraîner les enfants à la maîtrise de l'algorithme de la multiplication.

2 58 × 8 = 464
Le montant de la facture est 464 €.

3 245 × 7 = 1 715
L'ogre a parcouru 1 715 lieues.

4 120 × 7 = 840
L'escargot parcourt 840 m par semaine.

5 308 × 8 = 2 464
Pour s'entraîner, Fatima parcourt 2 464 m chaque jour.

6 169 + (46 × 4) = 169 + 184 = 353
Erwan dépense 353 €.

Banque d'exercices : nos 5 et 6 p. 82 du manuel de l'élève.

(5) 96 × 5 = 480 ; 243 × 6 = 1 458 ; 409 × 7 = 2 863

(6) **a.** 9 × 13 = 117 km
La distance à parcourir est 117 km.
b. Il reste 3 tours à parcourir au coureur, soit 39 km.
13 × 3 = 39 km.

26 Atelier informatique *(2)* Tracer des droites parallèles

(manuel de l'élève p. 53)

COMPÉTENCE : Utiliser un logiciel de géométrie dynamique pour tracer des droites perpendiculaires ou des droites parallèles.

Matériel

Ces activités ont été conçues à partir du logiciel *Declic32* (téléchargeable gratuitement sur http://emmanuel.ostenne.free.fr/. Pour de plus amples explications, se référer à l'**Annexe 4 Ateliers informatiques**, p. 256 de cet ouvrage. Mais ces activités peuvent être adaptées et réalisées avec tout autre logiciel de géométrie dynamique, tels que TracenPoche (http://tracenpoche.sesamath.net/) ou CaRMetal (http://db-maths.nuxit.net/CaRMetal/).

Observations préliminaires

Outre l'allègement de la charge de travail qu'ils permettent pour traiter des données, les logiciels offrent l'occasion d'une approche expérimentale des mathématiques. Dans cet esprit, le logiciel de géométrie dynamique permet de varier les points de vue sur un même concept, mais les activités réalisées à l'aide de cet outil ne remplacent pas celles qui sont situées dans l'espace réel ou sur le plan matérialisé par la feuille de papier.

Activités

1. En général, le logiciel est ouvert par un double-clic à l'aide du bouton gauche de la souris. Pendant cette phase d'observation, les élèves se familiarisent avec les boutons qui seront utilisés lors de l'activité (*cf. Atelier informatique 1*).
Le bouton « Supprimer » permet de corriger des erreurs éventuelles.

2. et **3.** En suivant pas à pas les consignes, les élèves ne devraient pas rencontrer de difficultés particulières, même s'ils ne sont pas habitués au maniement de l'outil informatique. Ceux qui maîtrisent déjà ce nouvel outil ou ont appris rapidement à l'utiliser peuvent initier ensuite leurs camarades.
À ce moment de l'activité, l'enseignant peut intervenir afin de montrer aux élèves qu'ils peuvent déplacer, sur l'écran, la feuille où sont tracées les droites (*cf. Atelier informatique 1*). Un autre avantage du logiciel de géométrie dynamique est de pouvoir agir sur les tracés effectués auparavant. Avec la souris, clic gauche maintenu sur un point de la droite rouge (le pointeur de la souris change d'aspect : la main se transforme en crayon), les élèves déplacent la droite sur l'espace de la feuille blanche et toutes les autres droites conservent leur propriété de parallélisme avec cette dernière.

Réponse à la question : « *Si on déplace la droite rouge, les autres droites tracées restent parallèles à celle-ci.* »

4. Afin d'effacer un objet, il suffit de cliquer sur le bouton, puis sur l'objet à supprimer. Il faut cependant renouveler l'opération autant de fois que nécessaire si plusieurs objets doivent disparaître.
À titre indicatif, pour obtenir une page vierge, il est préférable de cliquer sur « Fichier », puis sur « Nouveau » et de répondre par l'affirmative à la question posée.

5. Cette dernière activité permet de réinvestir la propriété suivante : **Lorsque deux droites sont perpendiculaires à une même troisième, alors ces deux droites sont parallèles.**
Cette activité met aussi en évidence que le fait de croiser des bandes à bords parallèles permet d'obtenir des quadrilatères particuliers (avec deux bandes de largeurs différentes, on obtient un parallélogramme, ou un rectangle si on les croise perpendiculairement ; avec deux bandes de largeur égale, on obtient un losange, ou un carré si on les croise perpendiculairement).
Réponses aux questions :
« *Les deux droites noires sont perpendiculaires aux droites rouges, elles sont donc parallèles. La figure possède quatre angles droits, deux côtés parallèles deux à deux, deux côtés égaux deux à deux : c'est donc un rectangle.* »

Prolongements

Construire la figure de l'exercice 3 page 49 du manuel de l'élève en utilisant les mêmes boutons que précédemment ainsi que deux nouveaux boutons : « Triangle » et « Milieu ». Le premier bouton sert à tracer un triangle quelconque (scalène) à l'aide de trois points qui seront ses sommets. Le deuxième permet de trouver en un clic le milieu d'un segment. Il est préférable de nommer les points pour éviter toute confusion dans la construction (*cf. Atelier informatique 1*).

27 Du mètre au kilomètre

(manuel de l'élève p. 54-55)

COMPÉTENCES : **Connaître les multiples du mètre.**
Effectuer des conversions et des opérations sur les longueurs.

Calcul mental

Ajouter des milliers.
L'enseignant dit : « 5 840 + 2 000 ». L'élève écrit 7 840.
Première séquence : 5 840 + 2 000 ; 3 204 + 3 000 ; 1 872 + 5 000 ; 4 800 + 5 000 ; 6 400 + 5 000 ; 412 + 8 000 ; 1 005 + 9 000 ; 945 + 7 000 ; 752 + 4 000 ; 999 + 9 000.
Deuxième séquence : 5 800 + 6 000 ; 4 140 + 8 000 ; 9 300 + 5 000 ; 2 800 + 6 000 ; 5 900 + 5 000 ; 4 050 + 8 000 ; 6 005 + 9 000 ; 12 500 + 7 000 ; 8 320 + 4 000 ; 9 900 + 9 000.

Activités collectives

Lire, débattre

Les enfants observent individuellement le plan du parcours et lisent le dialogue des deux randonneurs. À l'issue de quelques minutes de réflexion, l'enseignant les interroge pour s'assurer qu'ils ont bien interprété la situation et su lire le plan :
– *« Qu'indiquent les lettres A, B, C et D sur le plan ? »*
– *« Que peut-on lire sur le panneau au départ du parcours ? »*
– *« Certains nombres sont suivis par des noms d'unités. De quelles unités s'agit-il ? »*
– *« D'autres non. Qu'en pensez-vous ? »*
Ce questionnement devrait permettre de guider les enfants vers la réponse : le refuge est plus loin que le lac, et pourtant le nombre qui donne sa distance est plus petit. Comment l'expliquer ? Les enfants doivent prendre conscience que cette différence provient de l'utilisation d'unités de longueur différentes que l'on précisera au cours de l'activité « Chercher ».

• Activité en plein air
Sur le stade, l'enseignant répartit les élèves en deux groupes. Chaque groupe dispose d'un décamètre et doit matérialiser une distance de 100 m. Ils utilisent le décamètre, et un camarade se place tous les 10 m. Au fur et à mesure que les enfants se placent, ils annoncent les mesures : premier enfant : 0 m, deuxième, 10 m, etc. L'enseignant demande alors :
– *« Comment nomme-t-on une distance de 100 m ? »*
– *« Combien de décamètres valent 100 m ou 1 hectomètre ? »*
– *« Comment nomme-t-on une distance de 1 000 m ou 10 hm ? »*
Au cours de la séance suivante d'E.P.S, l'enseignant demande aux enfants de trottiner sur une distance de 1 km. Ils auront ainsi une connaissance vécue de cette unité de longueur.
L'enseignant demande ensuite aux enfants d'évaluer, par exemple, la distance entre deux arbres, la longueur et la largeur du terrain de foot, etc.
Au retour en classe, il fait observer et commenter le Mémo de la page 54 qui récapitule les liens entres les unités de longueur.

Chercher

Les enfants lisent les consignes et les questions auxquelles ils répondent individuellement. L'enseignant fait le point durant la phase de correction.

A Le débat permet aux enfants de répondre sans difficultés : pour exprimer les distances, on a utilisé le kilomètre (km), l'hectomètre (hm), le décamètre (dam) et le mètre (m).

B Ce travail est un entraînement aux changements d'unités. Les enfants qui en éprouvent le besoin s'aideront du tableau de conversion.
Longueur totale du parcours :
5 km 450 m = 5 000 m + 450 m = 5 450 m.
Longueur du trajet BC : 115 dam = 1 150 m.
Longueur du trajet CD : 9 hm 6 dam = 900 m + 60 m = 960 m.

C L'enseignant invite les enfants à observer le plan, puis à préciser les différentes parties du trajet de Léa pour se rendre au Grand Chêne et leurs longueurs respectives.
Les distances BC (l 150 m) et CD (960 m) figurent sur le plan ; il manque la distance AB, du départ au Lac Azur ; c'est l'occasion de revenir au débat : sur le panneau d'entrée, il faut lire « Lac 850 **m** ».
L'enseignant fait lire aux enfants le conseil de Mathéo : « *Exprime les distances avec les bonnes unités.* » avant qu'ils effectuent le calcul.
Distance parcourue par Léa une fois arrivée au Grand Chêne : 2 960 m ou 2 km 960 m.
1 150 + 960 + 850 = 2 960.
Il lui reste à parcourir 2 490 m ou 2 k 490 m.

D Comme ci-dessus, l'observation du plan permet de découvrir le trajet de Louise : elle doit parcourir les parties CD (960 m) et AD qu'il faut calculer.
Distance AD = 5 450 m – 2 960 m = 2 490 m.
Louise doit encore parcourir : 2 490 m + 960 m = 3 450 m ou 3 km 450 m.
Il est encore possible de calculer le trajet de Louise en une seule opération :
5 450 m – 2 000 m = 3 450 m.

E Mathis qui a parcouru 3 000 m est plus près du Grand Chêne situé à 2 960 m que du Lac ou du Refuge.
Le travail demandé pour les trois dernières questions s'appuie sur la lecture du plan. L'enseignant peut proposer une schématisation linéaire du parcours qui permet de montrer de façon claire les différentes étapes parcourues par les promeneurs.
Il reproduit au tableau le schéma ci-dessous et le fait compléter par les enfants à chaque étape des réponses.

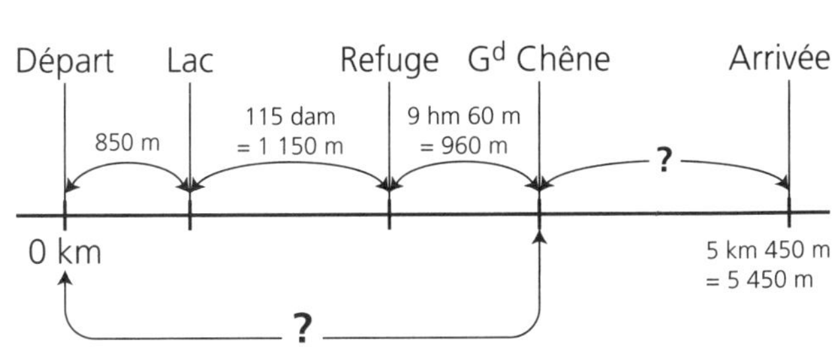

Activités individuelles

S'exercer, résoudre

1 Cet exercice permet à l'enseignant de vérifier que les enfants savent se servir de l'unité appropriée dans des situations familières. Si nécessaire, compléter ce travail en demandant aux enfants de rechercher d'autres exemples.
a. En 1 heure, on parcourt environ 3 km à pied.
b. Longueur d'un stade : environ 1 hm.
c. Longueur de la piscine de Manon : environ 1 dam.
d. Hauteur d'une porte : environ 2 m.

2 Si l'enseignant a conduit l'activité avec le décamètre, les enfants répondront sans hésitation que le double décamètre vaut 20 m. Dans le cas contraire, ils s'aideront de la correspondance entre décimètre et double décimètre.

3 Cet exercice constitue un entraînement aux changements d'unités. Les enfants peuvent s'aider du tableau du Mémo de la page 54.
a. 2 km 5 hm 50 m = 2 550 m 50 dam = 500 m
1 hm 5 dam = 150 m 1 km 90 m = 1 090 m
5 hm 5 m = 505 m.
Lors de la correction, l'enseignant rappelle que, si l'on utilise le tableau de conversion, on écrit un seul chiffre par colonne et on n'oublie pas les zéros intercalés :
1 km 90 m = 1 000 m + 90 m = 1 **0**90 m.
5 hm 5 m = 500 m + 5 m = 5**0**5 m.
b. Un demi-kilomètre = 500 m ;
un kilomètre et demi = 1 000 m + 500 m = 1 500 m.
Pour consolider cette manière d'exprimer les distances avec le mot « demi », l'enseignant fait rechercher des exemples analogues : un demi-litre et un litre et demi ; un mètre et un mètre et demi, etc.

4 Cet exercice est une application du travail de la piste de recherche : pour effectuer des sommes de longueurs, il faut les exprimer avec la même unité. Les remarques formulées à l'exercice **3** demeurent valables.
1 km 150 m + 5 hm = 1 650 m
1 km 5 dam + 20 dam = 1 050 + 200 = 1 250 m
1 km 50 m + 35 m = 1 085 m

5 Après lecture de l'énoncé, les enfants donnent des explications sur cette course de relais : chaque relayeur parcourt 400 m, puis passe le témoin à son co-équipier qui parcourt lui aussi 400 m, etc.
a. Distance totale parcourue : 1 600 m (400 × 4).
b. 1 600 m = 1 km 600 m.

6 Les enfants peuvent travailler par groupe de quatre ou cinq.
L'enseignant pose quelques questions pour les aider à comprendre la situation.
– « *Quelles sont les villes portées sur le croquis ?* » Il charge un enfant de les montrer sur une carte murale.
– « *Quand un automobiliste voit les deux panneaux, de quels renseignements dispose-t-il ?* »
– « *Observe attentivement le sens des panneaux. S'il vient de Lyon, l'automobiliste a déjà parcouru ... km ; pour aller à Marseille, il devra encore parcourir ... ; la distance Lyon – Marseille est donc ... km.* »
Lors de la mise en commun, la classe valide les bonnes réponses.
Si aucun groupe ne l'a fait, l'enseignant trace un schéma au tableau, y place les trois villes et les panneaux. Il désigne quelques enfants qui, à tour de rôle, viennent le renseigner sous la critique de leurs camarades.

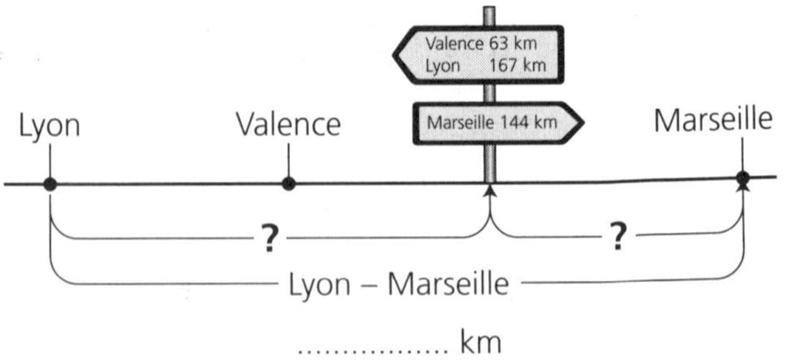

Les enfants procèdent de même pour calculer les autres distances à l'aide du schéma.
Lyon – Marseille : 311 km (144 + 167).
Valence – Marseille : 207 km (63 + 144).
Valence – Lyon : 104 km (167 – 63).

Calcul réfléchi

Les doubles
Les enfants observent l'exemple qui montre comment calculer le double de 137, technique basée sur la décomposition du nombre en centaines, dizaines et unités qu'il suffit ensuite de multiplier par 2.
Double de : 124 → 248 ; 128 → 256 ; 135 → 270 ; 239 → 478 ; 456 → 912

Banque d'exercices : n°s 7, 8 et 9 p. 82 du manuel de l'élève.

(7) 2 km 9 hm = 2 900 m ; 1 km 80 m = 1 080 m
3 km 500 m = 3 500 m ; 3 km 50 m = 3 050 m

(8) 5 000 m = 5 km ; 12 000 m = 12 km
2 500 m = 2 km 500 m ; 40 000 m = 40 km

(9) Les randonneurs ont parcouru 6 km.
4 km 250 m + 1 km 750 m = 6 km

28 PROBLÈMES
Interpréter un graphique

(manuel de l'élève p. 56-57)

COMPÉTENCES : Lire, interpréter et construire quelques représentations de données numériques : diagrammes, graphiques.

Calcul mental

Tables de multiplication de 6 et de 8.
L'enseignant dit : « 8 fois 5 ». L'élève écrit 40.
Première séquence : 8 × 5 ; 6 × 3 ; 8 × 3 ; 8 × 6 ; 6 × 2 ; 6 × 4 ; 8 × 7 ; 6 × 7 ; 6 × 9 ; 8 × 9
Deuxième séquence : 6 × 2 ; 8 × 2 ; 8 × 4 ; 6 × 5 ; 8 × 5 ; 8 × 8 ; 6 × 8 ; 8 × 7 ; 6 × 8 ; 6 × 7

Activités collectives

Lire, chercher

A Les villes du Nord de la France
L'enseignant invite les enfants à observer le graphique et à lire la phrase qui le présente. Ils trouvent rapidement pourquoi on le nomme « graphique en bâtons ». Pour s'assurer que chacun a bien compris, il pose quelques questions de lecture simple :
– « *Quelle est la population de Cambrai ?* » (35 000 habitants).
– « *Cette réponse est-elle absolument exacte ?* » Non, bien sûr. D'ailleurs, on n'exprime jamais la population d'une ville à l'unité près, car elle varie continuellement.
– « *Quelle est la ville la plus peuplée ?* » (Lille).
– « *Comment peut-on le savoir très vite ?* »
Les deux premières questions du manuel peuvent être traitées oralement :
a. Lille a plus de 100 000 habitants.
b. Calais, Dunkerque, Roubaix, Tourcoing ont entre 50 000 et 100 000 habitants.
c. Cette question est plus difficile. Les enfants recherchent individuellement les réponses, les notent par écrit. Ils peuvent travailler avec leur voisin. La mise en commun permet de confronter l'ensemble des réponses, d'analyser les arguments qui les justifient et de préciser pourquoi certaines sont rejetées.
Roubaix : 97 000 habitants ; Lille : 212 000 habitants ;
Boulogne : 45 000 habitants ; Dunkerque : 71 000 habitants.

Pour terminer, l'enseignant fait remarquer qu'un tableau avec la liste des villes et leur population donnerait des renseignements plus précis que ceux du graphique et prendrait moins de place.
– « *Quel est alors l'intérêt du graphique ?* »
Les enfants doivent découvrir que le graphique favorise une visualisation plus rapide de la situation et permet généralement de comparer différentes données d'un simple coup d'œil.

B Population du Languedoc-Roussillon
Les enfants lisent la phrase de présentation et observent le graphique.
Pour vérifier s'ils l'interprètent correctement, l'enseignant pose quelques questions :
– « *Que représente chacune des lignes de couleur ?* » (Chaque ligne représente l'évolution de la population d'un département durant une période de 200 ans, de 1801 à 2001).
– « *Quelles observations pouvez-vous faire immédiatement, sans consulter les nombres ?* » (La population des départements a évolué de façon très différente suivant leur situation géographique, la richesse du territoire, etc. L'un d'eux, l'Hérault, a vu sa population augmenter plus vite que les autres).
L'enseignant peut préciser que ce graphique a été publié dans une revue de la région Languedoc-Roussillon afin d'en montrer tout le dynamisme.
Si les enfants le remarquent, il ajoute que les personnages sont représentés en costume d'époque ; ainsi, le dessin apporte-t-il une aide visuelle pour repérer rapidement les dates.
Les enfants répondent ensuite aux questions, oralement si l'enseignant souhaite des réponses rapides, par écrit s'il attend la participation de tous.
a. En 1851, la population du Gard était d'environ 400 000 habitants.
Un siècle plus tard, en 1951, elle n'a pas changé.
b. L'Hérault a connu la plus forte augmentation de population depuis 1951. La pente de la courbe bleue est très importante pour une période courte, seulement 50 ans.
– L'Aude et les Pyrénées-Orientales n'ont connu qu'une légère variation de leur nombre d'habitants.
– La Lozère a connu une baisse de population.
c. Le département de l'Hérault a franchi le million d'habitants vers 2005.

• Activités supplémentaires
Chaque fois qu'il le peut, l'enseignant présente aux enfants des graphiques concernant l'économie, la population, les activités locales, etc. Il est important qu'ils puissent observer des documents relatifs à des activités qui les concernent.
Les manuels scolaires (sciences, géographie, histoire...) permettent d'observer d'autres graphiques et de confirmer le rôle du graphique en général : illustrer visuellement un ensemble d'informations pour en faciliter la comparaison ou en saisir l'évolution.

Activités individuelles

S'exercer, résoudre

1 Les élèves lisent le texte de présentation puis répondent aux questions à l'aide du graphique.
a. La réponse est visuelle : le continent le plus étendu est l'Asie.
b. Asie > Amérique > Afrique > Antarctique > Europe > Océanie.
c. La superficie de l'Asie est 44 000 000 km^2. Celle de l'Océanie est 9 500 000 km^2.
Ces superficies sont bien sûr approximatives, il n'est pas possible sur un tel graphique de donner les nombres précis.

2 Avant de laisser les enfants travailler seuls, l'enseignant attire leur attention sur les courbes bleue et rouge qui donnent chacune des informations distinctes. Ils travaillent ensuite seuls pour répondre aux questions.
a. On constate que le nombre de téléphones fixes par foyer diminue alors que celui des téléphones mobiles augmente.
b. 100 foyers possédaient :
– 55 téléphones mobiles en 2001 et 70 en 2005 ;
– 88 téléphones fixes en 2001 et 82 en 2005.
c. Cette question est la plus délicate car elle demande l'interprétation de l'intersection des deux courbes. À partir de 2005, le nombre de téléphones mobiles par foyer a dépassé celui des téléphones fixes.

Réinvestissement

Il est souhaitable que les enfants tracent au préalable la figure à main levée avant d'exécuter le tracé avec les instruments pour lequel l'enseignant exige le plus grand soin.

On obtient la figure ci-contre :

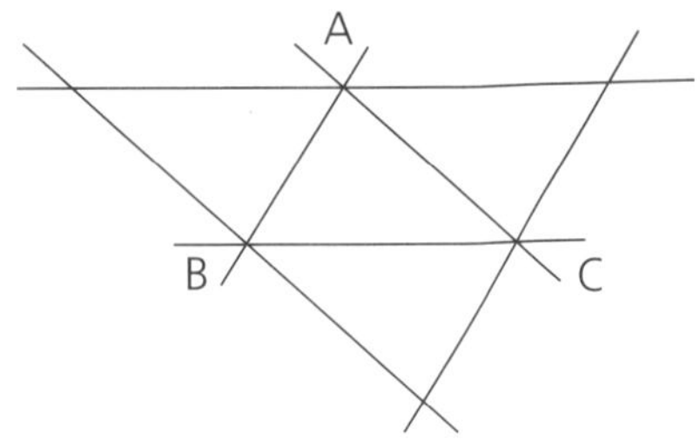

29 Repérage sur un plan

(manuel de l'élève p. 58-59)

COMPÉTENCES : **Utiliser une carte ou un plan pour situer un objet, anticiper ou réaliser un déplacement.**

Calcul mental

Retrancher 9, 19...

L'enseignant dit : « 27 – 9 ». L'élève écrit 18.

Première séquence : 27 – 9 ; 32 – 9 ; 51 – 9 ; 43 – 9 ; 38 – 9 ; 92 – 9 ; 35 – 9 ; 70 – 9 ; 84 – 9 ; 102 – 9.

Deuxième séquence : 47 – 9 ; 37 – 19 ; 84 – 19 ; 63 – 9 ; 72 – 19 ; 85 – 9 ; 26 – 19 ; 68 – 29 ; 71 – 39.

Matériel

Par paire d'enfants : le plan de la ville, du village ou du quartier où se situe l'école.

Observations préliminaires

Avant de travailler sur le plan d'une ville inconnue, il est souhaitable que les enfants puissent se repérer sur le plan de leur propre ville, de leur quartier ou de leur environnement proche. Savoir situer sa rue, voir sa maison, l'école, la piscine ou le gymnase que l'on fréquente donne du sens à la notion de repérage sur un plan ou une carte.
Il est de nos jours très facile de se procurer en nombre les documents nécessaires que distribuent volontiers les syndicats d'initiative, les offices municipaux et les Offices de tourisme dans les villes. Par ailleurs de nombreux portails Internet permettent d'imprimer à des échelles variables et avec une grande précision le plan de n'importe quel quartier, ville ou village[1].

Activités collectives

Les activités de la première séquence qui s'appuient sur la connaissance de leur environnement par les enfants, sont données à titre d'exemple. Les conditions particulières de chaque école, cadre urbain, suburbain, villageois, etc., conduisent évidemment les enseignants à varier les consignes.
Les enfants travaillent par paires. Ils sont munis du plan de leur ville ou de leur quartier. L'enseignant leur propose une suite d'activités, par exemple :
– Trouver leur rue sur le plan, puis éventuellement leur maison. Noter son code.
– Si l'un des enfants de la paire invite chez lui son camarade, quel chemin celui-ci devra-t-il parcourir ? Écrire dans l'ordre de parcours le nom des rues et des places. Tracer au crayon ce parcours sur le plan.
– De la même façon, retrouver l'école sur le plan, noter son code, décrire le parcours menant du domicile à l'école.
L'enseignant demande ensuite quels monuments, parcs, institutions se trouvent dans telle ou telle case.
Selon le cas, il demande quelle ligne de tramway, bus ou métro il faut emprunter pour se rendre de tel endroit à tel autre. La liste des questions que l'on peut poser n'est pas limitée.

Lire, chercher

A Les enfants ont déjà consulté le plan de leur ville ou de leur quartier. Ils doivent verbaliser ce qu'il savent de façon plus ou moins consciente : les lettres A, B, C, D, E et les numéros 1, 2, 3, 4 servent à désigner des cases qui recouvrent le plan et délimitent des parties plus réduites de la ville. Ces cases facilitent la recherche d'endroits précis sur le plan.
a. L'Hôtel de ville est dans la case (C, 2).
b. La Cathédrale St-Louis est à cheval sur les cases (B, 1) et (C, 1).

B La Rochelle est un port. La couleur bleue symbolise l'eau. Exemple : le « Bassin à flot » dans la case (C, 3).
La couleur verte représente les « espaces verts » comme le parc Charruyer dans les cases (A, 1) et (A, 2).

C La question est difficile si la classe n'a pas travaillé sur les guerres de religion et particulièrement sur le siège de La Rochelle et le martyr des protestants. L'enseignant en profite donc pour apporter quelques éléments historiques. La Tour de la chaîne en (B, 4) rappelle ces événements.

D L'enseignant demande aux enfants de suivre du doigt le parcours de Margerie sur le plan. Ce parcours aboutit au parc Charruyer, lieu de sa promenade.

Activités individuelles

S'exercer, résoudre

A Simon trouve sans difficulté la Cathédrale en (C, 3) et l'Aître-Saint-Maclou en (D, 3). Il découvre l'Hôtel de ville en (D, 2).

B Pour aller du parking de l'Hôtel de Ville à la Place du Vieux-Marché, plusieurs itinéraires sont possibles. Ils peuvent, par exemple, prendre la rue de l'Hôpital, puis la rue Ganterie, tourner à gauche dans la rue Jeanne-d'Arc et enfin s'engager à droite dans la rue Guillaume-le-Conquérant.

C Pour se rendre de la Place du Vieux-Marché au Théâtre des Arts qui se trouve dans la case (B,3) , le plus simple est de s'engager dans la rue du Gros-Horloge jusqu'à la rue Jeanne-d'Arc que l'on prend en tournant à droite.

Calcul réfléchi

Les moitiés

L'exemple résolu induit la méthode de calcul. On obtient successivement :
17 ; 28 ; 29 ; 36 ; 38 et 49

Banque d'exercices : n° 10 p. 82 du manuel de l'élève.

(10) Ludo emprunte successivement la rue Guillaume-le-Conquérant, la rue Jeanne-d'Arc et la rue Jean-Lecanuet.

1. Parmi eux : Google-maps, Géoportail, Michelin, Mappy et bien d'autres.

30 Les multiples d'un nombre

(manuel de l'élève p. 60-61)

COMPÉTENCES : Savoir construire une table de multiples.
Reconnaître les multiples de 5, 10, 15, 20, 25, 50.

Calcul mental

Ajouter des multiples de 100.
L'enseignant dit : « 512 + 400 ». L'élève écrit 912.
512 + 400 ; 640 + 300 ; 198 + 500 ; 125 + 600 ; 734 + 200 ; 329 + 400 ; 478 + 500 ; 831 + 200 ; 412 + 600 ; 240 + 900.

Matériel

• Par élève : une photocopie de la table de l'activité « Chercher » (*cf.* p. 77).
• Pour l'enseignant : la même table reproduite au tableau ou une feuille de grand format.

Activités collectives

Lire, débattre

Les enfants observent l'illustration et lisent individuellement le texte de la bulle du personnage et la remarque de Mathéo. Confrontés à une situation de distribution, il est probable qu'ils parviennent à la résoudre :
– avec 7 cartes, je forme un paquet et il reste 14 cartes ;
– avec encore 7 cartes, je forme un autre paquet ; j'ai donc 2 paquets, etc.
Ou bien en mettant en œuvre les acquis de la leçon 24, ils s'aident de la table de 7. Cette démarche demeure valable pour la répartition du tas de 35 cartes.
Après quelques minutes de réflexion, les volontaires communiquent leurs réponses à la classe qui valide celles qui sont correctes. Si des doutes subsistent, l'enseignant propose aux enfants d'y revenir à l'issue de l'activité de recherche.

Chercher

A Les enfants observent le tableau de l'activité « Chercher » et identifient sans hésiter une table de Pythagore. L'enseignant précise qu'il s'agit de construire la suite des multiples des nombres écrits dans les cases orange.
a. Les enfants expliquent en commun comment on a obtenu les nombres des lignes du 1, du 2, du 3, du 4 et du 5. En prenant soin d'écrire au crayon de façon à pouvoir rectifier, ils complètent individuellement ou en travaillant avec un camarade la ligne du 7. Cette activité requiert une parfaite connaissance de la table de 7.
La correction a lieu au tableau sur la grande table préparée par l'enseignant. Les enfants peuvent alors vérifier les affirmations du débat : avec 21 cartes ou 35 cartes, il est possible de former des tas de 7 cartes ; il ne reste aucune carte dans chaque cas.
7, 14, 21, 28, 35, 42, 49, 56, 63, 70, 77, 84.
Il est possible d'écrire un grand nombre de multiples de 7, par exemple :

175	(25 × 7)	721	(25 × 7)
623	(89 × 7)	3 710	(530 × 7) etc.

À ce stade de la leçon, les enfants peuvent vérifier les affirmations du débat : les nombres 21 et 35 sont des multiples de 7 ; avec 21 cartes ou 35 cartes, il est possible de former des tas de 7 cartes ; il ne reste aucune carte dans chaque cas.
b. Avant de répondre à cette question, les enfants doivent construire les tables de 15, de 25 et de 50. La mise en commun du travail permet de rappeler qu'on trouve les multiples d'un nombre en le multipliant par la suite des nombres. On peut donc en trouver beaucoup, voire une infinité. L'enseignant demande à quelques enfants comment ils ont procédé pour trouver ces multiples. De nombreuses démarches sont possibles, chacune permettant de trouver les réponses plus rapidement qu'avec la calculatrice. Ce travail sera repris au cours des séances de calcul réfléchi et de calcul mental.
Multiples de 15 : 15, 30, 45, 60, 75, 90, 105, 120, 135, 150, 165, 180.
Multiples de 25 : 25, 50, 75, 100, 125, 150, 175, 200, 225, 250, 275, 300.
Multiples de 50 : 50, 100, 150, 200, 250, 300, 350, 400, 450, 500, 550, 600.
La connaissance des tables de multiplication ainsi que l'aptitude à construire la table des multiples d'un nombre constitue une préparation fort utile pour rechercher le quotient et le reste d'une division par encadrement du dividende entre deux multiples consécutifs du diviseur.
c. Sur la table complétée, les enfants colorient les cases du nombre 24 et notent les couples des cases orange qui ont permis d'obtenir 24.

24 = 3 × 8	24 est multiple de 3 et de 8.
24 = 6 × 4	24 est multiple de 4 et de 6.
24 = 12 × 2	24 est multiple de 2 et de 12.

L'enseignant peut aussi leur demander de tracer le plus grand nombre possible de rectangles de 24 carreaux mais de dimensions différentes. Cette méthode leur permet de vérifier les résultats obtenus, de tracer un rectangle de dimensions 1 sur 24 et d'écrire deux autres multiples de 24 :
24 = 1 × 24 ; 24 est multiple de 1 et de 24.
Pour consolider le travail, l'enseignant demande :
– *« De quels nombres 40 est-il multiple ? »*
– *« De quels nombres 18 est-il multiple ? »*

B L'encadrement de 103 entre deux multiples consécutifs de 15 est immédiat si les enfants se reportent à la ligne ou à la colonne de 15 qu'ils ont complétée en **A**. Ils remarquent que 103 n'y figure pas, car ce nombre n'est pas multiple de 15. Il est compris entre 90 (6 × 15) et 105 (7 × 15).
Pour vérifier que les enfants ont compris, l'enseignant leur propose d'encadrer 198 entre deux multiples consécutifs de 25, puis 60 entre deux multiples consécutifs de 9.

C Cette question permet de renforcer la maîtrise de l'encadrement d'un nombre entre deux multiples consécutifs et constitue un moyen d'évaluation : $4 \times 50 < 240 < 5 \times 50$.

Activités individuelles

S'exercer, résoudre

1 Cette application permet de vérifier la maîtrise de la reconnaissance des multiples de 2, de 5 et de 10 et ne présente pas de difficulté ; néanmoins les enfants qui en éprouveraient le besoin se reporteront utilement à la leçon 24.

2 Les enfants peuvent s'aider de la table des multiples de l'activité « Chercher » après l'avoir complétée en écrivant les multiples de 12. Ils relèvent les produits :
12 × 1 = 12 2 × 6 = 12 3 × 4 = 12
12 est multiple de 1, de 2, de 3, de 4, de 6 et de 12.

3 Le Mémo de la page 60 constitue une aide pour trouver trois multiples de 6, par exemple :
$6 \times 9 = 54$ $6 \times 12 = 72$ $6 \times 25 = 150$
Ces nombres sont aussi multiples de 2 et de 3.

4 Pour répondre plus facilement, les enfants ont la possibilité de compléter la table des multiples de 25 jusqu'à 25×16 en s'aidant de la calculatrice.
$299 < 300$, 325, 350, 375, $400 < 401$

5 a. Les enfants peuvent utiliser la table complétée de l'activité « Chercher » pour les multiples de 50.
$9 \times 50 < 470 < 10 \times 50$.
b. Pour les multiples de 20, ils doivent trouver une solution personnelle :
– soit construire la table de 20 qui ne présente pas de grosses difficultés mais qu'il faut poursuivre assez loin ;
– soit décomposer le nombre 470 :
$470 = 400 + 70$
400 c'est **20** × 20,
70 c'est (**3** × 20) + 10
Donc : **23** × 20 < 470 < 24 × 20.

6 Dates des jeux : 2000, 2004, 2008, 2012, etc.

7 Un livre peut avoir 160 pages ou 192 pages, car ces nombres sont des multiples de 16.

8 12×12 (=144) $< 150 < 12 \times 13$ (= 156)
Avec 150 œufs, on obtient 12 boîtes complètes, et il restera 6 œufs.

Banque d'exercices : n°s 11, 12 et 13 p. 82 du manuel de l'élève.

(11) Les six premiers multiples de 8 : 0 ; 8 ; 16 ; 24 ; 32 ; 40.

(12) $5 \times 9 < 47 < 6 \times 9$
Marine ne sautera pas sur le carreau 47.

(13) Je suis le nombre 135.

Réinvestissement

L'enseignant exige une utilisation correcte de la règle et de l'équerre pour un tracé soigné qui respecte les dimensions données. Il n'hésite pas à faire recommencer les tracés imprécis.
Une autre difficulté consiste à déterminer le sommet du triangle placé à l'intérieur du rectangle ; lors de la mise en commun, la classe discute les diverses propositions des enfants et retient la plus perspicace : le sommet du triangle est le point où se coupent les diagonales du rectangle (on le nomme encore « point d'intersection).

Prolongements

Utiliser la calculatrice pour trouver les multiples d'un nombre
S'il estime que cette activité convient à sa classe, l'enseignant répartit les enfants par groupe de quatre. Chaque groupe dispose d'une calculatrice.
L'enseignant leur demande d'observer les touches [M+] et [MRC] qu'ils n'ont pas encore eu l'occasion d'utiliser. Il indique le rôle de ces touches :
– la touche [M+] sert à placer un nombre dans la mémoire de la calculatrice ; quand on frappe cette touche, un petit *M* apparaît en haut de l'écran et indique que le nombre saisi est placé en mémoire ;
– la touche [MRC] sert à rappeler le nombre en mémoire.
Chaque groupe effectue ensuite le calcul que propose l'enseignant pour trouver des multiples de 46 :
– « *Tape 46 et appuie sur la touche* [M+] ;
– « *Pour trouver 3 fois 46, tape sur les touches* [3] [×] [RMC] [=] ; *l'écran affiche 138.*
Procède la même manière pour trouver d'autres autres multiples de 46. »

Leçon 30 – Les multiples d'un nombre

Nom : ....

Prénom : ....

×	1	2	3	4	5	6	7	8	9	10	11	12	
1	1	2	3	4	5	6	7	8	9	10	11	12	
2	2	4	6	8	10	12	14	16	18	20	22	**24**	
3	3	6	9	12	15	18	21	**24**	27	30	33	36	
4	4	8	12	16	20	**24**	28	32	36	40	44	48	
5	5	10	15	20	25	30	35	40	45	50	55	60	
6	6	12	18	**24**	30	36	42	48	54	60	66	72	
7	7	14			35			56					
15													
25													

31 PROBLÈMES
Procédures personnelles (2)

(manuel de l'élève p. 62)

COMPÉTENCES : Élaborer une démarche personnelle pour résoudre des problèmes de logique.
Formuler et communiquer sa démarche et ses résultats sous des formes variées.
Argumenter à propos de la validité d'une solution produite par soi-même ou par un camarade.

Calcul mental

Écrire des grands nombres sous la dictée.

L'enseignant dit : « cent trois mille cinq cents ». L'élève écrit « 103 500 ».

Première séquence : cent trois mille cinq cents ; quarante-cinq mille ; deux cent quarante mille ; cinquante six mille deux cents ; cinq cent mille ; quatre-vingt-dix mille ; quatre-vingt-quinze mille huit cents ; quatre cent mille cent soixante ; six cent vingt mille.

Deuxième séquence : cent mille ; deux cent mille trente ; deux cent mille trois ; trois cent trois mille ; cinq cent mille cinq cents ; cinq cent mille cinq ; soixante mille sept cent cinquante ; soixante mille cinq cents ; soixante mille cinquante ; neuf cent quatre-vingt mille neuf cent quatre-vingt-dix-neuf.

Matériel

Par groupe de quatre ou cinq enfants : une feuille de papier format 50 × 65 cm (ou format A3) et des gros feutres.

Activités individuelles puis collectives

Chercher, argumenter

Les enfants lisent et commentent l'énoncé du problème écrit au tableau. L'enseignant leur indique le déroulement de la séance : 10 minutes de recherche personnelle, 10 à 20 minutes de recherche en groupe pour arriver à une seule production qui sera présentée à la classe, sous forme d'affiche par exemple, par un rapporteur désigné par l'ensemble du groupe.

Phase 1 – Recherche personnelle

Les enfants essaient de résoudre individuellement le problème. Ils peuvent dessiner, manipuler, etc. L'enseignant n'intervient pas.

Phase 2 – Recherche en groupe

L'enseignant forme des groupes de 4 ou 5 enfants qui mettent en commun leurs résultats et justifient leurs choix pour parvenir à une réponse commune acceptée par tous. L'enseignant passe discrètement de groupe en groupe et s'assure que tous les enfants participent aux échanges et à la réflexion. Il veille à la discipline, mais s'abstient d'orienter le travail des groupes. Il écoute, observe, et note les procédures utilisées pour mieux gérer la mise en commun. Cependant, en cas de blocage dans un groupe, il peut suggérer d'utiliser un schéma pour permettre aux enfants de visualiser les propositions.

Phase 3 – Mise en commun

Chaque rapporteur vient présenter à tour de rôle la proposition de son groupe.

L'enseignant sollicite la participation des autres groupes pour débattre de la validité des solutions et analyser les différents types d'erreurs.

En cas de réponses contradictoires, il ne suffit pas de décider que telle réponse est juste ou fausse, il faut envisager la possibilité de réponses différentes (ici ce n'est pas le cas), élucider les causes des erreurs, admettre parfois que les démarches pour parvenir à la réponse peuvent être très différentes.

Phase 4 – Travail à partir du manuel

a. Après discussion des réponses et rédaction d'une réponse collective, admise par tous, les enfants examinent individuellement les différentes suggestions présentées dans le manuel et les comparent avec les réalisations des différents groupes. L'enseignant demande à chacun de chercher à comprendre les démarches présentées par Coralie et Miloud, puis de terminer les calculs des enfants. Ils vérifient ainsi s'ils parviennent au même résultat que lors de la recherche collective.

Une discussion collective permet ensuite de comparer toutes les réponses et de déterminer quelles sont les procédures les plus efficaces.

Au moins l'une des équipes a sans doute utilisé la démarche de Miloud. Le schéma éclaire simplement le raisonnement :

Les trois chiens pèsent ensemble 17 kg.

Brazil et Balina pèsent ensemble 11 kg.

Le poids de Bayou est la différence entre ces deux nombres 17 – 11. Bayou pèse donc 6 kg.

Bayou et Balina pèsent ensemble 10 kg, Balina pèse donc 4 kg (10 – 6).

Brazil pèse 7 kg (11 – 4).

Vérification : 6 + 4 + 7 = 17

b. La démarche de l'équipe de Coralie est moins naturelle que celle de l'équipe de Miloud ; pour aider les enfants à la comprendre, l'enseignant l'illustrera à l'aide du schéma ci-dessous. Comme le poids de Balina a été compté deux fois, la différence entre 21 kg et 17 kg correspond au poids de Balina : 4 kg.

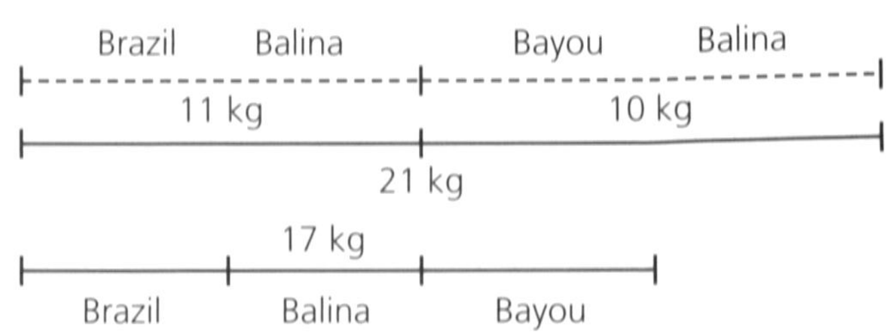

La même situation peut être reproduite en classe si l'on possède un pèse personne. Deux élèves M et N montent ensemble sur la balance, on note le poids, M monte ensuite avec C puis M, N et C montent ensemble à leur tour. Avec ces trois données, on calcule le poids de chacun des élèves.

Une autre variante consiste à peser M et N, puis M et C, puis N et C. Le travail est alors un peu plus difficile, mais il permet aux enfants qui ont réussi les recherches précédentes d'aller plus loin. L'une des démarches possibles est d'additionner les résultats des trois pesées : M et N + M et C + N et C pour avoir le double de la masse des trois enfants.

Chacun est en effet compté deux fois. Il suffit de diviser ce total par deux pour avoir la masse des trois enfants, et nous nous retrouvons alors dans la situation étudiée plus haut.

Activités individuelles

S'exercer, résoudre

1 Ce problème est une application directe de l'activité « Chercher ». Sa résolution relève des mêmes méthodes et permet à l'enseignant de vérifier si les enfants maîtrisent correctement le raisonnement élaboré en commun.
Les trois articles valent 33 € ; l'épuisette et le panier coûtent 18 € ; la canne à pêche vaut donc 15 € (33 – 18).
L'épuisette vaut 7 € (25 – 18) ; le panier 11 € (18 – 7).
Vérification : 15 + 7 + 11 = 33

2 Même situation.

335 – 235 = 100	Kahina mesure 100 cm.
215 – 100 = 115	Nils mesure 115 cm.
235 – 115 = 120	Lucas mesure 120 cm.

Banque d'exercices n° 14 p. 82 du manuel de l'élève.

(14) Les bananes pèsent 300 g.
1 kg 150 g – 850 g = 1 150 g – 850 g = 300 g
Le melon pèse 600 g. 900 g – 300 g = 600 g
La grappe de raisin pèse 250 g. 850 g – 600 g = 250 g

Prolongements

Si l'enseignant veut renforcer dans les jours qui suivent les acquis de cette leçon, il peut proposer l'un des problèmes ci-dessous :

1. Lundi, Clara achète un pain et un croissant. Elle paie 1 € 50 c.
Mardi, elle achète un pain et une tartelette. Elle paie 1 € 90 c.
Mercredi, elle achète un pain, un croissant et une tartelette. Elle paie 2 € 60 c.
Quel est le prix d'un pain, d'un croissant, d'une tartelette ?

2. Bruno et Stéphanie pèsent ensemble 78 kg, Stéphanie et Fatima pèsent ensemble 70 kg. Bruno et Fatima pèsent ensemble 72 kg.
Quel est le poids de Fatima ? de Bruno ? de Stéphanie ?

32 La multiplication posée *(2)* : Multiplier par un nombre de deux chiffres

(manuel de l'élève p. 63)

COMPÉTENCE : Multiplier un nombre de deux ou trois chiffres par un nombre de deux chiffres.

Calcul mental

Multiplier par 10, 100, 1 000.
L'enseignant dit : « 58 × 100 ». L'élève écrit 5 800.
58 × 100 ; 47 × 10 ; 105 × 10 ; 485 × 100 ; 780 × 100 ; 96 × 1 000 ; 505 × 1 000 ; 48 × 1 000 ; 99 × 100 ; 803 × 1 000.

Activités collectives

Comprendre

A Les enfants observent le calcul de Sophie et le commentent ligne après ligne avec l'aide de l'enseignant. Ils recopient l'opération puis la complètent.

B L'enseignant propose ensuite une analyse collective de la technique de Julie qui utilise la propriété de distributivité de la multiplication sur l'addition : Julie multiplie donc successivement 253 par 3 puis par 20.
L'emploi de couleurs peut faciliter la compréhension et le déroulement des calculs en établissant un parallèle entre les techniques des deux personnages.
Lors de la mise en commun des réponses, un volontaire vient au tableau, continue la multiplication et explique les calculs de Julie.

			2	5	4	
		×		2	3	①
1. 254 × 3 →			…	…	2	
2. 254 × 20 →		…	…	8	0	
3. 254 × 23 →		…	…	…	…	

Pour multiplier 254 par 23, je pose l'opération.

1. 1re ligne :
Je commence par multiplier 254 par 3, comme je l'ai appris en leçon 25. Je n'oublie pas les retenues (remarque de Mathéo : « *Pourquoi ce* ① *?* ») : je trouve 762.

2. 2e ligne :
Pour multiplier 254 par 20, je place d'abord le **0**, car je commence par multiplier 254 par 10 (je réponds ainsi à Mathéo : « *Pourquoi ce* ***0*** *?* »).
L'enseignant fait remarquer que pour toutes les multiplications par un nombre de deux chiffres, le produit partiel de la deuxième ligne se termine par 0. Les enfants expliquent pourquoi en se référant à la leçon de calcul réfléchi 15 Multiplier par 20, 30…).
Puis, je multiplie par 2 : Je trouve 5 080.

3. 3e ligne :
J'additionne ces deux résultats : 762 + 5 080 = 5 842.
La somme à effectuer ne pose pas de difficulté particulière si les nombres ont été alignés avec soin dans les colonnes.
La classe convient de l'endroit où poser les retenues afin qu'elles ne soient pas source d'erreurs.
L'enseignant propose aux enfants d'effectuer une ou deux opérations supplémentaires au tableau avec son aide.
Par exemple : 356 × 35 ; 643 × 52.

Activités individuelles

S'exercer et résoudre

1 Cet exercice constitue un entraînement à la multiplication d'un nombre de deux chiffres par un nombre de deux chiffres. Il permet de vérifier la maîtrise de la technique.
Toute erreur devra être analysée pour en trouver la cause : méconnaissance des tables, oubli des retenues, maîtrise encore imparfaite de l'algorithme.
L'enseignant rappelle aux enfants la propriété de commutativité des produits et fait constater que le résultat est identique que l'on multiplie 75 par 32 ou 32 par 75. Ce travail permet de vérifier le résultat obtenu.
75 × 32 = 2 400   84 × 42 = 3 528   68 × 76 = 5 168

2 Cet exercice constitue un entraînement à la multiplication d'un nombre de trois chiffres par un nombre de deux chiffres.
Les remarques de l'activité collective « Chercher » demeurent valables ; l'enseignant demande aux enfants de s'y reporter en cas de besoin.
245 × 24 = 5 880   389 × 67 = 26 063   406 × 38 = 15 428

3 Dans ce petit problème, l'élève doit utiliser un multiplication avec un zéro intercalé
105 × 17 = 1 785
1 785 voitures peuvent se garer sur ce parking.

4 Après lecture de l'énoncé, l'enseignant demande aux enfants de préciser le sens des expressions : *en moyenne*, *quantité journalière*, etc.
26 × 58 = 1 508
Les vaches du troupeau produiront 1 508 L de lait par jour.

5 Cet exercice permet de contrôler que les enfants possèdent une bonne maîtrise de la pratique de l'algorithme. En effet il requiert de leur part un effort de déduction pour découvrir les chiffres qui manquent dans l'écriture des nombres. Ceux qui éprouvent des difficultés peuvent utiliser la table de Pythagore.

Exemple : pour trouver le dernier chiffre du multiplicande, les enfants vont choisir entre 2 et 7 les seuls chiffres à donner un nombre terminé par 8 (soit 8, soit 28). La méthode consiste à calculer l'opération en utilisant les deux possibilités. Le calcul de la deuxième ligne permet de se rendre compte qu'il faut utiliser le chiffre 7 et non le chiffre 2.

	2	3	…
×		…	4
	…	…	8
…	7	4	…
…	…	…	…

	2	3	**7**
×		**2**	4
	9	**4**	8
4	7	4	
5	**6**	**8**	**8**

6 Situation multiplicative puis additive.

(125 × 23) + (56 × 18) + (115 × 14) = 2 875 + 1 008 + 1 610
= 5 493

Le montant de la commande est 5 493 €.

Banque d'exercices : nos 15 et 16 p. 82 et 83 du manuel de l'élève.

(15) 39 × 15 = 585
153 × 34 = 5 202
246 × 25 = 6 150
54 × 348 = 18 792

(16) **a.** 389 × 49 = 19 061
b. 1 475 × 52 = 76 700

Prolongements

Pour consolider la maîtrise de cet algorithme, l'enseignant répartit les enfants par groupes de deux ou de quatre. Chaque groupe dispose d'une calculatrice. L'enfant qui la détient propose une multiplication de deux nombres de deux chiffres à ses camarades qui l'effectuent « à la main ». Ils vérifient ensuite les résultats à l'aide de la calculatrice. Celui qui donne la bonne réponse prend la calculatrice et propose à ses camarades une nouvelle opération, par exemple une multiplication d'un nombre de trois chiffres par un nombre de deux chiffres, etc.

33 Calcul de durées (2)

(manuel de l'élève p. 64-65)

COMPÉTENCES : Lire l'heure et calculer des durées en heures et minutes.

Calcul mental

Multiplier par 20, 200...
L'enseignant dit : « 32 × 20 ». L'élève écrit 640.
Première séquence : 32 × 20 ; 21 × 30 ; 15 × 300 ; 42 × 20 ; 45 × 200 ; 33 × 30 ; 12 × 300 ; 75 × 20 ; 52 × 200 ; 64 × 40.
Deuxième séquence : 26 × 50 ; 82 × 30 ; 54 × 40 ; 36 × 200 ; 27 × 20 ; 53 × 200 ; 35 × 50 ; 18 × 500 ; 46 × 60 ; 53 × 300.

Matériel

Une horloge factice.

Observations préliminaires

Si les enfants du CM1 maîtrisent généralement la lecture de l'heure, ce n'est pas le cas pour le calcul des durées. Une approche, qui favorise par la suite la mémorisation des automatismes, consiste à aborder ces notions dans le cadre d'un projet concret qui fait appel à l'activité des enfants et suscite davantage leur intérêt. Par exemple, la préparation d'une sortie (visite d'un musée, d'une ferme pédagogique ou d'un voyage scolaire...) pour laquelle l'organisation temporelle est confiée aux élèves. Ces derniers doivent alors lire les horaires du moyen de transport utilisé, établir le programme de la sortie, calculer la durée de chaque séquence, évaluer les marges d'erreurs pour donner un peu de souplesse aux activités prévues, bref calculer des durées pour la réussite de la sortie.
Plus modestement, déterminer l'heure de départ pour se rendre au stade ou à la piscine, celle du retour aux vestiaires et toutes tâches de cet ordre peuvent être confiées aux enfants. Ces pratiques concrètes de calcul des durées facilitent la conceptualisation de ces notions difficiles.

Activités collectives

Lire, débattre

Le débat permet de vérifier d'une part que les enfants se souviennent qu'une heure vaut soixante minutes et un quart d'heure 15 minutes et, d'autre part, leurs compétences en calcul mental : 75 = 60 + 15. L'enseignant peut être amené à apporter quelques explications sur l'*Eurostar* que les élèves des départements du sud ou de l'ouest de la France ne connaissent pas nécessairement.

Chercher

A Les informations sont réparties de part et d'autre du dessin.
a. Pour répondre à cette question, il faut repérer l'heure sur le cadran de gauche : il est treize heures vingt-cinq. De midi et demi à treize heures et demie, il s'est écoulé une heure. Jonathan a mis cinquante-cinq minutes pour se rendre à la gare. La question est assez délicate : identification de une heure et demie et treize heures et demie, puis calcul d'une durée par différence. Elle mérite une recherche et une discussion collective.
b. La seconde question est plus simple : il suffit d'intercaler 13 h 25 entre 13 h 04 et 13 h 43, l'heure de départ du prochain train. Elle peut être proposée en recherche individuelle.

B **a.** Cette question implique un calcul additif de durées. Plusieurs méthodes s'offrent aux enfants : convertir les heures en minutes pour effectuer la somme, séparer somme des heures et somme des minutes ou, plus simplement, ajouter par morceaux :
13 h 43 min + 2 h 42 min = 13 h 50 min + 2 h 35 min
= 14 h + 2 h 25 min
= 16 h 25 min
Chaque enfant essaie de répondre à la question, puis les différentes méthodes de calcul sont comparées. Si aucun enfant ne le propose, l'enseignant les invite à consulter le Mémo du bas de la page 64, et en propose une analyse collective. Il leur demande ensuite de tracer une droite sur leur cahier et de la renseigner selon le modèle que lui-même présente au tableau.
La mise en commun permet de calculer une somme de durées à l'aide de la droite graduée.

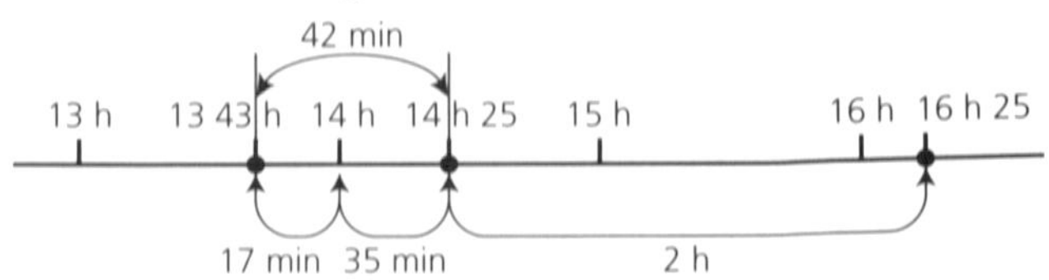

b. Il est peu probable que les enfants puissent répondre seuls à la seconde question qui relève de l'économie politique. C'est l'enseignant qui explique que les Anglais sont un peu plus fidèles à l'heure solaire que les Européens du continent.

Activités individuelles

S'exercer, résoudre

1 L'exemple donne les clefs de l'exercice. Par la suite, il faut se souvenir qu'une heure vaut soixante minutes.
On obtient : 1 h 30 min ; 2 h ; 4 h ; 3 h ; 5 h 10 min.

2 15 min c'est 10 min + 5 min. La récréation se termine à 10 h 5 min.

3 Si Sophie ne mettait que 20 minutes pour effectuer son trajet, elle serait partie à 8 h. Comme elle en met 25, elle est partie à huit heures moins cinq.

4 Il faut d'abord calculer la durée du match :
45 + 48 + 15 = 108.
En heure et minutes, on obtient 1 h 48 min.
Le match s'est donc terminé à 22 h 48 min.

5 **a.** Les horloges indiquent respectivement dix heures moins cinq et treize heures quinze.

b. Il s'est écoulé trois heures vingt minutes entre les instants indiqués par les horloges.

6 L'horloge indique 17 h 40.
Emmanuelle dispose de 40 minutes avant son départ pour Nice.

7 L'éclipse s'est terminée à deux heures et six minutes.
52 + 14 = 66 et 66 minutes cela fait une heure et six minutes.
L'éclipse de Lune s'est terminée à 2 h 6 minutes.

8 a. De 3 h 49 min à 4 h, il y a 11 min.
De 4 h à 19 h 56 min, il y a 15 h 56 min.
De 3 h 49 min à 19 h 56 min, il y a 16 h 7 min (15 h 56 min + 11 min).
La journée du solstice d'été dure 16 h 7 min.
b. Un calcul analogue montre que la journée du solstice d'hiver dure 8 h 11 min.

Calcul réfléchi

Les moitiés
L'exemple effectué induit la méthode de calcul. On obtient successivement :
72 ; 131 ; 84 ; 242 ; 93.

Banque d'exercices : n°s 17, 18 et 19 p. 83 du manuel de l'élève.

(17) **a.** Le matin, le cadran A indique 6 h 55 min et le cadran B, 7 h 10 min.
Le soir, le cadran A indique 18 h 55 min et le cadran B, 19 h 10 min.
b. Un quart d'heure plus tard, le cadran A indiquera 7 h 10 min et le cadran B, 7 h 25 min.
Une demi-heure plus tard, le cadran A indiquera 7 h 25 min et le cadran B, 7 h 40 min.

(18) 17 h 56 min + 25 min = 18 h 21 min.
Le TGV arrivera à 18 h 21 min.

(19)

	Autocar n° 1	Autocar n° 2	Autocar n° 3
Heure de départ	17 h	8 h 20	**11 h 15**
Heure d'arrivée	21 h	**8 h 55**	14 h
Durée du voyage	**4 h**	35 min	2 h 45

34 La classe des millions

(manuel de l'élève p. 66-67)

COMPÉTENCES : Lire, écrire (en chiffres et en lettres), comparer, ordonner les nombres de la classe des millions.

Calcul mental

Sommes de multiples de 25.
L'enseignant dit : « 125 + 25 ». L'élève écrit 150.
Première séquence : 125 + 25 ; 75 + 25 ; 100 + 25 ; 250 + 25 ; 175 + 25 ; 200 + 150 ; 315 + 50 ; 175 + 125 ; 450 + 50 ; 650 + 150.
Deuxième séquence : 50 + 75 ; 75 + 150 ; 250 + 75 ; 325 + 250 ; 175 + 75 ; 250 + 550 ; 425 + 325 ; 275 + 425 ; 850 + 350 ; 650 + 325.

Activités collectives

Lire, chercher

A Lecture des grands nombres
L'enseignant demande aux enfants d'observer la carte de l'activité « Chercher ». Il pose quelques questions pour s'assurer que tous ont compris que les nombres portés sur les différents pays indiquent la production d'oranges, en tonnes, de chacun de ces pays. Il désigne plusieurs élèves qui, chacun leur tour, lisent l'un de ces nombres en l'associant au pays producteur, par exemple : États-Unis, 11 millions 379 mille tonnes, etc.
Ces exemples permettent aux enfants de constater que, pour lire un grand nombre, il suffit de savoir lire les nombres jusqu'à 999 et de connaître dans l'ordre le nom des classes.
Pour trouver les chiffres qui correspondent aux différentes classes, on procède toujours en les groupant par trois à partir de la droite.

Écriture des grands nombres

Millions			Mille			Unités		
c	d	u	c	d	u	c	d	u
	1	5	0	8	4	3	0	0

Comme pour la lecture, il faut connaître l'ordre des classes. L'enseignant attire l'attention des enfants sur la séparation entre les classes lors du groupement des chiffres par trois à partir de la droite. Il fait remarquer que, lorsqu'on prononce le mot « million », le nombre dicté s'écrit avec plus de six chiffres. La difficulté de la lecture vient des zéros intercalés qui ne sont pas prononcés. Dans un premier temps, le tableau de numération constitue une aide dont il faudra rapidement s'affranchir. Les dictées de nombres, la lecture de nombres écrits en lettres contribuent à fixer les règles de notre numération de position dans l'esprit des enfants.
Pour consolider ces acquis l'enseignant propose une dictée de nombres en utilisant le procédé « la Martinière » : six millions trois cent cinquante mille ; vingt-cinq millions quatre cent mille ; vingt-cinq millions quatre cents ; vingt-cinq millions quarante mille ; vingt-cinq millions quatre, etc.
Les enfants répondent ensuite à la consigne A : l'Afrique du Sud produit 1 082 000 tonnes d'oranges.

B Les activités conduites aux leçons 2 et 6 demeurent valables pour ranger les grands nombres. Quelques enfants rappellent la procédure à leurs camarades :
Quand on compare deux nombres :
– s'ils n'ont pas le même nombre de chiffres, le plus grand est celui qui a le plus grand nombre de chiffres : 17 500 306 (8 chiffres) > 990 100 (6 chiffres) ;
– s'ils ont le même nombre de chiffres, on compare les chiffres en partant de la gauche :
17 625 000 > 15 102 400 ; 17 millions > 15 millions.
Les enfants répondent individuellement à la consigne B.
Lors de la mise en commun, l'enseignant demande à la classe de relever les erreurs et de les rectifier.
723 000 < 1 082 000 < 1 917 000 < 2 866 000 < 3 676 000 < 3 844 000 < 11 379 000

C Après quelques minutes de travail, l'enseignant pose quelques questions pour aider les élèves en difficulté : *« 18 694 000 est-il compris entre 1 et 3 millions ? Pourquoi ? » « Et 723 000 ? »* Si aucun enfant ne le propose, il fait remarquer que le rangement par ordre croissant en B est une aide pour la réponse.
L'Afrique du Sud, l'Espagne et l'Italie produisent entre 1 et 3 millions de tonnes d'oranges :
1 000 000 < 1 082 000 ; 1 917 000 ; 2 866 000 < 3 000 000.

D Il s'agit d'arrondir un nombre au million le plus proche : la production du Mexique (3 844 000) est plus proche de 4 000 000 que celle de la Chine (3 676 000). La discussion des réponses permet de valider cette réponse en la comparant au rangement des nombres par ordre croissant en B.
Si aucun enfant ne le propose, l'enseignant trace au tableau une droite graduée en millions. Il fait placer les nombres 3 676 000 et 3 844 000, ce qui permet de mieux « visualiser » la réponse. À titre d'entraînement, il demande : *« Quel est le pays dont la production est la plus proche de 1 million de tonnes ? » « de 20 millions de tonnes ? »*

E Se reporter aux remarques en A. L'Espagne produit deux millions huit cent soixante-six mille tonnes d'oranges.
À la leçon 6, les enfants ont appris à reconnaître le nombre de milliers, de dizaines de milliers, de centaines de milliers avec des nombres de six chiffres. Il s'agit ici d'étendre cette recherche aux nombres de la classe des millions. L'enseignant précise qu'il suffit de savoir que :
– 1 million, c'est 1 000 000 d'unités ;
– 1 million, c'est 1 000 milliers.
Les enfants complètent l'égalité : 2 866 000 = … × 1 000 et répondent à la question.
À titre de renforcement des acquis, proposer d'écrire en milliers de tonnes la production de l'Italie et celle du Maroc.

F La présentation des nombres dans un tableau de numération constitue une aide pour les réponses. Dans 18 694 000 (la production d'oranges du Brésil) :
– 8 est le chiffre des millions ;
– 18 est le nombre de millions (18 × 1 000 000) + 694 000 ;
– 4 est le chiffre des milliers ;
– 18 694 est le nombre de milliers (18 694 × 1 000).

Activités individuelles

S'exercer, résoudre

1, **2**, **4** Ce sont des applications du « Chercher » **A** et **B**. La présentation des nombres dans un tableau de numération constitue une aide pour les réponses. Si nécessaire, regrouper les élèves qui ont oublié des zéros intercalés et reprendre une dictée de nombres. Cependant, il faut rapidement exiger de se passer du tableau afin de se représenter mentalement la structure des nombres, c'est-à-dire l'ordre des classes.

3 Lors de la correction, l'enseignant insiste sur la valeur des chiffres selon leur position. Il faut observer attentivement chaque nombre pour savoir combien ajouter ou par combien multiplier pour parvenir au résultat.
1 000 × ... : 1 million c'est 1 000 milliers, il faut donc multiplier par ...
999 000 + ... : 999 000 c'est 999 milliers, il faut donc ajouter ...

1 000 × 1 000 = 1 000 000	999 000 + 1 000 = 1 000 000
10 000 × 100 = 1 000 000	999 999 + 1 = 1 000 000

5 La méthode de l'exercice **3** facilite la résolution de ce problème à condition d'anticiper sur les actions qui vont conduire au résultat. C'est sur ce point que l'enseignant doit insister lors de la mise en commun.
Pour ajouter 1 001, c'est-à-dire 1 000 + 1, il est plus simple d'ajouter d'abord 1 :
999 999 + 1 = 1 000 000
puis d'ajouter 1 000 ; on obtient 1 001 000 (un million mille).

6 Cet exercice permet de vérifier que les enfants maîtrisent la numération de position. Quand on compte de 10 000 en 10 000 ce sont les dizaines de milliers qui changent.
2 980 000 ; 2 990 000 ; 3 000 000 ; 3 010 000 ; 3 020 000 ; 3 030 000 ; 3 040 000 ; 3 050 000.
Veiller tout particulièrement au passage à 3 000 000.

7 Comme pour l'exercice **6**, il s'agit de renforcer la maîtrise de la valeur des chiffres selon leur position.
4 250 000 : 4 est le chiffre des millions ;
1 1**4**3 600 : 4 est le chiffre des dizaines de milliers ;
25 600 **4**00 : 4 est le chiffre des centaines ;
49 008 000 : 4 est le chiffre des dizaines de millions.

8 Ce problème permet d'évaluer les acquis des activités « Chercher », **B** et **C**. Les éléments indispensables pour répondre sont dans un tableau dont l'analyse permet à l'enseignant d'expliquer les différents noms des arbres ; par exemple pour les chênes, le second terme désigne l'espèce.
Il fait commenter l'explication de Mathéo.
a. Ordre croissant des superficies : 65 000 ; 297 000 ; 483 000 ; 1 303 000 ; 2 494 000 ; 5 143 000.
b. Hêtres, Pins maritimes et sylvestres, Chênes rouvres occupent une superficie supérieure à 1 000 000 d'hectares.

Banque d'exercices : n°s 20 à 25 p. 83 du manuel de l'élève.

(20) 70 400 000 ; 120 602 ; 800 000 000 ; 685 000.

(21) quatre millions six cent six mille ; quatre millions six cent mille ; quatre millions soixante mille ; quatre millions six cent six mille six.

(22) Valeur du chiffre 9 dans chacun des nombres :
1 **9**00 000 : chiffre des centaines de mille
9 500 000 : chiffre des unités de millions
6 530 **9**00 : chiffre des centaines
2 00**9** 000 : chiffre des unités de mille
90 000 : chiffre des dizaines de mille

(23) Nombres dans l'ordre croissant :
9 999 < 99 999 < 900 999 < 999 999 < 9 009 000

(24) Production d'oranges pour les pays d'Amérique (États-Unis, Mexique et Brésil) : 33 917 000 t.
11 379 000 + 3 844 000 + 18 694 000 = 33 917 000

(25) 1 000 × 1 000 = 1 000 000
L'avion doit parcourir mille fois le trajet Paris-Ajaccio.

Réinvestissement

On obtient la figure :

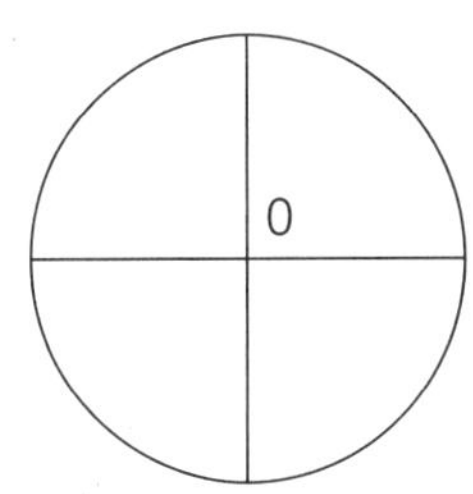

Prolongements

L'enseignant propose aux enfants de rechercher des documents dans lesquels on utilise des grands nombres, que ce soit dans des livres ou sur des sites Internet : population des États européens, de villes, de production automobiles... Ils peuvent donner lieu à des activités analogues à celles conduites à partir du manuel mais dans des champs disciplinaires susceptibles de motiver davantage les enfants qui les auront découverts.

35 Triangles

(manuel de l'élève p. 68-69)

COMPÉTENCES : **Reconnaître et tracer des triangles à partir de leurs propriétés.**

Calcul mental

Tables de multiplications

L'enseignant dit : « 7 × 7 ». L'élève écrit 49.

Première séquence : 7 × 7 ; 3 × 9 ; 5 × 8 ; 9 × 4 ; 7 × 9 ; 8 × 6 ; 9 × 5 ; 7 × 8 ; 8 × 3 ; 9 × 9.

Deuxième séquence : 6 × 4 ; 5 × 9 ; 6 × 9 ; 4 × 8 ; 9 × 7 ; 7 × 9 ; 8 × 7 ; 7 × 5 ; 11 × 6 ; 12 × 4.

Matériel

- Papier uni et instruments du dessin géométrique.
- Quelques pailles de boisson.
- Photofiche des triangles de l'activité « Chercher ».

Observations préliminaires

Les enfants du CM1 possèdent de nombreuses connaissances sur les triangles, figures qu'ils manipulent et observent depuis la grande section de l'école maternelle. Ils les rencontrent quotidiennement dans leur environnement (panneaux du code de la route, pictogrammes des produits manufacturés, éléments architecturaux...). Ils savent les désigner et les reconnaître parmi les polygones. Cette leçon se propose d'une part de remettre les idées en ordre et de fixer le vocabulaire, d'autre part d'entraîner aux constructions géométriques à l'aide des instruments. Celles-ci exigent du temps pour être menées à bien avec suffisamment de précision et de rigueur. Il pourra être utile de consacrer plus de deux séances à la leçon.

Activités collectives

Lire, débattre

Le débat aborde de façon concrète sans aucun formalisme l'inégalité triangulaire (la longueur d'un côté d'un triangle est comprise entre la différence et la somme des deux autres). C'est en général par la pratique (essayer de construire des triangles avec différents triplets de bâtons) que les enfants prennent conscience qu'il n'est pas possible de construire un triangle dont un côté est « trop petit » par rapport aux deux autres. La réponse définitive au débat sera la conclusion de plusieurs exercices de construction.

Chercher

A Mathéo donne un conseil de bon aloi, mais la reproduction de la figure avec précision est assez longue et demande beaucoup de soin, c'est pourquoi nous proposons de fournir aux enfants les photofiches correspondantes.

La comparaison des longueurs des côtés et la recherche des angles droits ne nécessitent pas la reproduction des triangles. Bande de papier ou règle graduée d'une part, équerre d'autre part permettent de répondre aux questions.

Les mots triangle rectangle, isocèle, équilatéral ne sont sans doute pas connus de tous les enfants. Si aucun d'eux ne les propose, l'enseignant apporte l'information.

Le résultat est le suivant :

n° du triangle	2 côtés égaux	3 côtés égaux	1 angle droit	1 axe de symétrie	3 axes de symétrie	nom du triangle
1	non	non	oui	non	non	triangle rectangle
2	oui	non	non	oui	non	triangle isocèle
3	non	oui	non	non	oui	triangle équilatéral
4	oui	non	oui	oui	non	triangle rectangle isocèle
5	non	non	non	non	non	pas de nom particulier

B Faute de pailles, on peut utiliser des bandes de papier. Il n'est pas possible de construire un triangle correspondant à la « construction 2 ». La remarque de l'enfant dans la rubrique « Débat » (« *Ça dépend des bâtons.* ») est fondée.

Activités individuelles

S'exercer, résoudre

1 Bandes de papier et équerre, en liaison avec le Mémo de la page 68, permettent de répondre.
Les triangles **a** et **d** sont des triangles rectangles, **b** est isocèle et **c** est équilatéral.

2 Il est important d'habituer les enfants à commencer par tracer à main levée. Cela permet ensuite de placer correctement sa figure sur la feuille et de commencer le tracé à partir d'un point bien choisi du modèle.

3 Le modèle inachevé est une aide pour la mise en place de la figure sur la feuille. L'enseignant doit se montrer exigeant sur la précision du tracé.

4 a. Le programme de construction contient quatre instructions. Il est sage de demander aux enfants de lire entièrement le programme avant de passer à sa réalisation. Il est également sage de commencer par un tracé à main levée pour savoir à quoi ressemble la figure que l'on se propose de construire. Le modèle inachevé aide au placement de la figure sur la feuille.
La figure obtenue est un triangle isocèle. En cas de non reconnaissance, renvoyer l'enfant au Mémo.
b. Le libre choix du point H sur l'axe de symétrie conduit les enfants à construire des triangles différents (non isométriques), mais tous sont isocèles.

5 Les commentaires de l'exercice **4** s'appliquent également à celui-ci, à ceci près que la figure obtenue est un triangle rectangle d'hypoténuse AB. Obtenir un tracé précis exige que l'on ne mesure pas trop le temps aux enfants.

Calcul réfléchi

Multiplier par 9
La méthode de calcul est indiquée par l'exemple résolu.
On obtient successivement : 216 ; 315 ; 432 ; 504 et 675.

Banque d'exercices : n°s 26 et 27 p. 83 du manuel de l'élève.

(26) Triangle 1 : isocèle
Triangles 2 et 3 : rectangles
Triangle 4 : rectangle isocèle
Triangle 5 : équilatéral

(27)

C'est un triangle rectangle isocèle.

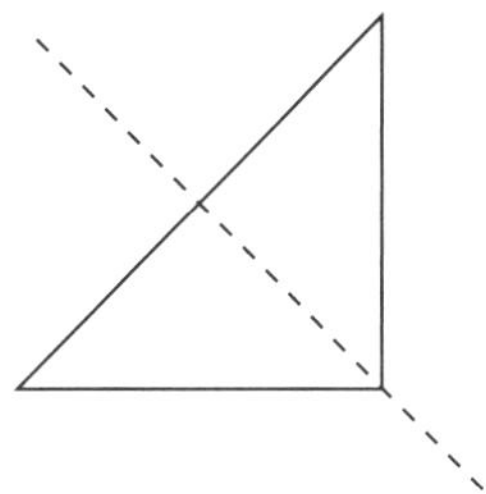

Prolongements

Les triangles sont des polygones rigides et les seuls à posséder cette propriété. Celle-ci est largement utilisée dans la fabrication d'objets, notamment en charpenterie et en construction mécanique.

Matériel : de la ficelle, du ruban, une grande feuille de papier ou de carton.

Choisir une ficelle d'environ 1 m 50, nouer ses extrémités. Trois enfants saisissent chacun l'anneau ainsi formé et tendent la ficelle. On obtient un triangle. L'enseignant noue un morceau de ruban sur la ficelle à l'emplacement des trois mains qui la tendent. Les enfants déplacent alors le triangle sur le sol, les murs, les autres plans disponibles dans la salle de classe. Chaque fois, un enfant en trace le contour à la craie ou au feutre. On termine en traçant le triangle sur la feuille de carton (ou de papier) et on le découpe. Les enfants constatent alors que le triangle de carton se superpose exactement aux différents triangles qu'on a tracés. Les triangles dont les côtés ont la même mesure sont isométriques. Ou encore, les triangles ne se déforment pas.
Reprendre alors le même travail avec quatre enfants pour tendre la ficelle. Les quadrilatères obtenus sont tous différents. Certains ne sont même pas plans. Un quadrilatère est déformable, il n'est pas défini par la mesure de ses côtés.

Leçon 35 – Triangles

Nom : ....

Prénom : ....

« Chercher » (A) p. 68 du manuel de l'élève.

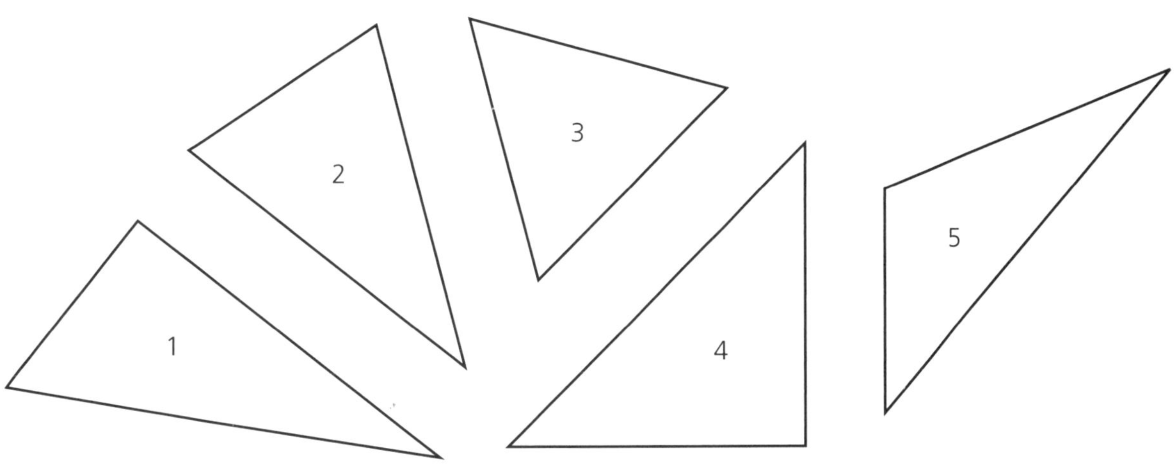

36 PROBLÈMES Situations de division (1) : Calculer le nombre de parts

(manuel de l'élève p. 70-71)

COMPÉTENCE : Trouver le nombre de parts en recherchant de façon empirique le quotient et le reste.

Calcul mental

Somme de deux nombres de deux chiffres.
L'enseignant dit : « 25 + 28 ». L'élève écrit 53.
Première séquence : 25 + 28 ; 12 + 18 ; 17 + 14 ; 19 + 11 ; 18 + 15 ; 26 + 14 ; 25 + 26 ; 19 + 18 ; 24 +15 ; 15 + 16.
Deuxième séquence : 16 + 16 ; 17 + 16 ; 18 + 18 ; 18 + 19 ; 21+ 22 ; 24 + 24 ; 35 + 35 ; 35 + 36 ; 37 + 35 ; 45 + 46.

Observations préliminaires

« Certains problèmes à une opération ne sont pas reconnus comme tels par tous les élèves et nécessitent le recours à des procédures personnelles : c'est par exemple le cas de certains problèmes de division euclidienne que les élèves vont résoudre par soustractions successives ou par essais de produits. Ces solutions ne doivent pas être rejetées, mais au contraire encouragées chaque fois qu'un calcul expert n'est pas reconnu par les élèves. Par ailleurs, en utilisant des procédures expertes ou personnelles, les élèves doivent pouvoir résoudre des problèmes nécessitant le recours à des étapes intermédiaires. »

Ce paragraphe souligne les deux techniques du calcul d'une division :
• **1re méthode :** technique de la soustraction réitérée (soustractions successives) du diviseur au dividende ;
• **2e méthode :** encadrement du dividende entre deux multiples consécutifs du diviseur.
D'autre part, lors de l'apprentissage de la division, l'enseignant devra expliquer deux types de situations : la situation dite de division-partition où l'on cherche la valeur d'une part et celle de division-quotition où l'on cherche le nombre de parts. C'est cette dernière situation que nous allons traiter.

Activités collectives

Lire, débattre

Les enfants lisent en silence les bulles des deux personnages. L'enseignant les invite à réagir aux affirmations qu'elles contiennent. Il note au tableau leurs différentes suggestions. Il est probable que de nombreux désaccords apparaissent et que certains enfants ne sachent pas répondre.
L'enseignant propose alors de laisser leurs interrogations en suspens, puis de passer à l'activité « Chercher » et d'observer les calculs d'Alexandre, Léa et Elimane.

Chercher

A a. *« Quelle méthode Alexandre a-t-il utilisée pour trouver le nombre de casiers complets ? »*
Individuellement ou en petits groupes, les enfants observent le calcul d'Alexandre et le complètent. Lors de la mise en commun, l'enseignant fait confronter les différentes réponses.

Les enfants constatent qu'Alexandre a additionné des paquets de 25 livres (chaque paquet correspondant à un casier), jusqu'à approcher le nombre de livres à ranger (119).
Un volontaire vient écrire la réponse au tableau : 4 casiers seront complets et il restera 19 livres non rangés (119 – 100 = 19).
– *« Comment procède Léa ? »*
Les élèves constatent que Léa a utilisé une procédure soustractive : soustractions réitérées du diviseur. C'est la méthode inverse de la précédente. Léa part du dividende et enlève la valeur du diviseur tant que c'est possible.
Les conclusions s'avèrent les mêmes : le nombre de casiers complets de 25 livres est 4, il reste 19 livres non rangés.
b. *« Que pensez-vous de la solution d'Elimane ? »*
Les enfants analysent ensuite les calculs d'Elimane.
Ils remarquent qu'elle met en œuvre une procédure multiplicative qui autorise une approche du dividende par des multiples du diviseur. Après avoir échangé leurs points de vue, les enfants arrivent à la conclusion que les calculs d'Elimane sont incomplets. Quand elle a rangé 75 livres, elle n'a pas utilisé tous les livres, car il en reste encore 44. Elle peut remplir un casier supplémentaire et il restera 19 livres (119 – 100). Le rangement sera alors terminé.
C'est l'occasion de signaler que le reste de la division est toujours inférieur au diviseur.
L'enseignant fait écrire les calculs d'Elimane correctement :
$119 = (25 \times 4) + 19 \quad 19 < 25$.
L'analyse précédente des trois calculs proposés dans le manuel permet de conforter la réponse au débat.
c. Les enfants se reportent au Mémo de la leçon que l'enseignant commente en explicitant le vocabulaire.
Les mots dividende, diviseur, quotient et reste sont précisés :
$119 = (25 \times 4) + 19$
119 est le dividende ; 25 le diviseur ; 4 le quotient et 19 le reste.

B Les élèves rédigent individuellement la solution de ce problème. En cas de blocage, ils peuvent demander l'appui de l'enseignant qui conseille généralement de relire attentivement l'énoncé ou de revenir au modèle de la situation précédente.
Dès que la majorité des enfants a terminé, l'enseignant leur demande de se regrouper par deux ou par quatre, de confronter leurs résultats et de rédiger une réponse collective.
La mise en commun du travail des groupes permet ensuite de discuter chaque solution.
La comparaison des méthodes montre que les diverses solutions aboutissent au même résultat.
$98 = (15 \times 6) + 8 \quad 8 < 15$
Le nombre de casiers complets est 6 et il reste 8 BD.

Activités individuelles

S'exercer, résoudre

1 Situation de division exacte, car le dividende est un multiple du diviseur, le quotient exact :
24 = 4 × 6.
Six enfants se sont partagé le paquet de biscuits.

2 Les élèves utilisent la méthode de leur choix pour trouver le quotient. Chacune doit conduire au résultat suivant :
100 = (12 × 8) + 4.
La fleuriste peut préparer 8 bouquets de 12 fleurs et il lui restera 4 fleurs.

3 Dix paquets contiennent 500 tee-shirts. Il faut donc deux paquets de plus pour en avoir 600.
En tout, les organisateurs doivent commander 12 paquets de 50 tee-shirts.

4 Pour compléter cette grille de nombres croisés, les enfants doivent compléter les calculs ou trouver les nombres manquants. Ce travail peut être proposé par groupes de deux aux enfants en difficulté. L'enseignant observe les groupes et intervient pour éviter les blocages en cas d'échec.

	A	B	C	D
a	1	6	2	■
b	7	■	5	1
c	3	1	■	0
d	2	5	0	7

5 L'enseignant rappelle aux élèves que, dans une situation de division, le reste n'est jamais égal ou supérieur au diviseur.
Les lignes **A** (reste supérieur au diviseur) et **C** (reste égal au diviseur) contiennent des erreurs
A : 124 = (10 × 12) + 4 4 < 12
C : 66 = (6 × 11) + 0 0 < 11

6 Ce problème rappelle la situation du « Chercher ». Le diviseur n'est pas donné directement dans l'énoncé. Il découle de l'observation de la boîte d'œufs (8 œufs par boîte).
75 = (8 × 9) + 3
9 boîtes seront pleines et il restera 3 œufs.

7 Les enfants utilisent aussi la méthode de leur choix pour trouver le quotient.
1 500 = 250 × 6.
Six enfants ont pu porter la flamme olympique.

Réinvestissement

On obtient la figure :

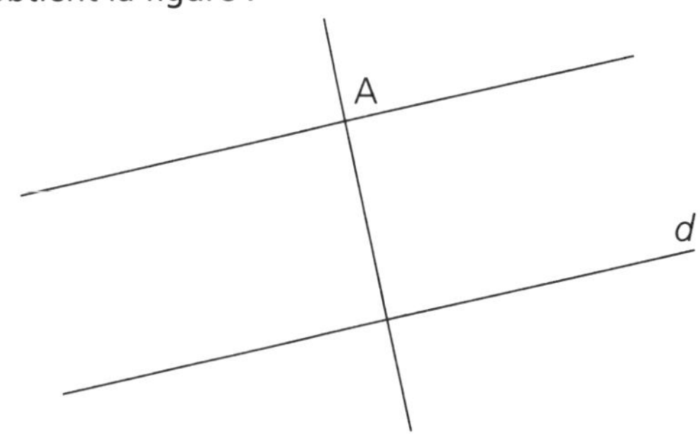

Banque d'exercices n°s 28 à 30 p. 83 du manuel de l'élève.

28 L'égalité 62 = (9 × **6**) + 8 ne correspond pas à une division, car le reste 8 est plus grand que le diviseur 6.

29 8 × 20 < 165 < 8 × 21
165 = (8 × 20) + 5
20 enfants recevront une étiquette.

30 13 × 15 < 200 < 14 × 15
200 = (13 × 15) + 5
Les vendeurs pourront préparer 13 barquettes complètes.

Prolongement

Activité complémentaire
L'enseignant peut proposer à sa classe d'organiser un tournoi de basket, avec 5 joueurs par équipe. Il s'assure de la compréhension de la situation en posant quelques questions : « *Que vont faire les élèves ?* » ; « *Joueront-ils tous ?* » ; « *Comment va-t-on les répartir ?* » ; « *Combien y aura-t-il d'équipes ?* »
Les enfants cherchent la solution du problème sur leur cahier d'essais sans effectuer les opérations, puis proposent leurs résultats à la classe. Les différentes solutions sont comparées, critiquées. Un élève écrit au tableau l'égalité qui permet de donner la réponse :
… = (5 × …) + …
L'enseignant propose ensuite d'organiser un tournoi de handball, avec 7 joueurs par équipe,… ».

37 Le calendrier

(manuel de l'élève p. 72-73)

COMPÉTENCES : Se repérer dans le temps et utiliser un calendrier.

Calcul mental

Dictée de grands nombres

L'enseignant dit : « deux millions cent trente-trois mille ». L'élève écrit 2 133 000.

Première séquence : 1 000 200 ; 10 350 000 ; 3 700 080 ; 4 050 0000 ; 20 005 000 ; 974 000 ; 2 000 096 ; 600 003 ; 50 030 200 ; 5 608 043.

Deuxième séquence : 12 007 077 ; 250 000 000 ; 863 723 ; 4 000 400 ; 22 985 000 ; 107 018 057 ; 1 063 254 ; 95 000 128 ; 506 420 900 ; 579 340 694.

Matériel

• Des calendriers : l'enseignant demande aux élèves d'en apporter de tout type.

• Calendrier 2008 utilisé pour la leçon et calendrier 2009 proposé en annexe à photocopier.

Observations préliminaires

La leçon que nous présentons est la dernière sur la mesure du temps proprement dite. À la fin du manuel, l'enseignant trouvera la leçon 86 *(Problèmes – Le calendrier gaulois)* qui, bien que s'appuyant sur la mesure du temps, est davantage une activité de résolution de problèmes.

La plupart des activités proposées dans la leçon s'appuient sur l'utilisation du calendrier et permettent aux élèves de réinvestir les acquis précédents sur la connaissance des unités de mesure du temps et le calcul de durées.

Activités collectives

Lire, débattre

Les enfants observent la petite saynète puis échangent leurs remarques.

La difficulté vient principalement de la polysémie du mot *année* : tantôt *année* indique la durée de douze mois, tantôt une date dans un calendrier, comme ici. Cependant, en cette fin de Période 2, les discours sur les fêtes de fin d'année et la proximité du passage à la nouvelle année devraient aider les élèves à résoudre cette énigme. Pour que l'affirmation du personnage soit vraie, il faut qu'il parte en voyage entre 22 h 00 et minuit le 31 décembre. Il arrivera alors à destination le 1er janvier de la nouvelle année.

Chercher

Nous préconisons à l'enseignant de débuter la phase de recherche par une comparaison de calendriers apportés par les élèves. En effet, il existe un grand nombre de présentations différentes de notre calendrier grégorien : certains présentent les jours, les quantièmes et les fêtes associées, d'autres ne présentent que les quantièmes sous forme d'un tableau à double entrée, d'autres encore sont hebdomadaires, mensuels, annuels…

A L'activité commence par le repérage sur le calendrier des jours fériés cités dans le manuel. Au cas où l'enseignant ne disposerait pas d'un nombre suffisant de calendriers, il en trouvera deux (2008 et 2009) en Annexe. En effet, les réponses aux questions seront facilitées par la présence dans la classe de calendriers de différentes années.

Les jours fériés sont des jours de fête civile ou religieuse, ou de commémoration d'un événement. Certains jours fériés sont à date fixe et d'autres à dates variables (uniquement des fêtes religieuses).

L'écriture de la date est très conventionnelle à l'école : les élèves ont l'habitude d'écrire « mardi 4 mars 2008 », mais dans les formulaires à remplir, cette écriture est souvent restreinte à « 04/03/2008 » ou même « 04/03/08 ». Il est alors nécessaire d'apprendre aux élèves cette nouvelle écriture qu'ils ont peut-être déjà rencontrée ou qu'ils rencontreront forcément en grandissant. D'ailleurs, pour asseoir cette connaissance, les élèves pourront dorénavant noter les leçons à apprendre dans leur cahier de texte en indiquant la date de cette manière.

a. Les jours fériés qui ont lieu à date fixe sont :

– Jour de l'An : 01/01 ou 1er janvier
– Fête du travail : 01/05 ou 1er mai
– Victoire de 1945 : 08/05 ou 8 mai
– Fête nationale : 14/07 ou 14 juillet
– Toussaint : 01/11 ou 1er novembre
– Armistice 1918 : 11/11 ou 11 novembre
– Noël : 25/12 ou 25 décembre

b. Parmi les jours fériés cités dans le manuel, le Lundi de Pâques a toujours lieu un lundi et le jour de l'Ascension a toujours lieu un jeudi.

À cette dernière réponse, on peut ajouter le lundi de Pentecôte.

B La résolution de cette énigme permet aux élèves de réinvestir leurs acquis sur les unités de mesure du temps et leurs relations. Mathéo explique les symboles lunaires donnés par le calendrier. L'enseignant peut aussi demander aux élèves : *« Pourquoi la nouvelle Lune est-elle représentée par un disque noir et la pleine Lune par un disque blanc ? »*

Ces symboles montrent la partie visible de la Lune dans notre hémisphère. Lors du premier quartier, la partie droite de la Lune est visible. Lors du dernier quartier, c'est la partie gauche.

Réponse attendue : La pleine Lune du troisième mois de l'année a lieu le 21 mars. On ajoute une semaine, puis 48 heures, soit 9 jours (7 + 2 = 9). On est le 30 mars. On additionne : 3 + 0 = 3. Gaston a retrouvé son chat le jeudi 3 avril.

Activités individuelles

S'exercer, résoudre

1 Dans ce premier exercice, les élèves réinvestissent les acquis sur les relations entre les unités de mesure du temps.

18 mois correspondent à 1 an et 6 mois, donc Nicolas a 7 ans et 6 mois ou 7 ans et demi.

Si certains élèves éprouvent des difficultés l'enseignant leur propose d'utiliser une droite graduée.

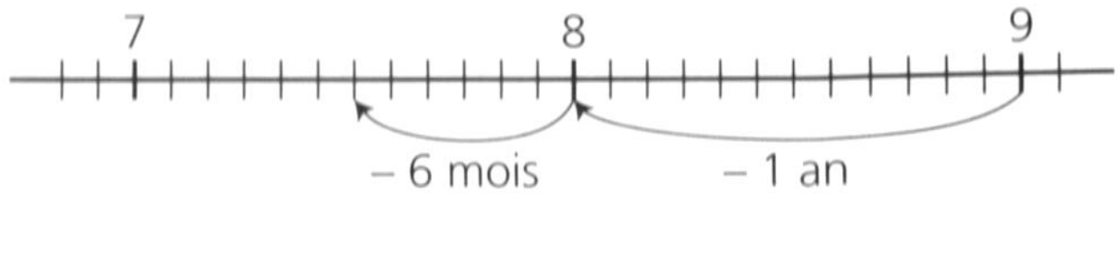

2, 3 Ces exercices sont une évaluation de la capacité des élèves à lire un calendrier.

2 a. Les dates écrites en rouge sur le calendrier représentent les dimanches et les jours fériés, chômés par une majorité de personnes.
b. Les vacances de la Toussaint se terminent le mercredi 5 novembre.
c. Le 1er janvier sera un jeudi, car le 31 décembre est un mercredi. Une semaine après le dimanche 28 décembre, nous serons le dimanche 4 janvier.
Ces deux dernières réponses peuvent être vérifiées à l'aide du calendrier 2009 (*cf.* Annexe 2, p. 93).

3 L'enseignant demande aux élèves les méthodes employées pour trouver la réponse et privilégie la méthode par saut de semaines (4 semaines = 28 jours) plutôt que le décompte journalier.
a. L'anniversaire de Lucie est le jeudi 20 novembre ou 20/11.
b. Lucie ne sera pas en vacances, car les vacances sont repérées par des traits verticaux de couleurs différentes suivant les zones académiques.
c. Cinq semaines exactement séparent l'anniversaire de Lucie du jour de Noël.

4 Si les élèves ne disposent pas d'un calendrier, ils doivent établir le nombre de jours des mois d'avril et mai avant de se lancer dans le décompte. Le recours à une droite numérique facilitera la compréhension.

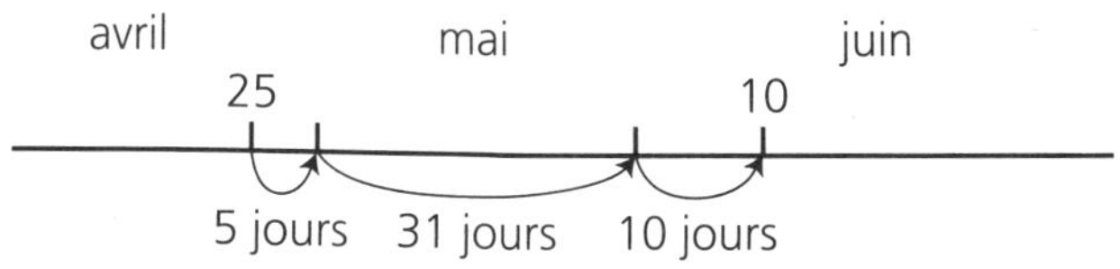

5 + 31 + 10 = 46
Cette carte postale a voyagé durant 46 jours.

5 Les élèves repèrent d'abord en quelle saison de tarification se situe Noël (haute), Pâques (moyenne) et la Toussaint (basse). Le tarif le plus avantageux est celui qui offre la plus grande réduction : il se situe en basse saison. C'est donc à la Toussaint que Cécilia réservera sa semaine de vacances.

6 Pour cet exercice, Mathéo conseille d'utiliser la calculatrice et de ne pas tenir compte des années bissextiles sinon le travail demandé serait beaucoup trop ardu.

Tous ces calculs ne sont bien sûr qu'approximatifs, mais ils permettent d'évaluer les connaissances des élèves sur les relations entre les unités de mesure du temps.
1 heure = 60 minutes = 60 × 60 = 3 600 secondes
1 journée = 24 heures = 3 600 × 24 = 86 400 secondes
1 an = 365 jours = 86 400 × 365 = 31 536 000 secondes
1 décennie = 10 ans = 31 536 000 × 10
= 315 360 000 secondes
Au bout d'une heure, j'arriverai à 3 600 ; au bout d'un jour, à 86 400 ; au bout d'un an, à 31 536 000 ; au bout de 10 ans, à 315 360 000.

Calcul réfléchi

Multiplier par 11
L'observation collective de l'exemple résolu permet aux enfants de découvrir la technique : multiplier un nombre par 11 revient à le multiplier par 10 puis à rajouter ce nombre au résultat.
24 × 11 = 264 27 × 11 = 297 35 × 11 = 385
42 × 11 = 462 54 × 11 = 594
L'enseignant, s'il le désire, peut aussi présenter une astuce pour multiplier par 11 un nombre de deux chiffres : on effectue la somme des deux chiffres que l'on insère entre eux.
Par exemple : 24 × 11 2 + 4 = 6 24 × 11 = 264

Prolongements

Sur le site Internet http://fr.wikipedia.org/wiki/Jours_fériés#-France, l'enseignant retrouvera l'ensemble des jours fériés légaux en France et les particularités régionales.
En liaison avec le programme de sciences, l'enseignant trouvera sur ce site Internet tous les renseignements concernant les calendriers anciens ou actuels : http://fr.wikipedia.org/wiki/Calendrier.
Enfin, sur le site suivant, l'enseignant pourra montrer aux élèves les correspondances entre tous ces calendriers : http://www.ephemeride.com/calendrier/autrescalendriers/21/.

Nom : ....

Prénom : ....

Annexe 1

CALENDRIER
2008

JANVIER	FÉVRIER	MARS	AVRIL	MAI	JUIN
1 M JOUR del'AN	1 V Ella	1 S Aubin	1 M Hugues	1 J ASCENSION	1 D Justin
2 M Basile	2 S Présentation	2 D Charles le B.	2 M Sandrine	2 V Boris	2 L Blandine
3 J Geneviève	3 D Blaise	3 L Guénolé	3 J Richard	3 S Phil., Jacq.	3 M Kévin
4 V Odilon	4 L Véronique	4 M Casimir	4 V Isidore	4 D Sylvain	4 M Clotilde
5 S Edouard	5 M Mardi-Gras	5 M Olive	5 S Irène	5 L Judith	5 J Igor
6 D Epiphanie	6 M Cendres	6 J Colette	6 D Marcellin	6 M Prudence	6 V Norbert
7 L Raymond	7 J Eugénie	7 V Félicité	7 L J.-B. de la S.	7 M Gisèle	7 S Gilbert
8 M Lucien	8 V Jacqueline	8 S Jean de Dieu	8 M Julie	8 J VICTOIRE 45	8 D Médard
9 M Alix	9 S Appoline	9 D Françoise	9 M Gauthier	9 V Pacôme	9 L Diane
10 J Guillaume	10 D Arnaud	10 L Vivien	10 J Fulbert	10 S Solange	10 M Landry
11 V Paulin	11 L N.-D. Lourdes	11 M Rosine	11 V Stanislas	11 D PENTECOTE	11 M Barnabé
12 S Tatiana	12 M Félix	12 M Justine	12 S Jules	12 L Jean.-d'Arc	12 J Guy
13 D Yvette	13 M Béatrice	13 J Rodrigue	13 D Ida	13 M Rolande	13 V Antoine de P.
14 L Nina	14 J Valentin	14 V Mathilde	14 L Maxime	14 M Matthias	14 S Elisée
15 M Rémi	15 V Claude	15 S Louise	15 M Paterne	15 J Denise	15 D F. des Pères
16 M Marcel	16 S Julienne	16 D Rameaux	16 M Benoît-J.	16 V Honoré	16 L J.-Fr. Régis
17 J Roseline	17 D Alexis	17 L Patrice	17 J Anicet	17 S Pascal	17 M Hervé
18 V Prisca	18 L Bernadette	18 M Cyrille	18 V Parfait	18 D Eric	18 M Léonce
19 S Marius	19 M Gabin	19 M Joseph	19 S Emma	19 L Yves	19 J Romuald
20 D Sébastien	20 M Aimée	20 J PRINTEMPS	20 D Odette	20 M Bernardin	20 V Silvère
21 L Agnès	21 J P. Damien	21 V Vendredi Saint	21 L Anselme	21 M Constantin	21 S ETE
22 M Vincent	22 V Isabelle	22 S Léa	22 M Alexandre	22 J Emile	22 D Alban
23 M Barnard	23 S Lazare	23 D PAQUES	23 M Georges	23 V Didier	23 L Audrey
24 J Fr. de Sales	24 D Modeste	24 L L. de PAQUES	24 J Fidèle	24 S Donatien	24 M Jean-Bapt.
25 V Conv. S. Paul	25 L Roméo	25 M Annonciation	25 V Marc	25 D F. des Mères	25 M Prosper
26 S Paul	26 M Nestor	26 M Larissa	26 S Alida	26 L Bérenger	26 J Anthelme
27 D Angèle	27 M Honorine	27 J Habib	27 D Zita	27 M Augustin	27 V Fernand
28 L Th. d'Aquin	28 J Romain	28 V Gontran	28 L Jour du Souv.	28 M Germain	28 S Irénée
29 M Gildas	29 V Auguste	29 S Gwladys	29 M Cath. de Si.	29 J Aymar	29 D Pierre, Paul
30 M Martine		30 D Amédée	30 M Robert	30 V Ferdinand	30 L Martial
31 J Marcelle		31 L Benjamin		31 S Visitation	

JUILLET	AOÛT	SEPTEMBRE	OCTOBRE	NOVEMBRE	DÉCEMBRE
1 M Thierry	1 V Alphonse	1 L Gilles	1 M Thér. de l'E.	1 S TOUSSAINT	1 L Florence
2 M Martinien	2 S Julien-Eym.	2 M Ingrid	2 J Léger	2 D Défunt	2 M Viviane
3 J Thomas	3 D Lydie	3 M Grégoire	3 V Gérard	3 L Hubert	3 M Xavier
4 V Florent	4 L J.-M. Vianney	4 J Rosalie	4 S Fr. d'Assise	4 M Charles	4 J Barbara
5 S Antoine	5 M Abel	5 V Raïssa	5 D Fleur	5 M Sylvie	5 V Gérald
6 D Mariette	6 M Transfiguration	6 S Bertrand	6 L Bruno	6 J Bertille	6 S Nicolas
7 L Raoul	7 J Gaétan	7 D Reine	7 M Serge	7 V Carine	7 D Ambroise
8 M Thibault	8 V Dominique	8 L Nativité N.-D.	8 M Pélagie	8 S Geoffroy	8 L Im. Concept.
9 M Amandine	9 S Amour	9 M Alain	9 J Denis	9 D Théodore	9 M Pierre Fourier
10 J Ulrich	10 D Laurent	10 M Inès	10 V Ghislain	10 L Léon	10 M Romaric
11 V Benoît	11 L Claire	11 J Adelphe	11 S Firmin	11 M ARMISTICE 18	11 J Daniel
12 S Olivier	12 M Clarisse	12 V Apollinaire	12 D Wilfried	12 M Christian	12 V Jean. Fr.-Ch.
13 D Henri, Joël	13 M Hippolyte	13 S Aimé	13 L Géraud	13 J Brice	13 S Lucie
14 L FÊTE NAT.	14 J Evrard	14 D La Ste Croix	14 M Juste	14 V Sidoine	14 D Odile
15 M Donald	15 V ASSOMPTION	15 L Roland	15 M Thér. d'Avila	15 S Albert	15 L Ninon
16 M N-D Mt-Carmel	16 S Armel	16 M Edith	16 J Edwige	16 D Marguerite	16 M Alice
17 J Charlotte	17 D Hyacinthe	17 M Renaud	17 V Baudoin	17 L Elisabeth	17 M Gaël
18 V Frédéric	18 L Hélène	18 J Nadège	18 S Luc	18 M Aude	18 J Gatien
19 S Arsène	19 M Jean-Eudes	19 V Emilie	19 D René	19 M Tanguy	19 V Urbain
20 D Marina	20 M Bernard	20 S Davy	20 L Adeline	20 J Edmond	20 S Abraham
21 L Victor	21 J Christophe	21 D Matthieu	21 M Céline	21 V Prés. Marie	21 D Pierre C.
22 M Marie-Mad.	22 V Fabrice	22 L Maurice	22 M Elodie	22 S Cécile	22 L HIVER
23 M Brigitte	23 S Rose de L.	23 M AUTOMNE	23 J Jean de C.	23 D Christ Roi	23 M Armand
24 J Christine	24 D Barthélemy	24 M Thècle	24 V Florentin	24 L Flora	24 M Adèle
25 V Jacques	25 L Louis	25 J Hermann	25 S Crépin	25 M Cath. L.	25 J NOËL
26 S Anne, Joach.	26 M Natacha	26 V Côme, Dam.	26 D Dimitri	26 M Delphine	26 V Etienne
27 D Nathalie	27 M Monique	27 S Vinc. de P.	27 L Emeline	27 J Séverin	27 S Jean
28 L Samson	28 J Augustin	28 D Venceslas	28 M Simon, Jude	28 V Jacq. de la M.	28 D Innocents
29 M Marthe	29 V Sabine	29 L Michel	29 M Narcisse	29 S Saturnin	29 L David
30 M Juliette	30 S Fiacre	30 M Jérôme	30 J Bienvenue	30 D Avent	30 M Roger
31 J Ignace de L.	31 D Aristide		31 V Quentin		31 M Sylvestre

Nom : ....

Prénom : ....

Annexe 2

CALENDRIER
2009

JANVIER	FEVRIER	MARS	AVRIL	MAI	JUIN
1 J JOUR de l'AN	1 D Ella	1 D Aubin	1 M Hugues	1 V F. du TRAVAIL	1 L Justin 23
2 V Basile	2 L Présentation 6	2 L Charles le B. 10	2 J Sandrine	2 S Boris	2 M Blandine
3 S Geneviève	3 M Blaise	3 M Guénolé	3 V Richard	3 D Phil., Jacq.	3 M Kévin
4 D Odilon	4 M Véronique	4 M Casimir	4 S Isidore	4 L Sylvain 19	4 J Clotilde
5 L Edouard 2	5 J Agathe	5 J Olive	5 D Rameaux	5 M Judith	5 V Igor
6 M Epiphanie	6 V Gaston	6 V Colette	6 L Marcellin 15	6 M Prudence	6 S Norbert
7 M Raymond	7 S Eugénie	7 S Félicité	7 M J.-B. de la S.	7 J Gisèle	7 D F. des Mères
8 J Lucien	8 D Jacqueline	8 D Jean de Dieu	8 M Julie	8 V VICTOIRE 45	8 L Médard 24
9 V Alix	9 L Appoline 7	9 L Françoise 11	9 J Gauthier	9 S Pacôme	9 M Diane
10 S Guillaume	10 M Arnaud	10 M Vivien	10 V Vendredi Saint	10 D Solange	10 M Landry
11 D Paulin	11 M N.-D. Lourdes	11 M Rosine	11 S Stanislas	11 L Estelle 20	11 J Barnabé
12 L Tatiana 3	12 J Félix	12 J Justine	12 D PAQUES	12 M Jean.-d'Arc	12 V Guy
13 M Yvette	13 V Béatrice	13 V Rodrigue	13 L L. de PAQUES 16	13 M Rolande	13 S Antoine de P.
14 M Nina	14 S Valentin	14 S Mathilde	14 M Maxime	14 J Matthias	14 D Elisée
15 J Rémi	15 D Claude	15 D Louise	15 M Paterne	15 V Denise	15 L Germaine 25
16 V Marcel	16 L Julienne 8	16 L Bénédicte 12	16 J Benoît-J.	16 S Honoré	16 M J.-Fr. Régis
17 S Roseline	17 M Alexis	17 M Patrice	17 V Anicet	17 D Pascal	17 M Hervé
18 D Prisca	18 M Bernadette	18 M Cyrille	18 S Parfait	18 L Eric 21	18 J Léonce
19 L Marius 4	19 J Gabin	19 J Joseph	19 D Emma	19 M Yves	19 V Romuald
20 M Sébastien	20 V Aimée	20 V PRINTEMPS	20 L Odette 17	20 M Bernardin	20 S Silvère
21 M Agnès	21 S P. Damien	21 S Clémence	21 M Anselme	21 J ASCENSION	21 D F. des Pères
22 J Vincent	22 D Isabelle	22 D Léa	22 M Alexandre	22 V Emile	22 L Alban 26
23 V Barnard	23 L Lazare 9	23 L Victorien 13	23 J Georges	23 S Didier	23 M Audrey
24 S Fr. de Sales	24 M Mardi-Gras	24 M Cath. de Suè.	24 V Fidèle	24 D Donatien	24 M Jean-Bapt.
25 D Conv. S. Paul	25 M Cendres	25 M Annonciation	25 S Marc	25 L Sophie 22	25 J Prosper
26 L Paul 5	26 J Nestor	26 J Larissa	26 D Alida	26 M Bérenger	26 V Anthelme
27 M Angèle	27 V Honorine	27 V Habib	27 L Zita 18	27 M Augustin	27 S Fernand
28 M Th. d'Aquin	28 S Romain	28 S Gontran	28 M Jour du Souv.	28 J Germain	28 D Irénée
29 J Gildas		29 D Gwladys	29 M Cath. de Si.	29 V Aymar	29 L Pierre, Paul 27
30 V Martine		30 L Amédée 14	30 J Robert	30 S Ferdinand	30 M Martial
31 S Marcelle		31 M Benjamin		31 D PENTECOTE	

JUILLET	AOUT	SEPTEMBRE	OCTOBRE	NOVEMBRE	DECEMBRE
1 M Thierry	1 S Alphonse	1 M Gilles	1 J Thér. de l'E.	1 D TOUSSAINT	1 M Florence
2 J Martinien	2 D Julien-Eym.	2 M Ingrid	2 V Léger	2 L Défunt 45	2 M Viviane
3 V Thomas	3 L Lydie 32	3 J Grégoire	3 S Gérard	3 M Hubert	3 J Xavier
4 S Florent	4 M J.-M. Vianney	4 V Rosalie	4 D Fr. d'Assise	4 M Charles	4 V Barbara
5 D Antoine	5 M Abel	5 S Raïssa	5 L Fleur 41	5 J Sylvie	5 S Gérald
6 L Mariette 28	6 J Transfiguration	6 D Bertrand	6 M Bruno	6 V Bertille	6 D Nicolas
7 M Raoul	7 V Gaétan	7 L Reine 37	7 M Serge	7 S Carine	7 L Ambroise 50
8 M Thibault	8 S Dominique	8 M Nativité N.-D.	8 J Pélagie	8 D Geoffroy	8 M Im. Concept.
9 J Amandine	9 D Amour	9 M Alain	9 V Denis	9 L Théodore 46	9 M Pierre Fourier
10 V Ulrich	10 L Laurent 33	10 J Inès	10 S Ghislain	10 M Léon	10 J Romaric
11 S Benoît	11 M Claire	11 V Adelphe	11 D Firmin	11 M ARMISTICE 18	11 V Daniel
12 D Olivier	12 M Clarisse	12 S Apollinaire	12 L Wilfried 42	12 J Christian	12 S Jean. Fr.-Ch.
13 L Henri, Joël 29	13 J Hippolyte	13 D Aimé	13 M Géraud	13 V Brice	13 D Lucie
14 M FÊTE NAT.	14 V Evrard	14 L La Ste Croix 38	14 M Juste	14 S Sidoine	14 L Odile 51
15 M Donald	15 S ASSOMPTION	15 M Roland	15 J Thér. d'Avila	15 D Albert	15 M Ninon
16 J N-D Mt-Carmel	16 D Armel	16 M Edith	16 V Edwige	16 L Marguerite 47	16 M Alice
17 V Charlotte	17 L Hyacinthe 34	17 J Renaud	17 S Baudoin	17 M Elisabeth	17 J Gaël
18 S Frédéric	18 M Hélène	18 V Nadège	18 D Luc	18 M Aude	18 V Gatien
19 D Arsène	19 M Jean-Eudes	19 S Emilie	19 L René 43	19 J Tanguy	19 S Urbain
20 L Marina 30	20 J Bernard	20 D Davy	20 M Adeline	20 V Edmond	20 D Abraham
21 M Victor	21 V Christophe	21 L Matthieu 39	21 M Céline	21 S Prés. Marie	21 L Pierre C. 52
22 M Marie-Mad.	22 S Fabrice	22 M Maurice	22 J Elodie	22 D Christ Roi	22 M HIVER
23 J Brigitte	23 D Rose de L.	23 M AUTOMNE	23 V Jean de C.	23 L Clément 48	23 M Armand
24 V Christine	24 L Barthélemy 35	24 J Thècle	24 S Florentin	24 M Flora	24 J Adèle
25 S Jacques	25 M Louis	25 V Hermann	25 D Crépin	25 M Cath. L.	25 V NOËL
26 D Anne, Joach.	26 M Natacha	26 S Côme, Dam.	26 L Dimitri 44	26 J Delphine	26 S Etienne
27 L Nathalie 31	27 J Monique	27 D Vinc. de P.	27 M Emeline	27 V Séverin	27 D Jean
28 M Samson	28 V Augustin	28 L Venceslas 40	28 M Simon, Jude	28 S Jacq. de la M.	28 L Innocents 53
29 M Marthe	29 S Sabine	29 M Michel	29 J Narcisse	29 D Avent	29 M David
30 J Juliette	30 D Fiacre	30 M Jérôme	30 V Bienvenue	30 L André 49	30 M Roger
31 V Ignace de L.	31 L Aristide 36		31 S Quentin		31 J Sylvestre

38 PROBLÈMES Situations de division (2) : Calculer la valeur d'une part

(manuel de l'élève p. 74-75)

COMPÉTENCE : Trouver la valeur d'une part en recherchant de façon empirique le quotient et le reste.

Calcul mental

Retrancher des milliers.
L'enseignant dit : « 17 300 – 4 000 ». L'élève écrit 13 300.
Première séquence : 17 300 – 4 000 ; 5 981 – 2 000 ; 9 700 – 7 000 ; 10 400 – 5000 ; 24 600 – 10 000 ; 57 900 – 20 000 ; 17 100– 5 000 ; 9 500 – 3 000 ; 84 000 – 8 000 ; 36 000 – 6 000.
Deuxième séquence : 4 500 – 2 000 ; 5 500 – 5 000 ; 15 500 – 5 000 ; 12 300 – 6 000 ; 11 800 – 4 000 ; 46 500 – 5 000 ; 44 500 – 5 000 ; 61 400 – 2 000 ; 43 200 – 4 000 ; 100 000 – 20 000.

Observations préliminaires

Certains problèmes à une opération ne sont pas reconnus comme tels par tous les élèves et nécessitent le recours à des procédures personnelles... Ces solutions ne doivent pas être rejetées, mais au contraire encouragées chaque fois qu'un calcul expert n'est pas reconnu par les élèves.
En leçon 36, les élèves ont abordé la situation dite de division-quotition qui vise la recherche du nombre de parts. Cette nouvelle leçon traite de situations de partage (division-partition) dont l'objectif est la recherche de la valeur d'une part.

Activités collectives

Lire, débattre

Les enfants lisent en silence les bulles des deux personnages.
L'enseignant invite les élèves à réagir aux déclarations des enfants et aux réserves de Mathéo.
Il note au tableau les différentes suggestions. Il est probable que de nombreux désaccords apparaissent et que certains élèves ne sauront pas répondre.
L'enseignant propose alors de laisser leurs interrogations en suspens et de passer aux activités du « Chercher ».

Chercher

A **a.** *« Quelle méthode utilise Gwenaël pour trouver la part de chacun ? »*
Après avoir confronté les diverses réponses, les enfants constatent que Gwenaël a utilisé la méthode des soustractions réitérées : il retranche plusieurs fois de suite le diviseur « 6 » jusqu'à obtenir un nombre le plus près possible du dividende.
Les élèves terminent le calcul.
Gwenaël effectue seize soustractions et s'arrête quand il obtient 97 – 96 = 1
Il a distribué 96 crabes.
Il reste 1 crabe, ce qui ne permet pas une distribution supplémentaire, car le partage ne serait pas équitable.
L'enseignant demande aux enfants de se reporter au Mémo de la leçon et leur rappelle le vocabulaire : dividende, diviseur, quotient et reste :
97 = (16 × 6) + 1   1 < 6
Le reste est toujours inférieur au diviseur.
97 est le dividende ; 6 le diviseur ; 16 le quotient et 1 le reste.
« Comment procède Loïc ? »
Les élèves constatent que Loïc construit la table du six au-delà de dix. Il cherche dans cette table le multiple de 6 immédiatement inférieur à 97.
Seuls ou en groupes, les enfants complètent la table. À l'issue de ce travail, un volontaire vient l'écrire au tableau et indique, comme Loïc, la part de chacun :
10 × 6 = 60   10 crabes
11 × 6 = 66   11 crabes
12 × 6 = 72   12 crabes
13 × 6 = 78   13 crabes
14 × 6 = 84   14 crabes
15 × 6 = 90   15 crabes
16 × 6 = 96   16 crabes
17 × 6 = 102 J'ai dépassé le nombre de crabes pêchés
La part de chacun est 16 crabes et il reste 1 crabe.
b. *« Observons la méthode d'Alan. »*
Les élèves cherchent à comprendre la méthode d'Alan qui décompose le dividende en une somme de multiples du diviseur, ici des multiples de 6 ; ils complètent les calculs.
L'enseignant écrit au tableau plusieurs décompositions de 97 trouvées par les élèves :
97 = 60 + 30 + 7 = (6 × 10) + (6 × 5) + 7
Chacun aura 15 crabes, et il reste 7 crabes.
97 = 30 + 30 + 30 + 7 = (6 × 5) + (6 × 5) + (6 × 5) + 7
Chacun aura 15 crabes, et il reste 7 crabes.
Les enfants constatent qu'Alan ne trouve pas le même résultat que ses amis. Ils découvrent que le partage proposé est incomplet. Avec les 7 crabes restants, on peut en donner encore un à chacun. L'enseignant rappelle la saynète du « Lire, débattre ». L'enfant qui parle ne peut-être qu'Alan. Sa solution n'est pas une situation de division, car son partage n'est pas équitable.
C'est l'occasion de signaler que le reste de la division ne doit jamais être égal ou supérieur au diviseur.
97 = 60 + 36 + 1 = (6 × 10) + (6 × 6) + 1
Chacun aura 16 crabes, et il reste 1 crabe.
c. En conclusion, les solutions correctes sont écrites au tableau :
Chaque enfant recevra 16 crabes et il en restera 1.
97 = (6 × 16) + 1   1 < 6

B Les élèves rédigent individuellement la solution du problème proposé individuellement ; mais, en cas de blocage, ils peuvent demander l'appui de l'enseignant qui conseille généralement de relire attentivement l'énoncé ou de revenir au modèle de la situation précédente.
Dès que la majorité des enfants a terminé, l'enseignant leur demande de se regrouper par deux ou par quatre, de confronter leurs résultats et de rédiger une réponse collective.
La mise en commun permet ensuite de discuter chaque situation :
La comparaison des méthodes montre que les diverses solutions donnent le même résultat.
50 = (6 × 8) + 2   2 < 6
La part de chacun est 8 crabes, et il reste 2 crabes.

Activités individuelles

S'exercer, résoudre

1 Cet exercice reprend la méthode d'Alan : on décompose le dividende en une somme de multiples du diviseur faciles à calculer.
a. 64 = 30 + 30 + 4
b. 64 = (5 × 6) + (5 × 6) + 4
c. 64 = (5 × 12) + 4   12 est le quotient et 4 le reste.
Toute autre décomposition qui permet d'aboutir à ce résultat est correcte.

2 Les élèves traitent cet exercice selon la méthode de leur choix. Ils doivent ensuite écrire l'équation (l'égalité) en ligne. Cette écriture permet à l'enseignant de vérifier si les enfants ont compris la signification des mots : dividende, diviseur, reste.

74 = (7 × 10) + 4	4 < 7	quotient 10	reste 4
90 = (8 × 11) + 2	2 < 8	quotient 11	reste 2
146 = (11 × 13) + 3	3 < 11	quotient 13	reste 3

3 Pour réussir cet exercice, les élèves doivent utiliser la propriété de la division : le reste de la division est toujours plus petit que le diviseur.

a. 47 divisé par 5	47 = (5 × 9) + 2	2 < 5
b. 88 divisé par 8	88 = (8 × 11)	0 < 11

4 Les enfants utilisent la méthode de leur choix pour trouver le quotient.
90 = 5 × 18.
Les randonneurs parcourront 18 km à chaque étape.

5 L'enseignant rappelle aux élèves que dans une situation de division le reste est toujours inférieur au diviseur. Le partage du pirate n'est pas équitable, car le nombre de pièces restant est supérieur à la part de ses hommes : 90 = (6 × 10) + 30
Pour qu'il soit équitable, la part de chacun doit être de 15 pièces : 90 = 6 × 15.

6 Dans ce problème, le diviseur n'est pas donné directement par un nombre. Les élèves doivent connaître le mot « triplés. ». Si nécessaire, ils en recherchent le sens dans le dictionnaire ou bien un camarade qui le sait l'explique à la classe.
50 = (3 × 16) + 2.
Chaque enfant reçoit 16 images.
Si Nicole a une image de plus (51 images), elle peut en donner une de plus à ses triplés qui reçoivent 17 images chacun.
51 = (17 × 3)

Réinvestissement

Nombres	Valeur du chiffre 5
5 314 203	5 millions
1 41**5** 298	5 milliers
2 **5**23 617	5 centaines de mille
4 602 20**5**	5 unités
4 7**5**3 196	5 dizaines de mille

Banque d'exercices : n°s 31 et 32 p. 83 du manuel de l'élève.

(31) 72 = 24 × 3
Un tour de circuit mesure 3 km.

(32) **a.** 120 = 15 × 8
Chaque lot contient 8 yaourts.
b. 24 = 3 × 8
La famille doit acheter 3 lots.

39 CALCUL RÉFLÉCHI Nombres et calculatrice

(manuel de l'élève p. 76)

COMPÉTENCES : Passer d'un nombre à un autre. Expérimenter à l'aide de la calculatrice.

Calcul mental

Écrire des grands nombres sous la dictée.

L'enseignant dit : « onze millions cinq cent dix mille ». L'élève écrit 11 510 000.

Sept millions six cent douze mille trois cent neuf ; quinze millions neuf cents ; un million quatre-vingt-dix-neuf mille ; cent millions cent mille ; deux millions huit cent mille ; quatre millions cinquante mille trois cents ; cent douze millions ; treize millions huit cent mille quarante-deux.

Observations préliminaires

La partie du programme relative au calcul instrumenté est, d'après le rapport de l'Inspection générale de l'éducation nationale, la partie la moins bien traitée dans les classes. En accord avec les programmes, nous proposons d'utiliser ici les fonctionnalités de la calculatrice pour approfondir la connaissance du nombre par des réflexions sur la numération grâce au calcul instrumenté.

Activités collectives

Comprendre

A Les enfants travaillent par groupes ou individuellement en fonction du nombre de calculatrices dont dispose la classe.
L'enseignant les invite à lire l'énoncé du premier problème. Ils appliquent les consignes et constatent que le nombre 10 110 s'affiche.

– *« Comment vérifier cette écriture ? »*

Sur le cahier d'essais, puis sous la conduite d'un volontaire au tableau, l'enseignant demande de préciser les calculs effectués par la calculatrice :

Il tape quatre fois sur la touche [9] : cela revient à écrire 9999.
Il tape une fois sur la touche [+], *trois fois sur la touche* [1] : cela revient à ajouter 111.
9 999 + 111 = 10 110.

B Les élèves traitent le deuxième exercice de la même manière, en groupes ou individuellement.
Un enfant reformule le problème :

– *« Comment Chloé peut-elle afficher 220 000 après avoir affiché 210 000 sur sa calculatrice ? Et cela sans effacer le nombre de départ (210 000) ? »*

Chaque élève ou groupe d'élèves explique sa façon de procéder. L'enseignant fait écrire au tableau les différentes solutions :
210 000 + 10 000 = 220 000
210 000 + 5000 + 5000 = 220 000, etc.
Au cours d'un débat collectif, les enfants sont amenés à désigner le programme, le calcul le plus rapide, le plus simple, etc.

C Cette activité peut se pratiquer individuellement ou par groupes. Les résultats obtenus sont consignés au tableau et servent de base à la discussion. La classe valide les solutions correctes et rectifie les erreurs.
Quelques exemples de programmes :

16 – 1 = 15	(4 × 4) – 1 = 15	…
61 – 6 = 55	(6 × 10) – 3 – 2 = 55	…
1 000 : 4 = 250	…	

5 005 = 4 000 + 1 000 + 4 + 1 = (1 001 × 4) + 1 001

Activités individuelles

S'exercer, résoudre

1 Cette application de l'activité **A** du « Comprendre » est réalisée de la même manière. L'enfant utilise sa calculatrice puis vérifie ses résultats par le calcul écrit.
5500 – 600 = 4 900

2 Application de l'activité **B**.
50 100 + 450 000 = 500 100

3 Exercice ouvert qui permet aux enfants de jongler avec la combinaison des nombres et des opérations
Quelques exemples : 100 + 898 + 2 = 1 000
100 × 5 × 2 = 1 000

4 250 000 × 4 = 1 000 000

40 Les grands nombres en géographie

(manuel de l'élève p. 77)

COMPÉTENCE : Réinvestir les grands nombres en géographie.

Calcul mental

Complément à 1 000.

L'enseignant dit : « Combien faut-il ajouter à 970 pour obtenir 1 000 ? » L'élève écrit 130.

Première séquence : ... à : 720 ? 860 ? 580 ? 900 ? 690 ? 200 ? 310 ? 430 ? 390 ? 640 ?

Deuxième séquence : ... à 325 ? 825 ? 475 ? 675 ? 125 ? 725 ? 895 ? 985 ? 750 ? 905 ?

Activités collectives

Lire, chercher

Les élèves observent individuellement la carte de France, lisent la phrase qui introduit l'activité et toutes les questions. À l'issue de ce travail, l'enseignant leur demande d'expliquer le découpage de la France en régions, unités territoriales administratives qui regroupent plusieurs départements.

Au cours d'une phase collective, l'enseignant propose ensuite une exploitation du document, par exemple :

- lire le nombre d'habitants de quelques régions ;
- rechercher la région la plus peuplée, la moins peuplée ;
- rechercher des régions dont le nombre d'habitants est compris entre 2 et 3 millions ;
- trouver une région dont le nombre d'habitants est le plus proche d'un million ;
- trouver le nombre de millions d'habitants (puis de milliers) dans la population d'une région donnée.

Les élèves répondent ensuite individuellement aux questions du manuel. S'ils en éprouvent le besoin, ils peuvent travailler avec l'aide d'un camarade. Bien entendu, les réponses dépendent de la région où résident les enfants.

A et **B**

À titre d'exemple, si l'on choisit la région Nord-Pas-de-Calais, sa population est *quatre millions quarante-trois mille cinquante* habitants. L'enseignant insiste sur l'écriture en lettres, dans laquelle ne figurent pas les zéros intercalés de l'écriture en chiffres 4 **0**43 **0**50. Quelques volontaires précisent le rôle de chacun des zéros. Si nécessaire, ils peuvent se reporter au Mémo de la leçon 34.

C Les régions Rhône-Alpes (6 004 957 habitants) et Provence-Alpes-Côte d'Azur (4 780 989 habitants) sont plus peuplées que la région Nord-Pas-de Calais. Cette recherche permet de remettre en mémoire la règle qui permet de comparer des grands nombres : comme ils ont le même nombre de chiffres, on compare les chiffres en partant de la gauche.

6 004 957 > **4** 043 050 (6 > 4)   4 **7**80 989 > 4 **0**43 050 (7 > 0)

D Cette question permet de vérifier que les enfants maîtrisent la notion de comparaison des nombres dans le cadre élargi des vingt-deux régions métropolitaines et des quatre régions d'outre-mer.

Le plus petit nombre est celui qui s'écrit avec six chiffres : c'est la population de la Guyane, 157 213.

Le plus grand a huit chiffres : c'est la population de l'Île-de-France avec 11 491 046 habitants.

Activités individuelles

S'exercer, résoudre

1, 2 Ces exercices sont des applications directes de l'activité collective dont ils constituent un moyen d'évaluation.

1 a. 1 780 192 : un million sept cent quatre-vingt mille cent quatre-vingt-douze

b. La population de la Haute-Normandie (1 811 242) est immédiatement supérieure.

c. La population du Poitou-Charente (1 712 652) est immédiatement inférieure.

2 a. Population de la région Nord-Pas-de-Calais : 4 043 050 habitants ; nombre de milliers : 4 043.

b. Population de la région Pays de la Loire : 3 426 371 habitants ; nombre de millions : 3.

3 Les difficultés de ce problème résident dans la recherche des données. Les enfants doivent avoir assimilé que la population française comprend la population métropolitaine et celle d'outre-mer. Il ne faut donc pas qu'ils oublient d'ajouter à la donnée contenue dans l'énoncé (58 518 395 habitants) celles contenues dans le tableau de la population des quatre régions d'outre-mer de l'activité de recherche, ce qui peut induire un calcul intermédiaire :

(422 496 + 157 213 + 381 427 + 706 300 = 16 674 436 habitants

58 518 395 + 16 674 436 = 60 185 831

En 1999, la France (Métropole et régions d'outre-mer) avait 60 185 831 habitants.

Bien sûr, les élèves les plus habiles pourront résoudre ce problème en une seule opération. Néanmoins, l'enseignant autorise la calculatrice dont l'usage est ici pertinent.

Prolongements

Recherche de documents où les grands nombres sont utilisés : histoire de la Terre, histoire de l'Homme, compte-rendu d'un examen du sang, production annuelle des véhicules automobiles, etc.

41 Mobilise tes connaissances Les sports les plus appréciés des Français

(manuel de l'élève p. 78-79)

Toutes les remarques formulées en leçon 21, page 58 concernant les compétences et la présentation générale des pages « Mobilise tes connaissances » sont valables pour cette leçon. Nous conseillons donc aux enseignants de s'y reporter.

Matériel

Par équipe de quatre enfants : une feuille de format A3 ou une feuille de Canson 50 × 65 cm.

Présentation collective

L'enseignant demande aux enfants d'observer et de lire les documents qui figurent sur les deux pages (ou sur l'une des pages). Il leur laisse quelques minutes pour ce travail, puis leur donne la parole pour qu'ils puissent apporter des informations supplémentaires, poser des questions ou répondre à celles de leurs camarades. Il n'intervient que si aucun enfant ne sait répondre. Il s'assure, en posant quelques questions, que les informations données ont bien été comprises.

Le travail présenté sur ces deux pages peut être réparti en trois séances. Chacune d'elles correspond à une série de questions que pose l'un des personnages du manuel sur :

– les sports les plus appréciés des Français ;
– le football ;
– le judo.

Travail individuel et en groupe

L'enseignant demande ensuite aux élèves de lire les questions des enfants, de rechercher les données utiles pour y répondre, d'effectuer les calculs nécessaires et de rédiger les réponses. Il leur signale qu'ils peuvent trouver sur ces deux pages tous les renseignements utiles pour répondre aux questions ; ils ne sont donc pas obligés de consulter d'autres documents.

Après un moment de travail individuel, il leur permet de collaborer avec deux ou trois de leurs camarades pour la rédaction collective des réponses.

Mise en commun

La mise en commun des résultats permet la confrontation des travaux des petits groupes. Si les réponses divergent, l'enseignant demande à chacun de justifier ses résultats. Il n'intervient que si les réponses ne sont pas suffisamment explicites pour tous.

Réponses aux questions

– Les sports les plus appréciés des Français

1 Rangement par ordre décroissant du nombre de licenciés : football ; tennis ; judo ; équitation ; basket ; pétanque ; golf ; handball.

2 Le football ne figure pas sur le graphique.

3 Handball : orange ; basket : bleu clair ; tennis : vert ; équitation : marron.

4 Pour le prix d'un équipement de golf, on peut acheter cinq équipements de handball.
5 × 90 = 450 ; 450 < 500

– Le football

On adopte la même organisation que précédemment : travail individuel, travail en groupe, mise en commun.

5 Le nombre de licenciés de football est deux millions cent quarante-six mille sept cent cinquante-deux.

6 Chaque match dure 105 minutes ou 1 heure 45 minutes (45 + 15 + 45 = 105).

8 a. Oui, le terrain est réglementaire puisque ses dimensions sont comprises dans l'encadrement donné :
45 < 68 < 90   90 < 106 < 120

7 b. La longueur de la ligne qui entoure le terrain (périmètre) mesure 348 m (68 + 106) × 2 = 348).

8 Les ballons B et D sont réglementaires. Le ballon A est trop lourd, le ballon C a une circonférence qui ne convient pas.

– Le judo

9 Un tournoi de judo dure 155 minutes ou 2 heures 35 minutes.

Benjamins :	1 min 30 × 10 = 10 min 300 s = 15 min	
	15 min + 30 min = 45 min	
Minimes :	2 min × 10 = 20 min	
	20 min + 30 min = 50 min	
Cadets :	3 min × 10 = 30 min	
	30 min + 30 min = 60 min	
Durée totale	45 + 50 + 60 = 155	155 min = 2 h 35 min

Fais le point (2)

Fiche autocorrective pour l'élève

(manuel de l'élève p. 80-81)

Problèmes

	Énoncé	A	B	C	Aide
1	Les enfants ont cueilli 108 cerises. Chacun reçoit 25 cerises. Toutes les parts sont égales. Combien d'enfants ont participé à cette cueillette ? Combien de cerises reste-t-il ?	27 enfants, il reste 0 cerise. Faux Le quotient a un seul chiffre car $25 \times 1 < 108 < 25 \times 10$.	4 enfants, il reste 8 cerises **Bravo !**	3 enfants, il reste 33 cerises. Faux Le reste est toujours plus petit que le diviseur.	**Leçon 36** Mémo *(p. 70)* Exercices 1, 2, 3 *(p. 71)*
2	Elsa dispose de 92 coquillages. Elle prépare 8 colliers identiques. Quel est le nombre de coquillages de chaque collier ?	11 **Bravo !**	84 Faux Tu as fait une soustraction.	736 Faux Tu as fait une multiplication.	
3	Observe le tableau. Quelle est la durée d'ouverture de la piscine le lundi ? **Heures d'ouverture de la piscine** Du lundi au vendredi : Ouverture 8 h 45 – Fermeture 18 h 30 Samedi et dimanche : Ouverture 8 h 20 – Fermeture 19 h 15	9 h 45 **Bravo !**	9 h 15 Faux Tu as fait n'importe quoi.	10 h 55 Faux Tu as calculé la durée d'ouverture du samedi ou du dimanche.	**Leçon 33** Mémo *(p. 64)* Exercices 4 *(p. 65)*

Table of problem 3:

Heures d'ouverture de la piscine	Ouverture	Fermeture
Du lundi au vendredi	8 h 45	18 h 30
Samedi et dimanche	8 h 20	19 h 15

Fais le point (2)

Connaissance des nombres

	Énoncé	A	B	C	Aide
4	Que représente le chiffre 5 dans 7 560 049 ?	Les centaines de mille **Bravo !**	Les unités de million Faux C'est « 7 » qui représente les unités de millions.	Les dizaines de mille Faux C'est « 6 » qui représente les dizaines de mille.	**Leçon 34** Mémo *(p. 66)* Exercices 2 et 7 *(p. 67)*
5	Comment s'écrit en chiffres : un million cinq cent mille quarante ?	1 000 540 Faux Ce nombre se lit « un million cinq cent quarante ».	1 500 040 **Bravo !**	1 540 000 Faux Ce nombre se lit « Un million cinq cent quarante mille ».	
6	Quel est le nombre M ? 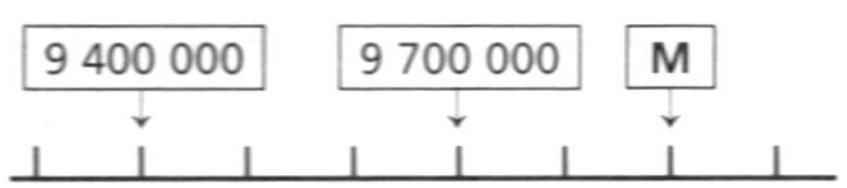	9 800 000 Faux Chaque intervalle représente 100 000 unités.	9 900 000 **Bravo !**	10 000 000 Faux Chaque intervalle représente 100 000 unités.	
7	Retrouve les multiples de 2 : 305 ; 447 ; 356 ; 704 ; 2981 ; 1 410.	347 305 2 981 Faux Ce sont tous des nombres impairs.	356 447 1 410 Faux 447 est un nombre impair.	356 704 1 410 **Bravo !**	**Leçon 24** Mémo *(p. 51)* Exercices 1a et 2 *(p. 51)*

Fais le point (2)

Calcul

	Énoncé	A	B	C	Aide
8	Pose et effectue : 173 × 7	1 111 Faux Erreur de retenue au rang des centaines.	72 Faux Tu as oublié le produit des dizaines 7 × 7.	1 211 **Bravo !**	**Leçon 25** Comprendre activité A *(p. 52)*
9	Pose et effectue : 215 × 43	8 145 Faux Tu as oublié une retenue en additionnant.	9 245 **Bravo !**	7 145 Faux Recompte : tu as fait n'importe quoi ! Revois tes tables.	**Leçon 32** Mémo *(p. 63)* *Comprendre* *(p. 63)*
10	Quelle réponse correspond à cette opération ? 160 divisé par 6	160 = (6 × 25) + 10 Faux Le reste doit toujours être plus petit que le diviseur.	160 = (6 × 26) + 4 **Bravo !**	160 = (6 × 24) + 16 Faux Le reste doit toujours être plus petit que le diviseur.	**Leçon 38** Mémo *(p. 74)* Exercices 3 *(p. 75)*

Géométrie

	Énoncé	A	B	C	Aide
11	À l'aide de l'équerre et de la règle, trouve les droites parallèles. 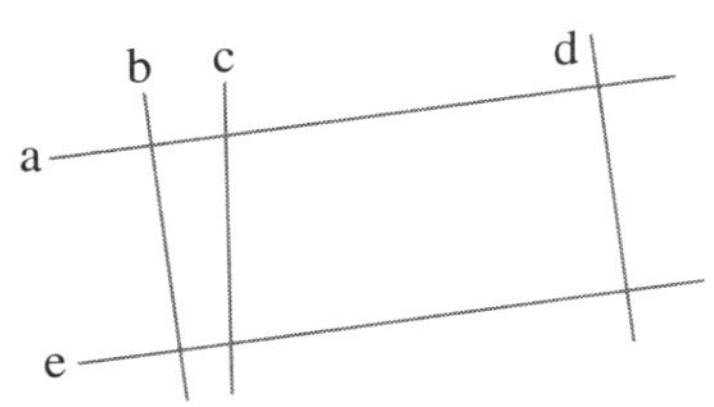	a et d a et b Faux Ce sont des droites perpendiculaires.	a et c e et b Faux Les droites a et c ne sont ni parallèles, ni perpendiculaires ; les droites e et b sont perpendiculaires.	a et e b et d **Bravo !**	**Leçon 22** Mémo *(p. 48)* Exercice 2 *(p. 49)*

Fais le point (2)

Mesures

	Énoncé	A	B	C	Aide
12	Convertis en m : 5 km 50 m	550 m Faux 5 km c'est 5 000 m.	5 005 m Faux Tu as écrit 5 m au lieu de 50 m.	5 050 m **Bravo !**	**Leçon 27** Mémo *(p. 54)* Exercice 3 *(p. 55)*
13	Convertis en km : 3 500 m	3 km 500 m **Bravo !**	35 km Faux Cela fait 35 000 m. Reporte-toi au tableau de conversion.	3 km 5 m Faux Tu as écrit 5 m au lieu de 500 m. Reporte-toi au tableau de conversion.	
14	Aujourd'hui, nous sommes jeudi 27 mars. Quelle sera la date une semaine plus tard ?	Jeudi 34 mars Faux Le mois de mars a 31 jours.	Jeudi 3 avril **Bravo !**	Jeudi 1er avril Faux Le 1er avril tombait mardi.	**Leçon 37** Cherche B *(p. 72)* Exercice 2 *(p. 73)*
15	Un avion décolle de Paris à 12 h 35 et se pose à Tunis à 15 h 05. Quelle est la durée du vol ?	2 h 30 **Bravo !**	1 h 30 Faux Erreur sur le calcul des heures.	2 h 40 Faux Pour t'aider, représente les durées sur une droite graduée.	**Leçon 33** Mémo *(p. 64)* Exercice 5 *(p. 65)*

Atelier problèmes (2)

(manuel de l'élève p. 84)

A Problèmes pour apprendre à chercher *(Démarche d'investigation)*

Problème 1

Le carnet coûte 1,50 €, le stylo 0,50 €.
On peut le trouver par tâtonnement, mais aussi par déduction :
– le prix du carnet + le prix du stylo = 2 €.
– le prix du carnet = le prix du stylo + 1 €.
Je remplace le prix du carnet, j'ai donc :
– le prix du stylo + 1 € + le prix du stylo = 2 €.
Le prix de 2 stylos = 1 €.
1 stylo coûte 0,50 € ou 50 centimes d'euro ; le carnet coûte 1,50 €.

Problème 2

Poids des trois boules : A = 20 ; S = 50 ; E = 70.
E est plus lourd que S, puisque E pèse autant que S et A réunis.
Donc E = 70 g.
On a : A + 50 g = 70 g, donc A = 20 g.

Problème 3

Les deux nombres sont 15 et 26.
On le trouve par tâtonnement. On établit la liste de tous les couples de nombres dont la somme est 41. On prend le couple dont la différence est 11. Il est bien évident que ce n'est pas la peine de commencer par le couple (40, 1), car on voit tout de suite que la différence est trop grande.

Problème 4

1. L'expédition de Magellan est partie en 1 519.
1 522 – 3 = 1 519
2. Magellan est mort au cours de cette expédition à l'âge de 41 ans.
Magellan est mort en 1521, un an avant la fin de l'expédition.
1 521 – 1 480 = 41

B Problèmes à étapes

Problème 5

Articles	Prix unitaire en €	Total en €
Filet de volley	62	62
Boîtes de balles de tennis	9	36
Ballons	23	115
Total		213

213 – (62 + 36) = 115
Prix des 5 ballons : 115 €.
23 × 5 = 115

Problème 6

36 rosiers par massif. Il n'en restera aucun.
Il existe deux démarches possibles :
1. Le jardinier dispose de 15 barquettes pour 5 massifs, soit 3 barquettes par massif.
12 × 3 = 36
Il plante 36 rosiers par massif.
Il ne lui en restera aucun (15 est un multiple de 5).
2. 15 × 12 = 180
Le jardinier dispose de 180 rosiers.
180 = 36 × 5
Il y a 36 rosiers par massif.

Problème 7

1. Durée du tour du monde : 32 h 44 min.
Le *Concorde* a mis une journée et 8 h 44 minutes.
24 + 8 h 44 = 32 h 44

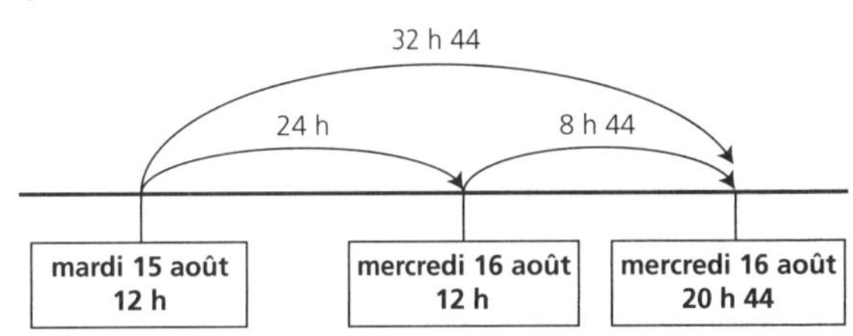

2. *Concorde* a battu le record de 3 h 16 min.
36 h – 32 h 44 min = 3 h 16 min.

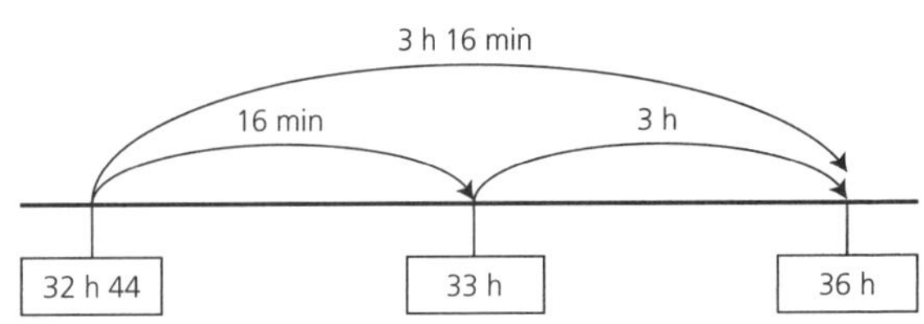

Problème 8

– Prix du gâteau : 14, 10 €.
– 4 brioches à 80 c ; 4 × 80 = 320 c, soit 3 € 20 c.
– 3 pains à 90 c ; 3 × 90 = 270 c, soit 2 € 70 c.
320 + 270 = 590 c.
20 € = 2 000 c.
2 000 – 590 = 1 410
Ce gâteau coûte 1 410 c, soit 14 € 10.

Présentation de la Période 3

(manuel de l'élève p. 85)

Observations préliminaires

Toutes les remarques relatives à la présentation de la Période 1 (page 25) demeurent valables pour cette nouvelle période. L'enseignant peut s'y reporter utilement pour l'exploitation de cette page.
Les solides apparaissent sous des formes variées : pots de peinture, briques... Les mesures de masse sont inscrites sur le camion, sur les pots, sur les palettes... Les angles, les quadrilatères, les aires sont faciles à repérer.
Les fractions et les symétries sont plus difficiles à trouver mais bien présentes ainsi que les problèmes et les situations de division.

	Leçons		Leçons
• Compléter une figure par symétrie.	**42**	• Résoudre un problème.	**46, 49, 57**
• Effectuer des divisions.	**43, 45, 50**	• Identifier les quadrilatères.	**51, 53**
• Percevoir un solide, le décrire.	**44**	• Comparer, ranger, mesurer des aires.	**52, 56**
• Utiliser les mesures de masse.	**47**	• Calculer la moitié, le tiers, le quart.	**54**
• Comparer des angles.	**48**	• Construire des droites parallèles.	**55**

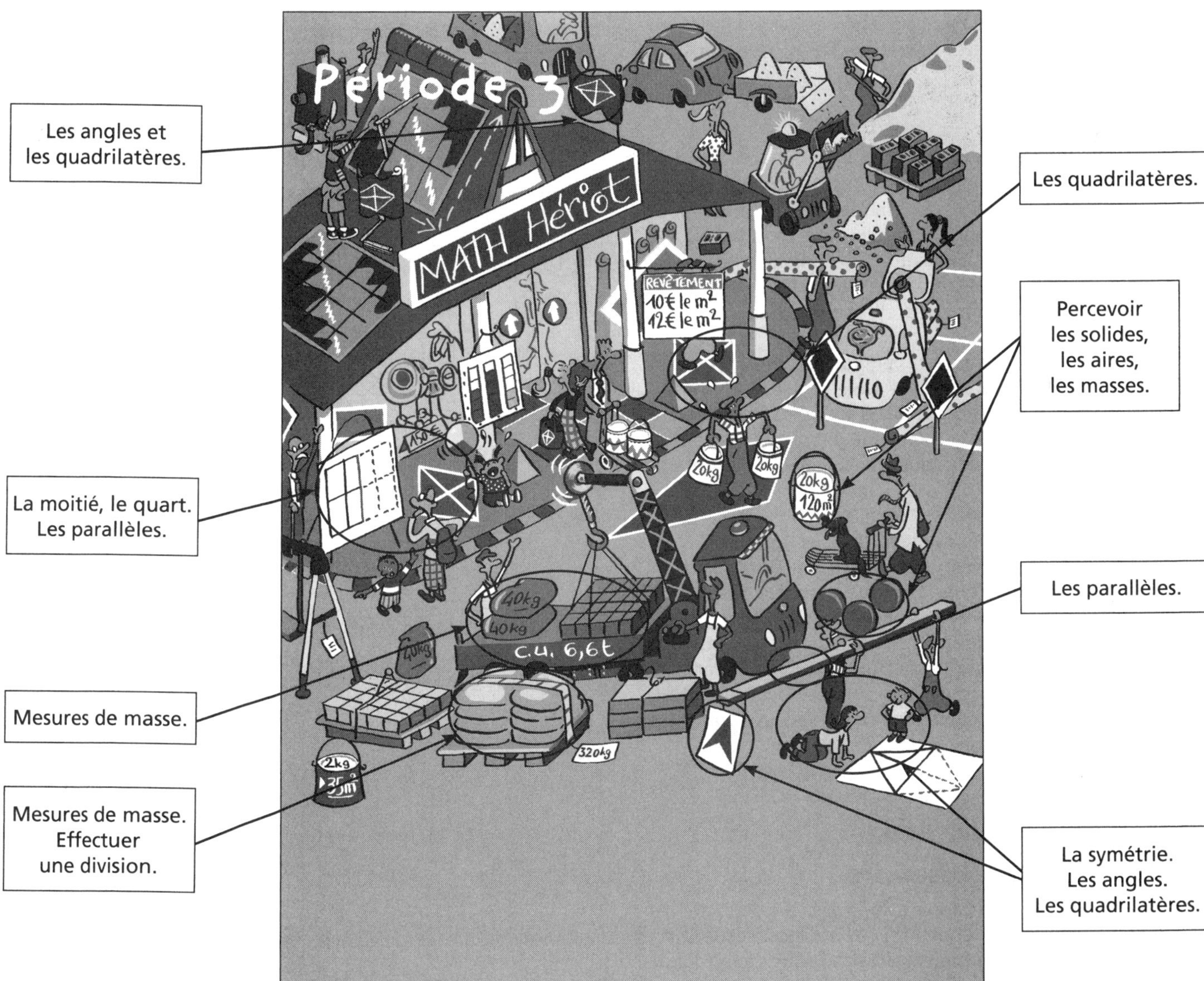

42 Compléter une figure par symétrie

(manuel de l'élève p. 86-87)

COMPÉTENCE : Compléter une figure par symétrie axiale.

Calcul mental

Dictée de grands nombres.
L'enseignant dit : « cinq cent douze mille huit cent sept ».
L'élève écrit 512 807.
Première séquence : 500 807 ; 480 070 ; 317 095 ; 512 807 ; 800 107 ; 101 010 ; 110 010 ; 100 100 ; 100 010 ; 270 070.
Deuxième séquence : 562 340 ; 260 089 ; 301 254 ; 720 984 ; 875 250 ; 960 781 ; 82 396 ; 145 772 ; 100 016 ; 800 004.

Matériel

- Papier quadrillé, papier uni, papier-calque.
- Les instruments du dessin géométrique.
- Photocopie du dessin de l'activité « Chercher » Ⓐ (en fin de leçon).
- Modèles de gabarits non symétriques à photocopier pour l'activité « Chercher » Ⓑ (en fin de leçon).

Activités collectives

Lire, débattre

Le débat peut s'orienter dans des directions différentes. Le « *Comment* » de la question de Mathéo induit des pratiques concrètes : par exemple dessiner à main levée en partant des extrémités des lignes interrompues par la tache blanche. Il faut alors insister sur la nécessité d'obtenir une représentation parfaite. Le titre de la leçon peut mettre sur la piste : le dessin original possède sans doute un axe de symétrie que les enfants ne perçoivent pas forcément sans discussion collective. Dans ce cas, la question de Mathéo trouvera sa réponse en fin de séquence. Si la symétrie est rapidement prise en compte, décalquer puis retourner le dessin est sans doute la méthode la plus adéquate.

Chercher

Les deux exercices où l'on complète des figures par symétrie sont assez longs puisqu'ils exigent dans un premier temps la reproduction des modèles du manuel. L'enseignant peut organiser le travail sous forme d'ateliers de trois ou quatre enfants qui s'aident mutuellement. Une partie des ateliers traitant la partie Ⓐ, les autres la partie Ⓑ. Les productions sont ensuite présentées à la classe et commentées.

Ⓐ Le dessin sur quadrillage est bien connu des enfants qui l'ont pratiqué dès le CP. La difficulté majeure est de bien choisir le point de départ du tracé. Le tracé des obliques demande une grande attention dans le comptage des carreaux. L'enseignant doit être exigeant sur la qualité du travail : propreté et précision du tracé.

Ⓑ Le passage par le calque est nécessaire, soit pour l'utiliser directement, soit pour construire un gabarit. Dans les deux cas, il faut avoir compris que le retournement d'une figure produit une symétrique de celle-ci. Il est possible de remédier aux incompréhensions éventuelles des enfants en utilisant des formes très simples et non symétriques comme gabarits et en faisant tracer leurs contours recto puis verso côte à côte. L'enseignant peut photocopier et faire découper par les enfants les modèles joints en annexe de la leçon.

Activités individuelles

S'exercer, résoudre

1, 2 Ces exercices sont des applications directes des activités Ⓐ et Ⓑ de la rubrique « Chercher » dont ils constituent un moyen d'évaluation. Les commentaires ci-dessus s'appliquent donc à ces exercices.

3 La reproduction de la demi-fleur et la construction de son symétrique par retournement du calque est délicate. Elle peut être différée et incluse dans une activité d'art graphique.

Calcul réfléchi

Multiplier par 5.
L'exemple résolu indique la marche à suivre. On obtient successivement pour résultats :
140 ; 180 ; 215 ; 270 et 330.

Banque d'exercices : nos 1 et 2 p. 116 du manuel de l'élève.

(1)

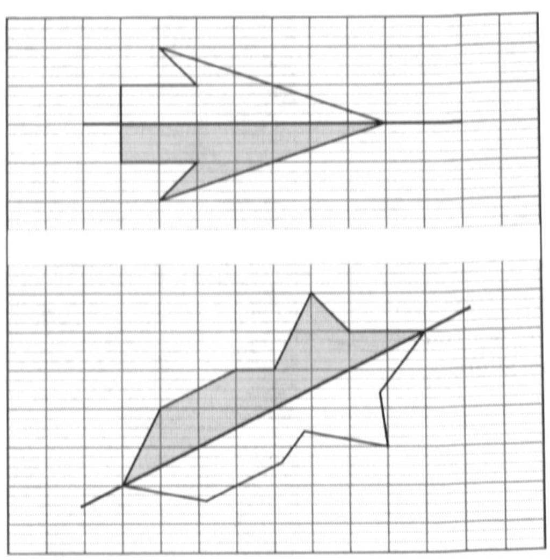

(2)

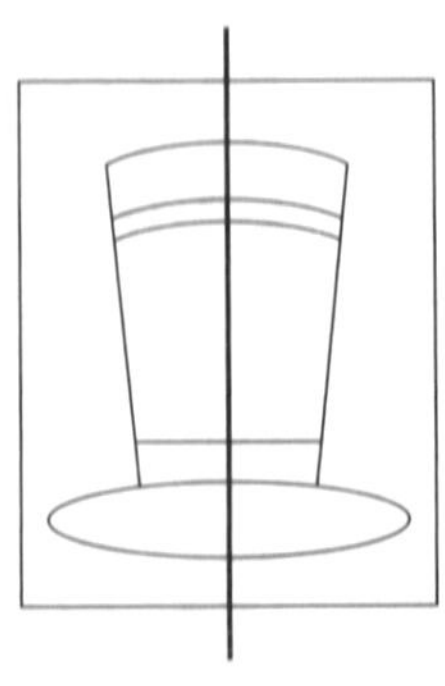

Leçon 42 – Compléter une figure par symétrie

Nom : ....

Prénom : ....

Activité « Chercher » A

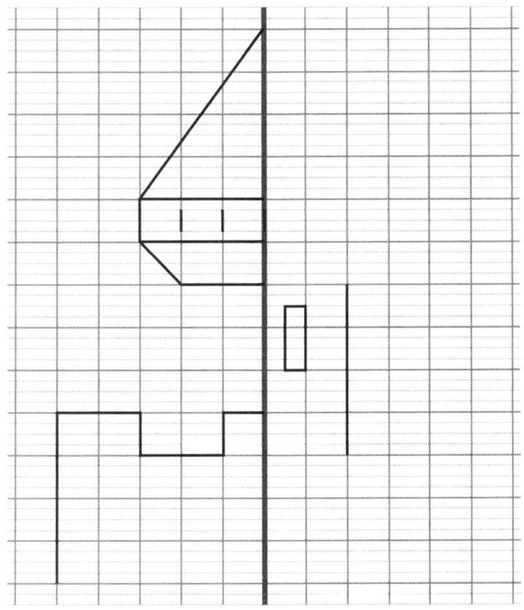

Gabarits non symétriques

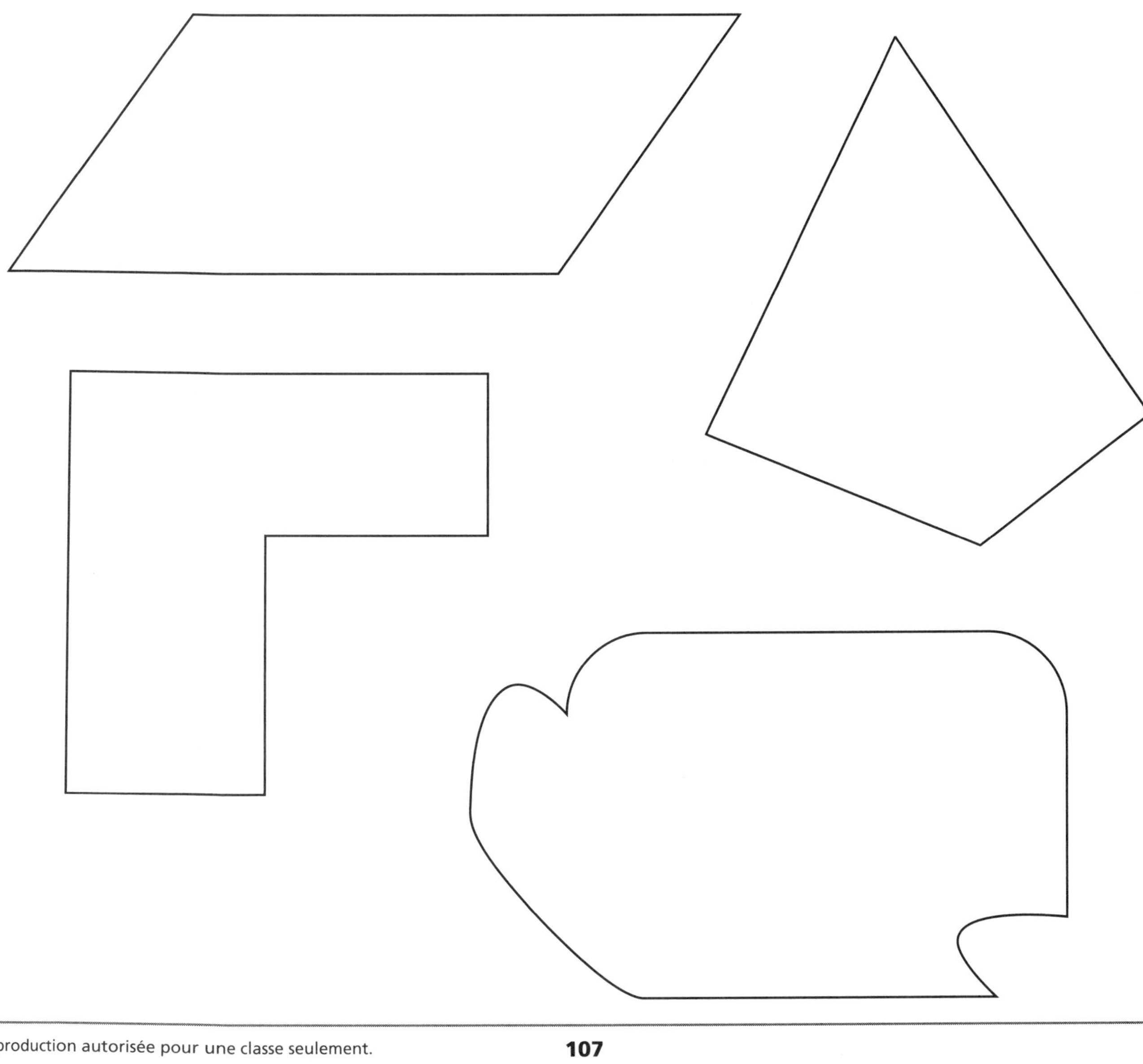

43 La division : Recherche du quotient et du reste par encadrement

(manuel de l'élève p. 88-89)

COMPÉTENCE : Rechercher le quotient et le reste par encadrement du dividende entre deux multiples du diviseur.

Calcul mental

Trouver le nombre de centaines de milliers, le nombre de milliers…
L'enseignant dit : « Quel est le nombre de centaines de milliers dans 101 203 ? ». L'élève écrit « 1 ».
Puis : « Quel est le nombre de milliers ? » L'élève écrit « 101 ».
Première séquence : 101 203 ; 209 450 ; 500 418 ; 999 958 ; 89 899 ; 110 100 ; 304 800 ; 92 540 ; 440 600 ; 625 000.
Deuxième séquence : 630 589 ; 300 500 ; 800 050 ; 490 090 ; 275 778 ; 909 800 ; 500 200 ; 50 375 ; 1 905 375 ; 1 296 000.

Observations préliminaires

Au cours de la leçon 24, les enfants ont mis en œuvre une méthode de recherche des multiples d'un nombre, qu'ils réinvestissent dans cette séquence. En effet, une situation de division peut presque toujours se résoudre par encadrement du dividende entre deux multiples consécutifs du diviseur. Selon les besoins de la classe, l'enseignant pourra conduire très utilement une activité de recherche des multiples de quelques nombres, par exemple de 4, 5, 6, 10, etc., qui constituent une aide pour la résolution des activités et des exercices de cette séquence.

Activités collectives

Lire, débattre

Les enfants lisent individuellement le dialogue des personnages. L'enseignant leur accorde quelques minutes d'investigation à l'issue de laquelle il les invite à communiquer leurs réponses qu'il note dans un coin du tableau ; puis il leur demande de justifier leur méthode de calcul : réinvestissement des acquis de la leçon 38, tâtonnements, etc.
L'enseignant attire leur attention sur la remarque de Mathéo en l'explicitant :
– *« 21 billets de 10 € (210 €) est-ce le double de 11 billets de 20 € (220 €) ? »*
La réponse au débat est alors évidente : « Corentin se trompe en disant qu'Hanane donnera deux fois moins de billets en payant avec des billets de 20 €, car 21 n'est pas le double de 11. Pour connaître la réponse exacte, nous allons résoudre ensemble la situation de l'activité "Chercher". »

Chercher

A Les enfants lisent l'énoncé du problème qui vise à donner du sens aux calculs proposés par la suite. L'enseignant s'assure, en posant quelques questions, qu'ils ont compris la situation :
– *« Qui peut expliquer la méthode de Hanane, puis celle de Corentin ? »*
L'enseignant peut présenter cette méthode d'une manière plus explicite en utilisant les schémas linéaires. Les élèves les associent souvent aux situations portant sur les longueurs. Il est donc important de leur montrer qu'ils peuvent s'appliquer à d'autres situations.

48 ↓

Prix	0	5	10	15	20	25	30	35	40	45	50	55	60	65	70	75	80
Billets de 5 €	0	1	2	3	4	5	6	7	8	9	10	11	12	13	14	15	16

– *« 48 est compris entre 45 et 50. Combien de billets Hanane devra-t-elle donner : 9 ou 10 billets de 5 € ? »*
Après échange de points de vue, les élèves constatent que le nombre 48 n'est pas un multiple de 5. Il est compris entre deux multiples de 5 consécutifs.
45 < 48 < 50   9 × 5 < 48 < 10 × 5
48 = (9 × 5) + 3   Elle donne 9 billets de 5 € et 3 € en pièces.
Les enfants répondent de même pour le calcul de Corentin.
72 n'est pas multiple de 5. Il ne figure pas dans cette table. Il faut l'encadrer entre deux multiples de 5 consécutifs.
70 < 72 < 75   14 × 5 < 72 < 15 × 5
Les élèves expliquent, écrivent et complètent l'égalité.
L'enseignant leur demande de préciser le vocabulaire : dividende, diviseur, quotient, reste.
72 = (14 × 5) + 2
Corentin donne 14 billets de 5 € et 2 € en pièces.

B Après lecture de l'énoncé et observation des calculs d'Élisa, quelques volontaires viennent proposer leurs explications.
Le nombre 72 est décomposé en une somme de multiples de 5, qu'il est facile de diviser par 5 puisqu'ils figurent dans une table connue des enfants.
En effet, ils n'utilisent que les dix premiers multiples de la table de 5, puis ils complètent les égalités.
Si l'encadrement du dividende est incorrect, l'enseignant en profite pour rappeler que le reste doit toujours être inférieur au diviseur.
On obtient :
72 = 50 + 20 + 2
72 = (10 × 5) + (4 × 5) + 2
72 = (14 × 5) + 2
72 divisé par 5 : quotient 14 reste 2   2 < 5

Activités individuelles

S'exercer, résoudre

Les deux premiers exercices, dépourvus de tout support concret, relèvent du pur calcul. Les méthodes sont imposées.

1 Pour trouver le plus grand multiple de 6 inférieur aux nombres proposés, il suffit :
en **a.** de connaître la table de six ;
en **b.** de remarquer que $63 = 60 + 3$; $63 = (5 \times 12) + 3$
On obtient :
a. $51 = (8 \times 6) + 3$
b. $63 = (5 \times 12) + 3$

2 Cet exercice est semblable au précédent.
a. $76 = (7 \times 10) + 6$ $\quad 117 = (11 \times 10) + 7$
$275 = (27 \times 10) + 5$
b. $345 = (3 \times 100) + 45$ $\quad 826 = (8 \times 100) + 26$
$1\,048 = (10 \times 100) + 48$

3 Ce petit problème très simple conduit à diviser 158 par 20.
a. $158 = 140 + 18 = (7 \times 20) + 18$.
Abel peut remplir 7 pages complètes.
b. La page incomplète contient 18 timbres.

4 Même problématique.
$50 = (12 \times 4) + 2$.
a. Renée remplira 12 boîtes de 4 balles.
b. Il lui faudra une balle supplémentaire pour placer les 2 balles restantes. Il lui faudra 13 boîtes au total.

5 La difficulté de la première question de ce problème réside dans le fait qu'elle présente une situation multiplicative et non une situation de partage. Ce n'est plus le quotient mais le dividende que l'on recherche.
L'enseignant s'assure que l'expression « prise en charge » est comprise.
a. $(16 \times 4) + 5 = 64 + 5 = 69$.
Une course de 16 km revient à 69 €.
b. $45 = 40 + 5 = (10 \times 4) + 5$
La longueur de la course mesure 10 km.
Le problème peut aussi être abordé de la façon suivante :
$45 - 5 = 40$
$40 = 10 \times 4$

6 Situation de partage
a. Le montant d'un versement est d'environ 100 € (404 → 100×4).
$404 = 101 \times 4 = 404$
Le téléviseur coûte environ 400 € ; ($100 \times 4 = 400$).
b. Le montant exact de chaque versement est 101 €.

Réinvestissement

$1\,999\,999 < 2\,000\,000 < 2\,000\,001$
$899\,999 < 900\,000 < 900\,001$
$3\,999\,998 < 3\,999\,999 < 4\,000\,000$

Banque d'exercices : nos 3 à 5 p. 116 du manuel de l'élève.

(3) **a.** $7 \times 9 < 67 < 8 \times 9$
$67 = (7 \times 9) + 4$
$q = 7$ et $r = 4$
b. $6 \times 12 < 75 < 6 \times 13$
$75 = (6 \times 12) + 3$
$q = 12$ et $r = 3$

(4) $7 \times 9 < 65 < 7 \times 10$
$65 = (7 \times 9) + 2$
$q = 9$ et $r = 2$
$65 = 13 \times 5$
$q = 13$ et $r = 0$
$7 \times 9 < 68 < 7 \times 10$
$68 = (7 \times 9) + 5$
$q = 9$ et $r = 5$
$5 \times 13 < 68 < 5 \times 14$
$68 = (5 \times 13) + 3$
$q = 13$ et $r = 3$

(5) **a.** $9 \times 14 < 130 < 9 \times 15$
$130 = (9 \times 14) + 4$
$q = 14$ et $r = 4$
Le pâtissier peut remplir 14 sachets.
b. Pour remplir un 15e sachet, il manque 5 madeleines.

44 Solides (*1*) : Jeu du portrait

(manuel de l'élève p. 90-91)

COMPÉTENCES : **Percevoir un solide, le décrire en vue de l'identifier, en donner le nom.**
Utiliser à bon escient le vocabulaire : sommet, arête, face, cube, pavé ou parallélépipède rectangle.

Calcul mental

Calculer le double d'un nombre de deux chiffres.
L'enseignant dit : « Quel est le double de 56 ? ». L'élève écrit 112.
Première séquence : 56 ; 42 ; 27 ; 31 ; 54 ; 39 ; 17 ; 52 ; 62 ; 65 .
Deuxième séquence : 35 ; 33 ; 23 ; 36 ; 48 ; 26 ; 36 ; 18 ; 55 ; 61 ; 71.

Matériel

Le plus grand nombre possible de solides : matériel didactique de la classe (cube, pavé droit, pyramide, cône, cylindre, boule...), mais aussi, le cas échéant, des objets simples, par exemple anneau (tore), bobine, œuf de couturière, etc.

Observations préliminaires

La reconnaissance des solides, de leurs propriétés et de leurs représentations sur le plan nécessite leur manipulation répétée et réfléchie. Le jeu de Kim et le jeu du portrait sous diverses formes sont des outils pédagogiques particulièrement appropriés à ces apprentissages. Ils peuvent se situer très en amont de la leçon, dans des contextes ludiques sans rapport immédiat avec les objectifs poursuivis en classe de mathématiques. Ils peuvent aussi servir d'introduction à la leçon.

Activités collectives

Lire, chercher

A Mots croisés

Les enfants travaillent individuellement pendant quelques minutes mais sont groupés par deux afin de s'aider mutuellement en cas de besoin. L'enseignant recopie la grille au tableau. Il demande à un élève de la renseigner. La classe observe, intervient pour aider l'élève, discute des propositions. L'enseignant exhibe les solides dont les noms ou les noms des parties sont ceux de la grille de mots croisés.
La grille remplie est la suivante.

			P	A	V	E	
				R			
				E			
				T			
	F	A	C	E		C	
			U			Y	
			B	O	U	L	E
			E			I	
						N	
P	Y	R	A	M	I	D	E
						R	
		S	O	M	M	E	T

B Jeu du portrait

Phase 1
Les solides sont exposés sur une table ou sur le sol. Les enfants les observent, les manipulent, les retournent. L'enseignant leur demande tour à tour de décrire, qui le cube, qui le tore jusqu'à épuisement des solides. Il demande le nom de chaque solide et le donne quand les élèves l'ignorent. On précise la signification des mots « face », « arête » et « sommet ».

Phase 2
Les solides sont dissimulés à la vue des enfants. L'un d'eux en choisit un sans le montrer à ses camarades qui doivent découvrir de quel solide il s'agit. Pour y parvenir, ils posent des questions auxquelles il n'est répondu que par oui ou par non . L'enseignant écrit les questions au tableau ainsi que les réponses. Après découverte du solide, la classe discute de la validité des questions posées :
– « *Lesquelles sont inutiles ?* » (redondantes ou contradictoires avec des réponses déjà obtenues) ;
– « *Quelles sont les meilleures stratégies pour découvrir rapidement le solide ?* »
L'activité est reprise deux ou trois fois.

Phase 3
Les solides sont posés sur une table à la vue de tous. Un élève sort de la classe tandis que ses camarades choisissent l'un des solides. L'élève revient en classe. Il doit découvrir le solide en posant des questions auxquelles la classe ne répond que par oui ou par non. Les questions et leurs réponses sont encore écrites au tableau en vue de la discussion qui sera menée lorsque le solide aura été découvert.

Phase 4 – Avec le manuel de l'élève
La réponse à chaque question permet d'éliminer des solides.
– Mélissa a découvert le cône **a**.
– Julien a découvert le cylindre **c**.
La troisième question n'est pas pertinente : si le solide possède une face arrondie (réponse à la première question), ses faces ne peuvent pas être toutes des carrés ou des rectangles.

Activités individuelles

S'exercer, résoudre

1 Comme beaucoup d'enfants et d'adultes, Manon confond le disque et son bord, le cercle. L'enseignant attire l'attention des enfants sur cette confusion. Manon pense à un cône. Au moment de la correction, un enfant le dessine à main levée au tableau.
Jonas pense au cylindre. Si la classe en possède une, l'enseignant fait remarquer qu'il aurait pu penser à une bobine. Un enfant dessine le cylindre à main levée au tableau au moment de la correction.

2 La correction devrait se faire solides en mains pour que les enfants puissent constater concrètement la véracité des réponses.
a. Vrai : Un solide peut avoir 4 faces triangulaires : c'est un tétraèdre ou pyramide à base triangulaire.
b. Faux : le pavé droit possède 6 faces, pas une de plus.
c. Faux : Une pyramide a toujours un nombre pair d'arêtes. Elle ne peut pas avoir « seulement trois arêtes ».

d. Faux : Les bases d'un cylindre sont isométriques (égales). Un cylindre ne peut pas avoir une base plus petite que l'autre.
Remarque : si les disques de base ne sont pas isométriques, il s'agit d'un « tronc de cône ».
e. Vrai : Les arêtes d'un parallélépipède rectangle sont parallèles ou perpendiculaires entre elles.

3 a. La pyramide verte (tétraèdre) possède 4 faces et 6 arêtes, la jaune 6 faces et 10 arêtes. On peut lire ces résultats sur les dessins ou construire ces pyramides.
b. Une pyramide à base hexagonale possède une face hexagonale (sa base ayant 6 côtés) et autant de faces latérales qui sont des triangles; Elle possède donc 6 + 1 = 7 faces. Enfin, chaque sommet de sa base donne naissance à une arête latérale et il faut ajouter les six côtés de la base. On obtient donc 6 + 6 = 12 arêtes.

4 a. Le solide ne peut être que le cube.
b. La seconde question est inutile puisque les solides de la page précédente qui peuvent rouler ont tous moins de 4 faces (2 pour le cône, 3 pour le cylindre et une seule pour la boule et le tore).

5 a. Dans un pavé droit, les 12 arêtes prennent 4 à 4 les mêmes longueurs. Trois mesures sont donc nécessaires et suffisantes pour savoir si deux boîtes sont identiques. En cas de doute, le plus simple est d'examiner un pavé droit et d'en mesurer les arêtes.
b. L'enseignant doit exiger un tracé soigné. Il explique aux enfants qui ne le « verraient » pas que les pointillés représentent les arêtes cachées du pavé.

Calcul réfléchi

Multiplier par 50
La méthode est induite par l'exemple effectué.
On obtient successivement : 1 200 ; 1 900 ; 2 100 ; 650 et 3 850

Banque d'exercices : n° 6 p. 116 du manuel de l'élève.

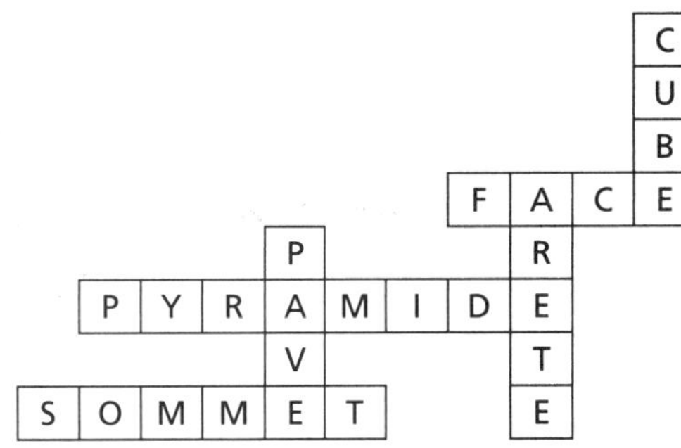

45 CALCUL RÉFLÉCHI Diviser un nombre par un nombre d'un chiffre

(manuel de l'élève p. 92)

COMPÉTENCE : Diviser par un nombre d'un chiffre (calcul en ligne).

Calcul mental

Trouver la moitié d'un nombre de trois chiffres.
L'enseignant dit : « Quelle est la moitié de 102 ? ». L'élève écrit 51.
Moitié de : 104 ; 110 ; 112 ; 118 ; 120 ; 126 ; 210 ; 224 ; 246 ; 300.

Activités collectives

Comprendre

Les enfants lisent l'énoncé et les solutions proposées par Léa et Thibault.

Thibault

Je décompose d'une autre façon 104 en multiples de 6.

104 = 60 + 44
104 = 60 + 42 + 2
= (6 × ...) + (6 × ...) + ...
= (6 × ...) + ...

Léa

Je décompose 104 en multiples de 6.

104 = 60 + 30 + 12 + 2
= (6 × ...) + (6 × ...) +
(6 × ...) + ...
= (6 × ...) + ...

À l'issue de cette phase d'investigation, l'enseignant demande :
– « *Pourquoi les enfants décomposent-ils 104 en multiples de 6 ? Pourquoi choisissent-ils de commencer par 60 ?* » Il s'agit de les amener à comprendre que l'on commence le calcul par le plus grand multiple de 6 proche du nombre à diviser. Il fait commenter le calcul de Thibault qui recherche ensuite les multiples de 6 dans la différence 104 – 60 = 44, qu'il décompose en 42 + 2, parce que 42 = 6 × 7. Les enfants terminent le calcul de Thibault sur leur cahier d'essais.
La correction collective a lieu au tableau. L'enseignant attire l'attention des enfants sur le résultat final : la décomposition de 104 comprend deux multiples de 6 ; on l'écrit (6 × 10) + (6 × 7) + 2 ce qui donne (6 × 17) + 2.
Les enfants observent ensuite la proposition de Léa.
Sa décomposition est plus savante. Elle procède directement par la décomposition du nombre en multiples de 6. Les commentaires feront apparaître les raisons de sa décomposition.
Les enfants comparent les égalités finales des calculs de Léa et Thibault. Ils repèrent le quotient et le reste dans les égalités avant d'écrire la phrase réponse :
Lorsqu'on divise 104 par 6, le quotient est 17 et le reste 2. La lecture du Mémo du bas de la page récapitule cette technique et fixe le vocabulaire.

Activités individuelles

S'exercer et résoudre

1 Cet exercice est une reprise de l'activité « Comprendre ». Pour entraîner les enfants à décomposer les nombres et faciliter leur travail, il est proposé d'effectuer les calculs avec le même multiple en deux temps.
a. La décomposition des nombres 47, 72, 98, 106 en multiples de 6 permet de renforcer l'apprentissage de la table du 6.
47 = 42 + 5 = (6 × 7) + 5
72 = 6 × 12
98 = 60 + 36 + 2 = (6 × 10) + (6 × 6) + 2 = (6 × 16) + 2
106 = 60 + 46 = 60 + 42 + 4 = (6 × 10) + (6 × 7) + 4 = (6 × 17) + 4
b. L'écriture des décompositions sous la forme (6 × q) + r permet de déterminer le quotient et le reste de la division.
47 divisé par 6 donne 7 pour quotient et 5 pour reste.
72 divisé par 6 donne 12 pour quotient et 0 pour reste.
98 divisé par 6 donne 16 pour quotient et 2 pour reste.
106 divisé par 6 donne 17 pour quotient et 4 pour reste.

2 Cet exercice requiert la connaissance des tables de 7, 3, 5 et 8 pour la recherche des multiples.
On n'indique plus qu'il faut effectuer les décompositions des nombres.
61 = 56 + 5 = (7 × 8) + 5
61 divisé par 7 donne 8 comme quotient et 5 comme reste.
84 = 75 + 9 = (3 × 25) + (3 × 3) = 3 × 28
84 divisé par 3 donne 28 comme quotient et 0 comme reste.
63 = 60 + 3 = (5 × 12) + 3
63 divisé par 5 donne 12 comme quotient et 3 comme reste.
108 = 80 + 24 + 4 = (8 × 10) + (8 × 3) + 4 = (8 × 13) + 4
108 divisé par 8 donne 13 comme quotient et 4 comme reste.

3 Ce problème conduit à diviser 84 par 9.
84 = 81 + 3 = (9 × 9) + 3
84 divisé par 9 donne 9 comme quotient et 3 comme reste.
Il faudra 10 boîtes. 9 seront pleines et une ne contiendra que 3 dinosaures.

4, 5 La difficulté de ces petits problèmes réside dans la division d'un nombre de trois chiffres. Les nombres ont été choisis pour faciliter leur décomposition.

4 196 = 140 + 56 = (7 × 20) + (7 × 8)
196 divisé par 7 donne 28 comme quotient et 0 comme reste.
Chacun paiera 28 euros.

5 200 = 160 + 40 = (8 × 20) + (8 × 5)
200 divisé par 8 donne 25 comme quotient et 0 comme reste.
La bibliothécaire peut acheter 16 mangas.

46 PROBLÈMES
Procédures personnelles (3)

(manuel de l'élève p. 93)

COMPÉTENCES : Élaborer une démarche personnelle pour résoudre des problèmes.
Formuler et communiquer sa démarche et ses résultats sous des formes variées.
Argumenter à propos de la validité d'une solution produite par soi-même ou par un camarade.

Calcul mental

Trouver le chiffre des milliers.
L'enseignant dit : « Quel est le chiffre des milliers dans 142 502 ? ». L'élève écrit 2.
142 502 ; 45 076 ; 10 548 ; 21 345 ; 50 674 ; 7 654 ; 160 543 ; 48 679 ; 34 675 ; 80 453.

Matériel

Par groupe de 4 ou 5 enfants : une feuille de papier format 50 × 65 cm (ou A3) et des gros feutres.

Activités individuelles puis collectives

Chercher, argumenter

L'enseignant écrit l'énoncé du problème au tableau. Les enfants le lisent et posent des questions s'ils ne comprennent pas la situation ou la question posée. Il leur demande d'imaginer individuellement une ou plusieurs démarches pour trouver la réponse.
Ce travail d'investigation se déroule au cours des étapes suivantes.

Phase 1 – Recherche personnelle
Les enfants essaient de résoudre individuellement le problème. Ils peuvent schématiser la situation, procéder par tâtonnements successifs, utiliser du matériel, par exemple des pièces factices. L'enseignant n'intervient pas.

Phase 2 – Recherche en groupe
Après quelques minutes de recherche personnelle, les enfants se regroupent par équipe de quatre. Ils mettent en commun leurs résultats et justifient leurs choix pour parvenir à une réponse commune. L'enseignant passe discrètement de groupe en groupe, s'assure que tous les enfants participent aux échanges et à la réflexion, veille à la discipline, mais s'abstient d'orienter le travail des groupes. Il écoute, observe, et note les procédures utilisées. En cas de blocage dans un groupe, il peut, exceptionnellement, donner un conseil pour permettre aux enfants de ne pas rester en situation d'échec.
Après accord sur une démarche commune, les participants la rédigent sur une grande feuille que le rapporteur désigné par l'enseignant présente à la classe.

Phase 3 – Mise en commun
À tour de rôle, chaque rapporteur vient présenter la proposition de son groupe.
L'enseignant sollicite la participation des autres groupes pour débattre sur la validité des solutions et analyser les différents types d'erreurs.
En cas de réponses contradictoires, il faut élucider les causes d'erreurs, admettre parfois que les démarches pour parvenir à la réponse peuvent être très différentes.

Phase 4 – Travail à partir du manuel
Après discussion des réponses, accord des participants, puis rédaction d'une réponse collective, chaque enfant examine la démarche présentée dans le manuel, puis la compare avec les réalisations proposées par les différents groupes.
Si aucun groupe ne présente cette démarche, l'enseignant demande à chacun de chercher à la comprendre et de terminer les calculs. Ils peuvent ainsi vérifier qu'ils parviennent au même résultat que lors de la recherche collective.

Avec 15 pièces de 2 € et 1 pièce de 1 €, on obtient 31 €.
Avec 10 pièces de 2 € et 6 pièces de 1 €, on obtient 26 €.

Pièces de 2 €	Pièces de 1 €	Pièces en €
15	1	31
14	2	30
13	3	29
12	4	28
11	5	27
10	6	26

L'enseignant peut encore présenter cette démarche plus rigoureuse, qui permet d'éviter les tâtonnements :
Si j'avais 16 pièces de 2 €, j'aurais 32 € : j'aurais donc 6 € de trop (32 – 26 = 6).
Je dois donc remplacer 6 pièces de 2 € par 6 pièces de 1 €.
J'ai donc 6 pièces de 1 € et 10 pièces de 2 €.
Une discussion collective permet ensuite de comparer toutes les réponses et de déterminer les procédures les plus efficaces.

Activités individuelles

S'exercer, résoudre

1 Réponse : Les enfants ont récolté 10 pièces de 10 c et 4 pièces de 5 c.
(10 × 10) + (5 × 4) = 120.
La démarche proposée dans le manuel est encore valable. En voici une autre :
Si toutes les pièces étaient des pièces de 10 c, les enfants auraient 140 c ; 14 × 10.
Cela donne 20 c de trop (140 – 120).
Il faut donc 4 pièces de 5 c (5 × 4 = 20).

2 Réponse : 8 araignées et 7 fourmis.
(8 × 8) + (7 × 6) = 64 + 42 = 106.
Les démarches ci-dessus sont encore valables mais doivent être adaptées, car les nombres sont plus importants, et la différence entre deux solutions voisines est de 2 paires de chaussures.

Prolongements

Atelier problèmes (3) : problèmes 1 à 4, page 113.

47 Les masses

(manuel de l'élève p. 94-95)

COMPÉTENCES : **Estimer une masse.**
Connaître et utiliser les multiples et les sous-multiples du gramme.
Effectuer des calculs simples sur les masses.

Calcul mental

Multiplier par 5.
L'enseignant dit : « 24 × 5 ». L'élève écrit 120.
Première séquence : 24 × 5 ; 16 × 5 ; 22 × 5 ; 28 × 5 ; 42 × 5 ; 46 × 5 ; 48 × 5 ; 44 × 5 ; 64 × 5 ; 88 × 5.
Deuxième séquence : 15 × 5 ; 21 × 5 ; 25 × 5 ; 35 × 5 ; 43 × 5 ; 51 × 5 ; 55 × 5 ; 34 × 5 ; 39 × 5 ; 58 × 5.

Matériel

- Au moins une balance Roberval et la boîte de masses marquées en laiton.
- Masses marquées en fonte.

Observations préliminaires

La notion de poids sera distinguée de celle de masse seulement au collège. L'enseignant privilégie la terminologie spécifique : « *Ce meuble a une masse de 40 kg* ». En situation, les expressions courantes : « *Ce meuble pèse 40 kg* » ou « *Le poids de ce meuble est 40 kg* » sont tolérées.
Les enfants ont rarement l'occasion d'observer et de manipuler une balance Roberval.
Afin qu'ils appréhendent mieux la notion de masse, il serait bon que l'enseignant consacre du temps à la manipulation d'un tel instrument de mesure.
Nous proposons, en fin de leçon, à la rubrique « Prolongements », une activité à réaliser, éventuellement avant l'activité « Chercher ».
Cette leçon, qui exige de nombreuses manipulations, se déroule sur deux journées. La première est consacrée à l'activité **A** du « Chercher » et à la pratique des conversions de l'exercice 1 de la page 95 ou des exercices 7 et 8 de la Banque d'exercices « 3 » page 116 du manuel.
La deuxième journée est consacrée aux activités **B** et **C** du « Chercher ».

Activités collectives

Lire, débattre

Les enfants lisent les bulles de la bande dessinée et répondent à la question : « *Est-ce pareil pour le gramme, le centigramme et le milligramme ?* » Puis ils justifient leur réponse. L'analogie dans la construction des mots pour nommer les unités de mesure n'échappe pas à leur perspicacité. Dans la discussion, l'enseignant fait apparaître la simplicité et la cohérence du système décimal mis en place sous la Révolution française.

Chercher

A Concours
Les enfants évaluent la masse du litre d'eau, du dictionnaire et de la gomme en grammes et kilogrammes. Ils peuvent venir soupeser les masses marquées en fonte ou en laiton. Ils se regroupent par quatre et, après une discussion interne dans chaque groupe, les rapporteurs viennent noter au tableau les valeurs proposées par leur groupe. La pesée des objets s'effectue à l'aide de la balance Roberval. Les enfants comparent alors leurs estimations avec la masse réelle des objets. Ceux qui ont trouvé les valeurs les plus proches expliquent leur méthode. L'enseignant leur fait remarquer que la masse d'un litre d'eau est proche du kilogramme.

Ils font ensuite une connaissance plus approfondie de la boîte de masses marquées et notent les abréviations des noms des unités gravés sur les masses.
L'enseignant en donne la définition et l'étymologie ou les fait rechercher dans le dictionnaire. Les préfixes des multiples : *kilo*, *hecto*, *déca* viennent du grec et signifient respectivement 10, 100 et 1 000 fois plus grands que l'unité ; les préfixes des sous-multiples *déci*, *centi* et *milli* sont empruntés au latin et signifient respectivement 10, 100 et 1 000 fois plus petits que l'unité.
L'enseignant note au tableau la liste ordonnée des multiples et sous-multiples du gramme qui figurera sur le Mémo collectif de la classe.

B Le cartable de Guillaume
Les enfants lisent ensuite le problème du cartable de Guillaume. L'enseignant fait remarquer que les masses ne sont pas toutes exprimées avec la même unité, la masse des classeurs est exprimée en kilogrammes et grammes alors que la masse des autres objets est exprimée en grammes. Ils cherchent seuls la réponse, puis se regroupent par quatre pour confronter leurs résultats. Les rapporteurs viennent exposer les résultats de leur équipe.
Lors de la mise en commun des réponses, l'enseignant intervient :
– pour rappeler qu'il faut exprimer toutes les mesures avec la même unité avant de calculer ;
– pour corriger les erreurs de conversion.
2 kg 80 g = 2 000 g + 80 g = 2 080 g et non pas 280 g.
a. Masse totale des objets :
3 135 g ou 3 kg 135 g
(2 080 + 805 + 250 = 3 135).
b. Masse du cartable vide :
2 015 g ou 2 kg 15 g
(5 150 – 3 135 = 2 015).

C La potion magique du druide Panastérix
La difficulté de ce problème réside dans la conversion de sous-multiples très peu utilisés dans l'environnement quotidient des enfants.
Pendant la correction, l'enseignant est attentif à la difficulté des conversions des décigrammes et des milligrammes en centigrammes. L'utilisation d'un tableau de conversions peut être une aide pour certains enfants en difficulté. Leur rappeler que, comme pour les conversions de mesure de longueur, on écrit un seul nombre par colonne.
3 dg = 30 cg ; 320 mg = 32 cg
Masse totale des ingrédients : 87 cg ; (32 + 30 + 25).

Activités individuelles

S'exercer, résoudre

1 C'est un entraînement aux conversions.

a. 3 kg = 3 000 g	1 kg 520 g = 1 520 g	2 kg 50 g = 2 050 g
b. 1 g = 100 cg	500 mg = 50 cg	12 dg = 120 cg
c. 2 g = 2 000 mg	45 cg = 450 mg	4 dg = 400 mg

2 Petit problème qui se résout par la comparaison de deux masses exprimées dans des unités différentes. L'enfant doit exprimer les masses dans la même unité pour pouvoir les comparer.
5 g = 50 dg ; 50 > 17.
La feuille de papier est plus lourde que la chauve-souris de Kitti.

3 Problème à une seule opération : une soustraction. La difficulté réside dans la conversion de 60 kg 90 g, car il ne faut pas oublier le zéro des hectogrammes.
58 kg 970 g = 58 970 g ; (58 000 g + 970 g).
60 kg 90 g = 60 090 g ; (60 000 g + 90 g).
Le boxeur doit perdre : 1 120 g ou 1 kg 120 g ; (60 090 – 58 970).

4 Problème à deux questions qui fait fonctionner le système décimal. Ce problème exige une bonne connaissance du carré. Le choix des nombres permet le calcul mental.
a. Un carré de 10 carreaux de côté comporte 100 carreaux.
Sa masse est 500 mg ; (5 × 100 mg).
b. Un gramme = 1 000 mg.
Il faut deux carrés de 10 carreaux de côté pour obtenir 1g ; (500 × 2 = 1 000).

5 Ce problème reprend exactement l'activité **B** du « Chercher ». Il ne faut pas oublier de multiplier par 2 la masse de la pomme. La conversion de 1 kg 90 g peut entraîner la deuxième source d'erreur (*cf.* commentaire exercice **3**).
Le pique-nique d'Élias pèse : 1 517 g ou 1 kg 517 g ;
(1 090 + 205 + 32 + (95 × 2).

6 La résolution de ce problème requiert la maîtrise des conversions et une bonne lecture du dessin. Il faut repérer la masse de Natacha sur le troisième dessin pour pouvoir calculer la différence de masse pour chacune des autres pesées.
Natacha pèse 47 kg 800 g ou 47 800 g.
Le chien pèse 4 700 g ou 4 kg 700 g ; (52 500 g – 47 800 g).
Le chat pèse 1 400 g ou 1 kg 400 g ; (49 200 g – 47 800 g).

7 Les enfants doivent connaître les décompositions canoniques de 1 000 pour réussir ce problème.
Le kilogramme de café coûte 6 € 60.
(1 € 65 × 4, car 1 000 = 250 × 4).
Le kilogramme de pruneaux coûte 4 € 10.
(2 € 05 × 2, car 1 000 = 500 × 2).
Le kilogramme de fraises coûte 11 € 50.
(1 € 15 × 10, car 1 000 = 100 × 10).

Réinvestissement

Il permet de consolider les acquis de la leçon 45.
75 divisé par 6
6 × 12 < 75 < 6 × 13 75 = (6 × 12) + 3.
100 divisé par 6
6 × 16 < 100 < 6 × 17 100 = (6 × 16) + 4.

Banque d'exercices : nos 7 à 9 p. 116 du manuel de l'élève.

(7) Masse d'une pomme : 200 g
Masse d'une bouteille d'un litre d'eau : 1 kg
Masse d'un livre de mathématiques : 600 g
Masse d'un morceau de sucre : 5 g
Masse d'un merle : 75 g

(8) 2 500 g = 2 kg 500 g 3 080 g > 3 kg
1 050 g < 1 kg 500 g 5 700 g < 57 kg

(9) **a.** 600 g + 400 g = 1 000 g = 1 kg.
Il faut ajouter 400 g.
b. 420 g + 80 g = 500 g = ½ kg.
Il faut ajouter 80 g.

Prolongements

Organisation de la classe : collective dans un premier temps et individuelle par la suite.

Matériel : une balance Roberval et ses masses marquées.

L'enseignant demande à un élève d'estimer la masse d'un livre. L'enfant vérifie ensuite son hypothèse en utilisant la balance Roberval. La classe valide la pesée lorsque l'aiguille est verticale. Les plateaux sont alors en équilibre. L'élève écrit ensuite au tableau toutes les masses utilisées, les convertit dans une unité commune et calcule la masse du livre.
D'autres élèves réalisent de la même manière le pesage de quelques objets avant l'activité **A** du « Chercher » de leur manuel.
L'enseignant laisse la balance à leur disposition dans la classe durant une semaine. Les élèves, à tour de rôle, mesureront la masse de divers objets de la classe.

48 Les angles

(manuel de l'élève p. 96-97)

COMPÉTENCES : **Comparer des angles. Reproduire un angle donné en utilisant un gabarit.**

Calcul mental

Diviser un multiple de 5 par 5.
L'enseignant dit : « Combien de fois 5 dans 75 ? » L'élève écrit 15.
Première séquence : 75 : 5 ; 25 : 5 ; 100 : 5 ; 15 : 5 ; 35 : 5 ; 80 : 5 ; 50 : 5 ; 70 : 5 ; 45 : 5.
Deuxième séquence : 150 : 5 ; 40 : 5 ; 60 : 5 ; 65 : 5 ; 85 : 5 ; 105 : 5 ; 200 : 5 ; 150 : 5 ; 300 : 5 ; 500 : 5.

Matériel

Un assez grand nombre de gabarits d'angles à photocopier, puis à découper (*cf.* en fin de leçon).

Observations préliminaires

C'est une nouvelle notion qui est abordée dans cette leçon. Les enfants n'ont rencontré jusqu'à présent que celle d'angle droit. La construction de la notion d'angle ne fait que débuter à l'école élémentaire ; elle n'est pas encore achevée à la sortie du collège. Les gabarits d'angles sont des secteurs angulaires tronqués conservant l'origine du secteur. C'est pourquoi ils permettent de comparer ou de tracer les angles représentés par une paire de demi-droites de même origine. L'activité préparatoire que nous proposons consiste à dégager les notions d'angles « égal », ou « plus petit » ou « plus grand » qu'un angle donné en comparant des gabarits d'angles.

Activités collectives

• Comparer des angles

Les élèves travaillent en équipes de trois ou quatre. Chaque équipe dispose des photocopies de gabarits d'angles que les élèves découpent et comparent. L'enseignant explique que le découpage doit être très précis le long des côtés des gabarits, mais arbitraire dans la partie non délimitée.
Chaque équipe met ensuite « ensemble » les gabarits qui lui paraissent « pareils ». Le critère de classement qui s'impose de lui-même est la superposition relative des gabarits (relative dans la mesure où seuls les sommets et les côtés coïncident du fait de la précision du découpage et de la nature du matériel).
Les productions des différentes équipes sont rassemblées et le classement s'étend à la totalité du matériel. L'enseignant introduit le vocabulaire et les conventions de représentation.
Pour représenter un angle, on dessine l'un de ses éléments. Les demi-droites qui le bordent sont ses côtés, leur origine commune est le sommet de l'angle. Il fait comparer les angles par inclusion.
Un angle plus petit qu'un **angle droit** est un **angle aigu** ; un angle plus grand qu'un angle droit est un **angle obtus**.

Lire, débattre

Le débat permet de vérifier si les enfants ont assimilé le fait que l'angle n'est pas limité dans son étendue. Les notions « illimitées » (plan, droites, demi-droites, angles...), sont difficiles à concevoir. Il est possible que certains enfants assimilent la notion d'angle à celle de coin. La discussion permet d'éclairer la notion. Il est probable que d'autres enfants diront que la boule la plus à droite sur le manuel, peut-être même les deux boules les plus à droite, ne sont pas dans l'angle $\widehat{A}$. Ce travail d'investigation montre clairement qu'à ce stade, il n'est pas envisageable d'apporter une réponse au débat sur lequel l'enseignant propose de revenir en fin de leçon.

Chercher

A Cette activité de pliage n'appelle pas de commentaire. L'enseignant veille à ce que les enfants exécutent les consignes avec soin.

B L'angle $\widehat{D}$ est droit, les enfants le repèrent sans difficulté et vérifient éventuellement leur conjecture à l'aide de leur équerre.
La comparaison de l'angle droit avec les autres se fait après découpage et superposition des gabarits. L'angle $\widehat{A}$ est plus grand que l'angle $\widehat{D}$, et l'angle $\widehat{B}$ est plus petit. Les angles $\widehat{C}$ et $\widehat{E}$ sont également des angles aigus.

C La superposition des gabarits donne la solution.
On obtient : $\widehat{B} = \widehat{E} = \widehat{C} < \widehat{D} < \widehat{A}$

D La seule difficulté est technique : utiliser un gabarit de papier pour tracer une figure.

Activités individuelles

S'exercer, résoudre

1 Il apparaît à vue d'œil que l'angle $\widehat{E}$ est le plus petit et que l'angle $\widehat{H}$ est le plus grand. L'usage du calque, autre forme de gabarit, permet la comparaison des autres mais rend l'exercice assez long.
On obtient la suite suivante : $\widehat{H} > \widehat{C} > \widehat{D} > \widehat{A} > \widehat{F} > \widehat{G} > \widehat{B} > \widehat{E}$.

2 Seule la comparaison des angles $\widehat{D}$ et $\widehat{A}$ peut nécessiter l'emploi d'un calque.
a. Les angles $\widehat{A}$ et $\widehat{D}$ sont aigus.
L'angle $\widehat{B}$ est droit. L'angle $\widehat{C}$ est obtus. b. On a : $\widehat{C} > \widehat{B} > \widehat{A} > \widehat{D}$

3 a. Le triangle apparaît comme équilatéral. Une bande de papier, le compas ou éventuellement la règle graduée permet de le vérifier.
b. Les trois angles du triangle sont égaux. Le calque permet de le vérifier.

4 La construction de la figure à partir du programme demande application et précision. Une ébauche à main levée est une aide importante.
a. Les angles $\widehat{A}$ et $\widehat{B}$ sont égaux.
b. Le triangle ABC est isocèle. Il est intéressant de faire comparer les différentes productions des élèves. Le choix du point C est arbitraire, mais tous les triangles obtenus sont isocèles.

Calcul réfléchi

Différences égales

L'exemple effectué induit la méthode. On obtient :

54 – 28 = 56 – 30 = 26
65 – 27 = 68 – 30 = 38
63 – 38 = 65 – 40 = 25
72 – 45 = 77 – 50 = 27
83 – 19 = 84 – 20 = 64

Banque d'exercices : n°s 10 et 11 p. 117 du manuel de l'élève.

(10) Les enfants peuvent utiliser le calque et se reporter utilement à l'exercice **1** du manuel de l'élève page 97.

(11) **a.** $\widehat{M}$; $\widehat{Q}$; $\widehat{P}$; $\widehat{O}$; $\widehat{N}$
b. Angles aigus : $\widehat{M}$; $\widehat{Q}$; angles obtus : $\widehat{O}$; $\widehat{N}$.

Leçon 48 – Les angles

Nom : ....

Prénom : ....

49 PROBLÈMES Aide à la résolution

(manuel de l'élève p. 98-99)

COMPÉTENCE : Schématiser un énoncé de problème pour en faciliter la résolution.

Calcul mental

Somme de multiples de 100.

L'enseignant dit : « 2 400 + 500 ». L'élève écrit « 2 900 ».

Première séquence : 2 400 + 500 ; 1 800 + 300 ; 1 900 + 600 ; 3 700 + 500 ; 6 800 + 100 ; 7 700 + 300 ; 2 400 + 900 ; 4 600 + 600 ; 5 400 + 700 ; 3 800 + 900.

Deuxième séquence : 8 100 + 900 ; 7 600 + 500 ; 4 200 + 700 ; 5 800 + 600 ; 6 300 + 700 ; 4 700 + 800 ; 3 500 + 500 ; 2 800 + 600 ; 4 700 + 500 ; 6 600 + 400.

Observations préliminaires

Schématiser des situations mathématiques constitue une aide importante pour la compréhension et la résolution de problèmes ; cependant, peu d'enfants le font spontanément. Il est donc important de leur apprendre progressivement à recourir à cette méthode. Nous avons prévu trois étapes : choisir le schéma qui convient, compléter un schéma non renseigné et enfin, tracer seul un schéma illustrant une situation. En raison de sa difficulté, cette dernière étape sera mise en pratique au CM2.

Activités collectives

Lire, chercher

A Les enfants lisent le problème individuellement et répondent à la question en s'aidant du schéma. L'enseignant trace ensuite ce schéma au tableau et demande à quelques enfants de venir le compléter et d'expliquer à quel segment correspond chaque donnée.

Les démarches de résolution sont ensuite expliquées à l'aide du schéma.

Nombre de wagons citernes et de wagons à charbon :
50 + 32 = 82.

Nombre de wagons restants : 128 – 82 = 46.

Pour transporter les céréales, il reste 46 wagons.

B Seuls ou par groupes de trois, les enfants lisent les deux problèmes, recherchent les schémas correspondants, effectuent les calculs nécessaires et rédigent la réponse à la question posée en écrivant une phrase correcte.

L'enseignant trace les deux schémas au tableau, demande à quelques enfants de montrer le schéma choisi pour chaque problème et leur démarche pour le résoudre.

Les autres enfants rectifient si nécessaire, puis apportent leurs propres solutions.

① Schéma **b**

Le peloton a parcouru 128 km et il reste 50 km à parcourir. L'étape mesure donc 178 km. (128 + 50 = 178).

Cette étape a 32 km de plus que la suivante, la suivante a donc 32 km de moins.

Elle mesure 146 km. (178 – 32 = 146).

Ces raisonnements sont justifiés à l'aide du schéma.

② Schéma **a**

128 personnes sont montées dans le TGV à Paris, 50 personnes descendent à Nancy.

Il reste alors 78 personnes dans le train (128 – 50 = 78).

32 personnes montent encore.

Le TGV transporte maintenant 110 personnes (78 + 32 = 110).

D'autres démarches sont possibles pour résoudre ce problème ; elles seront acceptées si elles sont correctes et justifiées par ceux qui les ont utilisées, par exemple :

(128 + 32) – 50 = 110

128 – (50 – 32) = 110

Il est important de montrer qu'il existe souvent plusieurs démarches permettant de résoudre un problème, mais l'exposé de ces différentes démarches n'est utile que si elles sont comprises par les enfants. En ce sens, le schéma est une aide essentielle.

C La situation proposée est plus simple que les précédentes, mais la principale difficulté est de compléter le schéma. Les enfants travaillent seuls sur leurs cahiers d'essais. Pendant ce temps, l'enseignant trace au tableau le schéma non renseigné. Il demande à quelques enfants de venir le compléter et de justifier leur résultat. Si certains enfants ne sont pas d'accord avec le schéma proposé, ils expliquent pourquoi et viennent tracer celui qui leur semble convenir. Les autres enfants expriment leur accord ou viennent à leur tour proposer leur réponse. L'enseignant n'intervient que si les enfants ne parviennent pas à une réponse commune.

Medhi doit encore parcourir 22 km. Le schéma final doit correspondre à celui-ci.

Activités individuelles

S'exercer résoudre

Pour chacun des problèmes de cette page, au moment de la mise en commun des réponses, l'enseignant trace le schéma au tableau. Les enfants viendront le compléter et l'utiliser pour justifier leur démarche.

1 Comme dans le premier problème de la page précédente, il existe deux démarches possibles qui peuvent être justifiées à l'aide du schéma.

59 – (12 + 33) = 14

59 – 12 = 47 et 47 – 33 = 14

Le CD coûte 14 €.

2 Ce problème a la même structure que le problème ② de la page précédente. Il peut lui aussi être résolu de trois manières différentes :

a. 43 – 26 = 17 et 17 + 14 = 31

b. 43 + 14 = 57 et 57 – 26 = 31
c. 26 – 14 = 12 et 43 – 12 = 31
Le soir, Thomas a 31 billes.

3 Certains enfants éprouveront peut-être des difficultés à comprendre cette situation. Il ne s'agit pas ici d'un nombre d'objets ou de personnes mais de dates servant à calculer des durées ou des âges. L'enseignant leur rappelle comment calculer son âge à partir de l'année de naissance et de l'année en cours.
Le schéma est particulièrement intéressant et utile dans des situations pareilles. Pour le rendre plus clair encore, on peut tracer de différentes couleurs les durées recherchées.

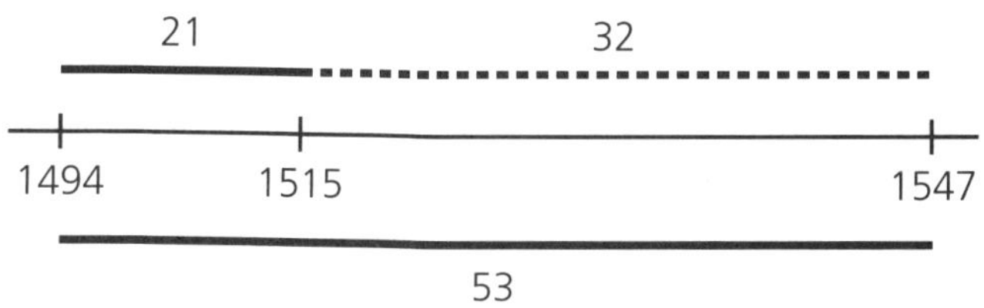

a. François Ier fut roi de France à 21 ans ; (1515 – 1494 = 21).
b. Son règne dura 32 ans ; (1547 – 1515 = 32).
c. Il est mort à 53 ans ; (1547 – 1494 = 53).

4 Même si la situation paraît très simple, les enfants utilisent aussi un schéma.
Le métro a roulé à Paris en 1900 ; (1863 + 37 = 1900).

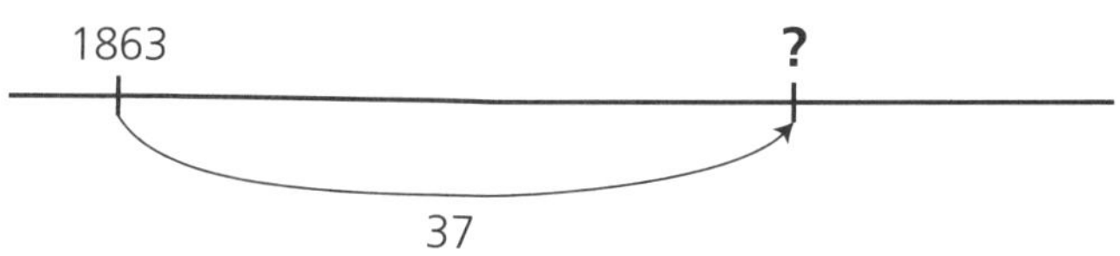

5 La difficulté principale de ce problème réside dans la compréhension de la situation, car les données numériques ne sont pas dans l'ordre chronologique ; c'est la situation initiale qu'il faut trouver. Ici encore, le schéma constitue une aide utile pour expliquer pourquoi on doit effectuer une soustraction et non une addition.
En 2005, le réseau routier comptait 10 804 km.
(10 843 – 39 = 10 804).

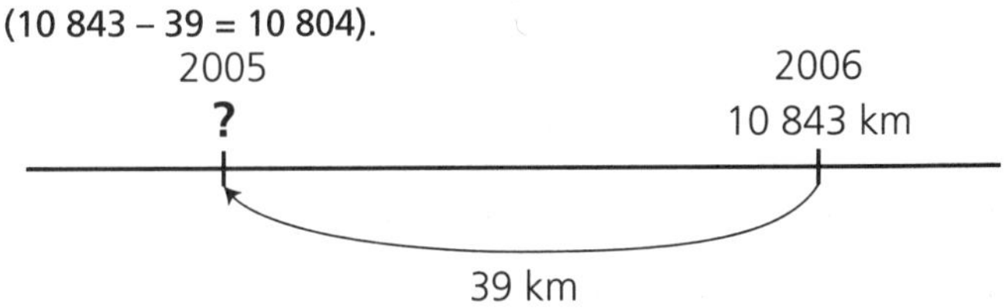

Réinvestissement

Cet exercice reprend le travail demandé à l'exercice 7 de la page 95 du manuel, auquel les enfants peuvent se reporter en cas de besoin. Il permet à l'enseignant de leur rappeler les décompositions du kilogramme couramment utilisées; ici, par exemple : 1 kg c'est deux fois 500 g ; c'est aussi quatre fois 250 g.
Un kilogramme d'abricots secs coûte 3 € 50 ; (1 € 75 × 2).
Un kilogramme de papayes sèches coûte 14 € ; (3 € 50 × 4).

50 La division posée *(1)*

(manuel de l'élève p. 100-101)

COMPÉTENCE : Calculer le quotient et le reste de la division euclidienne d'un nombre entier par un nombre d'un chiffre.

Calcul mental

Tables de 6, 7 et 8.

L'enseignant dit : « 7 × 8 ». L'élève écrit 56.

Première séquence : 7 × 8 ; 6 × 3 ; 6 × 9 ; 7 × 5 ; 8 × 4 ; 7 × 6 ; 8 × 9 ; 6 × 4 ; 8 × 8 ; 7 × 9.

Deuxième séquence : 8 × 2 ; 7 × 3 ; 8 × 4 ; 7 × 7 ; 6 × 6 ; 8 × 8 ; 8 × 5 ; 7 × 4 ; 6 × 8 ; 8 × 7.

Observations préliminaires

À ce moment de l'année, il est normal que les enfants d'une même classe utilisent des procédures différentes pour résoudre des situations de divisions. La maîtrise de la technique de la division posée requiert du temps pour se mettre en place. Il convient donc de respecter le rythme de chaque enfant tout en leur fournissant les outils nécessaires à une progression régulière. Cette leçon permet d'introduire des éléments importants de cette démarche :

• utilisation de la potence, que l'on retrouve dans l'algorithme classique ;
• soustraction apparente pour faciliter les calculs ;
• décomposition des calculs en centaines, dizaines, unités.

Activités collectives

Chercher

A **a.** Après lecture collective des bulles des personnages qui décrivent la situation, l'enseignant demande aux enfants de justifier le choix de l'opération : 974 divisé par 6.

Il s'assure, en posant quelques questions, que chaque phase est bien comprise :

– « *Comment Lise a-t-elle pu savoir que chacun aura entre 100 et 1 000 timbres ? Quel est l'intérêt de cet encadrement ?* »

– « *Combien de chiffres ont les nombres compris entre 100 et 1 000 ?* »

Pour vérifier la compréhension, l'enseignant propose quelques divisions : 847 divisé par 9 ; 4 049 divisé par 3 ; 7 890 : 9. Les enfants doivent uniquement trouver le nombre de chiffres du quotient en utilisant l'encadrement.

L'enseignant demande d'observer ensuite la division de 974 par 6 que Lise a posée. Il l'écrit au tableau en la commentant :

– « *Je vais commencer les calculs. Observez comment je procède, puis vous les continuerez vous-mêmes.*

• *Pour diviser 974 par 6, je commence d'abord par les centaines. Dans 9 centaines, combien de fois 6 ? Réponse : 1 fois. Je pose 6 sous 9 et j'effectue la soustraction. Il reste 3 centaines, soit 30 dizaines.*

• *Je passe aux dizaines ; j'abaisse le 7 des dizaines. J'ai 37 dizaines. Dans 37, combien de fois 6 ? Réponse : 6. Je distribue en tout 6 × 6 = 36 dizaines. Je pose 36 sous 37 et j'effectue la soustraction. Il reste une dizaine.*

• *J'abaisse le 4 des unités. Il me reste à distribuer 14 unités. Dans 14 combien de fois 6 ?...* »

À ce stade, l'enseignant demande à un volontaire de continuer les calculs. S'il ne réussit pas, d'autres enfants viennent à leur tour terminer la division.

b. Lorsque le quotient est trouvé (162), l'enseignant propose de vérifier le résultat en complétant l'égalité : 974 = (6 × 162) + 2. Les enfants complètent les phrases réponses, ce qui permet à l'enseignant de vérifier s'ils savent reconnaître le quotient et le reste de la division. À cette occasion, le vocabulaire spécifique à la division doit être rappelé : dividende, diviseur, quotient et reste.

B Pour consolider ces acquis, les enfants effectuent individuellement les divisions. Ils cherchent d'abord le nombre de chiffres du quotient, puis écrivent pour chacune d'elles l'égalité correspondante.

La deuxième division pose le problème du zéro intercalé au quotient que les élèves oublient souvent. L'enseignant souligne alors l'intérêt de connaître le nombre de chiffres du quotient.

La division de 630 par 7 peut engendrer deux types d'erreurs. Pour la première fois, les élèves doivent diviser un nombre dont le chiffre des centaines est inférieur au diviseur. L'enseignant attire leur attention sur la remarque de Mathéo. La division devient possible par la transformation de 6 centaines 3 dizaines en 63 dizaines.

La deuxième erreur est celle du zéro oublié à la fin du quotient. Là encore l'intérêt de connaître le nombre de chiffres du quotient est mis en avant.

a. 582 = (3 × 194) + 0	quotient : 194	reste : 0
b. 809 = (4 × 202) + 1	quotient : 202	reste : 1
c. 630 = (7 × 90) + 0	quotient : 90	reste : 0

Activités individuelles

S'exercer, résoudre

1 Cet exercice est destiné à entraîner les enfants à effectuer d'une façon systématique la recherche du nombre de chiffres du quotient. La majorité des enfants doit pouvoir calculer ce nombre mentalement. L'enseignant demandera l'écriture de l'encadrement seulement aux enfants qui n'ont pas su répondre : 647 divisé par 4 (3 chiffres)
450 divisé par 6 (2 chiffres)
901 divisé par 5 (3 chiffres)

2 La maîtrise d'un algorithme ne s'acquiert que par la pratique, il est donc nécessaire que les enfants effectuent un certain nombre de divisions. Au cours des journées suivantes, il sera utile de consolider ces acquis.

L'enseignant exige que les enfants vérifient chaque fois l'égalité D = (d × q) + r avec r < d.

Il peut demander à ceux qui maîtrisent bien l'algorithme de venir en aide à leurs camarades en difficulté. On sait que cette forme de tutorat est utile aux deux partenaires, car celui qui « enseigne » est obligé d'analyser sa propre démarche pour la transmettre à l'autre. Il acquiert ainsi une plus grande maîtrise de sa technique.

659 = (4 × 164) + 3	3 < 4
261 = (9 × 29) + 0	0 < 9
736 = (7 × 105) + 1	1 < 7

3 La seule petite difficulté pour certains élèves se situe au niveau de la rédaction de la solution lorsqu'ils feront correspondre le quotient avec le nombre de livres.

120 = (9 × 13) + 3   3 < 9

Elle achète 13 livres et il lui reste 3 €.

4 La division à effectuer ne présente pas de difficulté particulière, seule l'interprétation de la question pourra donner lieu à discussion. Les enfants qui auront mal lu l'énoncé, « *il faut ranger tous les ballons* », risquent de donner comme réponse 12 filets au lieu de 13 puisqu'il faut 1 filet de plus pour permettre de ranger aussi les 4 ballons qui restent : 100 = (8 × 12) + 4.

5 Même problématique que précédemment, l'interprétation de l'équation pourra donner lieu à discussion : 438 = (8 × 54) + 6.

a. Le jardinier utilisera 55 barquettes, dont une incomplète.

b. La barquette incomplète contiendra 6 tomates.

6 Problème de partage classique sans aucune ambiguïté. Seul l'algorithme avec un dividende à 4 chiffres est un peu plus long à réaliser.

2 380 = (7 × 340) + 0

Le tour de piste mesure 340 m.

7 Ce problème qui présente une situation multiplicative et non de partage sert de contre exemple. L'autre difficulté est d'ordre lexical, mais Mathéo met les enfants sur la voie : dans un tournoi de sixte, les équipes comptent 6 joueurs.

(12 × 6) + 5 = 77

77 joueurs participent à ce tournoi de sixte.

Réinvestissement

$\widehat{A}$ et $\widehat{B}$ puis $\widehat{C}$ et $\widehat{D}$ sont les angles égaux.

Banque d'exercices : n°s 12 à 14 p. 117 du manuel de l'élève.

12

a. 86 = (5 × 17) + 1

b. 687 = (4 × 171) + 3

c. 8 705 = (6 × 1 450) + 5

13

```
  5 4 3 | 4
- 4     |------
  ---   | 1 3 5
  1 4
- 1 2
  -----
    2 3
  - 2 0
    ---
      3
```

543 = (135 × 4) + 3

```
  2 4 3 1 | 7
- 2 1     |-------
  ---     | 3 4 7
    3 3
  - 2 8
    -----
      5 1
    - 4 9
      ---
        2
```

2 431 = (347 × 7) + 2

```
  1 8 7 4 | 6
- 1 8     |-------
  ---     | 3 1 2
    0 7
  -   6
    -----
      1 4
    - 1 2
      ---
        2
```

1 874 = (312 × 6) + 2

14

```
  1 5 6 8 | 7
- 1 4     |-------
  ---     | 2 2 4
    1 6
  - 1 4
    -----
      2 8
    - 2 8
      ---
        0
```

1 568 = 224 × 7

Chacun des amis doit payer 224 €.

51 Propriétés des quadrilatères

(manuel de l'élève p. 102-103)

COMPÉTENCES : Reconnaître les quadrilatères à partir de leurs propriétés et les tracer.

Calcul mental

Différences de nombres proches.
L'enseignant dit : « 135 – 128 ». L'élève écrit 7.
Première séquence : 135 – 128 ; 97 – 94 ; 103 – 95 ; 142 – 136 ; 174 – 169 ; 123 – 117 ; 65 – 58 ; 81 – 74 ; 156 – 148 ; 253 – 249.
Deuxième séquence : 146 – 139 ; 324 – 320 ; 148 – 138 ; 216 – 207 ; 352 – 346 ; 428 – 421 ; 182 – 177 ; 291 – 289 ; 176 – 169 ; 342 – 339.

Matériel

• Les instruments du dessin géométrique.
• Si l'enseignant l'estime intéressant, une copie des annexes 1 et 2 par enfant (*cf.* en fin de leçon).

Observations préliminaires

Construire un quadrilatère simple dont on connaît certains éléments (mesure des côtés, présence d'angles droits, symétries, etc.) implique, d'une part, d'avoir découvert les propriétés caractéristiques de ces figures et, d'autre part, d'être capable de les mettre en œuvre pour effectuer les constructions. Il s'agit là d'un travail complexe qui ne se limite pas à appliquer des savoir-faire. Pour le mener à bien, l'enfant doit avoir construit des représentations solides et structurées des quadrilatères en question. Il est souhaitable, au-delà de cette leçon, de multiplier au cours de l'année les occasions de construction de figures.

Activités collectives

Lire, débattre

Un triangle s'est glissé dans l'assemblage de quadrilatères. Pour le découvrir, les enfants doivent faire preuve d'attention. Repérer que tous les polygones, sauf un, ont quatre côtés, puis maîtriser suffisamment le vocabulaire pour exprimer leurs découvertes. C'est l'occasion pour la classe de fixer ce dernier : polygone, quadrilatère, éventuellement liste des quadrilatères munis d'un nom particulier.

Chercher

Les enfants travaillent individuellement ou en ateliers de deux ou trois élèves. Pour faciliter le travail et éviter les pertes de temps consécutives à la retranscription du tableau, l'enseignant distribue à chaque enfant ou à chaque atelier une photocopie des annexes de la leçon.
Ils peuvent alors découper, plier et mesurer les quadrilatères après avoir constaté qu'ils sont les images agrandies de ceux de leur manuel. Dans le cas contraire, les mesures et la recherche des angles droits sont effectuées directement sur les figures du manuel ou sur leurs images décalquées.

A Les enfants nomment les instruments qu'ils ont utilisés pour découvrir ou vérifier les propriétés des quadrilatères. L'enseignant en fait écrire la liste au tableau. On s'attend à les entendre citer la règle graduée, la bande de papier, le compas, l'équerre mais aussi le pliage.
On obtient le tableau suivant :

Propriétés	A	B	C	D	E	F
Nombre de côtés égaux	2 paires	4	0	2 paires	4	2 paires
Nombre de côtés parallèles	2 paires	2 paires	2	0	2 paires	2 paires
Nombre d'angles droits	4	0	2	1	4	0
Nombre d'axes de symétrie	2	2	0	1	4	0
Nom du quadrilatère	rectangle	losange	trapèze	fer de lance	carré	parallélogramme

Il n'est pas sûr que certains élèves connaissent le nom du parallélogramme ; auquel cas, c'est l'enseignant qui l'introduit.

B et **C** Les tracés aux instruments sur papier uni demandent du temps, précision et propreté obligent. L'enseignant se montre exigeant sur la qualité du travail. Les productions sont présentées à la classe qui peut critiquer et valider.

Activités individuelles

S'exercer, résoudre

1 Les enfants peuvent travailler de mémoire. L'activité collective les a confrontés au carré qui possède quatre axes de symétrie, au rectangle qui n'en a que deux mais possède des angles droits et au losange qui possède aussi deux axes de symétrie mais pas d'angle droit.
Une recherche exhaustive des quadrilatères qui vérifient les conditions de l'énoncé n'est pas du niveau du CM1. Elle implique que les enfants découvrent que les axes de symétrie d'un quadrilatère qui en possède deux sont nécessairement perpendiculaires.
En conclusion les réponses sont les suivantes :
① J'ai 4 axes de symétrie : je suis un carré.
② J'ai seulement 2 axes de symétrie et au moins un angle droit : je suis un rectangle.
③ J'ai 2 axes de symétrie mais aucun angle droit : je suis un losange.

2 Les cinq quadrilatères proposés possèdent tous au moins un angle droit. Les enfants devraient tous réussir cet exercice sans difficulté en utilisant l'équerre pour vérifier leur intuition.

3 La lecture du tableau du « Chercher » que les enfants ont rempli pendant l'activité collective donne la réponse aux deux premières questions. La définition même du losange donne celle de la dernière.
a. Vrai : les angles opposés du losange sont égaux. Ses diagonales sont des axes de symétrie.
b. Faux : le trapèze (rectangle) du « Chercher » le montre.
c. Faux : un losange est un quadrilatère dont tous les côtés sont égaux. C'est sa définition.

4 Cet exercice peut donner lieu à de nombreux tâtonnements, tous féconds. La méthode la plus simple consiste à tracer les supports des côtés parallèles, puis à placer les côtés opposés égaux. On obtient alors un parallélogramme ou un trapèze isocèle. Ce dernier est la figure que les enfants doivent tracer.

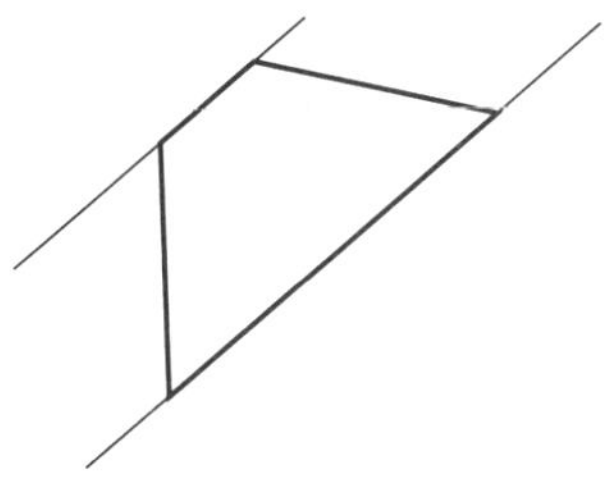

5 Comme tous les exercices de tracés sur papier uni à l'aide des instruments du dessin géométrique, celui-ci exige précision et patience. L'enseignant se montre exigeant sur la qualité du travail.
Les instruments requis sont la règle, la règle graduée et l'équerre.
L'enseignant peut conseiller à ses élèves de mesurer les deux diagonales du rectangle. Si le croquis a été correctement tracé, elles doivent être égales et mesurer 5,8 mm

Calcul réfléchi

Multiplier par 12
L'exemple résolu induit la méthode de calcul. On obtient successivement :
288 ; 336 ; 384 ; 540 et 768.

Banque d'exercices : n° 15 p. 117 du manuel de l'élève.

(15) Les quadrilatères sont :
- les carrés (figures 1 et 6) ;
- le parallélogramme (figure 4) ;
- le losange (figure 5) ;
- le rectangle (figure 7).

Leçon 51 – Propriétés de quadrilatères

Nom : ....

Prénom : ....

Activités « Chercher A »

Annexe 1

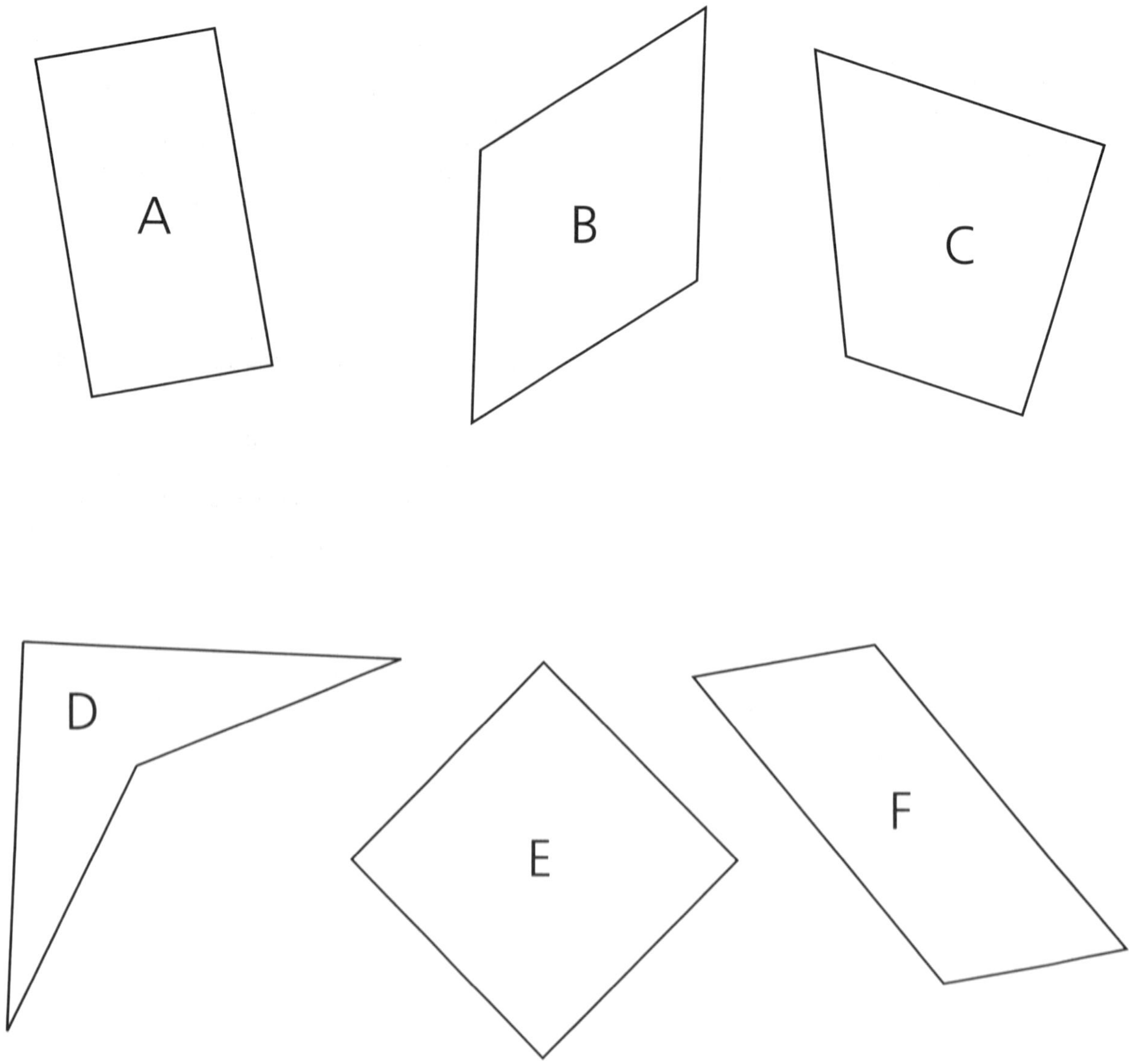

Annexe 2

Propriétés	A	B	C	D	E	F
Nombre de côtés égaux	2 paires	4				
Nombre de côtés parallèles	2 paires	2 paires				
Nombre d'angles droits						
Nombre d'axes de symétrie						
Nom du quadrilatère			trapèze	fer de lance		

52 Les aires : comparaison

(manuel de l'élève p. 104-105)

COMPÉTENCES : Classer et ranger des figures selon leur aire par superposition, découpage et recollement.
Construire une surface qui a même aire qu'une surface donnée.

Calcul mental

Tables de multiplication de 7, 8, 9

L'enseignant dit : « 8 × 8 ». L'élève écrit 64.

Première séquence : 8 × 8 ; 7 × 7 ; 8 × 3 ; 9 × 9 ; 6 × 7 ; 8 × 6 ; 9 × 4 ; 7 × 4 ; 8 × 7 ; 9 × 7.

Deuxième séquence : 8 × 4 ; 7 × 6 ; 9 × 3 ; 7 × 8 ; 6 × 9 ; 9 × 5 ; 8 × 3 ; 6 × 6 ; 8 × 9 ; 7 × 4.

Matériel

- Une feuille de papier quadrillé 5 × 5 (ou centimétrique) par élève pour la reproduction des figures.
- Une paire de ciseaux par élève ou pour deux élèves.
- Les instruments du dessin géométrique.
- Du papier-calque.

Observations préliminaires

Comparer des grandeurs implique que l'on sache ce que l'on mesure. Deux objets ont la même aire si on peut passer de l'une à l'autre par découpage et recollement des morceaux. En général, il n'est pas possible de penser que deux morceaux de surface ont la même aire.
La construction du concept d'aire se fait par imprégnation. Il faut multiplier les occasions :
– de passage d'une figure à une autre par découpage et recollement, en ne manquant pas de s'interroger sur ce qui est commun aux deux figures ;
– de recherche avec les puzzles (le Tangram est un très bon outil) ;
– de construction de figures à très long bord mais de faible étendue (dentelle de papier, rubans étroits, etc.).

Activités collectives

Lire, débattre

Les enfants observent en silence les dessins des deux vignettes. L'enseignant les invite à réagir et à émettre des hypothèses. Ils constatent qu'avec des raquettes on s'enfonce moins dans la neige. Certains enfants seront sans doute capables de préciser que cela résulte d'une répartition du poids de la personne sur une plus grande surface.

Chercher

La démarche que nous allons employer va permettre aux élèves de comparer les aires de deux figures par découpage et superposition.

A Les élèves lisent puis exécutent la consigne. Certains vont tenter de comparer les aires en comptant le nombre de carreaux. Cela ne pose aucun problème pour le rectangle. Pour le triangle, en revanche, le comptage est plus complexe. Il est donc préférable de suivre les conseils de Mathéo : découper le triangle, superposer les deux figures et ainsi constater que le triangle et le rectangle n'ont pas le même nombre de carreaux ou que les deux figures ne sont pas réalisées avec la même surface de papier.

B Les élèves lisent la consigne. Si nécessaire, l'enseignant la reformule et rappelle la signification des mots « diamètre » et « décroissante ».
Les élèves observent les figures et énoncent leurs compositions.
a. Il est important de préciser que seule la partie coloriée constitue la figure A. L'observation attentive permet aux enfants de constater que seules les figures A et E ont la même aire.
Pour le vérifier, les élèves peuvent décalquer la figure A, puis par découpage et recollement reconstituer le disque E ou, inversement, découper le disque E en quatre parties (c'est assez simple en suivant un pliage) et recomposer la figure A.
b. Chacun recherche puis écrit le nom des figures de la plus grande à la plus petite aire.
Les élèves comparent ensuite leurs réponses par groupe et argumentent leurs choix.
Ils constatent que l'aire du disque est inférieure à celle du carré en observant les figures A et E et obtiennent le rangement suivant :
figure C (un carré ; un disque et un demi-disque) ; figure D (un carré et un disque) ; figure B (2 disques) ; figure F (un disque et demi) ; figures A et E (un disque).

C Les élèves lisent la consigne puis l'exécutent. Le découpage le plus probable est le suivant.

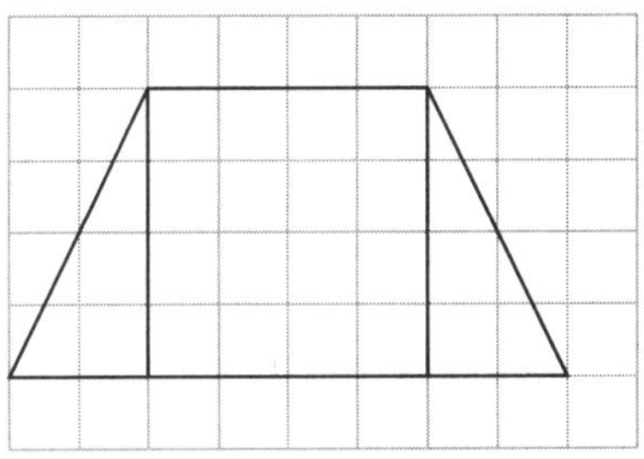

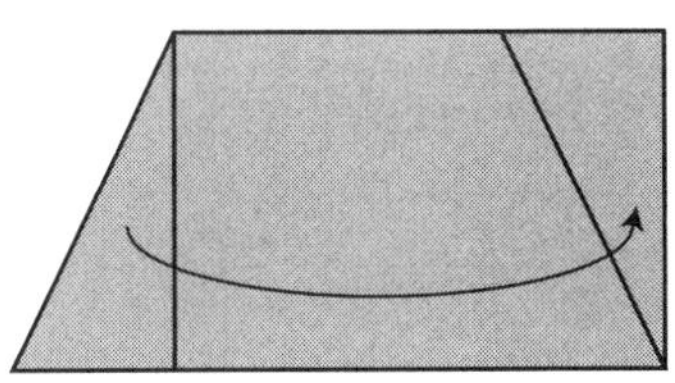

Activités individuelles

S'exercer, résoudre

1, 2 Ces exercices sont des applications directes des activités « Chercher » Ⓐ et Ⓒ dont ils constituent un moyen d'évaluation.
Les commentaires ci-dessus s'appliquent donc à ces exercices.

1 Les aires des parties jaunes et roses sont égales. Un découpage permet de reconstituer le carré jaune avec les quatre triangles roses.

2 Les aires des deux figures sont égales, chacune est égale à celle d'un rectangle de 4 × 5.

3 Cet exercice est une application directe de l'activité « Chercher » Ⓑ.
La remarque de Mathéo permet à l'élève de prendre l'initiative de la reproduction de la figure, puis de la découper pour démontrer l'égalité des aires des parties jaune et bleue du rectangle en les superposant.

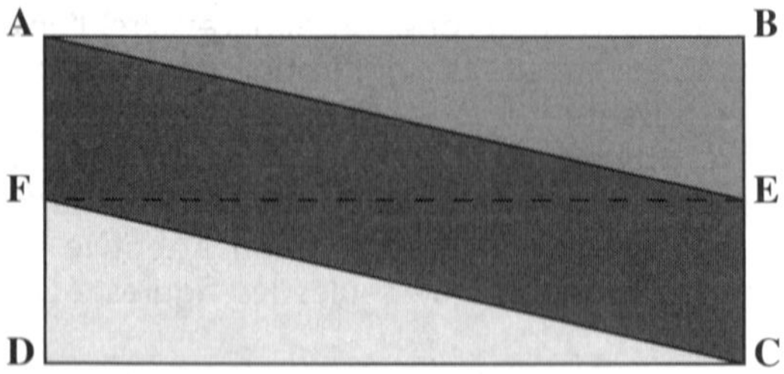

4 Le quadrillage constitue une aide pour la comparaison des mesures d'aire de ces figures.
Aire figure E < Aire figure A < Aire figure D < Aire figure B < Aire figure C.
La comparaison des aires des figures B et D est délicate. Lors de la mise en commun des réponses, l'enseignant conseille aux indécis d'utiliser le papier-calque pour superposer la figure D à la figure B.

5 Contrairement aux exercices précédents, l'élève pourra difficilement reporter visuellement un morceau de la figure et se retrouve dans l'obligation d'utiliser une des différentes techniques proposées précédemment. La technique du découpage-collage constitue une aide appréciable. (*Cf.* « Chercher » Ⓑ **a.**)

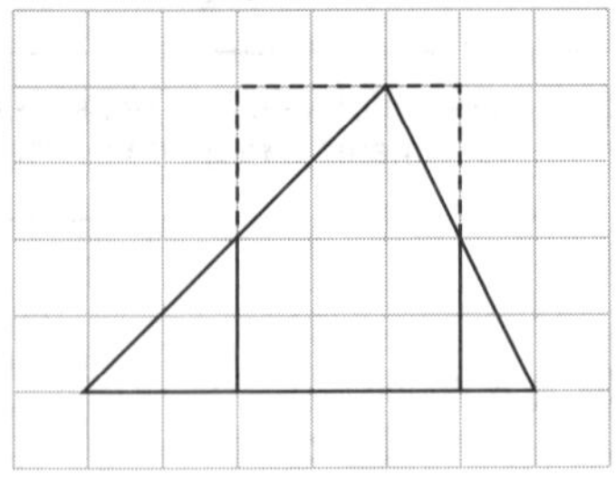

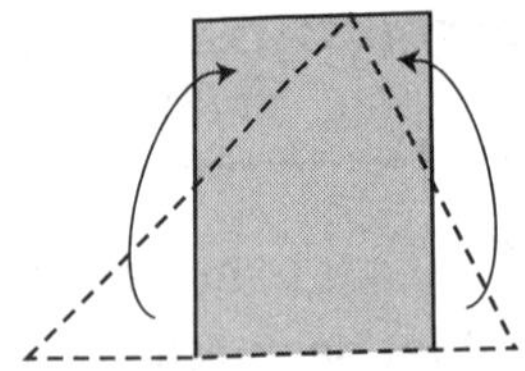

a. L'élève reproduit la figure.
b. et **c.** L'élève peut obtenir un rectangle de 3 × 4 ou de 2 × 6.

Réinvestissement

On obtient successivement pour résultats :

400 < 914 < 4 000	914 = (228 × 4) + 2
80 < 208 < 800	208 = 26 × 8
700 < 1 432 < 7 000	1 432 = (204 × 7) + 4

Banque d'exercices : n°s 16 et 17 p. 117 du manuel de l'élève.

(16) Les figures B et C ont la même aire.
On peut le vérifier en découpant le triangle de gauche qui permet de compléter le rectangle.

Prolongements

Cahier d'activités mathématiques CM1, Fiche 24 page 27.

53 Atelier informatique *(3)* Tracer des quadrilatères

(manuel de l'élève p. 106)

COMPÉTENCE : Utiliser les outils de dessin d'un traitement de texte pour tracer des quadrilatères.

Calcul mental

Tables de 7, 8, 9.
L'enseignant dit : « 8 × 9 ».
L'élève écrit 72.
8 × 9 ; 7 × 6 ; 8 × 8 ; 9 × 5 ; 7 × 7 ;
8 × 3 ; 9 × 4 ; 7 × 9 ; 8 × 6 ; 7 × 4.

Matériel

Ces activités ont été conçues à partir de la suite logicielle libre de droits *OpenOffice* téléchargeable gratuitement à l'adresse suivante : http://fr.openoffice.org/ (pour de plus amples explications, se référer au chapitre **Annexe 4 Ateliers informatiques**, page 256 de cet ouvrage). Mais ces activités peuvent être adaptées et réalisées avec tout autre logiciel de traitement de texte équipé des outils de dessin.

Observations préliminaires

Outre l'allègement de la charge de travail qu'ils permettent pour traiter des données, les logiciels offrent l'occasion d'une approche expérimentale des mathématiques. Dans cet esprit, le logiciel de géométrie dynamique permet de varier les points de vue sur un même concept ; mais les activités réalisées à l'aide de cet outil ne remplacent pas celles qui sont situées dans l'espace réel ou sur le plan matérialisé par la feuille de papier.

Activités

1. Le logiciel de traitement de texte *OpenOffice Writer* est généralement contenu dans le dossier *OpenOffice.org* ; le logiciel est ouvert par un double-clic à l'aide du bouton gauche de la souris.
Dans le cas où ni la barre de boutons, ni le bouton « Dessin » n'apparaissent à l'écran, il faut cliquer sur le menu « Affichage », puis sur « Barre d'outils » et enfin cocher la case « Dessin ».
De plus, si l'option est activée pour le logiciel, des infos-bulles apportent une aide précieuse tout au long de l'activité : lorsque le curseur de la souris reste quelques secondes sur un bouton, une petite étiquette apparaît indiquant la fonction du bouton en question.

2. Durant cette activité, les élèves apprennent à tracer des quadrilatères.
L'outil informatique intègre déjà des formes de base : rectangle, carré, trapèze, parallélogramme, losange. Les élèves écrivent les réponses aux questions posées sous chaque figure.

Réponses :
a. « *En déplaçant le marqueur jaune du parallélogramme, on obtient un rectangle.* »
b. « *En déplaçant le marqueur jaune du trapèze, on obtient encore un rectangle ou bien un triangle.* »
Grâce à l'utilisation de la touche « Majuscule » du clavier, ils pourront tracer le carré de plusieurs façons : soit à partir du losange comme décrit dans l'activité, soit à partir du rectangle... Il existe une autre façon plus difficile à trouver : il faut construire un trapèze isocèle en maintenant la touche « Majuscule » enfoncée, puis déplacer le curseur jaune vers la gauche.
d. Pour vérifier que la figure obtenue est bien un carré, on peut vérifier une de ses propriétés (la largeur du carré est égale à sa longueur, en d'autres mots ses côtés sont égaux). Pour cela, il faut effectuer un clic droit de la souris sur un carré déjà construit ; un menu apparaît et il faut sélectionner « Position et taille » à l'aide d'un clic gauche pour afficher une fenêtre qui indique la largeur et la hauteur du carré.

3. Le côté ludique de l'activité permet d'aider les élèves à connaître les fonctions des boutons de la barre d'outils « Dessin ». Sans appréhension particulière, à la différence des adultes, ils pourront réinvestir ces apprentissages vers d'autres boutons simples du traitement de texte comme la police de caractère, la taille, la couleur des caractères, etc.

Prolongements

Après avoir tracé des quadrilatères, les élèves utilisent les mêmes fonctions de la barre d'outils de dessin géométrique pour tracer des triangles en liaison avec la leçon 35 (pages 68-69 du manuel). La manipulation de la touche « Majuscule » permet de tracer un triangle équilatéral ou un triangle isocèle rectangle.

54 Demi, tiers, quart

(manuel de l'élève p. 107)

COMPÉTENCES : Connaître et utiliser les expressions : demi, tiers, quart.
Connaître et utiliser les relations entre les nombres d'usage courant.

Calcul mental

Multiplier par 20.

Le maître dit : « 12 × 20 ». L'élève écrit 240.
12 × 20 ; 15 × 20 ; 18 × 20 ; 21 × 20 ; 25 × 20 ; 29 × 20 ; 32 × 20 ; 36 × 20 ; 40 × 20 ; 47 × 20.

Matériel

Trois cadrans indicateurs de niveau de carburant (*cf.* annexe en fin de leçon).

Activités collectives

Lire, débattre

Les enfants lisent la bande dessinée, puis s'expriment sur le vocabulaire mathématique contenu dans les bulles. Ils connaissent sans doute « demi » et « quart », plus souvent utilisés dans le langage quotidien que « tiers ». L'enseignant leur demande la signification de ces mots ; la discussion permet de dégager plusieurs éléments de réponse : « *Ce sont des nombres écrits en lettres.* » « *Ce sont des parties du contenu du réservoir.* » « *Un demi, c'est pareil que la moitié* ». « *On divise par deux, trois ou quatre* ».
L'enseignant note les remarques pertinentes au tableau ainsi que les réponses à la question : « *À qui reste-t-il le plus d'essence ?* »

Chercher

Les enfants lisent l'énoncé puis les bulles de Salomé, Lisa et Flavien qui les renseignent sur la signification de tiers, quart et demi. L'enseignant fait repérer le symbole de la division en demandant aux enfants de lire les opérations 12 : 3 = ... ; 12 : 4 = ... et 12 : 2 = ... Les enfants complètent alors les calculs pour trouver la quantité d'essence qui reste dans chaque réservoir. La correction est collective. Si nécessaire, les enfants construisent les tables de 2, de 3 et de 4. Les divisions sont justifiées : 12 : 3 = 4, car 3 × 4 = 12 ; 12 : 4 = 3, car 4 × 3 = 12 ; 12 : 2 = 6, car 2 × 6 = 12. L'enseignant rappelle que le résultat se nomme quotient.
Les enfants peuvent maintenant répondre de manière sûre à la question du « Lire, débattre ».
La lecture du Mémo fixe le vocabulaire et les calculs.

Activités individuelles

S'exercer, résoudre.

1 Si la moitié de 60 est normalement connue des enfants, le tiers de 45 et le quart de 100 demandent une recherche dans les tables de 3 et de 4.
Si nécessaire, les enfants peuvent rechercher les cinq premiers multiples de 30 (30 × 1 ; 30 × ..., etc.), puis ceux de 15 (15 × 1 ; 15 × ..., etc.) et enfin ceux de 25 (25 × 1 ; 25 × ..., etc.).
a. La moitié de 60 est 30 ; 2 × 30 = 60 ; 60 : 2 = 30.
b. Le tiers de 45 est 15 car 3 × 15 = 45 ; 45 : 3 = 15.
c. Le quart de 100 est 25 car 4 × 25 = 100 ; 100 : 4 = 25.

2 Les nombres sont donnés. Il faut trouver le mot mathématique qui les lie.
a. 30 : 2 = 15, car 15 × 2 = 30 ; 15 est la moitié de 30.
b. 20 : 4 = 5, car 5 × 4 = 20 ; 5 est le quart de 20.
c. 60 : 3 = 20, car 20 × 3 = 60 ; 20 est le tiers de 60.
La correction est collective, si nécessaire avec l'aide des tables 2, 3 et 4 construites pour l'exercice 1.

3 Cet exercice permet de montrer qu'un nombre peut être moitié, tiers et quart. Il privilégie deux nombres importants de la numération décimale : 50 et 25.
a. 50 est la moitié de 100, car 50 × 2 = 100 ; 100 : 2 = 50.
50 est le tiers de 150, car 50 × 3 = 150 ; 150 : 3 = 50.
50 est le quart de 200, car 50 × 4 = 200 ; 200 : 4 = 50.
b. 25 est la moitié de 50, car 25 × 2 = 50 ; 50 : 2 = 25.
25 est le tiers de 75, car 25 × 3 = 75 ; 75 : 3 = 25.
25 est le quart de 100, car 25 × 4 =100 ; 100 : 4 = 25.
La correction est collective, si nécessaire avec l'aide des tables de 2, de 3 et de 4, construites par les enfants où seuls figurent les produits avec 25 et ceux avec les dizaines entières.

Banque d'exercices : n°s 18 et 19 p. 117 du manuel de l'élève.

(18)

Nombre donné	demi	tiers	quart
24	12	8	6
60	30	20	15
12	6	4	3

(19) **a.** 125 250 500 1 000 2 000 4 000
Chaque nombre est le double du précédent.
b. 192 96 48 24 12 6
Chaque nombre est la moitié du précédent.
c. 2 048 512 128 32 8 2
Chaque nombre est le quart du précédent.

Prolongements

Modèles de jauges à cadrans à photocopier.

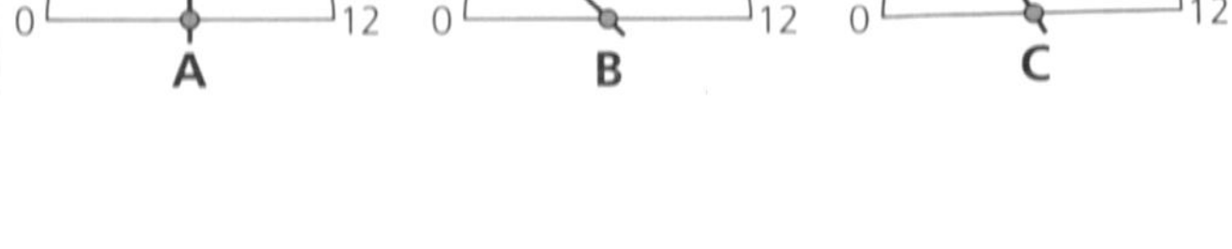

55 Droites parallèles (2)

(manuel de l'élève p. 108-109)

COMPÉTENCE : Donner du sens à la notion de « distance d'un point à une droite », ou de « distance entre deux droites parallèles ».

Calcul mental

Multiplier par 50.
L'enseignant dit :« 12 × 50 ». L'élève écrit 600.
Première séquence : 12 × 50 ; 15 × 50 ; 21 × 50 ; 18 × 50 ; 13 × 50 ; 14 × 50 ; 20 × 50 ; 11 × 50 ; 25 × 50 ; 16 × 50.
Deuxième séquence : 18 × 50 ; 50 × 50 ; 16 × 50 ; 22 × 50 ; 30 × 50 ; 40 × 50 ; 60 × 50 ; 24 × 50 ; 80 × 50 ; 100 × 50.

Matériel

Les outils du dessin géométrique et les instruments de mesure.

Observations préliminaires

Avec la leçon 22 les enfants ont abordé la notion de droites parallèles comme étant des droites perpendiculaires à une même troisième droite. Ou encore comme étant deux droites pareillement penchées par rapport à une troisième. C'est maintenant d'un nouveau point de vue qu'ils vont approcher la notion de droites parallèles : celui de l'**équidistance**. Deux droites parallèles seront deux droites qui maintiennent le même « écartement ».
Il faut d'abord donner du sens à la notion de distance d'un point à une droite pour atteindre ce but.

Activités collectives

Activité en plein air, au gymnase ou en salle de classe (si celle-ci offre un espace suffisant)
L'enseignant place, au jugé, trois ou quatre enfants à des distances comprises entre deux et trois mètres d'un mur ou du rebord d'une allée ou encore d'une ligne droite tracée au sol. Les autres enfants observent la situation.
L'enseignant pose alors quelques questions :
– *« Quel est l'enfant le plus proche du mur ? Le plus éloigné ? ».*
À l'issue des réponses, il demande comment on peut vérifier que c'est tel enfant ou tel autre qui est le plus proche du mur. Il fait marquer l'emplacement des trois ou quatre enfants acteurs et observe de quelle façon les élèves comparent les distances au mur. Le jeu doit mettre en évidence la notion de plus petite distance d'un point au mur, et que cette distance est la longueur du segment perpendiculaire au mur dont ce point est l'autre extrémité.

Lire, débattre

Cette activité propose une vraie démarche d'investigation. Les enfants doivent formuler des hypothèses qu'ils devront vérifier. La démarche implique alors la reproduction des deux droites et du point marquant la position de Julie (à l'aide d'un calque), puis le tracé des segments de perpendiculaires issues du point aux deux droites.
Julie est plus près de la route bleue que de la route rouge.

Chercher

A a. La reproduction de la figure est facilitée par le quadrillage seyès. La comparaison des segments peut se faire à l'aide d'une bande de papier, du compas ou de la règle graduée.
L'enseignant précise aux enfants que toutes les mesures seront effectuées sur les figures qu'ils ont reproduites et non pas sur les modèles réduits de leur manuel.
On obtient : OM < ON < OL < OP
b. Il n'est pas possible de tracer un segment d'origine O s'appuyant sur la droite d, plus court que OM. Une méthode convaincante consiste à tracer le cercle de centre O et de rayon OM. L'enseignant le suggère si les enfants ne le proposent pas.
c. Le segment OM, le plus court, est perpendiculaire à la droite *d*. Il représente la distance du point O à la droite *d*.
On obtient environ :
mesure (OM) = 29 mm.

B a. Les enfants perçoivent que la droite rouge et la droite verte sont parallèles. La discussion les amène à vérifier qu'elles sont toutes deux perpendiculaires à la droite bleue.
b. On obtient après mesurage :
mesure (A, droite rouge) = mesure (D, droite rouge) = 29 mm.
c. Les enfants n'hésitent pas à affirmer que l'écart entre les deux droites parallèles ne varie pas, mais il est sage de leur demander de choisir, chacun, un autre point sur l'une des droites et de mesurer sa distance à l'autre. La constance de l'écart ressort alors pleinement de la multiplicité des mesures.

Activités individuelles

S'exercer, résoudre

1 La reproduction de la figure est facilitée par le quadrillage seyès. Il faut exiger un tracé propre et précis. On obtient alors :
a. Distance (A, droite verte) = 32 mm.
b. Il faut utiliser l'équerre pour tracer la perpendiculaire passant par A à la droite rouge. On obtient : Distance (A, droite rouge) = 29 mm.
c. Il est clair que le point A est plus proche de la droite rouge que de la droite verte.

2 Ici encore, le tracé ne présente guère de difficulté grâce au support seyès du cahier. On obtient en mesurant correctement :
a. 32 mm pour l'écart entre les droites vertes ;
b. 24 mm pour l'écart entre les droites rouges ;
c. 29 mm pour l'écart entre les droites bleues.

3 Cet exercice est assez long, la préparation du matériel étant délicate. Il peut être proposé comme travail de recherche en atelier et différé dans le temps.
En fixant une des bandes et en faisant pivoter la seconde fixée sur la première par une punaise, on obtient une famille de parallélogrammes, dont le carré lorsque les bandes sont perpendiculaires.

Calcul réfléchi

La méthode de calcul est induite par l'exemple effectué.
On obtient successivement :
108 ; 124 ; 168 et 224.

Banque d'exercices : n° 20 p. 117 du manuel de l'élève.

(20) Le segment rouge représente la plus courte distance entre les deux droites.
Les droites sont parallèles, et le segment rouge est perpendiculaire.

Prolongements

Cahier d'activités mathématiques CM1, Fiches 4 et 5, p. 7 et 8.

56 Mesure des aires

(manuel de l'élève p. 110-111)

COMPÉTENCES : Mesurer l'aire d'une surface par un pavage à l'aide d'une surface référence : l'unité d'aire.
Construire une surface qui a même aire qu'une surface donnée.

Calcul mental

Multiplier par 11.

L'enseignant dit : « 14 × 11 ». L'élève écrit 154.

Première séquence : 14 × 11 ; 33 × 11 ; 17 × 11 ; 31 × 11 ; 43 × 11 ; 52 × 11 ; 27 × 11 ; 61 × 11 ; 52 × 11 ; 81 × 11.

Deuxième séquence : 26 × 11 ; 34 × 11 ; 63 × 11 ; 29 × 11 ; 47 × 11 ; 54 × 11 ; 38 × 11 ; 46 × 11 ; 65 × 11 ; 39 × 11.

Matériel

- Un Tangram par groupe de quatre élèves (soit le matériel proposé dans le commerce, soit la photocopie de la fiche proposée en fin de leçon).
- Une feuille de papier quadrillé 5 × 5 ou centimétrique par élève pour la reproduction des figures.
- Une paire de ciseaux par élève.
- Les instruments du dessin géométrique.
- Du papier-calque.

Observations préliminaires

Dans la pratique, lorsqu'on ne connaît pas les formules qui permettent de calculer l'aire d'un polygone à partir des dimensions des côtés, on mesure l'aire d'une surface par un pavage effectif à l'aide d'une surface de référence (l'unité d'aire) ou grâce à l'utilisation d'un réseau quadrillé.

Cependant, il existe plusieurs façons de compter : pavage par report de l'unité pas à pas ou utilisation d'un quadrillage, d'un réseau régulier ou d'une grille. Il est souhaitable que les enfants soient confrontés à ces diverses situations en leur proposant de nombreuses activités de report d'une unité donnée et de recommencer avec une unité différente. Progressivement, à travers ces nombreuses manipulations, ils intègreront la notion de mesure des aires avant de passer au calcul de cette mesure.

Activités collectives

Lire, débattre

Les élèves observent les dessins en silence. L'enseignant explique le mot « carreler », puis il les invite à réagir et à émettre des hypothèses. Il est important qu'ils prennent en compte la remarque déterminante de Mathéo. Très probablement, ils avanceront l'hypothèse que la fillette utilise des carreaux plus grands. Ils pourront le vérifier à l'issue des activités « Chercher » **B** et **C**.

Chercher

Les élèves travaillent avec le Tangram, outil qu'ils manipulent régulièrement depuis l'école maternelle.

A Ils lisent la consigne. L'enseignant vérifie qu'ils ont bien compris que l'unité est le triangle rose et qu'elle est notée **u**.
Les élèves travaillent par groupe de quatre. Ils disposent d'un Tangram (matériel de la classe ou photocopié et découpé) et comparent les différentes pièces en les superposant ou, pour les pièces plus grandes que l'unité, en utilisant ladite unité pour paver les autres pièces.
Ainsi, avant de donner l'aire de chaque pièce, ils observent que certaines d'entre elles ont des aires égales : les pièces 5 et 6, et que la pièce violette 4 a la même aire que la pièce rose choisie pour l'unité.

Réponses à la dernière question :
les pièces 1, 2 et 3 mesurent 2 **u**.
les pièces 5 et 6 mesurent 4 **u** chacune.

Pour répondre à la question « *Quelle est l'aire du Tangram entier ?* », certains groupes reprennent la mesure de chaque pièce dont ils effectuent la somme.
L'aire de la pièce 1 est égale à 2 **u**.
L'aire des pièces 2 et 3 est égale à 2 **u**.
L'aire de la pièce 4 est égale à 1 **u**.
L'aire des pièces 5 et 6 est égale à 4 **u**.
L'aire de la pièce rose est égale à 1 **u**.
L'aire du Tangram est égale à 16 **u**.

D'autres se basent sur la mesure de l'aire de la pièce 5 et constatent qu'en prenant cette pièce pour unité, ils doivent la reporter quatre fois pour paver le Tangram. Comme l'aire de la pièce 5 est égale à 4 **u**, l'aire totale du Tangram est 16 **u** (4 × 4) = 16.
Pour une ultime vérification, l'enseignant peut proposer de tracer dans chaque pièce les contours de l'unité **u**.

B Les élèves lisent la consigne. L'enseignant la fait reformuler : « *Il faut compter combien de fois on peut reporter l'unité* **u**, *c'est-à-dire le triangle vert, dans chaque figure.* »
Les élèves observent les figures et remarquent que pour la figure A, il faut compter deux moitiés de triangles pour une unité. La mesure de l'aire de la figure B ne pose pas de problème particulier.
L'aire de la figure A est égale à 32 **u**.
L'aire de la figure B est égale à 36 **u**.
Aire de A < Aire de B

C Les élèves lisent la consigne. L'enseignant la fait reformuler : « *Il faut compter combien de fois on peut reporter l'unité* **v**, *c'est-à-dire le losange bleu, dans chaque figure.* »
Certains élèves noteront rapidement que dans la figure B ils ont compté 6 **u** par rangée, et que cela correspond à 3 **v**.
L'aire de la figure B est égale à 6 × 3, soit 18 **v**.
La mesure de l'aire de la figure A est plus délicate. Il est préférable d'utiliser une copie de la figure sur fond blanc (voir annexe), car des élèves auront besoin de pointer les losanges.
L'aire de la figure A est égale à 16 **v**.
Aire de A < Aire de B.

Aire de A	Aire de B
32 u	36 u
16 v	18 v

La comparaison des résultats permet aux enfants de constater que :
– la mesure de l'aire dépend de l'unité choisie ;
– plus l'unité choisie est grande, plus le nombre qui exprime la mesure est petit.
L'enseignant propose aux enfants de revenir à la question du débat pour conforter la réponse et convaincre les indécis : les deux chambres ont la même aire, mais pour carreler celle de la fillette on a utilisé des carreaux plus grands que pour celle du garçon.

Activités individuelles

S'exercer, résoudre

1 Cet exercice est une application directe de l'activité « Chercher » Ⓐ. Le recours à la manipulation du Tangram constitue une aide efficace pour les enfants qui éprouveraient des difficultés.
Même si les figures sont réduites, leurs mesures d'aires restent les mêmes puisque l'unité est le petit triangle.

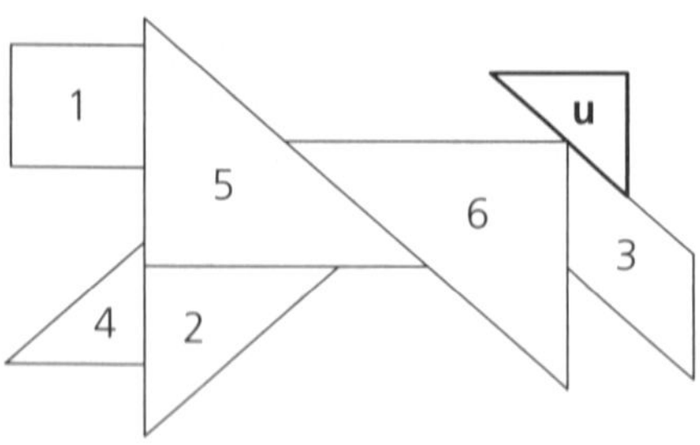

Figure ① : Toutes les pièces du Tangram sont utilisées. La mesure de l'aire est 16 **u**.

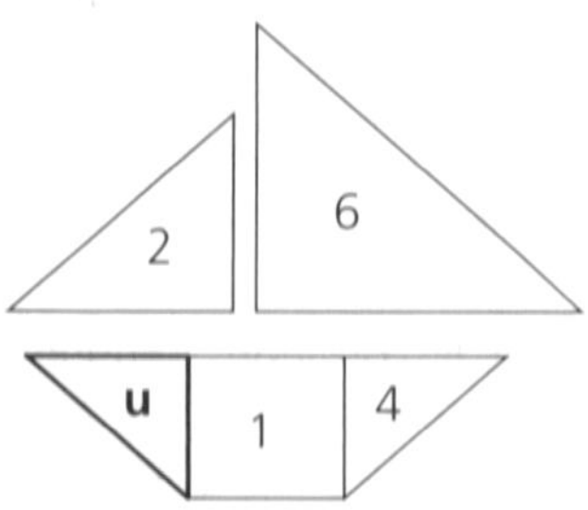

Pour la figure ②, il faut effectuer la somme des aires des différentes pièces.
L'aire de la pièce 1 est égale à 2 **u**.
L'aire de la pièce 2 est égale à 2 **u**.
L'aire de la pièce 4 est égale à 1 **u**.
L'aire de la pièce 6 est égale à 4 **u**.
L'aire de la pièce rose est égale à 1 **u**.
L'aire de la figure ② est égale à 10 **u**.

2 Cet exercice est une application de l'activité « Chercher » Ⓑ avec une grille différente.
L'aire de la figure A est égale à 16 **u**.
L'aire de la figure B est égale à 14 **u**.

3 Cet exercice est une application de l'activité « Chercher » Ⓒ avec une grille différente.
a. L'aire de la figure A est égale à 8 **u**.
L'aire de la figure B est égale à 8 **u**.
L'aire de la figure C est égale à 10 **u**.
Aire A = Aire B et aire A et Aire B < Aire C
b. L'aire de la figure A est égale à 4 **v**.
L'aire de la figure B est égale à 4 **v**.
L'aire de la figure C est égale à 5 **v**.
Aire A = Aire B et aire A et Aire B < Aire C
Le rangement est le même quelle que soit l'unité choisie.

4 a. L'aire de la figure T est égale à 12 **u**.
b. L'élève pourra tracer un rectangle de 4 × 3 ou 2 × 6 ou 1 × 12. Bien entendu, les possibilités sont multiples et il peut tracer d'autres figures originales.
c. L'élève doit tracer un rectangle dont l'aire est égale à 24 **u**.
12 × 2 ou 6 × 4 ou 8 × 3, etc.

Réinvestissement

On obtient successivement pour résultats :
450 = 45 × 10
256 = (25 × 10) + 6
1 263 = (126 × 10) + 3

Banque d'exercices : n° 21 p. 117 du manuel de l'élève.

(21) **a.** L'aire du pavage : 15 $\mathbf{u_1}$, ou 30 $\mathbf{u_2}$, ou 90 $\mathbf{u_3}$.
b. Il n'est pas nécessaire de recompter à chaque changement d'unité.
$u_1 = 2\ u_2 = 6\ u_3$
Donc quand on connaît l'aire avec $\mathbf{u_1}$, il suffit de multiplier par 2 pour connaître l'aire avec $\mathbf{u_2}$, ou par 6 pour connaître l'aire avec $\mathbf{u_3}$.

Leçon 56 – Mesure des aires

Nom : ....

Prénom : ....

Activités « chercher » A et C

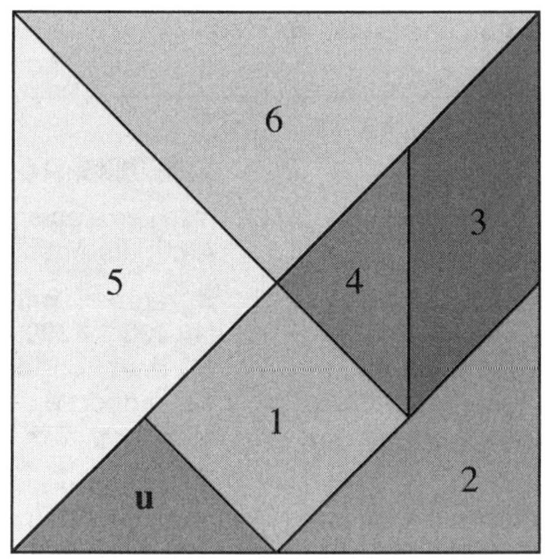

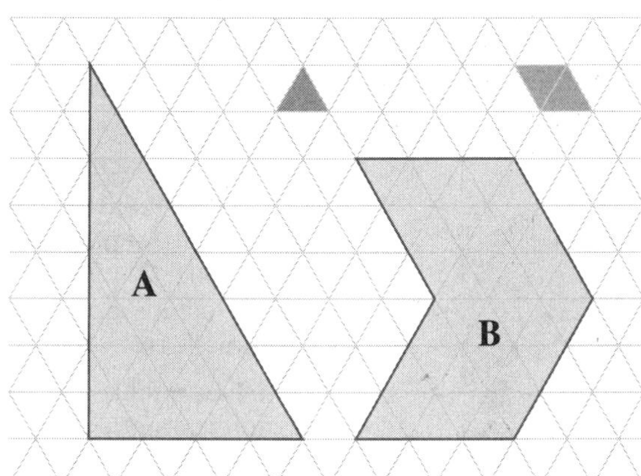

57 Mobilise tes connaissances
Le monde des océans

(manuel de l'élève p. 112-113)

Toutes les remarques formulées en leçon 21 page 58 concernant les compétences et la présentation générale des pages « Mobilise tes connaissances » sont valables pour cette leçon. Nous conseillons donc aux enseignants de s'y reporter.

Matériel

Par équipe de quatre enfants : une feuille A3 ou une feuille 50 × 65.

Présentation collective

L'enseignant demande aux enfants d'observer globalement les documents de ces deux pages. Il leur laisse quelques minutes pour rechercher les thèmes essentiels de ce reportage, puis donne la parole à ceux qui veulent poser des questions, apporter des informations supplémentaires ou répondre aux questions de leurs camarades. Il s'assure, en posant quelques questions, que les informations données ont bien été comprises.

Il peut organiser le travail de ses élèves de différentes manières suivant le temps qu'il veut consacrer à cette leçon et la part qu'il souhaite donner à la communication.
Nous proposons deux démarches différentes :

1. Chaque élève, individuellement, puis en petits groupes, traite l'ensemble des questions. Une mise en commun permet de confronter les réponses obtenues. Il faudra sans doute consacrer trois séances à ce travail :
Première séance, questions 1 à 6 : **Les océans en chiffres** ;
Deuxième séance, questions 7 à 9 : **Le monde des abîmes** ;
Troisième séance, questions 10 et 11 : **La pollution des océans**.

2. Au cours de la première séance, quatre groupes d'élèves prennent en charge chacun une série de questions et répondent aux questions posées.
Au cours de la deuxième séance, chaque groupe présente le résultat de ses recherches à l'ensemble de la classe qui pose des questions et contrôle les résultats.
Groupe 1 : questions 1, 2, 3
Groupe 2 : questions 4, 5, 6
Groupe 3 : questions 7, 8, 9
Groupe 4 : questions 10 et 11

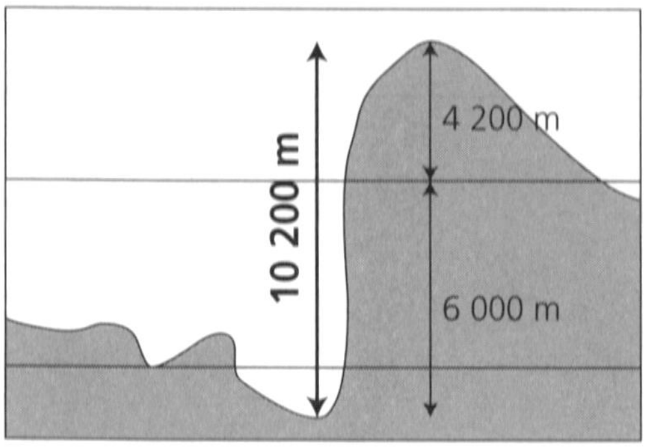

Réponses aux questions

1 La Terre possède cinq océans : Pacifique, Atlantique, Indien, Arctique, Antarctique.

2 Hauteur immergé du volcan Mauna Kéa : 6 000 m ; (10 200 – 4 200 = 6 000).
On peut considérer que les 5 m de 4 205 sont négligeables par rapport à de telles hauteurs, mais la réponse 5 995 m est bien sûr exacte.

3 La profondeur de la fosse des Mariannes correspond environ à deux fois et demie la hauteur du mont Blanc : 12 020 m ; (4 808 × 2,5).

4 Sur la Terre, 97 litres d'eau sur 100 proviennent des mers et des océans, soit 970 litres sur 1 000 litres.

5 1 litre d'eau de mer contient 35 g de sel ;
100 L d'eau de mer contiennent cent fois plus de sel : 3 500 g ou 3,5 kg de sel.

6 Lorsque la mer est forte, les vagues peuvent atteindre des hauteurs de 250 à 400 cm ou 2,5 m à 4 m.
Lorsque la mer est grosse, les vagues peuvent atteindre des hauteurs de 600 à 900 cm ou 6 à 9 m.
Lorsque la mer est énorme, les vagues peuvent atteindre des hauteurs de plus de 1 400 cm ou 14 m.

7 Le poisson lanterne arrivera à 100 mètres de la surface à 1 h 15.
22 h 15 + 3 h = 25 heures 15, c'est-à-dire 1 h 15 le lendemain.

8 Le poisson lanterne parcourt chaque jour 1 600 mètres verticalement, donc 3 200 mètres pour l'aller-retour.
Dans la semaine, il parcourt 22 400 m ou 22 km 400 m ; (3 200 × 7 = 22 400).

9 En 10 jours, le poisson lanterne passe 30 heures à remonter vers la surface (3 × 10 = 30).

10 En 1998, 164 plages avaient le Pavillon Noir.
En 2000, 99 plages.
En 2002, 70 plages.
(La lecture du graphique permet d'accepter les réponses à l'unité près).

11 La qualité des plages s'améliore. Le nombre de pavillons noirs diminue chaque année.

Problèmes

	Énoncé	A	B	C	Aide
1	Médor pèse 6 kg 150 g et son compagnon Gros Minet 2 kg 50 g. Ensemble, ils pèsent…	6 kg 250 g Faux Réponse hasardeuse.	8 kg 650 g Faux Tu t'es trompé dans les grammes.	8 kg 200 g **Bravo !**	**Leçon 47** Mémo *(p. 94)* Exercice 5 *(p. 95)*
2	Chantal et Clovis possèdent ensemble 100 cartes postales. Chantal a 10 cartes de plus que Clovis. Combien de cartes Clovis a-t-il ?	50 cartes Faux Tu as partagé équitablement.	90 cartes Faux Tu as fait une soustraction.	45 cartes **Bravo !**	**Leçon 49** Exercice1 *(p. 99)*
3	Guillaume a acheté une BD à 8 €, un DVD à 17 € et un CD. En tout, il a payé 37 €. Quel est le prix du CD ?	12 € **Bravo !**	13 € Faux Tu as fait une erreur de calcul.	11 € Faux Tu as fait une erreur de calcul.	

Fais le point (3)

Géométrie

	Énoncé	A	B	C	Aide
4	Ma base est un rectangle et j'ai six faces. Je suis…	un cube Faux Toutes les faces d'un cube sont des carrés.	un pavé **Bravo !**	une pyramide Faux Une pyramide à base rectangulaire aurait 5 faces.	**Leçon 44** Mémo *(p. 90)* Exercices 1 et 4 *(p. 91)*
5	J'ai 6 faces carrées. Je suis…	un pavé Faux J'aurais des faces rectangulaires.	un cube **Bravo !**	un hexagone Faux L'hexagone est une figure plane à six côtés.	
6	J'ai une seule face. Je suis….	une pyramide Faux J'ai au moins 4 faces.	une boule **Bravo !**	un cône Faux J'ai 2 faces.	
7	Trouve la couleur du carré. 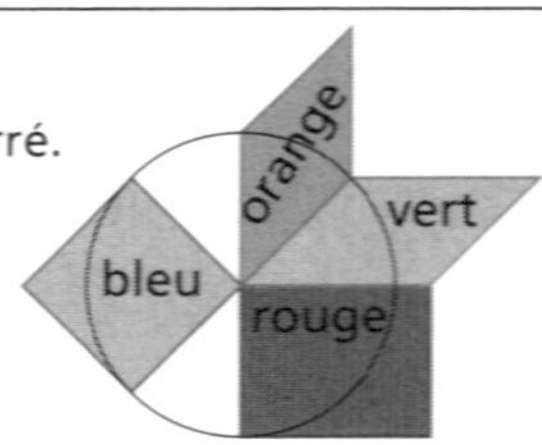 	vert Faux C'est un parallélépipède.	orange Faux C'est un losange.	bleu **Bravo !**	**Leçon 51** Mémo *(p. 102)* Exercices 1, 2 et 3 *(p. 103)*
8	Trouve la couleur du losange.	rouge Faux C'est un rectangle.	orange **Bravo !**	vert Faux C'est un parallélogramme.	
9	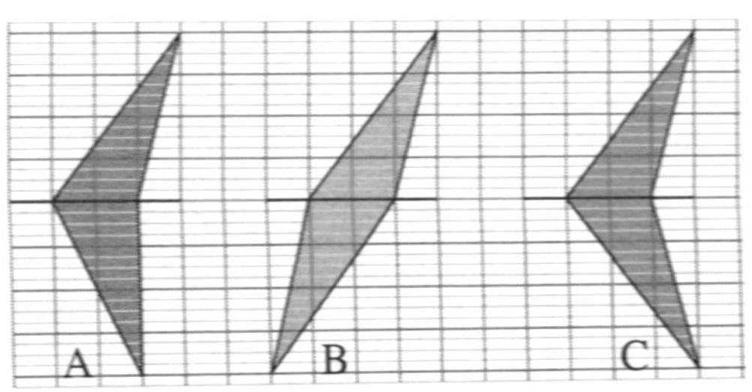 	A Faux Par pliage, selon l'axe de symétrie, les deux parties ne sont pas superposables.	B Faux Par pliage, selon l'axe de symétrie, les deux parties ne sont pas superposables.	C **Bravo !**	**Leçon 42** Mémo *(p. 86)* Exercice 1 *(p. 87)*

Fais le point (3)

Calcul

	Énoncé	A	B	C	Aide
10	Calcule le quotient et reste de : 75 divisé par 8.	q = 9 ; r = 3 **Bravo !**	q = 8 ; r = 11 Faux Le reste est plus grand que le diviseur.	q = 10 ; r = 0 Faux $10 \times 8 = 80$ et non 75.	**Leçon 43** Mémo (p. 88) Exercice 1 *(p. 89)*
11	Quel est le résultat de la division de 105 par 6 ?	q = 16 ; r = 9 Faux Le reste est plus grand que le diviseur.	q = 10 ; r = 45 Faux Le reste est plus grand que le diviseur.	q = 17 ; r = 3 **Bravo !**	**Leçon 50** Mémo (p. 100) Exercice 2 *(p. 101)*
12	Quel est le tiers de 24 ?	12 Faux 12 est la moitié de 24.	8 **Bravo !**	36 Faux Tu donnes ta réponse au hasard.	**Leçon 54** Mémo (p. 107) Exercices 1, 2 et 3 *(p. 107)*
13	Quel est le quart de 60 ?	15 **Bravo !**	240 Faux 240 est le quadruple de 60.	30 Faux 30 est la moitié de 60.	
14	15 est le tiers de…	45 **Bravo !**	30 Faux C'est 10 qui est le tiers de 30.	90 Faux C'est 30 qui est le tiers de 90.	

Fais le point (3)

Mesures

	Énoncé	A	B	C	Aide
15	1 kg est égal à…	100 g Faux Revois ton mémo ! 100 g = 1 hg	10 g Faux Revois ton mémo ! 10 g = 1 dag	1 000 g **Bravo !**	**Leçon 47** Mémo *(p. 94)*
16	1 g est égal à…	10 dg **Bravo !**	100 dg Faux 100 dg = 10 g	1 dg Faux Le dg est plus petit qu'un gramme.	
17	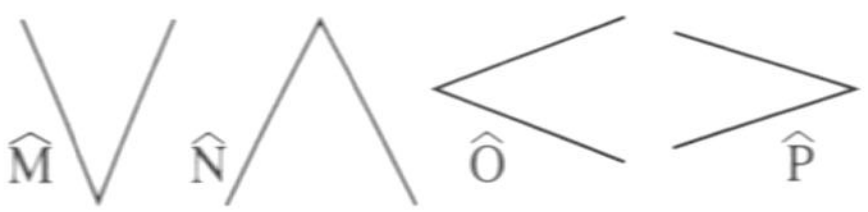 L'angle égal à l'angle $\widehat{M}$ est l'angle…	$\widehat{N}$ Faux L'angle $\widehat{N}$ est plus grand que l'angle $\widehat{M}$ et égal à l'angle $\widehat{P}$.	$\widehat{O}$ **Bravo !**	$\widehat{P}$ Faux L'angle est plus grand que l'angle $\widehat{M}$ et égal à l'angle $\widehat{N}$.	**Leçon 48** Mémo *(p. 96)* Exercices 1 et 2 *(p. 97)*
18	Compare l'aire de la figure bleue à celle de la figure rouge. 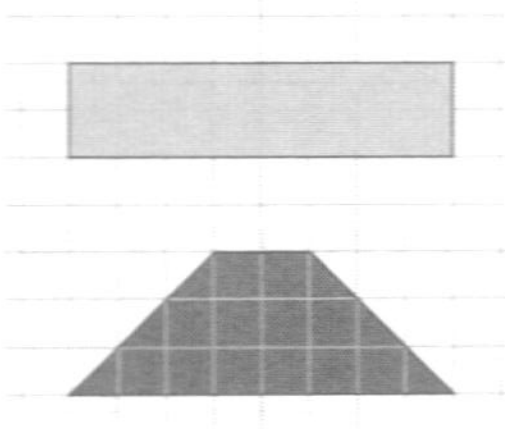	Elles sont égales. Faux Choisis un carreau du quadrillage pour unité, puis recompte.	L'aire rouge est plus grande que l'aire bleue. Faux Choisis un carreau du quadrillage pour unité, puis recompte.	L'aire rouge est plus petite que l'aire bleue. **Bravo !**	**Leçon 52** Mémo *(p. 104)* Exercices 1 et 2 *(p. 105)*
19	Quelle est l'aire de la figure verte, le losange **u** étant l'unité ? 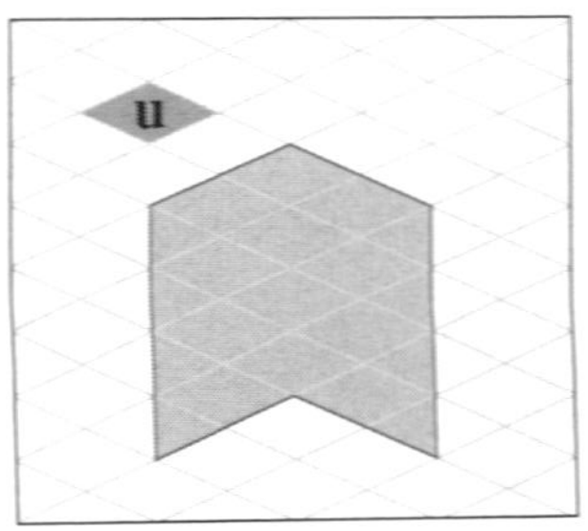	12 u Faux Tu as oublié les moitiés d'unités.	16 u **Bravo !**	18 u Faux Recompte !	**Leçon 56** Mémo *(p. 110)* Exercice 1 *(p. 111)*

Atelier problèmes (3)

(manuel de l'élève p. 118)

A Problèmes pour apprendre à chercher
(Démarche d'investigation)

Problème 1

Le sommet C est le point d'intersection des deux arcs de cercles de centre A et B et de rayon 6 cm.

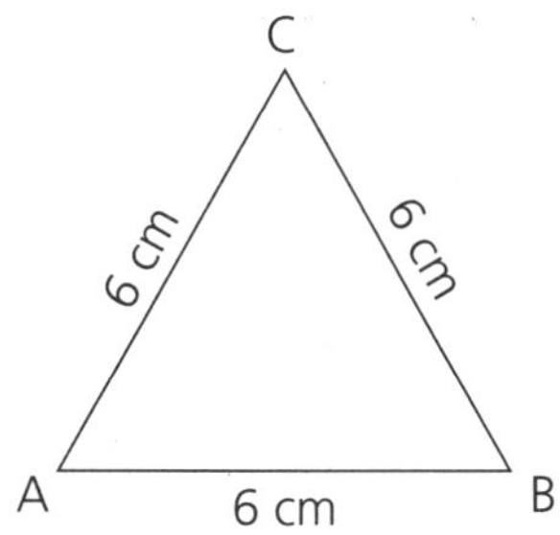

Problème 2

Le groupe comprend 20 adultes et 10 enfants.

Nombre d'adultes	Nombre d'enfants	Somme à payer
30	0	30 × 20 = 600
29	1	(29 × 20) + 10 = 590
28	2	(28 × 20) + (2 × 10) = 580
27	3	(27 × 20) + (3 × 10) = 570
26	4	(26 × 20) + (4 × 10) = 560
25	5	(25 × 20) + (5 × 10) = 550
24	6	(24 × 20) + (6 × 10) = 540
23	7	(23 × 20) + (7 × 10) = 530
22	8	(22 × 20) + (8 × 10) = 520
21	9	(21 × 20) + (9 × 10) = 510
20	**10**	(20 × 20) + (10 × 10) = 500

Problème 3

Pièces de 2 €	Pièces de 1 €	Total en €
25	7	50 + 7 = 57
20	12	40 + 12 = 52
19	13	38 + 13 = 51
18	**14**	36 + 14 = 50

Mathéo possède 18 pièces de 2 € et 14 pièces de 1 €.

Problème 4

La mesure de la longueur d'un rectangle est égale à 2 fois la mesure de la largeur.
25 cm représente la mesure de 5 largeurs ; (5 × 5 = 25).
La largeur mesure 5 cm.
La longueur mesure 10 cm ; (2 × 5 = 10).

B Problèmes à étapes

Problème 5

– 1 kg de pommes coûte 2 €.
– 1 kg 500 g coûte 3 €.
Une famille de 4 personnes dépense 12 € ; (4 × 3 = 12).

Problème 6

Il s'agit d'une situation de proportionnalité que l'on peut résoudre par un tableau.

Nombre de kilomètres parcourus	Nombre de litres de carburant	Somme dépensée
100	6	6 × 1 € 40 = 8 € 40
1 000	60	60 × 1 € 40 = 84 €
33 000	33 × 60 = 1 980	1 980 × 1 € 40 = 2 772 €

L'automobiliste dépense 2 772 €.

Problème 7

2 × 2 × 300 = 1 200
Jacques effectue 1 200 m chaque jour, soit 120 000 cm.
60 × 2 000 = 120 000
Jacques parcourt son trajet quotidien en 2 000 pas.

Problème 8

Il y a 84 morceaux de sucre sur une « plaque » ; (12 × 7 = 84).
La boîte de sucre contient 336 morceaux ; (4 × 84 = 336).
ou
La boîte de sucre contient 336 morceaux ; (12 × 7 × 4 = 336).

Présentation de la Période 4

(manuel de l'élève p. 119)

Observations préliminaires

Toutes les remarques relatives à la présentation de la Période 1 (page 25) demeurent valables pour cette nouvelle période. L'enseignant peut s'y reporter utilement pour l'exploitation de la page.
Sur le dessin, les massifs fleuris peuvent servir de support à l'étude des aires, des périmètres et des fractions puisque, pour la plupart, ils sont partagés équitablement. Le jardinier taille les arbustes de façon à leur donner la forme de solides : cônes, cubes, boules... Certains massifs admettent un ou plusieurs axes de symétrie. Les récipients utilisés pour l'arrosage permettent d'aborder les contenances...

	Leçons		Leçons
• Utiliser le vocabulaire relatif au cercle : rayon, diamètre...	58	• Utiliser les unités de mesures de contenance.	68
• Distinguer aire et périmètre.	60	• Identifier et tracer le symétrique d'une figure.	70
• Percevoir, décrire un solide.	66	• Reconnaître, construire et utiliser le patron d'un solide	72
• Reconnaître et utiliser les fractions.	59, 61, 63 67, 69, 71	• Résoudre un problème.	62, 65, 73

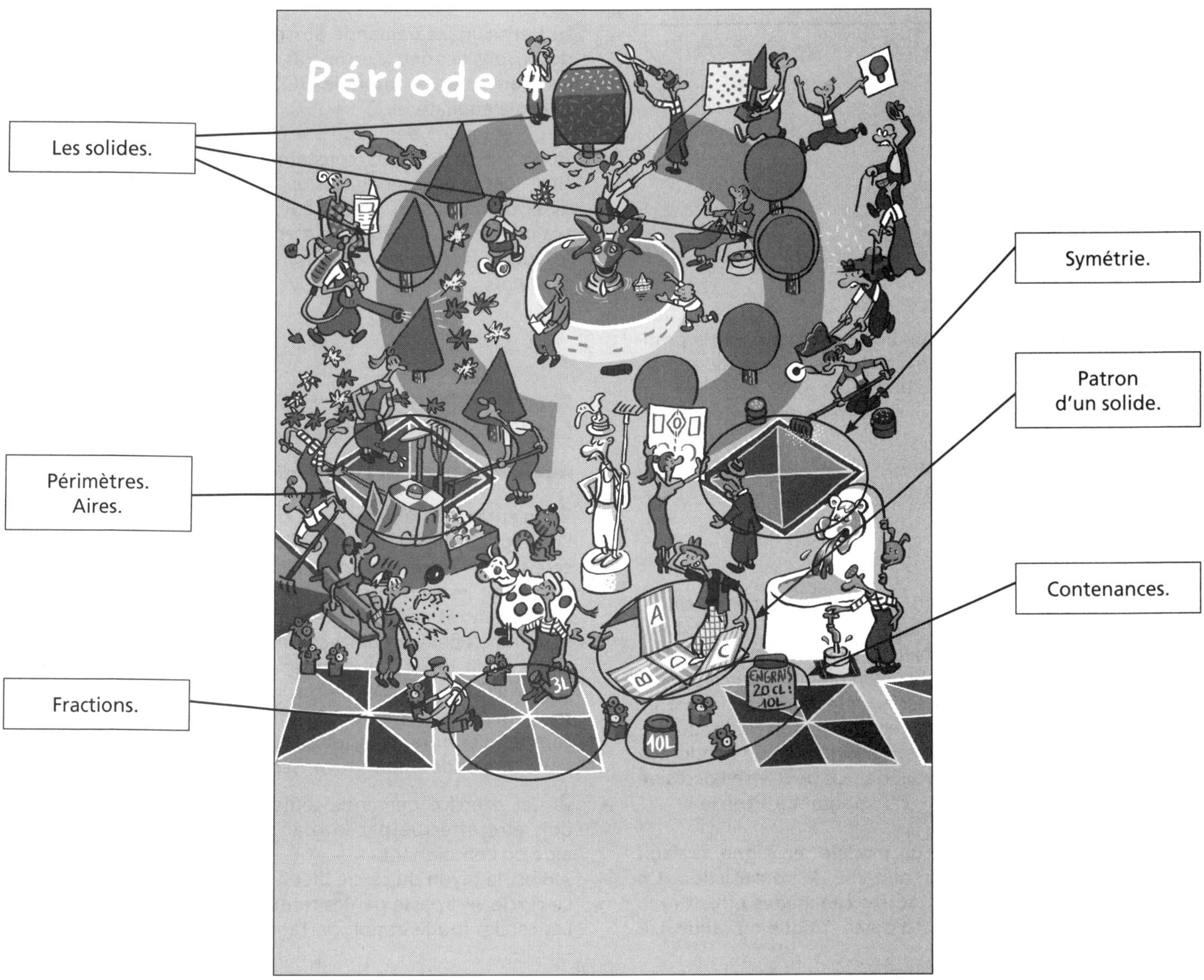

58 Le cercle

(manuel de l'élève p. 120-121)

COMPÉTENCES : Tracer un cercle au compas ou à main levée à partir d'un modèle, d'une description ou d'un programme de construction. Utiliser à bon escient le vocabulaire suivant : cercle, centre, rayon, diamètre.

Calcul mental

Dictée de grands nombres.
L'enseignant dit : « douze millions six cent un mille trois cent cinq ». L'élève écrit 12 601 305.
Première séquence : 12 601 305 ; 8 720 32 ; 15 884 613 ; 29 140 076 ; 5 505 606 ; 36 636 666 ; 14 589 677 ; 10 100 000 ; 75 180 295 ; 86 546 897.
Deuxième séquence : 15 101 980 ; 52 321 892 ; 95 776 003 ; 14 200 817 ; 23 455 688 ; 45 369 185 ; 2 001 354 ; 75 570 189 ; 6 078 358 ; 70 294 658.

Matériel

Les instruments du dessin géométrique.

Observations préliminaires

Au CM1, les enfants sont déjà familiarisés avec le compas. Ils l'ont utilisé pour comparer ou reporter des longueurs. Ils ont déjà tracé des cercles. Cependant, beaucoup restent encore maladroits. Maintenir un écartement constant des branches du compas sans déplacer le centre du cercle est une manœuvre encore hésitante qui mérite de l'entraînement. Par ailleurs, les enfants confondent encore souvent le cercle (courbe fermée) avec le disque (morceau de plan délimité par le cercle). Cette confusion doit être surmontée comme celle plus générale de périmètre et d'aire.

Activités collectives

Lire, débattre

Il est intéressant d'attirer l'attention des enfants sur la pratique du jardinier délimitant des cercles dans un jardin public. Le compas primitif composé d'un piquet et d'une ficelle fait ressortir l'utilité première du compas : reporter des longueurs égales.
L'enseignant écoute et note les propositions des enfants. Il fait le point en conclusion de la leçon.

Chercher

A Le terme « arroseur rotatif » demande parfois quelques explications. Après lecture collective de l'énoncé, les enfants effectuent le tracé sur leur cahier. Le dessin indique à la fois la mesure du diamètre et celui du rayon du grand cercle, ce qui entraînera une discussion. Il est en général plus indiqué de commencer par tracer le grand cercle de rayon 6 carreaux.
Après reproduction du modèle, l'enseignant demande aux enfants quelle est la partie à colorier. Ce peut être l'occasion d'introduire le mot « disque » en l'opposant à « cercle ».

B **a.** Après avoir reproduit un modèle renseigné, il s'agit maintenant d'exécuter un programme de construction. Un enfant lit le programme, un de ses camarades effectue au tableau le tracé à main levée. La classe critique ou valide. Les enfants exécutent ensuite le programme sur leur cahier en utilisant leur compas et leur règle.

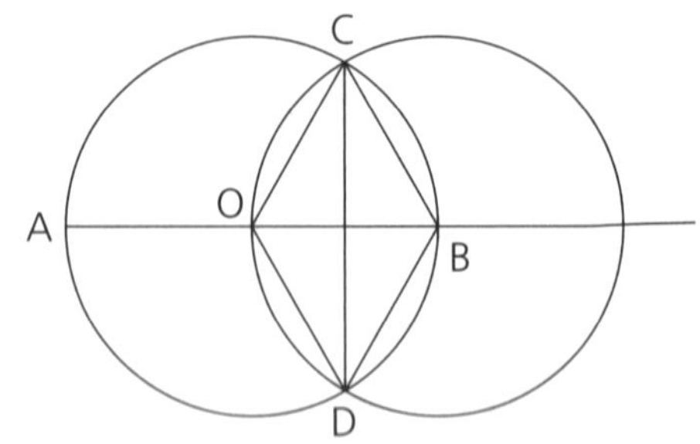

b. L'enseignant demande aux enfants ce qu'ils peuvent dire des rayons des deux cercles : ils sont égaux. On en déduit que les trois côtés du triangle BOC sont égaux. C'est donc un triangle équilatéral.
c. L'enseignant demande : « *Que peut-on dire du triangle BOD ?* » Les enfants constatent qu'il est égal au triangle BOC. Les plus observateurs peuvent même constater que les deux triangles sont symétriques par rapport à la droite AB. Les quatre côtés du quadrilatère OCBD sont égaux, c'est un losange. Si les élèves ne connaissent pas le nom, l'enseignant le donne.

Activités individuelles

S'exercer, résoudre

1 Un enfant lit l'énoncé, et la classe le commente, guidée par l'enseignant. Il s'agit de vérifier sur le modèle que les trois cercles ont le même diamètre. Ils sont égaux. Les points verts désignent les centres de ces cercles. Chacun des cercles passe par les centres des deux autres.
Les enfants peuvent alors commencer leurs tracés. Une ébauche à main levée leur permet d'élaborer le programme de construction : premier cercle, puis second cercle et enfin le troisième, sans perdre l'écartement constant des branches du compas. Les enfants les plus habiles peuvent venir en aide à leurs camarades moins favorisés.

2 Cet exercice demande seulement un peu d'attention et doit être effectué par la grande majorité des enfants sans aide de l'enseignant.
AB est le rayon du cercle bleu.
Le cercle vert passe par les centres A et B des autres cercles.
Les cercles rouge et noir partagent le même centre A.

3 La difficulté réside dans la compréhension de l'énoncé. Il est sage de le commenter collectivement avant d'effectuer les tracés. L'ébauche à main levée est une aide importante qu'il ne faut pas négliger.

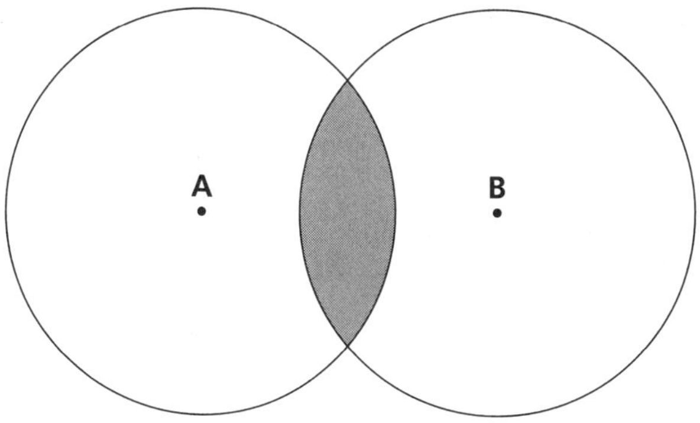

L'intersection des deux disques de rayon 5 cm est la zone à colorier.

4 La recherche des centres des quarts de cercle suivants peut se faire au compas (mais alors avec délicatesse pour ne pas perforer le manuel) ou avec une bande de papier. Les enfants trouvent que le troisième quart de cercle a pour centre le point violet, le suivant le point vert, puis les quarts suivants à nouveau dans l'ordre les points rouge, bleu, violet, vert, rouge...
La découverte de l'algorithme permet la reproduction et la poursuite de la spirale.

Calcul réfléchi

L'exemple effectué induit la méthode de calcul.
On obtient successivement : 184 ; 256 ; 328 et 432.

Banque d'exercices : n°s 1 et 2 p. 152 du manuel de l'élève.

(1)

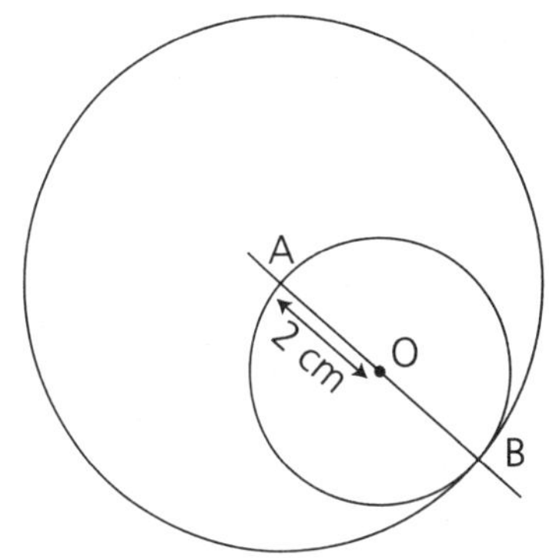

(2)

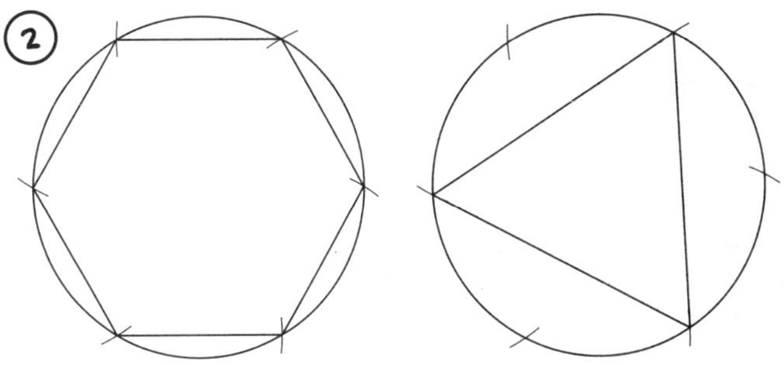

a. L'hexagone a six côtés.
b. La figure obtenue est un triangle équilatéral.

Prolongements

Cahier d'activités mathématiques CM1, Fiches 12, 13 et 14 p. 15, 16 et 17.

59 Fractions *(1)*

(manuel de l'élève p. 122-123)

COMPÉTENCES : Introduire la notion de fraction à partir des mesures d'aire inférieures à l'unité.
Nommer et écrire des fractions.

Calcul mental

Nombre de milliers.

L'enseignant dit : « Quel est le nombre de milliers dans 1 560 000 ? » L'élève écrit 1 560.

Première séquence : 1 560 000 ; 1 825 000 ; 4 000 000 ; 2 600 000 ; 5 100 000 ; 1 080 000 ; 4 070 000 ; 8 000 750 7 250 000 ; 980 000.

Deuxième séquence : 2 300 000 ; 1 050 000 ; 4 600 500 ; 565 000 ; 26 000 000 ; 78 900 000 ; 45 000 ; 500 000 ; 56 000 000 ; 100 000 000.

Observations préliminaires

Les deux nouvelles notions les plus importantes introduites au cycle 3 sont les fractions et les décimaux. Historiquement, les fractions furent inventées il y a plusieurs millénaires alors que les nombres décimaux furent introduits en Europe seulement au XVIe siècle. Les enfants éprouvent des difficultés à concevoir ces notions qu'il faut aborder avec beaucoup de prudence et de patience.

Dans la pratique, et au CM en particulier, on utilise souvent les nombres décimaux et plus rarement les fractions. Cependant, pour éviter une introduction formelle des nombres décimaux, nous avons choisi d'introduire d'abord les fractions, les nombres décimaux n'étant qu'une écriture simplifiée des fractions décimales.

Les leçons 59 et 61 visent l'introduction de la notion de fraction à partir des mesures d'aires pour les fractions inférieures à 1, puis à partir des mesures de longueur pour celles supérieures à 1.

La leçon 63 s'appuie sur la droite numérique pour présenter des écritures du type $2 + \frac{3}{4}$ dont la maîtrise facilitera le passage des fractions décimales aux nombres décimaux.

Le travail abordé dans les leçons 67 et 69 est essentiellement destiné à donner du sens aux nombres décimaux envisagés comme fractions décimales ou somme de fractions décimales.

Activités collectives

Lire, débattre

Les élèves observent individuellement les illustrations ; ils prennent connaissance du dialogue des personnages et du problème que pose Mathéo. Après quelques minutes de réflexion, ils communiquent oralement leurs réponses. Les enfants ont déjà effectué ce type de partage. Ils pourront s'y référer, et il est probable que, à l'issue de cette phase d'investigation, il ressorte qu'en prenant un quart de pizza on a une part plus grande qu'en prenant un sixième. L'enseignant demande alors aux enfants de le justifier. Si l'idée de partage en six parts et en quatre parts ne s'impose pas, le débat sera repris à l'issue de l'activité « Chercher ».

Chercher

Pliage et mesures d'aire

Manuels fermés, les enfants travaillent par groupe de trois. Chaque groupe dispose de trois feuilles carrées. L'enseignant leur demande de trouver trois façons différentes de plier les feuilles afin d'obtenir quatre parties superposables. Sans doute, la plupart des groupes trouveront les trois dispositions ci-contre.

Les enfants colorient l'une des cases de chaque carré, puis indiquent l'aire de la partie coloriée de chaque figure. Il est probable qu'ils répondent : « Nous avons colorié un quart de chaque carré ».

L'enseignant fait remarquer qu'ils ont partagé chaque carré en quatre parties superposables, donc de même aire, bien que de formes différentes. Ils ont colorié une partie de chaque carré ou un quart du carré.

On écrit que l'aire de la partie coloriée mesure $\frac{1}{4}$ de celle du carré.

Ce nouveau nombre est une fraction.

- 4 est le dénominateur : il indique le type de partage de l'unité (ici en quatre parts égales) ;
- 1 est le numérateur : il précise le nombre de parties coloriées (ici une partie).

L'enseignant demande ensuite d'écrire la fraction qui exprime l'aire de la partie non coloriée du carré. Lors de la mise en commun, les enfants remarquent que cette partie non coloriée représente trois fois $\frac{1}{4}$: sa mesure s'écrit $\frac{3}{4}$ (trois quarts).

A Les enfants ouvrent leur manuel. Si l'enseignant a conduit l'activité collective décrite ci-dessus, ils répondent individuellement aux questions et confrontent leurs réponses au cours de la mise en commun.

Ce travail de réinvestissement permet de renforcer la notion de fraction et de contrôler la mise en place du vocabulaire.

L'enseignant intervient pour redresser les erreurs, apporter une aide ponctuelle à ceux qui en éprouveraient le besoin.

a. Aire de la figure **A** = 2 **u** ; aire de la figure **B** = $\frac{1}{2}$ **u**.

L'aire de la figure **I** est aussi égale à $\frac{1}{2}$ **u**.

Les enfants le vérifient aisément en décalquant l'unité u qu'ils doivent reporter deux fois pour recouvrir entièrement la figure **A**. En revanche, ils constatent qu'il est impossible de reporter l'unité u sur la figure **B**, car elle est plus grande que cette dernière. Il est impossible d'exprimer la mesure de l'aire de la figure **B** par un nombre entier. D'où la nécessité de partager l'unité (ici en deux parties égales), chose très facile par pliage.

b. Réponse : Aire de **C** = $\frac{1}{4}$ **u** ; l'aire de la figure **E** mesure aussi $\frac{1}{4}$ **u**.

c. Aire de **D** = $\frac{3}{4}$ **u** ; l'aire de la figure **J** mesure aussi $\frac{3}{4}$ **u**.

d. Les mots **« demi »** et **« quart »** sont généralement connus des enfants car employés dans des expressions d'usage courant : une demi-baguette, un demi-litre, un quart d'eau gazeuse, un quart d'heure, etc. En revanche, les fractions de dénominateur 3 n'ont guère de sens pour eux. L'enseignant peut proposer une manipulation : découper deux carrés de trois carreaux de côtés, en colorier les parties selon les figures **H** et **F**, faire découper la figure **H** et constater qu'on doit la reporter trois fois sur l'unité **u** pour la recouvrir entièrement. Si aucun enfant ne le propose, il introduit le mot **« tiers »** :
aire **H** = $\frac{1}{3}$ **u** ; aire **G** = $\frac{2}{3}$ **u**.
L'observation du partage de la figure **G** en six parties dont une seule est coloriée permet d'écrire la fraction $\frac{1}{6}$ que l'on lit **« un sixième »**.
À ce stade de la leçon, l'enseignant peut revenir au débat si la réponse est demeurée en suspens. L'observation des figures **C** et **G** aide à convaincre les plus sceptiques : $\frac{1}{4} > \frac{1}{6}$; le garçon s'adjuge la plus grosse part !
Pour terminer cette séquence, la lecture du Mémo permet de renforcer la maîtrise de la lecture des fractions et celle du vocabulaire.

B Selon le rythme d'avancement de sa classe, l'enseignant peut réserver cette activité pour une deuxième séquence. Elle s'inscrit dans la continuité du travail de l'activité précédente **A**.
a. À l'issue de quelques minutes de recherche individuelle, l'enseignant invite plusieurs volontaires à communiquer leurs réponses. La classe les valide ou, si nécessaire, corrige les erreurs.

Figure **a** : elle est divisée en 6 parties, on en a colorié 2 ; la fraction correspondante est $\frac{2}{6}$.
La manipulation à l'aide d'un calque permet de constater que 2 parties coloriées sur 6, c'est pareil que 1 partie sur 3 ; la fraction correspondante peut aussi s'écrire $\frac{1}{3}$.

Figure **b** : $\frac{2}{5}$ Figure **c** : $\frac{4}{8}$ ou $\frac{1}{2}$ Figure **d** : $\frac{6}{10}$ ou $\frac{3}{5}$

Figure **e** : $\frac{3}{4}$ Figure **f** : $\frac{4}{10}$ ou $\frac{2}{5}$

b. Les enfants procèdent de la même manière pour écrire chacune des fractions correspondant à la partie non coloriée des figures :

Figure **a** : $\frac{4}{6}$ ou $\frac{2}{3}$ Figure **b** : $\frac{3}{5}$ Figure **c** : $\frac{4}{8}$ ou $\frac{1}{2}$

Figure **d** : $\frac{4}{10}$ ou $\frac{2}{5}$ Figure **e** : $\frac{1}{4}$ Figure **f** : $\frac{4}{10}$ ou $\frac{2}{5}$

Activités individuelles

S'exercer, résoudre

Les enfants résoudront les exercices **1**, **2** et **3** au cours de la première journée ; les exercices **4** et **5** seront l'objet du travail individuel de la deuxième journée.

Les exercices **1**, **2** et **3** sont des applications directes des activités de recherche. En cas d'erreur, l'enseignant conseille aux enfants de consulter le Mémo page 122 ou de se reporter à l'activité « Chercher » **A**.

1 $\frac{3}{4}$ $\frac{1}{3}$ $\frac{5}{6}$ $\frac{7}{10}$ $\frac{4}{5}$ $\frac{2}{2}$

Si l'écriture de la fraction $\frac{2}{2}$, dont le numérateur et le dénominateur sont égaux surprend les enfants, leur demander de tracer un carré, de le partager en 2, puis de colorier la fraction correspondante à $\frac{2}{2}$. Ils constatent qu'ils ont colorié la totalité du carré. Cette fraction est égale à l'unité.

2 a. $\frac{1}{3}$ du drapeau de la Bolivie, du Mali et de l'Italie est vert.

b. $\frac{2}{3}$ du drapeau de l'Autriche sont rouges.

c. $\frac{1}{4}$ du drapeau de l'Île Maurice et de la Colombie est bleu.

d. $\frac{1}{2}$ du drapeau de la Colombie est jaune.

3 Le quadrillage séyès constitue une aide pour trouver les réponses puisque le rectangle 3 sur 4 est formé de 12 carreaux et que 12 est multiple de 6, de 4 et de 3 ce qui facilite le coloriage.

4 Le diagramme camembert est moins facile à lire que les figures sur quadrillage. Si nécessaire, l'enseignant conduit une analyse collective de cette représentation particulière à rapprocher des disques du Mémo, mais aussi il peut montrer une boîte de fromage portions (type *Vache qui rit* ou chaque « pointe » représente $\frac{1}{8}$.

Laurent : $\frac{1}{2}$ Chloé : $\frac{1}{8}$ Marie : $\frac{3}{8}$

5 Ce problème reprend dans un contexte différent le travail de l'activité « Chercher » **B**. Une aide efficace consiste à tracer un rectangle de 3 carreaux sur 4 carreaux pour représenter la tablette de chocolat, de colorier la partie restante ; la partie non coloriée représente celle que l'enfant a mangée.
Amélie a mangé $\frac{6}{12}$ (ou $\frac{1}{2}$) de la tablette ; il lui en reste $\frac{1}{2}$.
Titouan a mangé $\frac{9}{12}$ (ou $\frac{3}{4}$) de sa tablette ; il lui en reste $\frac{1}{4}$.
Alex a mangé $\frac{8}{12}$ (ou $\frac{2}{3}$) de sa tablette ; il lui en reste $\frac{1}{3}$.

Banque d'exercices : n°s 3 et 4 p. 152 du manuel de l'élève

3 **a.** Parties coloriées

Aire de A = $\frac{2}{12}$ ou $\frac{1}{6}$

Aire de B = $\frac{4}{12}$ ou $\frac{1}{3}$

Aire de C = $\frac{6}{12}$ ou $\frac{1}{2}$

Aire de D = $\frac{6}{12}$ ou $\frac{1}{2}$

b. Parties non coloriées

Aire de A = $\frac{10}{12}$ ou $\frac{5}{6}$

Aire de B = $\frac{8}{12}$ ou $\frac{2}{3}$

Aire de C = $\frac{6}{12}$ ou $\frac{1}{2}$

Aire de D = $\frac{6}{12}$ ou $\frac{1}{2}$

4 Exemples :

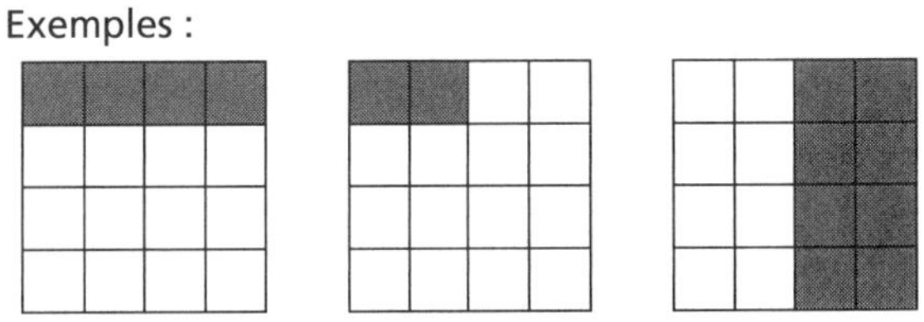

$\frac{1}{4}$ $\frac{1}{8}$ $\frac{1}{2}$

Réinvestissement

Aire du polygone orange = 7 **u**.
On doit donc dessiner une figure d'aire triple, soit 21 **u**.
Par exemple, un rectangle de 7 × 3, un autre rectangle de 21 × 1, un triangle rectangle moitié d'un rectangle de 7 × 6, etc.

60 Aire et périmètre

(manuel de l'élève p. 124-125)

COMPÉTENCES : Distinguer aire et périmètre.
Construire une figure de périmètre ou d'aire donnés.

Calcul mental

Somme de deux nombres de deux chiffres.
L'enseignant dit : « 48 + 34 ». L'élève écrit 82.
Première séquence : 25 + 24 ; 32 + 35 ; 18 + 12 ; 14 + 27 ; 45 + 45 ; 48 + 23 ; 31 + 19 ; 50 + 35 ; 27 + 35 ; 60 + 41.
Deuxième séquence : 37 + 85 ; 46 + 74 ; 16 + 98 ; 58 + 64 ; 58 + 64 ; 17 + 86 ; 81 + 59 ; 28 + 75 ; 47 + 46 ; 49 + 57.

Matériel

- Ficelle, feuilles de carton quadrillées, punaises.
- Tangrams.

Observations préliminaires

Les élèves confondent très souvent les notions de périmètre et d'aire. En effet, dans la plupart des manipulations que nous réalisons sur des objets de la vie quotidienne, ces grandeurs augmentent ou diminuent conjointement. Par exemple plus une boîte est grande, plus il faut de papier pour l'envelopper (aire) et plus la ficelle pour l'entourer sera longue (périmètre).
Même au lycée, pour calculer l'aire d'un disque, les élèves utilisent souvent la formule $2\pi R$ qui donne la circonférence du disque à la place de πR^2, formule qui donne l'aire.
Il est important de leur montrer qu'une figure ayant un grand périmètre peut avoir une aire plus petite qu'une figure ayant un plus petit périmètre.

Activités collectives

Lire, débattre

Les enfants lisent en silence les bulles des deux personnages. L'enseignant les invite à réagir aux déclarations de ces derniers et aux réserves de Mathéo.
Le personnage qui annonce « Regroupons les tables nous aurons plus de place. » lance la discussion.
– « On aura plus de place » : cela concerne-t-il la surface des tables ou le tour des tables ?
« *Comment s'appelle la longueur qui représente le tour des tables ?* »
Les élèves précisent le sens des mots périmètre, surface, aire.
L'enseignant précise que ces grandeurs sont mesurables : le périmètre a une longueur, la surface a une aire. Longueur et aire sont des mesures que l'on peut représenter par un nombre suivi d'une unité. Par exemple, pour la table, l'unité de longueur peut être la « place » : une table de « six places ». Dans le commerce, on dit d'ailleurs une table pour 6 personnes. L'unité d'aire peut être une « nappe » : il faut 3 nappes pour recouvrir toutes ces tables mises côte à côte.
Pendant cette phase d'investigation, l'enseignant note au tableau les différentes suggestions des enfants (dessins, calculs, conclusions, etc.). Il est probable qu'apparaissent de nombreux désaccords et que certains élèves ne sauront pas répondre.
L'enseignant propose alors de laisser leurs interrogations en suspens, puis de passer à l'activité suivante.

Chercher

Activités sans utiliser la mesure

La démarche que nous allons employer va permettre aux élèves de comprendre que le périmètre peut varier indépendamment de l'aire.

1. On garde constant le périmètre et on en tire les conclusions pour l'aire. Ce matériel, facile à mettre en œuvre, comprend une feuille de carton quadrillée, une boucle de ficelle (la ficelle a une longueur constante de 24 carreaux, par exemple) et 4 punaises. Les élèves matérialisent sur la feuille cartonnée différents rectangles avec la ficelle et les punaises. Le périmètre est constant car la longueur de la ficelle ne varie pas. Ils colorient le nombre de carreaux entourés par la ficelle (périmètre) et constatent que l'aire (nombre de carreaux) des figures coloriées varie.
Les élèves en tirent une première conclusion : des figures qui ont le même périmètre peuvent avoir des aires différentes.

2. On garde constante l'aire et on observe les variations du périmètre.
Le Tangram est un excellent outil pour conduire ces observations. L'enseignant demande aux élèves de réaliser divers assemblages en utilisant toutes les pièces de plusieurs Tangrams identiques. L'aire de ces assemblages est donc identique. Il est alors facile de faire constater à l'aide d'une ficelle que le tour (le périmètre) de ces assemblages de même aire est différent.
Les élèves concluent que des figures de même aire peuvent avoir des périmètres différents.

Ⓐ Activités de mesure : utilisation du manuel

a. L'enseignant apporte une précision importante concernant les unités **u** et **w**. Les élèves doivent comprendre que **u** est l'unité d'aire choisie pour mesurer l'aire des figures dessinées dans les paragraphes a. et b. La surface du carré **u** a une aire égale à 1 **u**.
– « *Quelle est l'aire d'une table ?* » (3 **u**)
– « *Quelle est l'aire des 4 tables ?* » (12 **u**)
L'unité **w** est l'unité de longueur : elle représente la longueur d'un côté du carreau.
– « *Combien mesure le périmètre d'une table ?* » (8 **w**)

b. Pour faciliter la conduite de l'activité, les élèves peuvent se grouper et assembler quatre tables identiques ou quatre livres identiques qui représentent les tables.
Sur leurs cahiers, ils réalisent le dessin demandé.
– « *Dessinez quatre tables identiques (3 carreaux chacune) pour obtenir une grande table rectangulaire.* »
Les dessins des différents assemblages sont représentés au tableau.
– « *Quelle est l'aire de ces différents assemblages ?* »
Après confrontation des diverses réponses, les enfants constatent que c'est la même aire (12 **u**).
– « *Mesurez avec l'unité* **w** *leur périmètre. Que constatez-vous ?* »
Les élèves donnent les mesures ; ils constatent que les périmètres des divers assemblages sont différents.
L'enseignant demande alors aux enfants de revenir à la question du « Lire, débattre » et d'y répondre.

– *« Si on regroupe les tables, l'aire globale ne varie pas mais le périmètre de l'assemblage est inférieur à la somme des périmètres des tables prises séparément.*

c. *« Quelle conclusion peut-on en déduire ? »*

Des figures de même aire peuvent avoir des périmètres différents. L'enseignant invite les enfants à se reporter au Mémo de la page 124.

B Cette deuxième partie permet d'élargir l'étude précédente qui portait uniquement sur l'aire et le périmètre d'un rectangle, à l'étude de polygones quelconques (toujours sur quadrillage).

Les enfants répondent individuellement à la question. Les réponses sont écrites au tableau :

aire de A = 8 **u** périmètre de A = 12 **w**.

Les figures différentes obtenues par chaque enfant ou groupe d'enfants sont dessinées au tableau.

– *« Quelle conclusion pouvez-vous en tirer ? »*

Comme précédemment, des figures de même aire peuvent avoir des périmètres différents.

Les enfants répondent à question suivante individuellement ou en groupe. La mise en commun des résultats permet de déduire que des figures de même périmètre peuvent avoir des aires différentes.

Activités individuelles

S'exercer, résoudre

1 Les élèves reproduisent le carré sur leur cahier puis répondent aux questions.

a. Le périmètre du carré est 20 ;

b. son aire 25.

La confusion peut provenir de l'emploi du terme « carreau » qui dans le langage courant est utilisé indifféremment pour préciser une longueur (un trait de 4 carreaux) ou une aire (un rectangle de 6 carreaux). L'enseignant renvoie les enfants en difficulté au **A** du « Chercher ».

c. La réponse à cette question peut se présenter sous la forme de trois rectangles différents (10 × 5 ; 25 × 2 ; 50 × 1).

2 Les élèves observent attentivement la figure jaune et doivent découvrir qu'elle peut être décomposée en demi-cercles. Ces demi-cercles peuvent à leur tour être regroupés en deux cercles.

Ils concluent que l'aire de la figure jaune, égale à 2 **u**, est le double de celle de la figure bleue. Son périmètre n'est pas égal au double du périmètre du disque bleu ; il est supérieur, car il faut prendre en compte un diamètre et deux rayons.

3 a. Cet exercice peut poser des difficultés aux enfants qui n'ont pas compris comment tracer un rectangle dont le périmètre est égal à 24 carreaux. Ils doivent comprendre que ces rectangles ont un demi-périmètre $L + l = 12$ carreaux.

Il existe cinq rectangles dont le périmètre est égal à 24 carreaux : (largeur et longueur) 1 et 11 ; 2 et 10 ; 3 et 9 ; 4 et 8 ; 5 et 7 ; 6 et 6.

b. Aires correspondantes : 11 ; 20 ; 27 ; 32 ; 35 ; 36.

Les rectangles de même périmètre peuvent avoir des aires différentes.

4 Ce problème est une application du Lire, débattre.

a. L'aire des trois assemblages est la même.

b. Pour la disposition **A**, on compte : 9 places.

Pour la disposition **B**, on en compte 20.

Réinvestissement

Les élèves observent l'exemple : 8 est décomposé en 10 – 2.
L'enseignant ou un volontaire explique la décomposition aux enfants qui ne l'ont pas comprise.
25 × 8 = 200 ; 34 × 8 = 272 ; 42 × 8 = 336 ; 57 × 8 = 456.

Banque d'exercices : n°s 5 et 6 p. 152 du manuel de l'élève.

(5) Aire de la figure **A** : 32 carreaux
Aire de la figure **B** : 26 carreaux
La figure **B** a la plus petite aire.

Périmètre de la figure **A** : 38
Périmètre de la figure **B** : 54
La figure **B** a le plus grand périmètre.

(6)

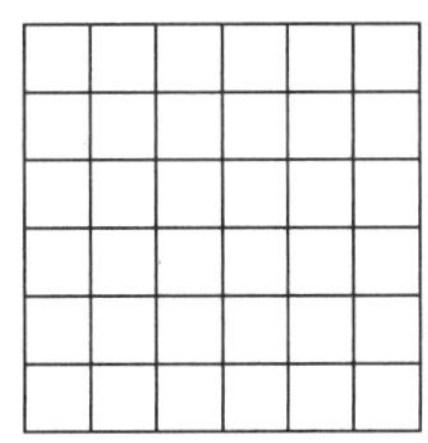

a. Aire du carré : 6 lignes de 6 carreaux, soit 36 carreaux.
Périmètre du carré : 4 × 6 = 24 longueurs de carreaux.

b.

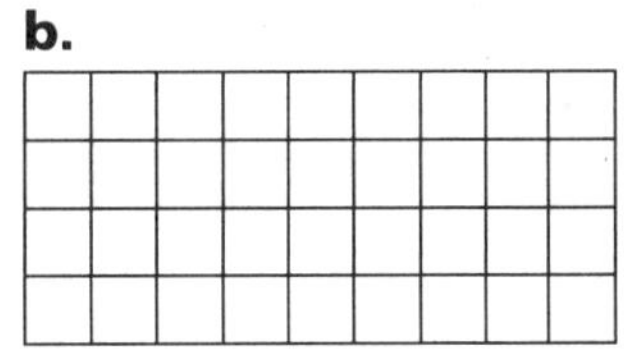

Figure **A**

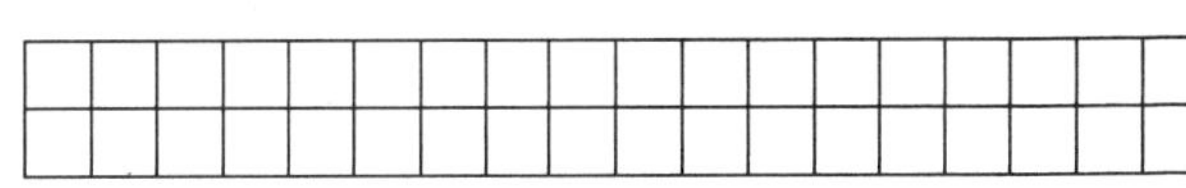

Figure **B**

Les deux rectangles **A** et **B** ont la même aire que le carré.
Périmètre du rectangle **A** : 26 longueurs de carreaux
Périmètre du rectangle **B** : 40 longueurs de carreaux
Le périmètre du rectangle n'est pas égal à celui du carré.

Prolongements

Cahier d'activités mathématiques CM1, Fiches 25 et 26 p. 28 et 29.

61 Fractions (2)

(manuel de l'élève p. 126-127)

COMPÉTENCE : Utiliser des fractions pour coder des mesures de longueur.

Calcul mental

Ajouter un nombre entier de dizaines.
L'enseignant dit : « 142 + 30 ». L'élève écrit 172.
Première séquence : 156 + 40 ; 219 + 50 ; 753 + 20 ; 514 + 80 ; 840 + 20 ; 180 + 40 ; 213 + 90 ; 679 + 60 ; 454 + 70 ; 1 240 + 50.
Deuxième séquence : 156 + 50 ; 260 + 50 ; 850 + 60 ; 530 + 80 ; 840 + 70 ; 750 + 50 ; 230 + 90 ; 1 270 + 40 ; 1 320 + 80 ; 1 750 + 30.

Matériel

8 bandes « unité » de l'activité « Chercher », à photocopier et à distribuer à chaque enfant (*cf.* en fin de leçon).

Observations préliminaires.

L'organisation de cette leçon est prévue pour deux séances :
– la première est consacrée au codage des mesures de longueur par des fractions inférieures ou supérieures à l'unité (« Lire, débattre » ; activités **A** et **B** du « Chercher » et « S'exercer, résoudre » exercices **1**, **2** et **3** ;
– la seconde est consacrée aux tracés de bandes dont les longueurs sont codées par des fractions supérieures à l'unité (activité **C**) et aux exercices **4** et **5**.
Cependant, selon le rythme d'avancement de sa classe, l'enseignant pourra y consacrer une troisième séance afin de consolider les acquis.

Activités collectives

Lire, débattre

Les enfants lisent individuellement le dialogue des personnages et observent le dessin qui illustre la situation. L'enseignant peut proposer à un volontaire de « jouer » cette scène de mesurage en suivant la même méthode. À l'issue de ce travail, il interroge quelques enfants. La classe analyse les réponses : « *On se sert de la bande de papier comme unité de longueur et on la reporte sur le bord de la table.* » ; « *On ne peut pas répondre puisque la bande de papier n'est pas assez longue.* » ; « *On pourrait la plier en deux pour mesurer la partie restante.* »...

Chercher

A L'enseignant distribue à chaque enfant une photocopie des bandes unités **u** (*cf.* matériel). Les enfants les découpent. À l'aide de cette bande unité, ils mesurent la bande **A** : mesure de **A** = 3 **u**. L'analyse collective des réponses se déroule sous le contrôle de l'enseignant et des camarades qui les valident.
L'enseignant demande ensuite de mesurer le segment **B**. Il est plus court que l'unité. Très certainement, à la lumière du « Lire, débattre », l'un d'eux proposera de plier l'unité **u** et de la reporter sur la bande **B**. On constate alors que le segment **B** correspond à la moitié de l'unité. « *Quel nombre permet d'exprimer cette mesure ?* »
À la leçon 59, les enfants ont appris que c'est la fraction $\frac{1}{2}$.
La bande **B** mesure $\frac{1}{2}$ **u**.

B **a.** Les élèves procèdent de la même façon pour mesurer la bande **F**, puis la bande **C**. Pour mesurer avec plus de précision, ils peuvent prendre une nouvelle bande unité **u** quand ils effectuent un nouveau pliage.
La bande **F** mesure $\frac{1}{4}$ de **u** : les enfants ont plié en quatre la bande **u** ou ils ont reporté quatre fois la bande **F** sur l'unité **u**.
La bande **C** mesure $\frac{1}{3}$ de **u** : les enfants ont plié en trois la bande **u** ou ils ont reporté trois fois la bande **C** sur l'unité **u**.

b. et **c.** Les enfants mesurent la bande **D** et constatent qu'elle est plus grande que l'unité. La mise en commun permet de dégager deux méthodes de mesurage :
– par report de la bande **u** (une fois), puis de la bande **B** (une fois aussi) : la mesure de **B** s'écrit $1 + \frac{1}{2}$.
– par report de la bande **B** (trois fois) : la mesure de la bande **D** s'écrit $\frac{3}{2}$.
On procède pareillement pour mesurer **E** : $\frac{5}{4}$ ou $1 + \frac{1}{4}$.

C L'enseignant demande aux enfants de tracer les segments rouge et bleu. Ils travaillent avec un camarade, l'un d'eux traçant la bande de longueur 1 **u** + $\frac{3}{4}$ **u**, l'autre celle de $\frac{7}{4}$ **u**.
Pareillement pour les segments vert et noir.
La mise en commun des réponses conduit la classe à constater que les deux segments rouge et bleu d'une part, et les deux segments vert et noir, d'autre part, sont superposables.
$1 \text{ u} + \frac{3}{4} \text{ u} = \frac{7}{4} \text{ u}$ $1 \text{ u} + \frac{1}{3} \text{ u} = \frac{4}{3} \text{ u}$

Activités collectives

S'exercer, résoudre

1 La graduation des bandes en quatre parties permet de trouver facilement les réponses. Il faut reporter 4 fois la bande **A**, ou 2 fois la bande **B**, pour atteindre l'unité **u**.
mesure de A = $\frac{1}{4}$ **u**   mesure de **B** = $\frac{1}{2}$ **u**
Pour la bande **C**, plus grande que l'unité, il faut reporter 5 fois la bande **A**, c'est-à-dire 5 fois $\frac{1}{4}$.
Mesure de **C** = $\frac{5}{4}$ **u**. On peut aussi l'écrire 1 **u** + $\frac{1}{4}$ **u**.

2 Comme dans l'exercice précédent, la graduation des bandes en trois parties permet de trouver facilement les réponses pour les bandes **E** et **F** : mesure de **E** = $\frac{1}{3}$ **u** ; mesure de **F** = $\frac{2}{3}$ **u**.
La mesure de la bande **G** requiert davantage d'attention, car l'unité n'est pas partagée de la même façon.
Les enfants le constatent en reportant 6 fois la bande **G** pour atteindre l'unité : mesure de **G** = $\frac{1}{6}$ **u**.

3 Avant de se lancer dans le tracé de chaque bande, il est souhaitable que les enfants observent les dénominateurs des fractions qui sont différents. S'il le juge utile, l'enseignant trace une bande unité de 48 cm, divisée en 12 parties de 4 cm sur une grande feuille qu'il affiche au tableau. Deux volontaires viennent tracer la bande **A** de longueur $\frac{1}{4}$ **u**. Ils justifient leur manière de procéder : on a divisé l'unité u en quatre parties et on trace une bande **A** qui correspond à une partie ou $\frac{1}{4}$: pour cela il faut choisir une longueur de 4 carreaux.

Les enfants tracent individuellement les autres bandes, répondent aux questions **b.** et **c.** La correction se déroule au tableau sur la grande feuille.

a. On obtient les tracés suivants :

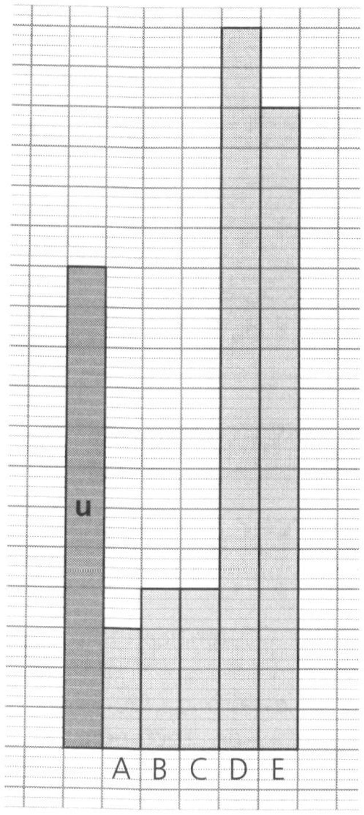

b. Longueur de la bande **E** :

$1\ u + \frac{1}{3}\ u = \frac{3}{3}\ u + \frac{1}{3}\ u = \frac{4}{3}\ u.$

c. $\frac{1}{3} = \frac{2}{6}$.

4

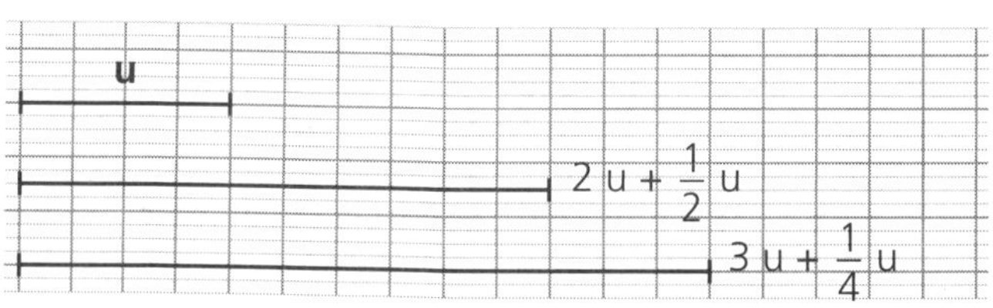

5 Au préalable, l'enseignant demande aux enfants d'observer la figure et de réfléchir à la technique à mettre en œuvre pour mesurer le périmètre de la figure **B**. La classe retiendra certainement l'utilisation d'une bande de papier qui permet de reporter l'unité u sur le bord de la figure. Cette méthode ne s'avère pas très commode à exécuter et peut engendrer des erreurs.

Si aucun enfant ne le propose, l'enseignant demande de tracer une droite sur laquelle on peut reporter bout à bout chacun des côtés, puis on revient à l'utilisation classique de la bande de papier pour mesure le périmètre : on reporte deux fois l'unité, puis une fois la moitié de l'unité.

Périmètre de **B** $= 2\ u + \frac{1}{2}\ u = \frac{5}{2}\ u$.

Réinvestissement

Tous les diamètres d'un cercle sont axes de symétrie du cercle. Le point d'intersection des deux droites est le centre du cercle.

Banque d'exercices : nos 7 et 8 p. 152 du manuel de l'élève.

(7) **A** : $\frac{1}{6}$ u **B** : $\frac{1}{2}$ u **C** : $1\ u + \frac{1}{3}\ u = \frac{4}{3}\ u$

(8) Longueur de **a** : $\frac{1}{3}$ u longueur de **b** : $\frac{4}{3}$ u

Longueur de **c** : $\frac{5}{3}$ u longueur de **d** : $\frac{7}{3}$ u

Prolongements

Cahiers d'activités mathématiques CM1, Fiche 33 p. 36.

Leçon 61 – Fractions (2)

Nom : ....

Prénom : ....

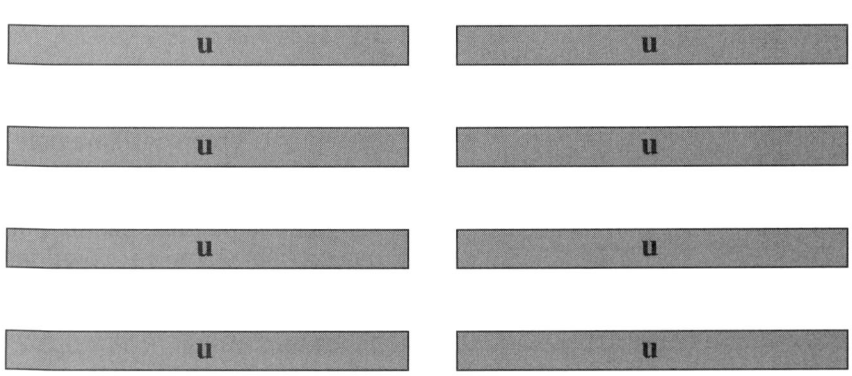

62 PROBLÈMES Choisir l'opération, les différentes étapes d'une solution (manuel de l'élève p. 128-129)

COMPÉTENCES : Résoudre des problèmes en utilisant les connaissances sur les opérations.
Mettre en œuvre un raisonnement, articuler les différentes étapes d'une solution.
Identifier des erreurs dans une solution.

Calcul mental

Tables de multiplication de 7, 8, 9.
L'enseignant dit : « 8 × 7 ». L'élève écrit 56.
Première séquence : 8 × 7 ; 7 × 7 ; 9 × 6 ; 8 × 8 ; 7 × 6 ; 9 × 7 ; 8 × 5 ; 9 × 3 ; 9 × 5 ; 8 × 6.
Deuxième séquence : 8 × 4 ; 7 × 8 ; 9 × 9 ; 7 × 5 ; 9 × 8 ; 7 × 7 ; 8 × 5 ; 9 × 6 ; 8 × 8 ; 9 × 4.

Activités collectives

Lire, chercher

A L'enseignant explique la première consigne. Il demande aux enfants de lire les énoncés de problèmes, puis de choisir l'opération qui convient. Ils répondent en écrivant le numéro du problème et la lettre de l'opération, par exemple : 1 → f.
Les enfants, par groupe de quatre, comparent leurs résultats et choisissent des réponses communes.
Lors de la mise en commun, quelques enfants donnent les résultats de leur groupe pour chaque problème. Les autres approuvent ou critiquent. Chacun justifie son choix oralement, par un schéma ou un dessin. L'enseignant valide les bonnes réponses.
Les enfants effectuent ensuite individuellement les calculs et rédigent les quatre réponses. L'enseignant leur rappelle que dans « réponse correcte », le mot « correct » s'applique aussi bien à la rédaction de la phrase réponse qu'au résultat mathématique.

B L'enseignant commente la consigne ou demande à quelques enfants d'expliquer à leurs camarades ce qu'il faut faire. Les enfants cherchent ensuite individuellement la réponse aux questions **a.** et **b.** ; il leur conseille de tracer des schémas et de les renseigner.
Après quelques minutes de recherche individuelle, par groupe de quatre, les enfants confrontent leurs réponses et rédigent une réponse collective à chacune des deux questions.
La mise en commun permet de rectifier les erreurs d'interprétation, de confronter les arguments et de rédiger une réponse collective.
C'est Chang qui a trouvé la bonne réponse. Le pantalon coûte 29 €.
Adrien a oublié qu'il y avait deux pantalons. Pour trouver le prix d'un pantalon, il faut donc diviser son résultat par deux.
Samira a oublié de tenir compte du prix du baladeur.
Le schéma suivant tracé au tableau permet à l'enseignant de clarifier la situation pour ceux qui éprouvent des difficultés.

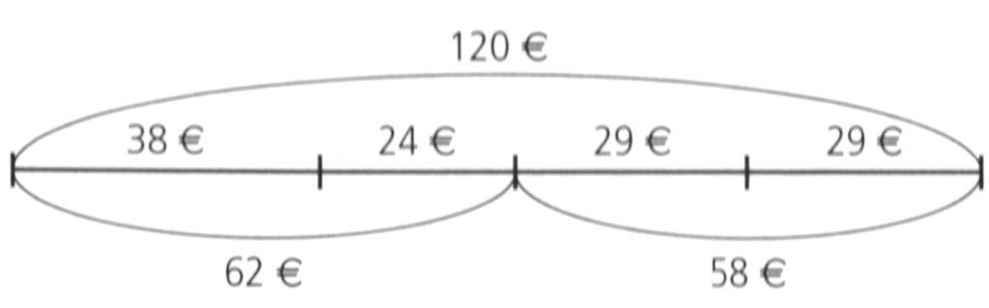

Activités individuelles

S'exercer, résoudre

1 Chaque étage comprend six appartements.
42 divisé par 7 égale 6 ; vérification : 6 × 7 = 42
Il sera peut-être nécessaire de tracer un schéma en forme de rectangle quadrillé, chaque appartement étant représenté par un rectangle.

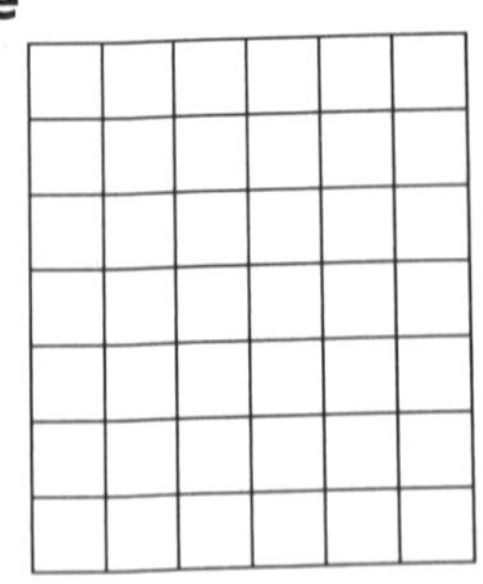

2 Chaque enfant lit l'énoncé du problème, les solutions proposées et les questions posées. Il répond ensuite individuellement.
Dès le début de la mise en commun, l'enseignant demande :
– *« Qui a raison : Julie, Mohamed ou Diane ? »*
Les réponses lui permettent de vérifier si les erreurs éventuelles viennent de la compréhension de la situation (en ce cas, un schéma sera utile) ou de la rédaction des réponses. La réponse à la deuxième question : « *Quelles erreurs ont été commises par les deux autres enfants ?* » est généralement plus délicate que la simple rédaction de la réponse au problème.
C'est Diane qui a donné la bonne solution.
Julie a compté une seule guirlande de chaque catégorie, alors qu'il y a cinq guirlandes de 100 ampoules et trois guirlandes de 50 ampoules.
Mohamed a oublié les guirlandes de 50 ampoules.

3 Même démarche que celle ci-dessus.
C'est Lucile qui a donné la bonne réponse.
Martin ne compte que les flèches qui n'ont pas crevé de ballons et Anaïs ne compte que les flèches qui ont crevé les ballons alors qu'il fallait compter toutes les flèches. La phrase indiquant que 12 ballons ont été crevés est une donnée inutile pour la réponse à la question.

Calcul réfléchi

Les enfants observent l'exemple individuellement, puis l'enseignant demande à un volontaire de le commenter. Ils doivent comprendre que pour multiplier un nombre par 15 on le multiple par 10, puis par 5 (15 = 10 + 5) et que l'on met en œuvre la propriété de distributivité de la multiplication.
25 × 15 = 375 27 × 15 = 405
34 × 15 = 510 42 × 15 = 630

63 Fractions (3)

(manuel de l'élève p. 130-131)

COMPÉTENCES : Placer des fractions simples sur une droite numérique.
Écrire une fraction sous la forme de somme d'un entier et d'une fraction inférieure à 1.

Calcul mental

Additionner des multiples de 100.
L'enseignant dit : « 600 + 500 ». L'élève écrit « 1 100 ».
Première séquence : 600 + 500 ; 700 + 400 ; 300 + 900 ; 600 + 300 ; 500 + 700 ; 800 + 100 ; 200 + 900 ; 500 + 500 ; 400 + 400 ; 700 + 200.
Deuxième séquence : 200 + 900 ; 800 + 600 ; 700 + 500 ; 300 + 900 ; 600 + 700 ; 400 + 600 ; 500 + 900 ; 800 + 900 ; 500 + 800 ; 400 + 900.

Matériel

Pour chaque enfant, une photocopie de la droite graduée qui figure en fin de leçon.

Activités collectives

Lire, débattre

Les enfants prennent individuellement connaissance de l'affirmation du personnage : « 0 est le seul nombre plus petit que 1 » et de la question de Mathéo.
À l'issue de quelques minutes de réflexion, ils confrontent leurs réponses avec celles de leurs camarades. Pour la plupart, sans aucun doute, l'affirmation du personnage est vraie, puisque jusqu'à maintenant ils ont travaillé avec des entiers. Cependant, les activités conduites au cours des deux premières leçons sur les fractions devraient les conduire à rectifier cette erreur, par exemple les fractions $\frac{1}{2}$, $\frac{1}{3}$, $\frac{1}{4}$ découvertes au cours de l'activité « Chercher » de la leçon 61 (p. 126 du manuel) sont des nombres inférieurs à 1.
Les activités collectives de cette nouvelle leçon permettront à l'enseignant de revenir sur ce débat et de convaincre les indécis.

Chercher

Graduer une droite
L'enseignant distribue à chaque enfant une bande unité (*cf.* matériel à photocopier en fin de leçon). Les enfants tracent une droite sur leur cahier d'essais et utilisent la bande unité pour graduer cette droite : 0, 1, 2, etc.
L'enseignant leur demande ensuite de plier la bande en deux parties superposables et d'indiquer la fraction correspondant à chaque partie $\left(\frac{1}{2}\right)$. Ils renseignent la droite graduée en écrivant les demi unités : $\frac{0}{2}$, $\frac{1}{2}$, $\frac{2}{2}$, $\frac{3}{2}$, etc.

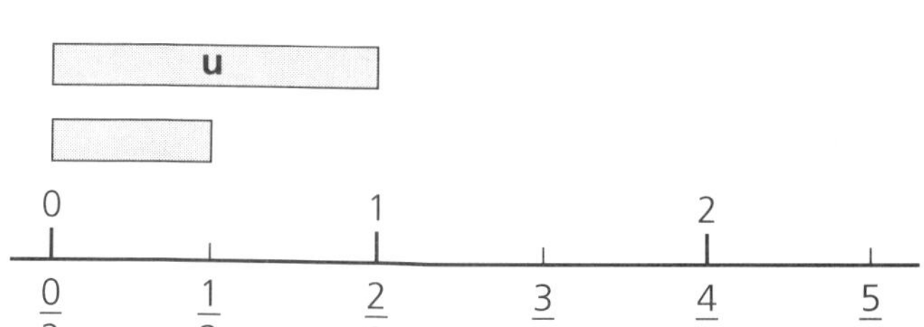

Lors de la mise en commun, quelques enfants viennent au tableau écrire les réponses sur la droite tracée par l'enseignant. Pour s'assurer que tous ont compris, il pose quelques questions :
– « *Où avez-vous placé* $\frac{0}{2}$ *?* »
– « *Quelle graduation correspond à* $\frac{2}{2}$ *? à* $\frac{4}{2}$ *?* »
– « *Placez le point A à la graduation 1 +* $\frac{1}{2}$*. Le point B à la graduation 2 +* $\frac{1}{2}$*.* »

A Les enfants ouvrent leur manuel, lisent la consigne et observent individuellement le dessin qui traduit la situation.
a. Ils reproduisent la droite graduée sur leur cahier ou utilisent celle que l'enseignant distribue. Afin de s'assurer que tous ont compris, l'enseignant demande :
– « *Combien de bonds Baptistin fait-il entre les piquets 0 et 1 ? entre les piquets 1 et 2 ?* », etc.
– « *En combien de parties a-t-on partagé la distance entre deux piquets ?* »
– « *À quelle fraction d'unité correspond chacune de ces parties ?* »
b. L'activité précédente conduit sans difficulté à la réponse : longueur d'un bond = $\frac{1}{4}$ **u.**

B **a.** Le travail demandé est un réinvestissement de l'activité « graduer une droite ». Les enfants peuvent répondre sans difficulté.
Après deux bonds, le kangourou se trouve à la graduation $\frac{2}{4}$ ou $\frac{1}{2}$ (2 fois un quart).
Après trois bonds, il se trouve à la graduation $\frac{3}{4}$ (3 fois un quart).
Après quatre bonds, il se trouve à la graduation $\frac{4}{4}$ ou 1 (4 fois un quart).
Après cinq bonds, à la graduation $\frac{5}{4}$ et après huit bonds à la graduation $\frac{8}{4}$ ou 2.
Les enfants qui en éprouvent le besoin peuvent écrire les fractions qui correspondent aux graduations intermédiaires : $\frac{1}{4}$, $\frac{1}{2}$, $\frac{3}{4}$, etc.
b. L'observation de la droite graduée permet de repérer rapidement les fractions égales à un entier : $\frac{4}{4} = 1$; $\frac{8}{4} = 2$. Lors de la correction, l'enseignant fait prolonger la graduation de la droite tracée au tableau et demande de trouver d'autres fractions égales à un entier. Par exemple : $\frac{12}{4} = 3$; $\frac{16}{4} = 4$; etc.
Il est intéressant de faire remarquer aux enfants que lorsque le numérateur est un multiple du dénominateur la fraction est égale à un entier. Une bonne maîtrise des tables de multiplication est indispensable pour ce type de recherche.

C L'activité est ouverte. Si les enfants s'aident de la droite graduée, ils écriront :
$\frac{1}{4}$, $\frac{1}{2}$ et $\frac{3}{4}$ sont des fractions inférieures à 1.
Si aucun ne le propose, l'enseignant en fait chercher d'autres, par exemple avec le dénominateur 5 : $\frac{1}{5}$, $\frac{2}{5}$, $\frac{3}{5}$, $\frac{4}{5}$ ou en leur laissant le libre choix du dénominateur : $\frac{1}{8}$, $\frac{2}{8}$, $\frac{3}{8}$, $\frac{4}{8}$… $\frac{7}{8}$.

Pour conclure, la classe verbalise : « *Les fractions dont le numérateur est inférieur au dénominateur sont plus petites que 1.* »
C'est l'occasion de revenir au débat. L'enseignant fait remarquer qu'entre 0 et 1, on peut écrire les fractions $\frac{1}{4}$, $\frac{1}{2}$ et $\frac{3}{4}$, toutes inférieures à 1. Zéro n'est donc pas le seul nombre plus petit que 1.

D Le travail demandé permet de réinvestir les acquis de l'activité « Graduer une droite ».
Lors de la mise en commun les enfants remarquent que la somme $1 + \frac{1}{2}$ correspond sur la droite graduée à deux segments placés bout à bout ; le premier de 1 **u**, le second de $\frac{1}{2}$ **u** : on atteint la graduation $\frac{3}{2}$ **u** ou $\frac{6}{4}$ **u**.

Le passage de la fraction $\frac{5}{4}$ à l'écriture sous forme d'une somme d'un entier et d'une fraction est l'activité réciproque de la précédente. La droite graduée constitue une aide efficace : $\frac{5}{4} = 1 + \frac{1}{4}$.
Pour terminer la séance, les enfants observent le Mémo de la page 130. L'enseignant le fait commenter collectivement.

Activités individuelles

S'exercer, résoudre

1 Cet exercice reprend les activités « Chercher » **A** et **B** avec des fractions de dénominateur 5 .

a.

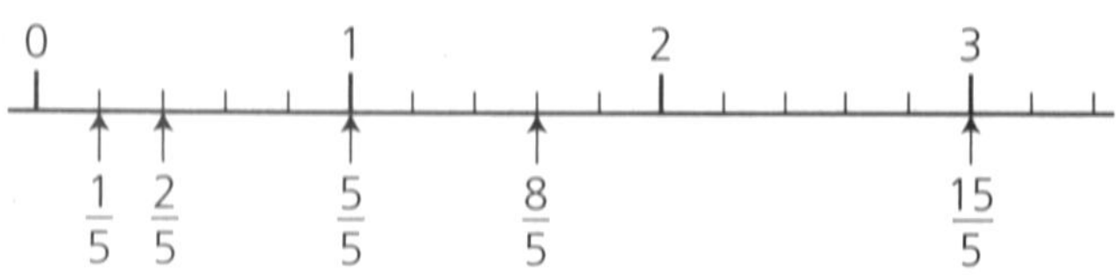

b. $\frac{5}{5} = 1$ $\frac{1}{5}$ et $\frac{2}{5} < 1$ $\frac{8}{5}$ et $\frac{15}{5} > 1$

2 a. $\frac{6}{4}$; $\frac{8}{3}$; $\frac{5}{3}$; $\frac{12}{5}$ sont des fractions supérieures à 1.

b. Au choix : $\frac{1}{6}$; $\frac{4}{5}$; $\frac{2}{9}$; $\frac{3}{8}$; $\frac{5}{12}$ sont des fractions inférieures à 1.
En cas d'erreurs, tracer une droite graduée constitue un moyen de remédiation efficace.

3 Fractions égales à un nombre entier : $\frac{4}{2} = 2$; $\frac{6}{3} = 2$; $\frac{10}{5} = 2$; $\frac{4}{4} = 1$; $\frac{18}{6} = 3$; $\frac{12}{4} = 3$; $\frac{20}{20} = 1$.
Se reporter à l'aide supra : « Chercher » **B b.**

4, 5 Ces exercices reprennent les activités « Chercher » **D**.
Ils permettent d'évaluer le passage de l'écriture d'une somme d'un entier et d'une fraction à l'écriture fractionnaire (exercice 4) et réciproquement (exercice 5). Dans les deux cas, la droite numérique permet d'apporter de l'aide aux enfants en difficulté.

4

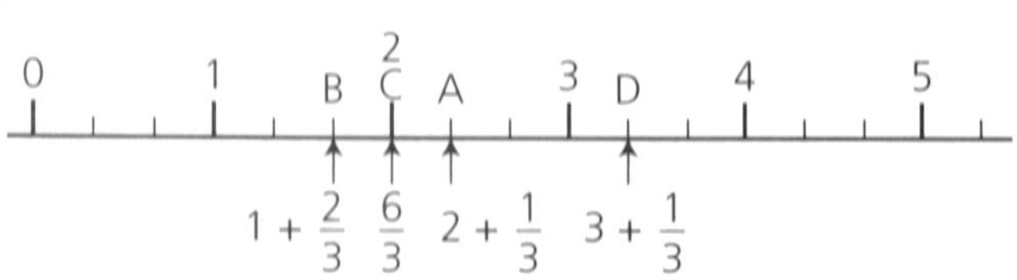

5 $\frac{4}{3} = \frac{3}{3} + \frac{1}{3} = 1 + \frac{1}{3}$; $\frac{8}{5} = \frac{5}{5} + \frac{3}{5} = 1 + \frac{3}{5}$;
$\frac{3}{2} = \frac{2}{2} + \frac{1}{2} = 1 + \frac{1}{2}$
$\frac{5}{4} = \frac{4}{4} + \frac{1}{4} = 1 + \frac{1}{4}$; $\frac{7}{4} = \frac{4}{4} + \frac{3}{4} = 1 + \frac{3}{4}$.

6 Mathéo prodigue un bon conseil que pourront mettre à profit les enfants en difficulté ou ceux qui souhaitent vérifier leur réponse à l'aide d'une droite graduée en tiers de litre.
Li a utilisé $\frac{1}{3}$ L de jus d'abricot pour préparer cette boisson.

7 Comme pour l'exercice 6, la droite graduée est une aide efficace pour matérialiser par déplacements successifs le trajet de la fourmi : le jeudi elle arrive à la graduation 3.

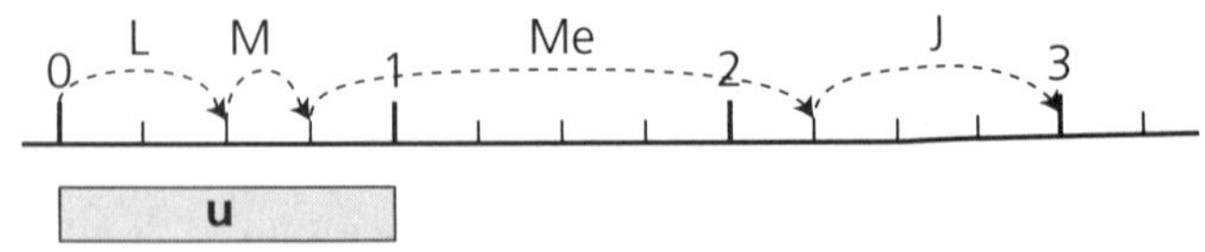

Réinvestissement

Les enfants doivent d'abord calculer l'aire et le périmètre de la figure bleue.
Aire figure bleue = 16 **u** Périmètre figure bleue = 32.
Il s'agit donc de dessiner une figure d'aire 16 **u** et de périmètre 16 (moitié de 32 = 16) : c'est un carré de côté 4 carreaux.

Banque d'exercices : n°s 9 et 10 p. 152 du manuel de l'élève.

(9) A : $\frac{1}{8}$ u

B : $\frac{4}{8}$ u ou $\frac{1}{2}$ u ou $\frac{2}{4}$ u

C : $\frac{7}{8}$ u

D : 1 u + $\frac{2}{8}$ u ou 1 u + $\frac{1}{4}$ u

(10) **a.** Un litre est égal à deux demi-litres.
Une bouteille d'un litre et demi contient trois demi-litres.
On peut remplir trois gourdes d'un demi-litre avec une bouteille.
b. Dans un lot, il y a 6 bouteilles.
$6 \times 3 = 18$
On peut remplir 18 gourdes avec un lot.

Prolongements

Bande unité et droite à photocopier.

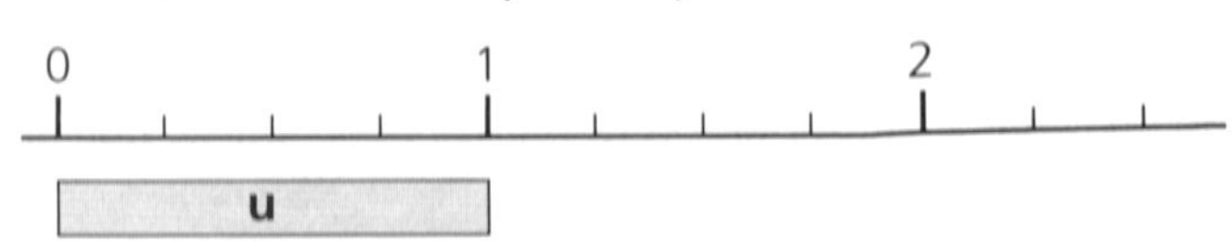

Cahier d'activités mathématiques CM1, Fiche 33 p. 36.

64 Atelier informatique *(4)* Tracer le symétrique d'une figure (manuel de l'élève p. 132)

COMPÉTENCE : Utiliser un logiciel de géométrie dynamique pour tracer le symétrique d'une figure et mettre en évidence les propriétés de la symétrie axiale.

Matériel

Ces activités ont été conçues à partir du logiciel *Declic32* (téléchargeable gratuitement sur http://emmanuel.ostenne.free.fr/. Pour de plus amples explications, se référer à l'**Annexe 4 Ateliers informatiques**, p. 256 de cet ouvrage. Mais ces activités peuvent être adaptées et réalisées avec tout autre logiciel de géométrie dynamique, tels que TracenPoche (http://tracenpoche.sesamath.net/) ou CaRMetal (http://db-maths.nuxit.net/CaRMetal/).

Observations préliminaires

Outre l'allègement de la charge de travail qu'ils permettent pour traiter des données, les logiciels offrent l'occasion d'une approche expérimentale des mathématiques. Dans cet esprit, le logiciel de géométrie dynamique permet de varier les points de vue sur un même concept, mais les activités réalisées à l'aide de cet outil ne remplacent pas celles qui sont si uées dans l'espace réel ou sur le plan matérialisé par la feuille de papier.

Activités

1. En général, le logiciel est ouvert par un double-clic à l'aide du bouton gauche de la souris. Pendant cette phase d'observation, les élèves se familiarisent avec les boutons qui seront utilisés lors de l'activité (*cf.* Atelier informatique 1).
Le bouton « Supprimer » permet de corriger des erreurs éventuelles.

2. et **3.** En suivant pas à pas les consignes, les élèves ne devraient pas rencontrer de difficultés particulières, surtout s'ils ont déjà travaillé sur les deux ateliers informatiques précédents. Ne pas oublier de reposer le pinceau (cliquer à nouveau sur le bouton) après avoir colorié et remettre la couleur noire.

4. Pour tracer le symétrique d'une figure, il faut d'abord tracer le symétrique des points remarquables de la figure. Ici, le cercle a deux points remarquables : son centre et un point du cercle (celui qui a servi à sa construction). Le cercle symétrique est tracé ensuite à partir de l'image de chaque point. Il est donc essentiel que cette activité soit réalisée en se conformant strictement aux consignes.
Avec la souris, clic gauche maintenu (le pointeur de la souris change d'aspect : la main se transforme en crayon), les élèves déplacent soit le centre du cercle bleu, soit le point du cercle bleu. Les effets seront différents, mais, dans tous les cas, la figure noire symétrique subira les mêmes effets.

5. Cette dernière activité permet de mettre en évidence deux des propriétés de la symétrie axiale. Les élèves tracent un segment entre un point du cercle bleu et un point du cercle noir. Ils trouvent ensuite le milieu du segment (*cf.* Atelier informatique 2).
Réponse : « *Le milieu du segment est situé sur l'axe de symétrie, les symboles // indiquent que les demi-segments sont égaux. La distance de la figure à l'axe de symétrie est égale à la distance de l'axe au symétrique de la figure.* »
Les élèves tracent ensuite la droite perpendiculaire à la droite rouge et qui passe par le centre du cercle bleu.
Réponse : « *La droite perpendiculaire passe aussi par le centre du cercle noir. Un point et son symétrique sont sur la droite perpendiculaire à l'axe de symétrie.* »

Prolongements

Tracer la figure de l'exercice 2 page 143 du manuel à l'aide de la grille aimantée activée grâce aux boutons « Trame » et « Aimant » qui permettent de placer les points de la figure uniquement sur les nœuds du quadrillage. La figure est tracée grâce au bouton « Polygone » dont le nombre de sommets est 5. En utilisant les mêmes boutons que dans les activités précédentes, les élèves réalisent le symétrique de cette figure.

65 PROBLÈMES
Procédures personnelles *(4)*

(manuel de l'élève p. 133)

COMPÉTENCES : Élaborer une démarche personnelle pour résoudre des problèmes.
Formuler et communiquer sa démarche et ses résultats sous des formes variées ; argumenter à propos de la validité d'une solution produite par soi-même ou par un camarade.

Calcul mental

Différences de multiples de 10, de 100.
L'enseignant dit : « 2 500 – 300 ». L'élève écrit 2 200.
2 500 – 500 ; 1200 – 800 ; 490 – 70 ; 710 – 50 ; 5 000 – 600 ; 840 – 50 ; 920 – 60 ; 2 300 – 1100 ; 2 500 – 1 200. ; 4 050 – 100.

Matériel

• Une feuille de papier format 50 × 65 cm ou A3 et des gros feutres pour chaque groupe de 4 ou 5 enfants.
• Une photocopie de chacune des quatre situations proposées dans la leçon.

Activités individuelles, puis collectives

Chercher, argumenter

A L'enseignant distribue les photocopies ou trace au tableau la droite graduée, si possible sur un quadrillage permettant de visualiser la régularité de chaque graduation. Il peut aussi demander aux enfants de reproduire sur leur cahier d'essais la droite du manuel en respectant rigoureusement l'intervalle compris entre 40 et 70, une erreur d'un carreau rendrait le problème insoluble. Il sera peut-être nécessaire de leur rappeler la différence entre une droite graduée où toutes les graduations ont la même valeur et un schéma linéaire où généralement la longueur de chaque segment n'est pas significative.
Les enfants observent et posent des questions s'ils ne comprennent pas la consigne. L'enseignant leur demande d'imaginer individuellement une ou plusieurs démarches permettant de trouver la réponse.
Ce travail d'investigation se déroule selon les étapes suivantes.

Phase 1 – Recherche personnelle
Pour placer correctement les graduations 10, 60 et 25, les enfants doivent trouver la valeur d'une graduation correspondant à un carreau. Ils peuvent tâtonner, tracer plusieurs droites, L'enseignant se contente de leur demander de vérifier leurs réponses quand ils pensent avoir trouvé.

Phase 2 – Recherche en groupe
Après quelques minutes de recherche, les enfants se regroupent par équipe de quatre. Ils mettent en commun leurs résultats et justifient leurs choix pour parvenir à une réponse commune. L'enseignant passe discrètement de groupe en groupe et s'assure que tous les enfants participent aux échanges et à la réflexion. Il écoute, observe et note les procédures utilisées. En cas de blocage dans un groupe, il donne les conseils nécessaires pour permettre aux enfants de ne pas rester en situation d'échec.
Quand les participants du groupe se sont mis d'accord sur une démarche commune, ils la rédigent sur une grande feuille qu'un rapporteur désigné par l'enseignant présente à la classe. Alors que le travail de recherche est un « brouillon », à l'usage exclusif de son auteur, la rédaction de la réponse collective et la description de la démarche sont destinées à être communiquées. Elles doivent donc être présentées clairement et correctement dans tous les sens du terme. Une présentation réussie ne devrait pas avoir besoin d'explication orale.

Phase 3 – Mise en commun
Chaque rapporteur vient présenter à tour de rôle la proposition de son groupe.
L'enseignant sollicite la participation des autres groupes pour débattre sur la validité des solutions et les différents types d'erreurs.
En cas de réponses contradictoires, il faut envisager la possibilité de réponses différentes, élucider les causes d'erreur, admettre que les démarches pour parvenir à la réponse exacte peuvent être très différentes.

B **Phase 4 – Travail à partir du manuel**
Quand les présentations des enfants ont été discutées et qu'une réponse collective, admise par tous a été rédigée, les démarches présentées dans le livre sont examinées individuellement et comparées avec celles qui ont été proposées par les différents groupes. L'enseignant demande à chacun de chercher à les comprendre et de conclure le raisonnement commencé.
L'équipe d'Adrien travaille par tâtonnements.
Si un carreau correspond à dix unités, en comptant à partir de 40, on constate que la graduation 70 de correspond pas à celle indiquée sur la droite graduée.
Si un carreau correspond à cinq unités, les graduations se lisent 45, 50, 55, 60, 65, 70, ce qui correspond à celles de la droite graduée. Il est ensuite facile de placer les graduations 25 et 10.
L'équipe de Clémence adopte une démarche plus déductive : l'écart entre 40 et 70 est 30 pour 6 carreaux. Un carreau correspond alors à cinq unités.
Une discussion collective permet ensuite de comparer toutes les réponses et de sélectionner les procédures les plus efficaces.

Activités individuelles

S'exercer, résoudre

Pour chacune des trois situations proposées, l'enseignant distribue les photocopies correspondantes ou demande aux enfants de reproduire les droites du manuel. Il insiste alors sur la rigueur à apporter à leur reproduction. Toute erreur entraîne l'impossibilité de répondre correctement.

1 La réaction la plus fréquente consiste à prendre un carreau par unité. Il est facile de constater que cela ne convient pas. Les démarches de l'activité Chercher B permettent de constater qu'il faut prendre deux carreaux pour une unité puisqu'il y a 6 carreaux entre 3 et 6.

2 Un carreau correspond à dix unités, la graduation 575 doit donc être placée exactement entre 570 et 580, et la graduation 505 entre 500 et 510.

3 Un carreau correspond à vingt unités, la graduation 50 doit donc être placée entre 40 et 60.

Atelier problèmes

Si l'enseignant veut proposer des problèmes de recherche différents, il peut les choisir parmi les trois proposés en « Atelier problèmes (4) », page 154 du manuel de l'élève.

Leçon 65 – PROBLÈMES Procédures personnelles (4)

Nom : ....

Prénom : ....

Chercher

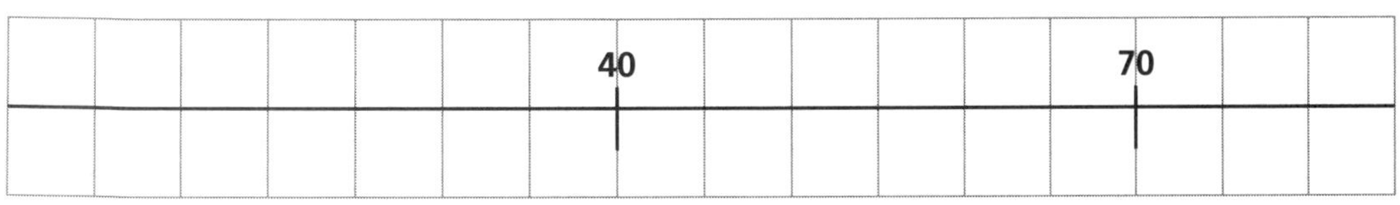

Problème 1

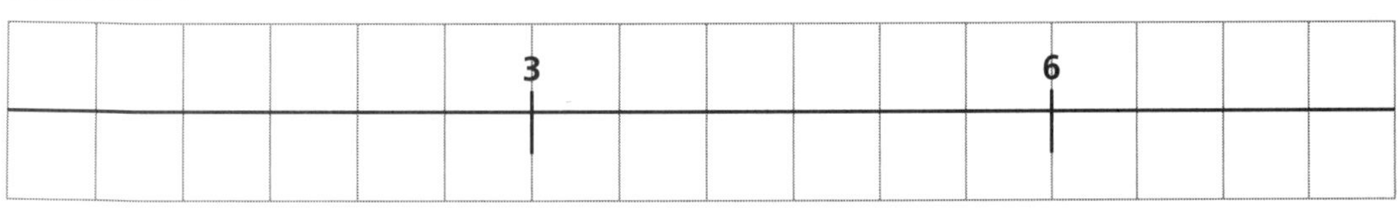

Problème 2

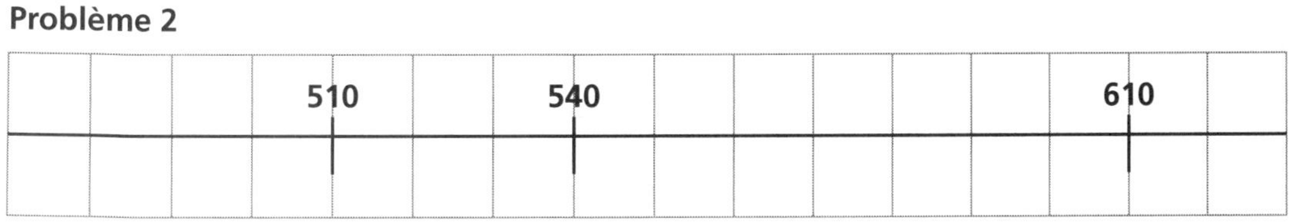

Problème 3

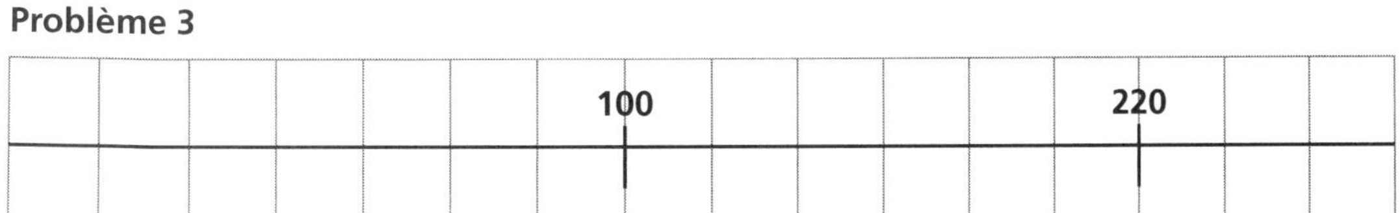

66 Solides (2) : Autour du cube

(manuel de l'élève p. 134-135)

COMPÉTENCES : Percevoir, décrire et construire un solide.
Vérifier certaines propriétés relatives aux faces ou aux arêtes d'un solide.

Calcul mental

Petits quotients.
L'enseignant dit : « Quel est le quotient de la division de 42 par 6 ? » ou encore « Par quel nombre faut-il multiplier 6 pour obtenir 42 ? ». L'élève écrit 7.
Première séquence : 42 : 6 ; 45 : 5 ; 24 : 8 ; 16 : 4 ; 35 : 7 ; 12 : 4 ; 36 : 9 ; 24 : 6 ; 27 : 3 ; 72 : 9 ; 28 : 7.
Deuxième séquence : 15 : 3 ; 25 : 5 ; 49 : 7 ; 36 : 6 ; 64 : 8 ; 56 : 7 ; 28 : 4 ; 35 : 7 ; 48 : 6 ; 81 : 9 ; 70 : 10.

Matériel

Le plus grand nombre possible de cubes identiques (cubes pédagogiques, jeux de construction, dés, boîtes cubiques...).

Activités collectives

Lire, débattre

Léna raisonne comme beaucoup d'enfants et d'adultes : si un objet possède un nombre donné de parties particulières, alors l'assemblage de deux de ces objets en possèdera le double.
Pour vérifier les hypothèses émises lors de cette investigation, les enfants devront manipuler des cubes mis à leur disposition.

Assembler des cubes
Suivant le nombre de cubes dont on dispose dans la classe, les enfants travaillent par paires ou en ateliers de quatre ou cinq.
L'enseignant donne à chaque groupe trois cubes de même grandeur ainsi qu'une ou deux feuille de papier quadrillé. Les élèves sont invités à dessiner puis à compter le nombre de faces, de sommets et d'arêtes des différents solides obtenus en les assemblant face contre face.
Le travail se déroule en trois étapes :
– un seul cube ;
– le pavé obtenu par assemblage de deux cubes ;
– les deux solides obtenus par assemblage de trois cubes.
La difficulté de concevoir comme arête celle de l'angle dièdre « rentrant » et comme sommets les extrémités de cette arête, doit être levée par la discussion.
Les productions obtenues sont les suivantes :

un cube : 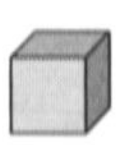 6 faces, 8 sommets, 12 arêtes

deux cubes : 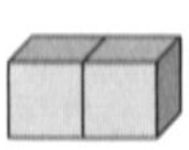 6 faces, 8 sommets, 12 arêtes

trois cubes : 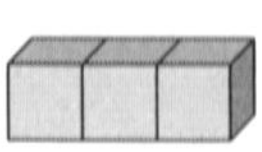 6 faces, 8 sommets, 12 arêtes

trois cubes : 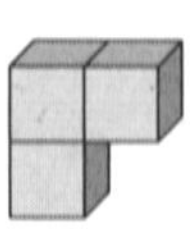 8 faces, 12 sommets, 18 arêtes

Chercher

A Les enfants observent les dessins et cherchent à se représenter l'assemblage dans l'espace. Ils donnent alors leurs avis. En cas de divergences dans les réponses, l'enseignant les invite à justifier leurs affirmations. Pour clore la discussion, il construit l'assemblage des huit cubes représenté sur le manuel. Les enfants l'observent tour à tour depuis les positions attribuées à Owen, Thalia et Victor. La vision binoculaire qui permet de voir les reliefs est un obstacle qu'il faut surmonter par la discussion : la photo aplatit la profondeur.
a. Owen a pris la photo B, Thalia la photo A et Victor la photo C.
b. Victor était devant l'assemblage, Thalia derrière et Owen au-dessus.

B Les enfants dessinent les vues de gauche, de droite et de dessous. Ils vérifient en venant se placer dans les positions correspondantes face à l'assemblage.

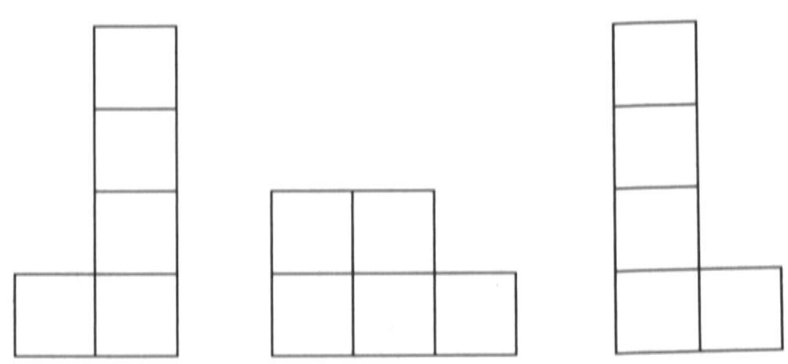

b. Vue de gauche **a.** Vue de dessous **c.** Vue de droite

C Le comptage des faces, sommets et arêtes du solide est assez difficile et demande de la méthode. L'enseignant guide le travail en marquant par exemple à la craie, au feutre ou en collant une gommette sur chaque élément après son comptage.
Résultat : 11 faces, 18 sommets et 27 arêtes.

Activités individuelles

S'exercer, résoudre

1 La vue de face ① élimine le solide **b**.
La vue de dessus ②, élimine les solides **c** et **e**.
La vue du côté droit ③ élimine les solides **a** et **c** (déjà éliminé).
Le solide cherché est donc le solide **d**.

2 On obtient :

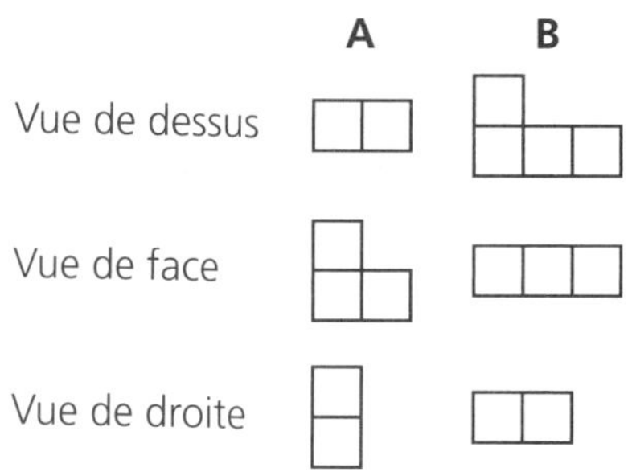

3 En cas d'erreur, la remédiation la plus simple consiste à construire l'assemblage et à compter faces, sommets et arêtes.
On obtient : 10 faces, 15 sommets et 27 arêtes.

Banque d'exercices : n°s 11 et 12 p. 152-153 du manuel de l'élève.

(11)

Propriétés du cube	visibles	cachés
6 faces	3	3
12 arêtes	9	3
8 sommets	7	1

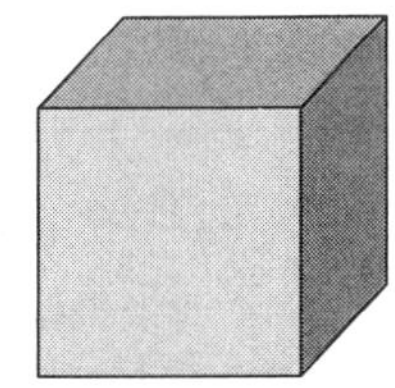

(12) Le solide peut laisser les empreintes **B, C** et **D**.

Calcul réfléchi

L'exemple effectué induit la méthode de calcul.
On obtient successivement : 546 ; 651 ; 945 ; 1 092 ; 1 407.

Prolongements

Cahier d'activités mathématiques CM1, Fiche 6 p. 9 et Fiche A de l'encart matériel « Patron de cube ».

67 Fractions décimales (1)

(manuel de l'élève p. 136-137)

COMPÉTENCE : Lire, écrire des fractions décimales.

Calcul mental

Ajouter des multiples de 50.

L'enseignant dit : « 350 + 250 ». L'élève écrit 600.

Première séquence : 350 + 250 ; 800 + 250 ; 750 + 150 ; 450 + 450 ; 250 + 550 ; 700 + 450 ; 1 250 + 550 ; 1 550 + 450 ; 2 050 + 750 ; 850 + 850

Deuxième séquence : 250 + 550 ; 900 + 250 ; 750 + 750 ; 350 + 650 + 700 + 850 ; 950 + 950 ; 1 250 + 900 ; 1 600 + 1 050 ; 1 350 + 1 350 ; 2 200 + 850

Matériel

Photocopie à distribuer aux enfants (*cf.* en fin de leçon) :
- la bande graduée de l'activité « Chercher » et celle de l'exercice 3 ;
- le carré quadrillé 10 × 10 pour l'exercice 5.

Observations préliminaires

L'introduction des nombres décimaux par les fractions décimales est celle que nous avons retenue, car elle nous paraît la plus cohérente du point de vue du sens. L'écriture des nombres décimaux est une autre écriture des fractions décimales : un dixième s'écrit $\frac{1}{10}$ ou 0,1, un centième s'écrit $\frac{1}{100}$ ou 0,01.

Cette leçon est très importante car, si les élèves parviennent à maîtriser les relations entre les différentes fractions décimales et les unités, l'introduction des nombres décimaux en sera facilitée. Elle est prévue pour deux séances :
- la première est consacrée aux dixièmes : « Lire, débattre » ; « Chercher » activité **A** et « S'exercer, résoudre » exercices 1 et 3 ;
- la seconde est consacrée aux centièmes : « Chercher » activité **B** et « S'exercer, résoudre » exercices 2, 4, 5 et 7.

Cependant, selon le rythme d'avancement de sa classe, l'enseignant pourra y consacrer une troisième séance afin de consolider les acquis.

Activités collectives

Lire, débattre

Les enfants lisent les questions posées ; ceux qui le peuvent répondent, oralement ou par écrit suivant la consigne de l'enseignant. Cette phase d'investigation permet de dégager le sens des mots « dixièmes », « centièmes » par rapprochement.

L'enseignant fait lire, puis commenter l'explication de Mathéo qui introduit le terme de fraction décimale.

Chercher

A Les enfants reproduisent la droite graduée ou utilisent celle de la photocopie donnée par l'enseignant pour placer les fractions proposées dans le manuel.

a. L'enseignant reproduit la droite au tableau et demande à quelques enfants d'y placer les mêmes fractions.

On dit que cette droite est graduée en dixièmes, car on compte dix graduations entre chaque unité.

Les fractions inférieures à l'unité sont $\frac{2}{10}$, $\frac{4}{10}$ et $\frac{8}{10}$. Sur la droite elles sont situées entre 0 et 1.

Les fractions supérieures à l'unité sont $\frac{12}{10}$, $\frac{13}{10}$ et $\frac{16}{10}$. La fraction $\frac{10}{10}$ est égale à 1.

L'enseignant demande aux enfants s'il est possible de savoir si une fraction est inférieure, égale ou supérieure à l'unité sans les placer sur une droite graduée. Il suffit de comparer le numérateur et le dénominateur :
- la fraction $\frac{8}{10}$ est inférieure à l'unité, car le numérateur 8 est inférieur au dénominateur 10
- la fraction $\frac{13}{10}$ est supérieure à l'unité, car le numérateur 13 est supérieur au dénominateur 10.

b. *« Quelle fraction de dénominateur 10 est égale à 2 ? à 3 ? à 4 ? »* Ce sont respectivement les fractions $\frac{20}{10}$; $\frac{30}{10}$; $\frac{40}{10}$...

On peut vérifier les réponses en prolongeant la droite graduée au tableau et en plaçant ces fractions sur cette droite.

Les élèves répondent par écrit à la consigne b après que l'enseignant a donné un exemple :

$\frac{18}{10}$ est supérieur à 1 et inférieur à 2, on écrit donc $1 < \frac{18}{10} < 2$

$0 < \frac{4}{10} < 1$ $\quad 1 < \frac{13}{10} < 2$ $\quad 2 < \frac{21}{10} < 3$

Si quelques enfants n'ont pas su répondre, l'enseignant utilise la droite graduée pour justifier les réponses et pose trois nouvelles questions.

B Les enfants observent la droite graduée, cherchent à répondre à la question et notent par écrit les réponses aux consignes **a** et **b**, l'enseignant s'assure que celles-ci sont bien comprises.

– Entre deux unités, on compte 100 graduations, chacune correspond à 1 centième.

a. A → $\frac{5}{100}$ $\quad$ B → $\frac{27}{100}$ $\quad$ E → $\frac{80}{100}$ $\quad$ F → $\frac{108}{100}$

b. C → $\frac{6}{10}$ $\quad$ D → $\frac{8}{10}$ $\quad$ G → $\frac{12}{10}$

Après la correction collective des questions précédentes, les enfants répondent par écrit, individuellement ou à deux, aux questions suivantes. La droite graduée sera utilisée pour la vérification des réponses.

c. $\frac{8}{10} = \frac{80}{100}$ $\quad \frac{1}{10} = \frac{10}{100}$ $\quad \frac{5}{10} = \frac{50}{100}$

d. Le nombre entier 1 est égal à 100 centièmes. Le nombre 2 peut donc être remplacé par $\frac{200}{100}$.

Activités collectives

S'exercer, résoudre

1 Point rouge → $\frac{2}{10}$; point bleu → $\frac{7}{10}$; point vert → $\frac{13}{10}$; point orange → $\frac{22}{10}$.

En cas d'erreurs, l'enseignant utilise la droite photocopiée pour proposer d'autres activités semblables.

2 $\frac{10}{100}$ → dix centièmes

$\frac{1}{10}$ → un dixième

$\frac{25}{100}$ → vingt-cinq centièmes

3 L'enseignant peut utiliser la droite photocopiée pour résoudre l'exercice mais aussi pour un travail de remédiation si certains enfants éprouvent des difficultés.

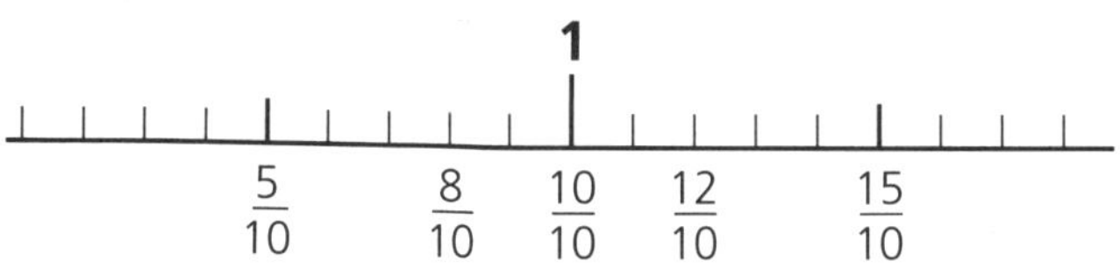

4 a. Vrai **b.** Vrai **c.** Faux **d.** Vrai

5 a. $\frac{52}{100}$ du carré sont coloriés ; $\frac{30}{100} + \frac{15}{100} + \frac{7}{100} = \frac{52}{100}$.

b. $\frac{48}{100}$ du carré ne sont pas coloriés ; $\frac{100}{100} - \frac{52}{100} = \frac{48}{100}$.

6 a. $\frac{1}{10} = \frac{10}{100}$; $\frac{5}{10} = \frac{50}{100}$; $\frac{9}{10} = \frac{90}{100}$; $\frac{23}{10} = \frac{230}{100}$

b. $6 = \frac{60}{10}$; $2 = \frac{200}{100}$; $1 = \frac{10}{10}$; $10 = \frac{1\,000}{100}$

7 $\frac{8}{100}$ € = 8 c ; $\frac{12}{100}$ € = 12 c ; $\frac{15}{100}$ € = 15 c ; $\frac{97}{100}$ € = 97 c.

Réinvestissement

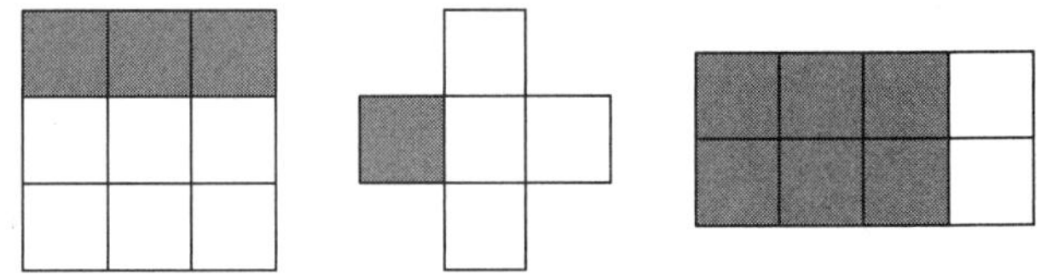

① ② ③

D'autres coloriages sont possibles.

Banque d'exercices : nos 13, 14 et 15 p. 153 du manuel de l'élève.

(13) **A.** $\frac{28}{10}$; **B.** $\frac{33}{10}$; **C.** $\frac{38}{10}$; **D.** $\frac{45}{10}$; **E.** $\frac{51}{10}$.

(15)

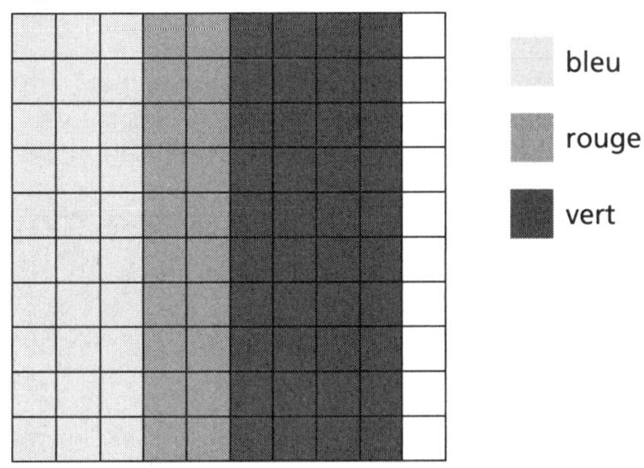

L'aire non coloriée représente $\frac{1}{10}$ du carré ou $\frac{10}{100}$.

Prolongements

Cahier d'activités mathématiques CM1, Fiche 34 p. 36

Leçon 67 – Fractions décimales (1)

Nom : ....

Prénom : ....

Activité « Chercher » (A)

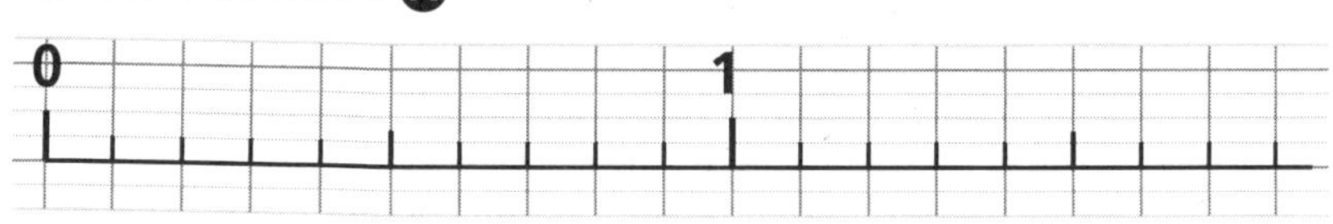

Exercice 3

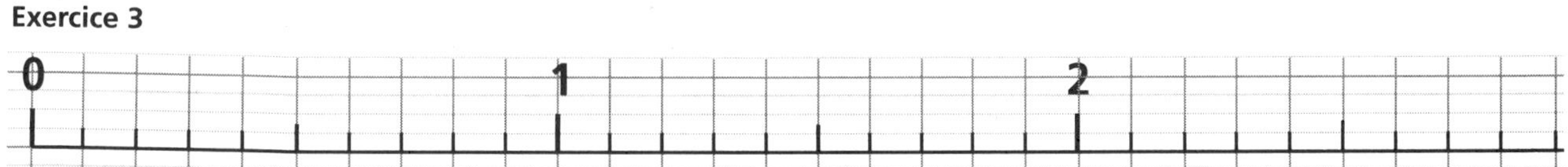

Exercice 5

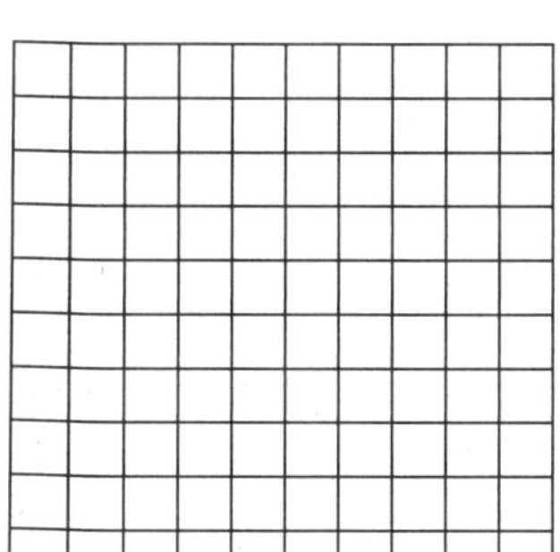

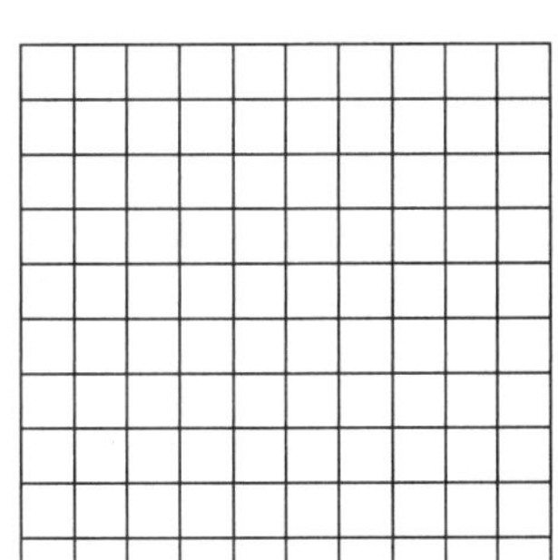

68 Contenances

(manuel de l'élève p. 138-139)

COMPÉTENCES : Mesurer une contenance. Effectuer des calculs sur les contenances. Utiliser les équivalences entre les unités.

Calcul mental

Diviser par 10, 100 (quotient entier).

L'enseignant dit : « 3 600 divisé par 100 ». L'élève écrit 36.

Première séquence : 3 600 divisé par 10 ; 1 500 divisé par 10 ; 2 450 divisé par 10 ; 1 000 divisé par 100 ; 3 000 divisé par 100 ; 2 400 divisé par 100 ; 19 000 divisé par 100 ; 15 000 divisé par 1000 ; 34 000 divisé par 1 000 ; 800 000 divisé par 1 000.

Deuxième séquence : 450 divisé par 10 ; 2 300 divisé par 100 ; 2 600 divisé par 10 ; 4 800 divisé par 100 ; 3 200 divisé par 10 ; 5 100 divisé par 10 ; 12 000 divisé par 100 ; 18 000 divisé par 10 ; 23 000 divisé par 1 000 ; 700 000 divisé par 1 000.

Matériel

Bouteilles en plastique, boîtes de jus de fruits, d'eau gazeuse, divers flacons de médicaments ou cosmétiques vides, boîtes de produits alimentaires en plastique portant des indications de mesures de contenances en L, cL, mL.

Observations préliminaires

L'enseignant peut répartir le travail en deux séances : la première journée est consacrée au travail sur les conversions et les graduations, la seconde à la réalisation de l'activité C et des problèmes 6 et 7.

Activités collectives

Lire, débattre

Les enfants lisent la question que pose Mathéo et la liste qu'il présente. Au cours de cette phase d'investigation, ils doivent trouver l'intrus dans cette liste. Ils constatent alors que toutes les quantités sont des contenances ; elles correspondent au contenu d'un récipient sauf une : la pincée de sel. C'est l'intrus.

Chercher

A Les enfants observent les correspondances entre les unités légales. Ils ont déjà étudié les mesures de longueurs (leçon 27) et les mesures de masses (leçon 47) ; ils n'auront aucun mal à établir l'analogie entre les mesures du système métrique. Ils donnent la signification des abréviations des sous-multiples du litre : dL pour décilitre, cL pour centilitre, mL pour millilitre. L'enseignant leur demande où ils ont vu ces abréviations. Il tient en réserve des bouteilles, des boîtes de jus de fruits et des flacons de médicaments vides au cas où les enfants ne sauraient répondre. Les enfants donnent aussi la définition de chaque mot, mettant ainsi en pratique leur connaissance des fractions décimales (leçon 67) : un décilitre signifie un dixième de litre, un centilitre c'est un centième de litre et un millilitre c'est un millième de litre. Ils peuvent alors recopier et compléter les égalités : 1 L = 10 dL ; 1 L = 100 cL ; 1 L = 1 000 mL.

L'enseignant leur demande de ranger les unités de mesure des contenances dans l'ordre décroissant : L, dL, cL, mL.

Les enfants lisent le Mémo, et l'enseignant explique le fonctionnement du tableau de conversion.

B Les enfants lisent la première question. Certains d'entre eux ont sûrement utilisé (ou vu l'utiliser) un verre doseur dans la cuisine familiale pour mesurer les quantités d'ingrédients. Le verre doseur sert à mesurer des contenances.

a. Les enfants examinent la manipulation de Nayala pour mesurer la contenance d'un pot de yaourt en se servant du verre doseur. Ils constatent que le niveau de l'eau versée se situe entre deux graduations ; Nayala ne peut donc pas connaître avec précision la contenance du pot.

b. Rémi verse 10 pots, et l'eau atteint exactement une graduation. Les enfants peuvent alors répondre à la question :

– « *Quelle est en cL la contenance des 10 pots ?* »

L'enseignant dessine le verre doseur au tableau. Il servira à l'explication collective.

Pendant quelques minutes, les enfants cherchent seuls la quantité totale d'eau versée par Rémi grâce à la lecture des graduations. Des volontaires viennent au tableau expliquer leur méthode. Ils peuvent avoir cherché la valeur d'une graduation, puis compté les graduations une à une ou avoir trouvé une solution plus experte. L'essentiel est de trouver la bonne réponse. Cependant, lors de la mise en commun du travail, l'enseignant privilégie la méthode experte. Si la grande graduation (grand trait) marque 1 L, la demi-graduation (trait moyen) indique le demi-litre. Rémi a donc versé 1,5 L d'eau ou 150 cL ; (1 L = 100 cL ; $\frac{1}{2}$ L = 50 cL).

Si 10 pots contiennent 150 cL, 1 pot contient 10 fois moins, 150 : 10 = 15 cL.

On peut donner exactement la contenance d'un pot. Rémi a réalisé une mesure plus précise.

Si aucune équipe n'a calculé la valeur d'une graduation pour répondre aux questions du problème, l'enseignant invite les enfants à le faire car ils auront besoin de ce type de calcul pour résoudre le problème 6.

1 L contient 10 graduations. 1 L = 100 cL ; une graduation correspond donc à 10 cL de liquide.

Le liquide dépasse le litre de 50 cL (5 graduations). Les 10 pots contiennent donc 150 cL.

C Les enfants lisent l'énoncé et cherchent seuls pendant plusieurs minutes avec le soutien de l'enseignant, puis se regroupent par quatre et traitent complètement le problème. L'enseignant signale aux enfants qu'ils peuvent consulter le Mémo et qu'ils ont le tableau de conversion à leur disposition. Si les enfants ont oublié son fonctionnement, l'enseignant le leur rappelle. Quand les équipes ont fini leurs calculs, chaque rapporteur présente au tableau la solution retenue par son équipe. Les erreurs sont signalées et corrigées par la classe qui valide les réponses justes.

Pendant la mise en commun, l'enseignant attire l'attention des enfants sur la diversité des unités de contenance utilisées dans la recette. Pour additionner des contenances, il faut

exprimer leurs mesures avec la même unité. L'enseignant rappelle les acquis avec les mesures de longueur et de masse. Il faut choisir une unité commune, ici le centilitre présent deux fois dans la recette avec le jus d'orange et le jus de citron. Reste à convertir 200 mL (jus de raisin) et 4 dL (eau gazeuse).
200 mL = 20 cL et 4 dL = 40 cL.
Il faut une coupe qui contienne 95 cL ; (25 + 10 + 20 + 40 = 95).
Anouchka choisit la coupe d'un litre, car 1 L = 100 cL, les autres ont une contenance inférieure à 95 cL.
(50 cL < 95 cL ; 800 mL = 80 cL < 95 cL).

Activités individuelles

S'exercer, résoudre

1 L'enseignant renvoie les enfants au Mémo de la leçon.
a. 2 L = 20 dL ; 500 mL = 5 dL ; 300 cL = 30 dL
b. 1 L = 100 cL ; 5 dL = 50 cL ; 300 mL = 30 cL
c. 2 L = 2 000 mL ; 30 cL = 300 mL ; 6 dL = 600 mL

2 Cet exercice de rangement par ordre croissant de quatre quantités met en évidence la nécessité de les exprimer avec la même unité. On choisit le millilitre qui est exprimé deux fois. Ne reste plus qu'à convertir les deux autres quantités:
2dL = 200 mL ; 15 cL = 150 mL.
Ordre croissant des contenances : le flacon rose de 100 mL ; le flacon bleu de 150 mL ; le flacon orange de 200 mL ; le flacon rouge de 250 mL.

3 Pour résoudre ce problème, il faut aussi exprimer les quantités de sirop avec la même unité.
3 cL = 30 mL ; 15 est la moitié de 30.
Arnaud doit prendre deux cuillerées de sirop chaque soir.

4, 5 Ces problèmes utilisent les mesures des contenances pour traiter les relations entre les nombres 100, 25 et 5.

4 1 L = 100 cL ; 100 = 25 × 4 ; il faut 4 canettes de soda pour remplir une bouteille de 1 L.

5 10 cL = 100 mL ; 100 = 20 × 5 ; il faut donner 20 cuillerées au bébé pour finir le pot.

6 Ce problème reprend l'activité **B** du « Chercher ».
Les enfants observent attentivement les éprouvettes qui ne sont pas étalonnées dans les mêmes unités, et ne sont pas identiques.

Les éprouvettes **A** et **B** sont étalonnées en cL : il faut cinq graduations pour atteindre 100 cL, une graduation correspond donc à 20 cL. Le liquide rouge dépasse 200 cL de deux graduations, soit 40 cL.
- Quantité de liquide dans l'éprouvette **A** : 240 cL.

La mesure du liquide vert se situe à une graduation au-dessous de 100.
- Quantité de liquide dans l'éprouvette **B** : 80 cL.

Les éprouvettes **C** et **D** sont étalonnées en mL : il faudra effectuer une conversion pour donner la réponse en cL. Il faut quatre graduations pour atteindre 100 mL. Une graduation correspond donc à 25 mL. Pour faciliter la lecture des graduations, celles des 50 mL sont plus longues que les autres.
La quantité de liquide violet dépasse la graduation 300 de 50 mL.
- Quantité de liquide mesurée par l'éprouvette **C** : 350 mL, soit 35 cL.

La mesure du liquide orange se situe à 25 mL au-dessous de 200.
- Quantité de liquide mesurée par l'éprouvette **D** : 175 mL, soit 17 cL et demi ou 17 cL et 5 mL.

7 Ce problème fait appel à une bonne connaissance des relations entre les nombres 75, 150, 300, 600, 900.
Un *Magnum* contient un litre et demi, soit 150 cL, le double de 75 cL. Pour le remplir, il faut deux bouteilles de 75 cL.
Un *Jéroboam* contient 3 L, soit 300 cL, le double de 150 ou le quadruple de 75. Pour le remplir, il faut 4 bouteilles de 75 cL.
Un *Mathusalem* contient 6 L soit 600 cL, le quadruple de 150 ou huit fois plus que 75. Pour le remplir, il faut 8 bouteilles de 75 cL.
Un *Salmanazar* contient 9 L, soit 900 cL, le triple du *Jéroboam* de 300 cL ou douze fois plus que 75. Pour le remplir, il faut 12 bouteilles de 75 cL.

Banque d'exercices : n°s 16, 17, 18 p. 153 du manuel de l'élève.

(16) Pour comparer des contenances, il faut les exprimer dans la même unité, par exemple en millilitres.
30 L = 30 000 mL
37 cL = 370 mL
300 cL = 3 000 mL
La plus petite contenance est 37 cL.
La plus grande contenance est 30 L.

(17) 1 L = 100 cL
10 × 10 = 100
Avec un litre, je peux servir 10 verres de jus d'ananas.

(16) Pour ajouter des contenances, il faut les convertir dans la même unité.
1 L = 100 cL
1 dL = 10 cL
100 + 10 + 50 = 160
Mélanie obtient 160 cL de jus de fruits.

Calcul réfléchi

Diviser un nombre par 2
Les enfants connaissent ou savent calculer les moitiés des nombres pairs.
Pour diviser un nombre impair par 2, il suffit de calculer la moitié du nombre pair qui le précède, le reste est toujours 1.

27 divisé par 2
27 = 26 + 1
= (2 × 13) + 1
Quotient 13, reste 1.

43 divisé par 2
43 = 42 + 1
= (2 × 21) + 1
Quotient 21, reste 1.

48 divisé par 2
48 = 2 × 24
Quotient 24, reste 0.

51 divisé par 2
51 = 50 + 1
= (2 × 25) + 1
Quotient 25, reste 1.

64 divisé par 2
64 = 2 × 32
Quotient 32, reste 0.

69 Fractions décimales (2)

(manuel de l'élève p. 140-141)

COMPÉTENCE : Décomposer une fraction décimale.

Calcul mental

Trouver le quotient.

L'enseignant dit : « Combien de fois 6 dans 42 ? ». L'élève écrit 7.

Première séquence : 6 dans 42 ; 6 dans 36 ; 4 dans 32 ; 8 dans 56 ; 9 dans 45 ; 8 dans 48 ; 7 dans 49 ; 6 dans 54 ; 9 dans 36 ; 8 dans 72.

Deuxième séquence : 8 dans 32 ; 5 dans 45 ; 7 dans 56 ; 6 dans 48 ; 9 dans 54 ; 4 dans 36 ; 8 dans 64 ; 9 dans 72 ; 5 dans 35 ; 9 dans 63.

Activités collectives

Lire, débattre

Les enfants lisent l'observation des personnages. Ceux qui pensent pouvoir répondre à la question le font. L'enseignant les laisse s'exprimer sans intervenir. Il rappelle seulement la réponse donnée au cours de la leçon 67 : « Comment appelle-t-on le centième d'euro ? ». Certains enfants en déduiront peut-être que $\frac{150}{100}$ d'euro c'est 150 centimes, donc 1 € 50 centimes.

L'enseignant laisse la question en suspens, elle sera élucidée à la fin des activités Chercher.

Chercher

A Décomposer une fraction en somme d'un entier et d'une fraction décimale.

a. L'observation de la droite graduée permet aux enfants de découvrir la valeur d'une graduation : un dixième. Ils doivent pouvoir en déduire que la lettre **A** correspond à $\frac{13}{10}$ et la lettre **B** à $\frac{27}{10}$. Si les enfants éprouvent encore des difficultés à répondre à ces questions, il est nécessaire de reprendre le travail de la leçon 67 avant de poursuivre.

b. Les fractions $\frac{13}{10}$ et $\frac{27}{10}$ sont supérieures à l'unité, il est donc possible d'en extraire un nombre entier et une fraction inférieure à l'unité.

La première décomposition est présentée au tableau et commentée pas à pas avec le support de la droite graduée.

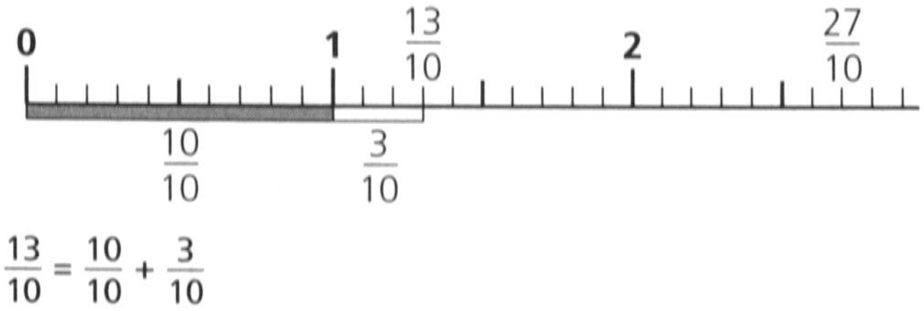

$\frac{13}{10} = \frac{10}{10} + \frac{3}{10}$

$\frac{10}{10} = 1$

$\frac{13}{10} = 1 + \frac{3}{10}$

Les enfants effectuent seuls la deuxième décomposition que l'un d'entre eux vient ensuite expliquer au tableau :

$\frac{27}{10} = \frac{20}{10} + \frac{7}{10} = 2 + \frac{7}{10}$

c. Pour s'assurer que tous les enfants ont bien compris cette décomposition, l'enseignant en propose quelques autres : $\frac{18}{10}$; $\frac{32}{10}$; $\frac{48}{10}$; $\frac{52}{10}$; $\frac{35}{10}$.

Pour terminer, il propose : $\frac{30}{10}$; $\frac{60}{10}$, etc. qui correspondent à des nombres entiers.

B Décomposer une fraction en unités, dixièmes, centièmes.

L'enseignant fait observer que cette droite graduée ne part pas de 0, ce n'est donc qu'un « morceau » d'une droite graduée trop longue pour trouver sa place sur le manuel.

– « *Comment trouver alors la valeur d'une petite graduation ?* » En observant la valeur des graduations repérées par des nombres.

$\frac{28}{10}$ et $\frac{29}{10}$ sont des dixièmes. Entre ces deux nombres, on compte 10 petites graduations, chacune est donc le dixième d'un dixième, c'est-à-dire un centième, tout comme le dixième d'un décimètre est un centimètre. La règle plate d'un mètre de la classe offre un exemple concret pour illustrer ce raisonnement.

a. Les fractions suivantes correspondent aux lettres placées sur la droite graduée :

$$\mathbf{M} \rightarrow \frac{295}{100} \quad \mathbf{P} \rightarrow \frac{305}{100} \quad \mathbf{R} \rightarrow \frac{310}{100} \quad \mathbf{S} \rightarrow \frac{324}{100}$$

b. Comme pour l'exemple ci-dessus, cette décomposition est commentée au tableau. Il est important que les enfants comprennent ce qu'ils font et ne se contentent pas de l'appliquer mécaniquement.

Les autres fractions sont décomposées individuellement et corrigées collectivement au tableau :

$$\mathbf{P} : \frac{305}{100} = \frac{300}{100} + \frac{5}{100} = 3 + \frac{5}{100}$$

$$\mathbf{R} : \frac{310}{100} = \frac{300}{100} + \frac{10}{100} = 3 + \frac{10}{100} \text{ (on accepte } 3 + \frac{1}{10}\text{)}$$

$$\mathbf{S} : \frac{324}{100} = \frac{300}{100} + \frac{20}{100} + \frac{4}{100} = 3 + \frac{24}{100}$$

Si les erreurs sont fréquentes, afin de consolider les acquis, l'enseignant propose encore la décomposition de quelques fractions, par exemple : $\frac{420}{100}$; $\frac{186}{100}$; $\frac{207}{100}$.

Quelques exemples connus des enfants peuvent alors être utilisés :

235 centimes = $\frac{235}{100}$ d'euro = 2 euros + $\frac{35}{100}$ = 2 euros 35 centimes

640 centimètres = $\frac{640}{100}$ de mètre = 6 m + $\frac{40}{100}$ = 6 m 40 cm

c. C'est la réciproque des décompositions précédentes :

$2 + \frac{8}{10} + \frac{7}{100} = \frac{287}{100}$ $\qquad$ $3 + \frac{28}{100} = \frac{328}{100}$ $\qquad$ $1 + \frac{8}{100} = \frac{108}{100}$

Activités individuelles

S'exercer, résoudre

1 a. $\frac{25}{10} = 2 + \frac{5}{10}$ $\frac{62}{10} = 6 + \frac{2}{10}$ $\frac{40}{10} = 4$

b. $\frac{37}{10} = 3 + \frac{7}{10}$ $\frac{86}{10} = 8 + \frac{6}{10}$ $\frac{100}{10} = 10$

Cette dernière égalité demandera sans doute une explication supplémentaire.

2 $\frac{154}{100} = 1 + \frac{5}{10} + \frac{4}{100}$; $\frac{362}{100} = 3 + \frac{6}{10} + \frac{2}{100}$;
$\frac{65}{100} = \frac{6}{10} + \frac{5}{100}$; $\frac{205}{100} = 2 + \frac{5}{100}$

3 a. 2 unités 3 dixièmes = $2 + \frac{3}{10} = \frac{20}{10} + \frac{3}{10} = \frac{23}{10}$

13 unités 5 dixièmes = $13 + \frac{5}{10} = \frac{130}{10} + \frac{5}{10} = \frac{135}{10}$

b. 1 unité 5 dixièmes 8 centièmes
$= 1 + \frac{5}{10} + \frac{8}{100} = \frac{100}{100} + \frac{50}{100} + \frac{8}{100} = \frac{158}{100}$

1 unité 4 centièmes = $1 + \frac{4}{100} = \frac{100}{100} + \frac{4}{100} = \frac{104}{100}$

4 Le débat provoqué en début de leçon peut trouver sa réponse ici :
Lilou a raison : $\frac{15}{10}$ d'euro = 1 euro + $\frac{5}{10}$ d'euro
= 1 euro + $\frac{50}{100}$ d'euro
Djamel a raison : $\frac{150}{100}$ d'euro = 1 euro + $\frac{50}{100}$ d'euro
Léo a tort : $\frac{50}{10}$ d'euro = 5 euros

5 Les enfants savent depuis la leçon 67 qu'un cm est égal à $\frac{1}{100}$ de m.
a. Les escargots ont parcouru :
Petit-Louis : $2 + \frac{1}{10} + \frac{4}{100}$ m = $\frac{214}{100}$ m = 214 cm

Bourgognet : $2 + \frac{2}{100}$ m = $\frac{202}{100}$ m = 202 cm

Gros-Gris : $2 + \frac{2}{10}$ m = $\frac{220}{100}$ = 220 cm

Mourguette : $1 + \frac{9}{10}$ m = $\frac{190}{100}$ m = 190 cm

b. 220 (Gros Gris) > 214 (Petit-Louis) > 202 (Bourgognet) > 190 (Mourguette).
Le rangement inverse est accepté, car le sens du rangement n'est pas mentionné dans la consigne.

Banque d'exercices : n° 14 p. 153 du manuel de l'élève.

(14) $\frac{50}{10} = \frac{10}{10} + \frac{10}{10} + \frac{10}{10} + \frac{10}{10} + \frac{10}{10} = 5$

$\frac{145}{100} = \frac{100}{100} + \frac{40}{100} + \frac{5}{100}$

$\frac{94}{10} = \frac{90}{10} + \frac{4}{10}$

$\frac{805}{100} = \frac{800}{100} + \frac{5}{100}$

Réinvestissement

S'il se place au-dessus du solide, l'enfant doit dessiner cette figure :

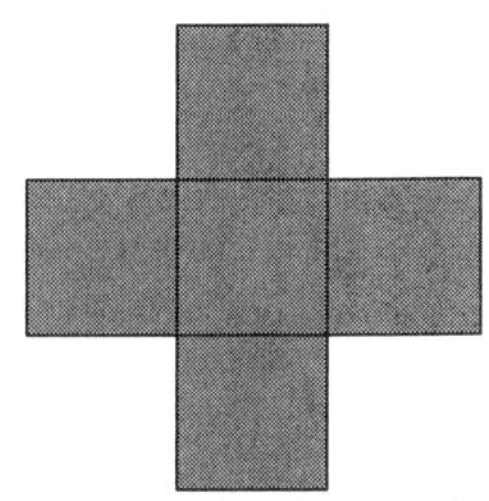

Prolongements

Cahier d'activités mathématiques CM1, Fiche 35 p. 38.

70 Identifier et tracer le symétrique d'une figure

(manuel de l'élève p. 142-143)

COMPÉTENCES : **Identifier et tracer le symétrique d'une figure par rapport à une droite donnée.**

Calcul mental

Dictée de fractions simples.

L'enseignant dit : « trois demis ». L'élève écrit $\frac{3}{2}$.

Première séquence : trois demis ; un quart ; deux tiers ; un cinquième ; quatre tiers ; trois quarts ; un tiers ; cinq demis ; sept quarts ; deux cinquièmes.

Deuxième séquence : un cinquième, cinq quarts ; quatre cinquièmes ; huit tiers ; quatre quarts ; un dixième ; treize centièmes ; deux neuviemes ; deux cinquièmes ; trois tiers.

Matériel

• Feuilles de papier unies, quadrillées 5 × 5 ou séyès, papier-calque, papier pointé centimétrique. Instruments du dessin géométrique.
• Photocopie des figures pour l'activité « Chercher » **B**, et pour les exercices 2, 3, 4 et 5 (*cf.* en fin de leçon).

Observations préliminaires

La leçon que nous présentons ici est la deuxième sur le thème de la symétrie. La première (*Compléter une figure par symétrie,* leçon 42, pages 86 et 87) permettait de mettre en œuvre les différentes techniques afin de reconnaître qu'une figure admet (ou n'admet pas) d'axes de symétrie. Cette deuxième leçon permet de tracer le symétrique d'une figure donnée par rapport à une droite.
La plupart des activités s'appuient sur l'utilisation du quadrillage ou du papier-calque. Cependant, l'enseignant peut les enrichir en invitant les enfants à se reporter à l'*Atelier informatique (4)* qui permet une autre approche de ces notions sous une forme plus attractive.

Activités collectives

Lire, débattre

Au cours de cette phase d'investigation, les enfants lisent le texte de Mathéo : « *Existe-t-il des axes de symétrie dans ces motifs africains ?* » Ils observent ensuite le document, puis échangent leurs remarques.
Ils devraient logiquement réinvestir leurs connaissances, puisqu'ils sont capables de reconnaître qu'une figure admet ou non un ou plusieurs axes de symétrie. L'enseignant note au tableau les remarques les plus pertinentes : le dessin de gauche (ou celui de droite) admet deux axes de symétrie : l'un horizontal, l'autre vertical ; la femme qui utilise le pilon est présente deux fois dos à dos comme si on la voyait dans un miroir ; les dessins de gauche et de droite sont symétriques ; ces deux dessins symétriques ont le même axe de symétrie…
À ce stade du débat, l'enseignant pourra demander aux élèves de distinguer les figures qui possèdent un ou plusieurs axes de symétrie, de celles qui sont symétriques par rapport à un axe donné, objectif de cette leçon.

Chercher

La séance de travail se déroule en deux phases :
– Activité **A** : identifier si une figure donnée possède un symétrique par rapport à une droite axe de symétrie ;
– Activité **B** : tracer le symétrique d'une figure par rapport à la droite donnée en utilisant deux moyens différents : le quadrillage et le calque.

A Les enfants travaillent par deux. Ils observent les trois figures et notent sur une feuille celles qu'ils jugent symétriques par rapport à l'axe de symétrie.
L'enseignant intervient alors : « *Comment vérifier que les figures dessinées sont symétriques ?* » Quelques volontaires explicitent les méthodes à l'ensemble de la classe :
– « On reproduit les figures et, par pliage, on vérifie que pour les dessins A et C chaque figure et son symétrique se superposent. »
– « On utilise un miroir placé verticalement sur l'axe de symétrie : l'image observée doit être semblable à la figure qui se trouve derrière le miroir. »
– « On utilise le quadrillage en comptant les carreaux, car un point et son symétrique sont à égale distance de l'axe de symétrie. »
On n'oublie pas que la droite qui porte un point et son symétrique est perpendiculaire à l'axe de symétrie.
– « *Comment a-t-on obtenu la figure* B ? »
On la décalque ou on réalise un gabarit que l'on fait pivoter (tourner de 180°) avant de la reproduire : cette figure a été obtenue par rotation. Afin d'éviter toute confusion, on éludera volontairement la symétrie centrale dans ce cas.

B Les enfants travaillent individuellement.
a. Ils reproduisent la figure du manuel et la droite rouge sur leur feuille quadrillée ou utilisent la photocopie distribuée par l'enseignant qui veille à une bonne exécution des tracés avant qu'ils poursuivent le travail. Lorsque la plupart ont terminé la figure, il propose de rappeler la procédure.
– « *Pour dessiner le symétrique d'un point, comment procède-t-on ?* »
On compte les carreaux qui séparent ce point de l'axe de symétrie. Pour dessiner le symétrique d'une figure, on trace d'abord les symétriques de plusieurs points importants de cette figure, par exemple les sommets.

b. Les élèves ont déjà utilisé le papier-calque à la leçon 42, cela ne devrait donc pas poser de problème particulier. Dans cette construction, la principale difficulté est due au drapeau bleu qui coupe l'axe de symétrie. L'enseignant s'assure donc que chaque élève le reproduit en totalité (y compris le mât), repasse sur le trait au dos du calque et reproduit ensuite sur la feuille unie sans oublier l'axe de symétrie. Lorsque la plupart ont terminé leur travail, il propose de rappeler la procédure pour tracer le symétrique.

– « *Pour dessiner le symétrique de cette figure, comment procède-t-on ?* »

On retourne le calque en superposant l'axe de symétrie tracé sur le calque avec celui tracé sur la feuille unie. Le point le plus important à positionner est celui de l'intersection entre le mât du drapeau et l'axe de symétrie, car il appartient à la fois au drapeau et au symétrique du drapeau.

L'enseignant affiche quelques productions : la classe rectifie les erreurs éventuelles ou valide les tracés corrects. L'enseignant se montre exigeant quant à la précision des tracés.

Activités individuelles

S'exercer, résoudre

1 Cet exercice reprend l'activité « Chercher » **A** dont il constitue un moyen d'évaluation. L'enseignant demande de vérifier les symétries par observation des points importants de chaque figure. L'utilisation du papier-calque permet d'aider les élèves en difficulté qui n'ont pas trouvé les réponses : les figures **a** et **c** ont été obtenues par symétrie. La figure **b** a été obtenue par translation, la figure **d** par rotation.

2, **3** Ces deux exercices reprennent l'activité « Chercher » **B**, **a.** Pour l'exercice 3, les nœuds du quadrillage du cahier peuvent remplacer le papier pointé.

L'enseignant vérifie que les figures du livre sont correctement reproduites. Le pliage est le meilleur moyen de vérifier si la figure tracée est le symétrique de la figure donnée.

4 Cet exercice reprend l'activité « Chercher » **B** **b.** Les mêmes recommandations sont à observer par les élèves.

5 Ce dernier exercice peut servir d'évaluation de la principale compétence de cette leçon, à savoir : tracer le symétrique d'une figure par rapport à un axe donné. La difficulté principale est la position de l'axe de symétrie ; certes l'axe reste horizontal ou vertical, mais la figure est présentée soit à gauche, soit au-dessus ou au-dessous, soit traversée par celui-ci. Nous avons réservé au CM2 la présentation de figures dont l'axe de symétrie est oblique

Calcul réfléchi

L'observation collective de l'exemple résolu permet aux enfants de découvrir la technique : on décompose le nombre en multiple de 10 pour trouver le nombre de dizaines et le reste.

L'enseignant demande aux élèves d'extrapoler cette technique à la division d'un nombre par 100.

Le quotient de 450 par 10 est 45, il reste 0.

256 = (25 × 10) + 6.

1 263 = (126 × 10) + 3

315 = (3 × 100) + 15

879 = (8 × 100) + 79

2 781 = (27 × 100) + 81

Banque d'exercices : nos 19 et 20 p. 153 du manuel de l'élève.

(19) Les dessins 1, 2 et 4 présentent des figures symétriques par rapport à la droite rouge.

(20)

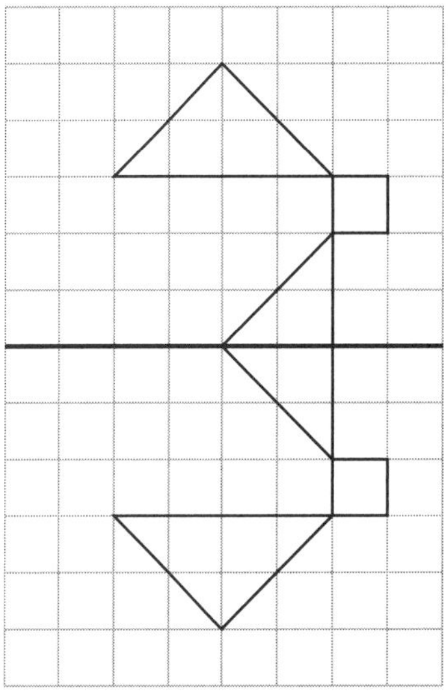

Prolongements

Cahier d'activités mathématiques CM1, Fiches 9 et 10 p. 12 et 13.

Atelier informatique (4) p. 132 du manuel de l'élève.

71 Fractions et mesures

(manuel de l'élève p. 144-145)

COMPÉTENCE : Utiliser des fractions simples dans les mesures.

Calcul mental

Arrondir à la centaine la plus proche.

L'enseignant dit : « Quel est le nombre en centaines entières le plus proche de 1 280 ? ». L'élève écrit 1 300.

Première séquence : 1 280 ; 815 ; 1 023 ; 489 ; 2 461 ; 948 ; 5 078 ; 4 999 ; 6 210 ; 8 351.

Deuxième séquence : 7 362 ; 549 ; 7 103 ; 2 094 ; 709 ; 1 863 ; 5 231 ; 8 253 ; 5 610 ; 8 502.

Observations préliminaires

Les fractions sont intimement liées à la mesure. Cette leçon a pour but d'appliquer les notions et concepts construits dans les leçons précédentes aux contextes décrits par les mesures de différentes grandeurs. Le cadre « atelier problème » se prête bien à la leçon.

Activités collectives

Lire, débattre

Les enfants doivent prendre en compte l'équivalence de la mesure de la durée en minutes d'une part, en quart d'heure d'autre part. Il leur faut ensuite additionner deux fractions simples ou convertir trois quarts d'heure en minutes. C'est l'intérêt du débat qui n'est pas trivial.

Chercher

Un enfant lit l'énoncé de l'activité **A**. L'enseignant s'assure de la compréhension des élèves en leur posant quelques questions : *« Qu'est-ce qu'un cocktail ? » « Que signifie le mot ingrédient ? » « Que demande-t-on en **a.** et **b.** ? »*

Les enfants se répartissent ensuite en équipes de trois ou quatre et répondent aux questions.

La correction est collective et immédiate.

a. Un litre vaut 100 centilitres. La définition même du dénominateur d'une fraction conduit à diviser 100 respectivement par 4, 2 et 10. On utilise donc 25 cL de jus d'ananas, 50 cL de jus de pamplemousse, 10 cL de jus de mandarine et 12 cL de grenadine.

b. Une heure, c'est soixante minutes. Camille met son cocktail 45 minutes au réfrigérateur.

Le même procédé de recherche en petites équipes suivi de la correction collective est appliqué en **B**.

Un kilogramme vaut 1 000 grammes.

$\frac{1}{5}$ kg = 200 g ; $\frac{1}{4}$ kg = 250 g ; $\frac{1}{8}$ kg = 125 g.

Activités individuelles

S'exercer, résoudre

1 Simple exercice de conversion. Le passage des unités décimales aux unités sexagésimales peut égarer certains enfants. En cas d'erreur, l'enseignant conseille à l'élève de s'inspirer du Mémo ou encore de construire un tableau de conversion.

a. $\frac{1}{4}$ m = 25 cm = 250 mm $\frac{1}{4}$ L = 25 cL = 250 mL

b. $\frac{1}{4}$ km = 250 m $\frac{1}{4}$ h = 15 min $\frac{3}{4}$ h = 45 min

2 La lecture des indications du panneau se réfère à la vie courante. Elle ne devrait pas entraîner de difficultés particulières, la conversion dans le système décimal non plus.

200 < 500 : la salle des fêtes est plus proche que le centre-ville.

3 En cas d'erreur, rappeler que 1 L = 100 cL et renvoyer au Mémo.

a. Une bouteille d'un litre et demi contient 150 cL d'eau minérale.

b. Une bouteille d'un demi-litre contient 50 cL de sirop.

c. Une bouteille de $\frac{3}{4}$ L contient 75 cL d'eau gazeuse.

4 Même remarque qu'à l'exercice **2**, à ceci près que dans la vie courante on demande plutôt à la bouchère « 250 g » de saucisses que « $\frac{1}{4}$ kg ».

Pierre commande 500 g de bifteck et 250 g de saucisses.

5 Une méthode efficace consiste à commencer par convertir un mètre en centimètres. C'est le conseil à donner aux enfants que l'énoncé perturbe.

a. La piste mesure 100 cm ; l'escargot de Ludo a parcouru 75 cm, celui d'Estaban 10 cm, que doit encore parcourir l'escargot d'Éva.

Il est alors facile de placer les escargots sur une droite graduée.

b. L'escargot d'Estaban est bleu, celui de Ludo jaune, et celui d'Éva violet.

6 $\frac{1}{2}$ h = 30 min ; $\frac{1}{4}$ h = 15 min ; $\frac{3}{4}$ h = 45 min ; $\frac{1}{10}$ h = 6 min.

7 Il s'agit d'un petit problème qui se résout facilement à l'aide d'un dessin ou un schéma.

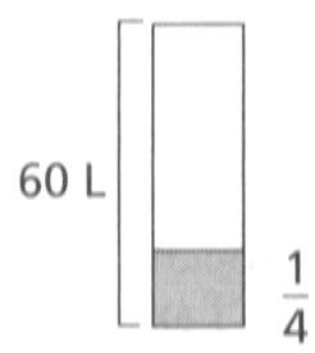

La moitié du réservoir contient 30 L ;
le quart 15 L.
60 – 15 = 45
Il faut ajouter 45 L dans le réservoir pour le remplir.

8 Pour répondre sans erreur, les enfants utilisent un dessin ou un schéma comme à l'exercice précédent.

Enzo dispose de 15 minutes ou d'un quart d'heure (les deux réponses doivent être validées) pour terminer son épreuve.

Banque d'exercices : n° 21 p. 153 du manuel de l'élève.

(21)

a. $\frac{1}{2}$ h = 30 min   **b.** $\frac{1}{10}$ m = 1 dm

$\frac{1}{4}$ h = 15 min $\frac{1}{100}$ m = 1 cm

$\frac{3}{4}$ h = 45 min $\frac{1}{1\,000}$ m = 1 mm

Réinvestissement

Le quadrillage permet de paver le triangle jaune à l'aide du bleu. On constate alors qu'il faut reporter neuf fois le triangle bleu pour recouvrir entièrement le triangle jaune.

L'aire du triangle jaune mesure 9 unités.

72 Solides (3) : Patrons

(manuel de l'élève p. 146-147)

COMPÉTENCES : Reconnaître, construire ou compléter un patron de cube, de parallélépipède rectangle, de pyramide, de prisme...

Calcul mental

Complément d'un multiple de 25 à la centaine supérieure.
L'enseignant dit : « 75 ». L'élève écrit 25.
Première séquence : 75 ; 250 ; 475 ; 525 ; 850 ; 1025 ; 2050 ; 975 ; 10 025 ; 5 075.
Deuxième séquence : 350 ; 625 ; 9 075 ; 1 825 ; 5 650 ; 8 925 ; 775 ; 3 950 ; 9 925 ; 10 050.

Matériel

• Boîtes parallélépipédiques en carton. Collection de solides comprenant au moins des cubes, pavés droits, prismes, pyramides.
• Papier-calque, ruban adhésif.

Observations préliminaires

La leçon que nous présentons ici est la troisième sur le thème des solides. La première (*Jeu du portrait*, Leçon 44) permettait de percevoir un solide, de le décrire en vue de l'identifier, d'en donner le nom et d'utiliser à bon escient le vocabulaire : sommet, arête, face, cube, pavé ou parallélépipède rectangle. La deuxième (*Autour du cube*, Leçon 66) visait entre autre à vérifier certaines propriétés relatives aux faces ou aux arêtes d'un solide. Celle-ci, enfin, met l'accent sur la reconnaissance et la construction d'un solide et de son patron.
On peut dissocier le temps d'apprentissage en deux journées : le travail de la première journée porte sur la reconnaissance des solides et de leurs patrons (« Lire, débattre » ; « Chercher » Ⓐ et Ⓑ **a.** ; exercices 1 et 2). La deuxième journée est consacrée à la construction de ces solides à partir de leurs patrons (« Chercher » Ⓑ ; exercices 3 et 4).

Activités collectives

Lire, débattre

Au cours de cette phase d'investigation, les élèves observent la petite saynète et échangent leurs remarques. Probablement, les premières remarques porteront sur la forme de la boîte et ses dimensions. L'enseignant veille alors à faire émerger le vocabulaire adéquat : pavé droit ou parallélépipède rectangle. Les élèves devraient réinvestir les notions abordées dans l'exercice **5** page 91 de la première leçon sur les solides : trois dimensions sont nécessaires pour caractériser un pavé droit.
Si besoin est, l'enseignant rappelle aux élèves qu'ils doivent trouver une méthode de construction de cette boîte sans forcément se préoccuper des dimensions qui ne sont pas essentielles. Il est probable que certains enfants proposeront la construction d'un patron qu'ils ont déjà mise en œuvre lors de la première année du cycle 3 : c'est le développement du solide ; il peut être réalisé en faisant rouler la boîte face après face et en dessinant le contour de celles-ci sur une feuille (*cf.* Mémo).

Chercher

Ⓐ Avant de commencer l'activité proprement dite, l'enseignant étale une collection de solides sur une table et demande à un élève de montrer un cube à l'ensemble de la classe. Il fait de même pour la pyramide, le pavé droit, le prisme... C'est l'occasion de rappeler le nombre de faces, d'arêtes et de sommet de chacun de ces solides.
À cette occasion, si aucun élève ne l'a remarqué, l'enseignant peut montrer que le pavé droit peut être composé de 6 faces rectangulaires ou bien 4 faces rectangulaires et 2 faces carrées comme le sont les figures de cette leçon.
L'enseignant forme des groupes de quatre élèves qui travaillent de façon perceptive ; ils échangent leurs remarques, confrontent leurs critères de sélection. Si certains éprouvent des difficultés, l'enseignant met à leur disposition du papier-calque pour reproduire les patrons et construire les solides.
– Les patrons de cubes sont les figures **b** et **e**.
– Le patron du parallélépipède rectangle est la figure **g**.
– Les patrons des pyramides sont les figures **a** et **c**.

Ⓑ **a.** Les élèves travaillent maintenant seuls et recherchent des arguments qui permettent d'affirmer que les figures **d** et **f** ne sont pas des patrons de solides. Le rappel du nombre de faces d'un cube, dans le Chercher Ⓐ, devrait permettre à tous les élèves de trouver une réponse pour la figure **d**.
En revanche, la figure **f** est plus difficile à cerner, car le nombre de faces est correct, c'est leur position qui ne l'est pas. La reproduction du patron à l'aide de papier-calque (ou sur quadrillage) et la construction du solide permettent de trouver l'erreur.
– La figure **d** n'a que 5 faces, elle ne peut pas être un patron de cube.
– La figure **f** n'est pas un patron de parallélépipède rectangle, car une face est mal positionnée : lors de la construction deux faces se superposent.
b. Les élèves travaillent individuellement pour compléter la figure **d** afin d'obtenir un patron de cube. L'enseignant leur propose de tracer les faces sur quadrillage séyès en prenant deux carreaux pour le côté du carré. Ils comparent et critiquent les différents patrons obtenus. Cette confrontation des diverses productions permet de réaliser une synthèse commune que l'enseignant ou un élève écrit au tableau.
On obtient trois solutions :

Cette synthèse peut s'achever par la réalisation de la fiche annexe sur les 11 patrons du cube dans la mesure où l'enseignant ne l'aurait pas proposée comme point de départ de la leçon (*cf.* Activité complémentaire *infra*).

Activités individuelles

S'exercer, résoudre

1 Cet exercice peut servir d'aide lors de la construction en classe des différents patrons du cube (cf. activité complémentaire). Les élèves vérifient que le nombre de faces, leur place et la longueur des arêtes conviennent.
Les figures **A** et **E** sont des patrons de cubes. La figure **B** a huit faces. Les figures **C** et **D** ont bien six faces, mais elles ne permettent pas de former le cube car l'une d'entre-elles est mal positionnée.

2 Cet exercice consiste à trouver le patron d'un prisme. L'enseignant invite les élèves en difficulté à utiliser le papier calque pour reproduire les patrons et construire les solides.
Seule la figure **B** est un patron de prisme. Les figures **A** et **C** ne sont pas des patrons de prisme. La figure **A** possède bien six faces mais elles sont mal positionnées ; la figure **C** a deux faces opposées (les triangles) dont les dimensions ne permettent pas l'assemblage du solide.

3, 4 L'autocorrection est facile, il suffit de construire le solide pour vérifier si toutes les faces du patron sont bien agencées.
Il existe quatre solutions pour l'exercice **3**.
L'enseignant veillera en particulier sur la reproduction fidèle de la figure de l'exercice 4. Les solutions étant nombreuses, il pourra faire rechercher le patron du parallélépipède rectangle que l'élève vient de reconstituer dans la liste des patrons fournie en annexe.

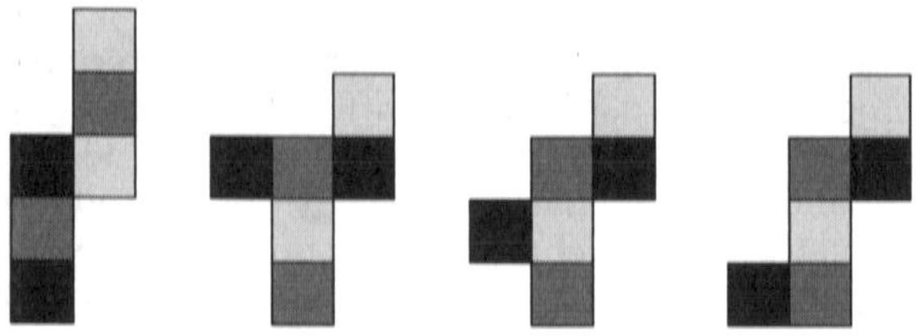

Calcul réfléchi

L'observation collective de l'exemple résolu permet aux enfants de découvrir la technique : on divise d'abord le nombre par 10, le quotient obtenu est ensuite doublé.
Diviser par 5, c'est diviser par 10, puis multiplier par 2.
80 divisé par 5 = 16 — 180 divisé par 5 = 36
200 divisé par 5 = 40 — 240 divisé par 5 = 48

Banque d'exercices : n° 22 p. 153 du manuel de l'élève.

22 Il convient de se reporter aux onze patrons du cube (*cf.* page suivante).
Plusieurs solutions sont possibles, par exemple :

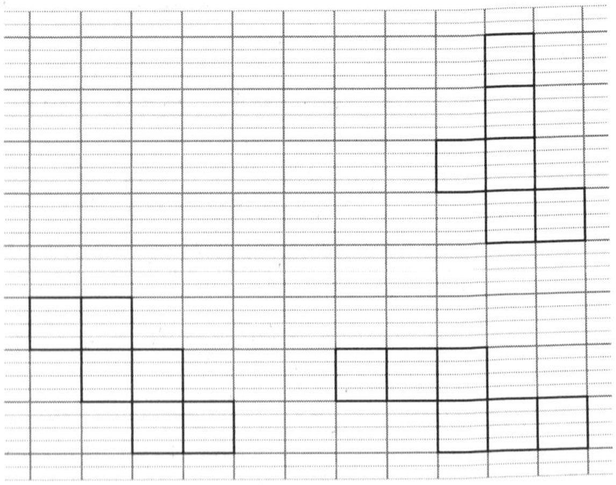

Prolongements (1)

Activité complémentaire 1
Celle-ci peut être préalable aux activités recensées dans le « Chercher ».
Les élèves travaillent en petits groupes de deux ou trois. Chaque groupe dispose d'une boîte en forme de cube ou de parallélépipède rectangle. Les enfants tracent le patron d'un parallélépipède rectangle selon le matériel dont dispose le groupe.

Activité complémentaire 2
Trouver les 11 patrons du cube ou bien regarder sur Internet une animation montrant le développement de ces 11 patrons du cube à l'adresse suivante :
http://pagesperso-orange.fr/therese.eveilleau/pages/truc mat/textes/cube_patrons.htm
Voir en annexe la page à photocopier qui montre les 11 patrons du cube et les 54 patrons du pavé droit.

Prolongements (2)

Photofiche des 11 patrons du cube et des 54 patrons du pavé droit page suivante.

Cahier d'activités mathématiques CM1, Fiche 6 « Cube et pavé droit » p. 9 et Fiche 7 « Prismes droits » p. 10.

Nom : ....

Prénom : ....

Les 11 patrons du cube

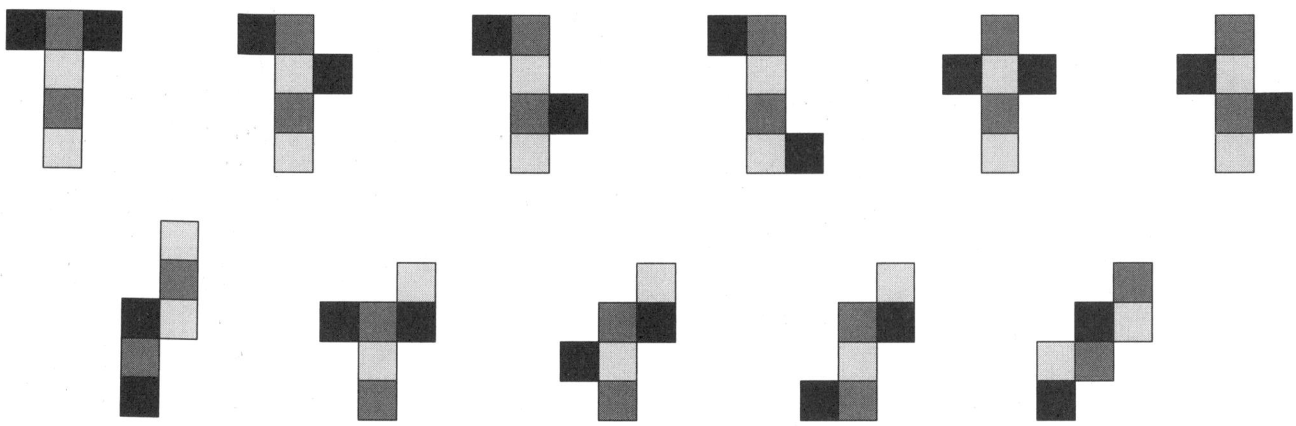

Les 54 patrons du pavé droit

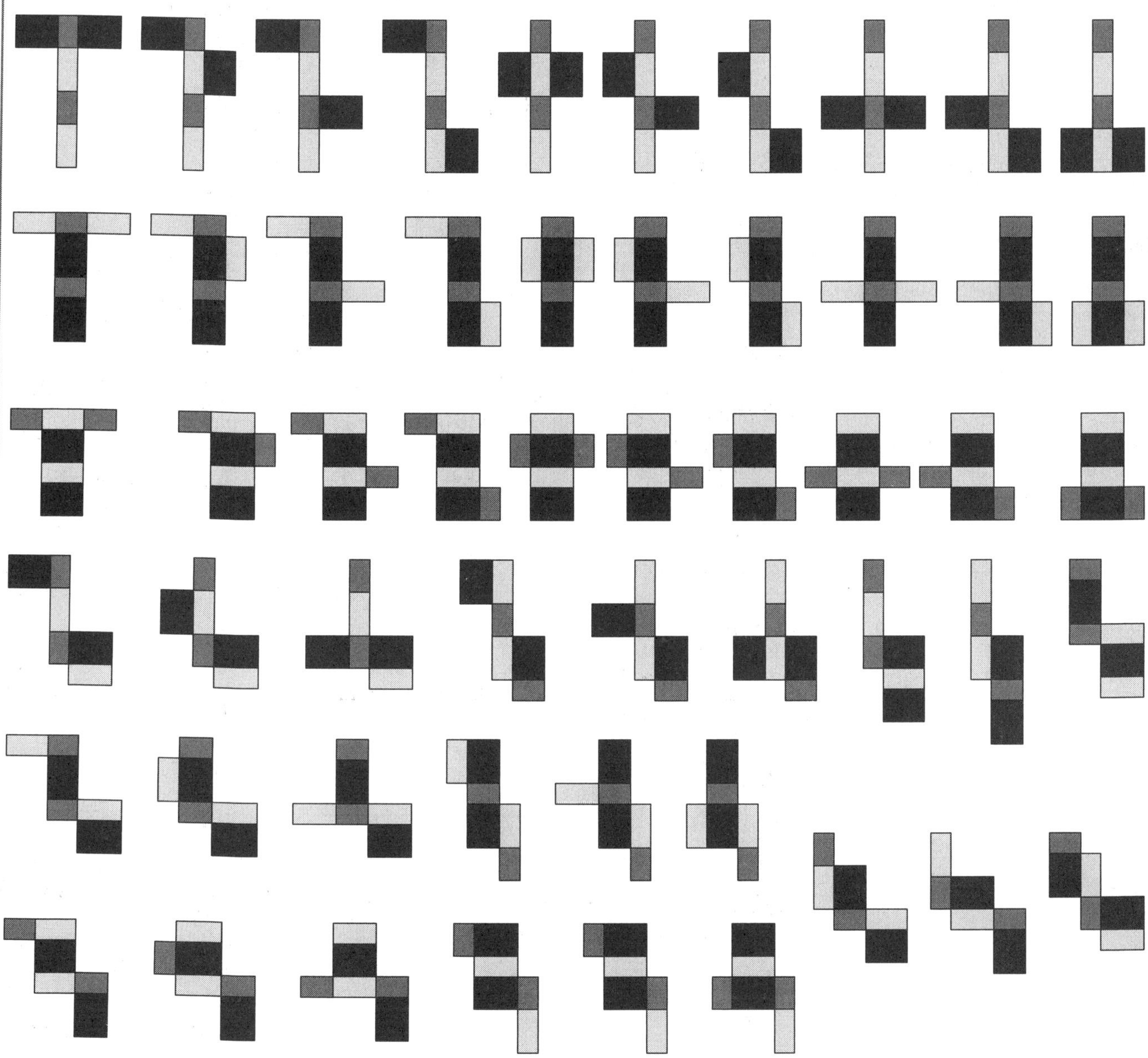

73 Mobilise tes connaissances
Au temps des Pharaons

(manuel de l'élève p. 148-149)

Toutes les remarques formulées en leçon 21, page 58, concernant les compétences et la présentation générale des pages « Mobilise tes connaissances » sont valables pour cette leçon. Nous conseillons donc aux enseignants de s'y reporter.

Matériel

Par équipe de quatre enfants : une feuille de format A3 ou une feuille de Canson 50 × 65 cm.

Présentation collective

L'enseignant situe l'Égypte sur une carte et replace dans le temps l'époque des pharaons et des pyramides dont il sera question dans les documents présentés sur les deux pages. Il signale aux enfants que les savants égyptiens étaient de remarquables mathématiciens et astronomes. Ils ont inventé la clepsydre, le cadran solaire ; ils ont divisé l'année en 12 mois et le jour et la nuit chacun en 12 heures. Les jours et les nuits ayant une durée différente suivant les saisons, les heures avaient donc aussi une durée différente. Nous avons cependant conservé le découpage de l'année en 12 mois et celui de la journée en 24 heures.
L'enseignant demande ensuite aux enfants d'observer et de lire les documents. Il leur laisse quelques minutes pour ce travail, puis donne la parole à ceux qui veulent apporter des informations supplémentaires, poser des questions ou répondre à celles de leurs camarades. Il s'assure, en posant quelques questions, que les informations données ont bien été comprises.
Le travail présenté sur ces deux pages peut être réparti en deux séances qui correspondent chacune à une page. La première porte essentiellement sur l'œil d'Horus et donc sur les fractions, la seconde sur les pyramides et le sphinx, et permet de réinvestir le travail sur les solides, les mesures de longueur…

Travail individuel et en groupe

Les enfants recherchent les données utiles pour répondre aux questions, effectuent les calculs nécessaires et rédigent les réponses. Ils peuvent trouver sur ces deux pages tous les renseignements utiles pour répondre, ils ne sont donc pas obligés de consulter d'autres documents.
Après un moment de travail individuel, l'enseignant leur permet de collaborer avec deux ou trois de leurs camarades pour la rédaction collective des réponses.

Mise en commun

La mise en commun des résultats permet la confrontation des travaux des petits groupes. Si les réponses divergent, l'enseignant demande à chacun de justifier ses résultats. Il n'intervient que si les réponses ne sont pas suffisamment explicites pour tous.

Réponses aux questions

1 Thot a récupéré 63/64 de l'œil, il doit donc ajouter $\frac{1}{64}$ pour obtenir la totalité de l'œil, soit $\frac{64}{64}$.

2 La plus grande de ces fractions est $\frac{1}{2}$, la plus petite est $\frac{1}{64}$.
Pour remédier aux erreurs éventuelles, l'enseignant montre à quoi correspond chacune de ces fractions en traçant au tableau deux grands cercles, l'un est découpé en deux parties égales, l'autre en soixante-quatre parties.

3 $\frac{1}{2} = \frac{5}{10} = \frac{50}{100}$ $\frac{1}{4} = \frac{25}{100}$

4 Les diamètres des cercles concentriques mesurent respectivement 12 cm, 3 cm $\left(\frac{1}{4} \times 12\right)$, 4 cm $\left(\frac{1}{3} \times 12\right)$ et 2 cm $\left(\frac{1}{6} \times 12\right)$.

5 Il faut associer les fioles **A** et **D**, **C** et **H**, **B** et **G**, **E** et **F**.

6 La grille du Sudoku sera la suivante :

4	1	2	3
3	2	1	4
1	4	3	2
2	3	4	1

7 Le patron **b** permet de construire une pyramide
Le patron **c** permet de construire un pavé.
Les patrons **a**, **d**, **e**, **f** ne permettent pas de construire un solide :
– **a** : les dimensions des arêtes ne permettent pas d'assembler les faces ;
– **d** : les faces sont mal placées ;
– **e** : toutes les faces latérales ne sont pas des triangles ;
– **f** : il manque une face carrée pour construire un cube.

8 La pyramide est composée de 84 cubes :
(7 × 7) + (5 × 5) + (3 × 3) + 1 = 49 + 25 + 9 + 1 = 84

9 Le dessin obtenu doit correspondre à celui-ci.

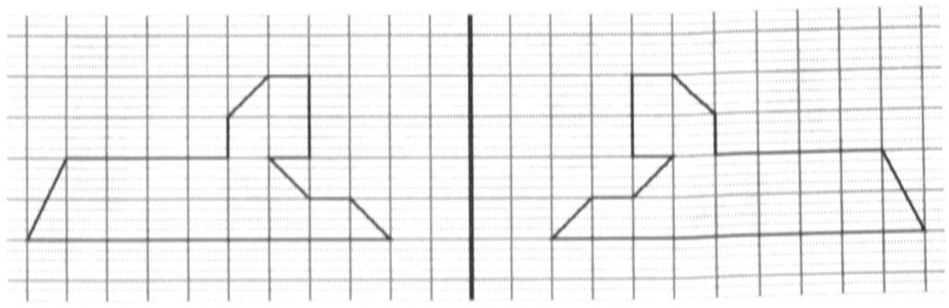

10 Quantités, en mL, des ingrédients du cocktail : 250 mL de jus de citron vert ; 500 mL de jus d'orange ; 250 mL de jus de mangue.

Prolongements

Les recherches à effectuer sur l'Égypte ancienne et moderne sont aussi nombreuses que variées et peuvent couvrir le domaine historique bien sûr, mais aussi les domaines géographiques, scientifiques, astronomiques et mathématiques.
La numération égyptienne est souvent comparée à la nôtre car, comme nous, les Égyptiens comptaient en base 10 mais, ne connaissant pas la numération de position, ils utilisaient un dessin différent pour chaque puissance de 10.

 L'unité était représentée par un bâton.

 La dizaine était représentée par une anse d'un panier.

 La centaine était représentée par un rouleau de papyrus.

 Le millier était représenté par une fleur de lotus.

 La dizaine de mille était représentée par un doigt qui montrait les étoiles dans le ciel.

 La centaine de mille était représentée par un têtard, car il y avait beaucoup de grenouilles sur les bords du Nil.

 Le million était représenté par un dieu agenouillé soutenant le ciel tout entier.

Ce dessin signifie aussi « millions d'années ou éternité ».
Les Égyptiens ne savaient pas compter plus loin. Ils ne connaissaient pas l'abaque pour ranger leurs chiffres. Ils ajoutaient les dessins les uns à la suite des autres. Les nombres étaient parfois très longs à écrire.

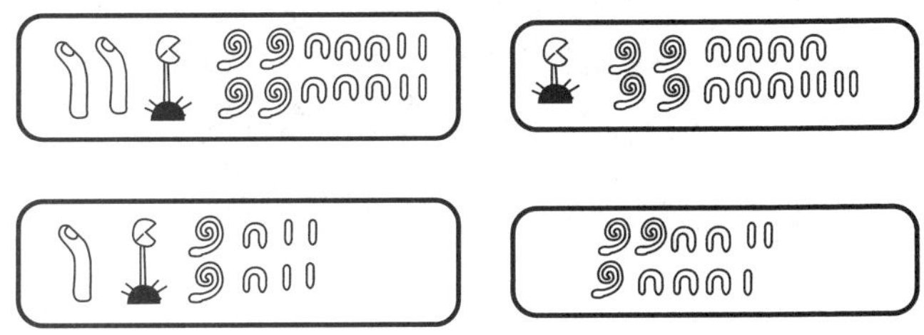

Fais le point (4)

Fiche autocorrective pour l'élève

(manuel de l'élève p. 150-151)

Connaissances des nombres

	Énoncé	A	B	C	Aide
1	À quelle fraction du drapeau la partie coloriée en jaune correspond-elle ? 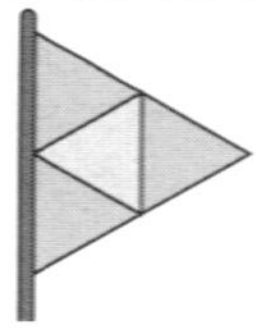	$\frac{1}{3}$ Faux Il faudrait que le drapeau soit divisé en 3 parties.	$\frac{1}{6}$ Faux Il faudrait que le drapeau soit divisé en 6 parties.	$\frac{1}{4}$ **Bravo !**	**Leçon 59** Mémo *(p. 122)* Exercice 2 *(p. 123)*
2	Dans quelle figure l'aire coloriée est-elle égale à $\frac{1}{2}$ de celle du carré ? 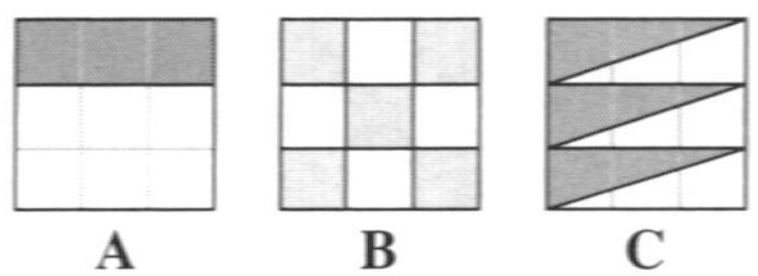	Figure A Faux L'aire coloriée est égale à $\frac{1}{3}$.	Figure B Faux L'aire coloriée est égale à $\frac{5}{9}$.	Figure C **Bravo !**	
3	Sur quelle figure a-t-on colorié $\frac{2}{3}$ du segment ? ① ② ③ 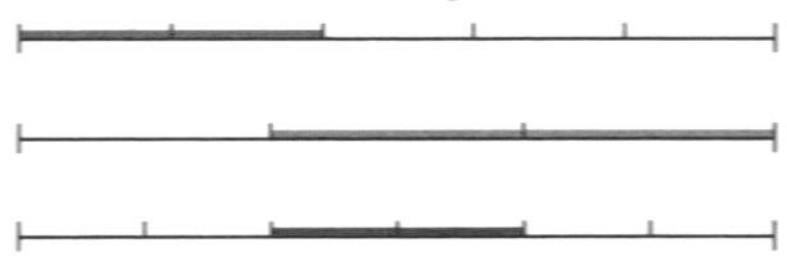	Figure 1 Faux On a colorié $\frac{2}{5}$.	Figure 2 **Bravo !**	Figure 3 Faux On a colorié $\frac{1}{3}$.	**Leçon 61** Mémo *(p. 126)* Exercices 1 et 2 *(p. 127)*
4	La lettre A indique la graduation $\frac{1}{3}$ et la lettre B la graduation $1 + \frac{1}{3}$. Qu'indique la lettre C ? 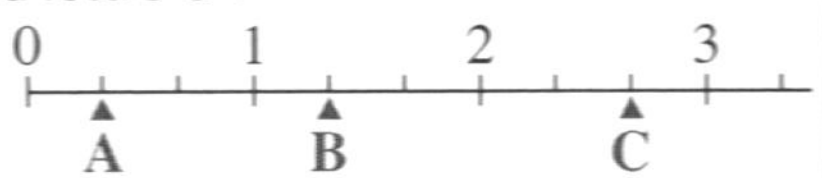	$1 + \frac{2}{3}$ Faux $1 + \frac{2}{3}$ est plus petit que 2.	$2 + \frac{2}{3}$ **Bravo !**	$\frac{9}{3}$ Faux $\frac{9}{3}$ est égal à 3.	**Leçon 63** Mémo *(p. 130)* Exercice 4 *(p. 131)*
5	Quelle somme est égale à la fraction $\frac{25}{10}$?	$1 + \frac{5}{10}$ Faux $1 + \frac{5}{10}$ est égal à $\frac{15}{10}$.	$2 + \frac{10}{10}$ Faux $2 + \frac{10}{10}$ est égal à 3.	$2 + \frac{5}{10}$ **Bravo !**	**Leçon 69** Mémo *(p. 140)* Exercice 5 *(p. 141)*
6	Quelle est la fraction égale à 3 ?	$\frac{30}{100}$ Faux $\frac{30}{100}$ est égal à $\frac{3}{10}$.	$\frac{300}{100}$ **Bravo !**	$\frac{3}{10}$ Faux 3/10 est plus petit que 1.	
7	Quelle somme est égale à la fraction $\frac{198}{100}$?	$1 + \frac{98}{10}$ Faux C'est 108/[illegible].	$1 + \frac{98}{100}$ **Bravo !**	$2 + \frac{98}{100}$ Faux C'est 298/[illegible]	

Fais le point (4)

Géométrie

	Énoncé		A	B	C	Aide
8	Quel est le centre du cercle ?	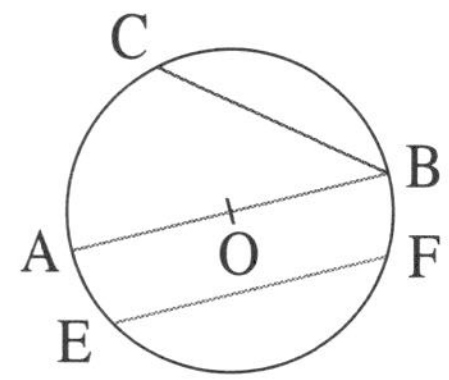	Centre C Faux Le point C est le cercle.	Centre O **Bravo !**	Centre A Faux Le point A est le cercle.	**Leçon 58** Mémo *(p. 120)*
9	Quel est son rayon ?		AB Faux AB est le diamètre.	BC Faux Le segment BC n'a pas pour origine le centre du cercle.	OB **Bravo !**	
10	Quel est son diamètre ?		EF Faux Le segment EF n'a pas pour origine le centre du cercle.	AB **Bravo !**	BC Faux Le segment BC n'a pas pour origine le centre du cercle.	
11	Quel dessin permet de construire un pavé ?	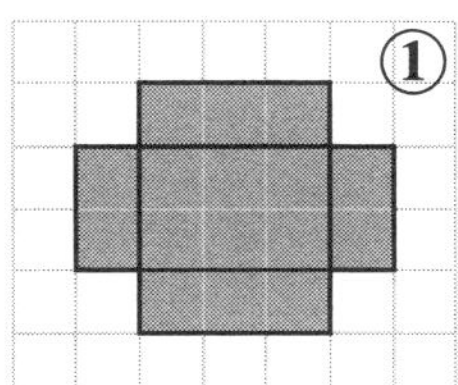 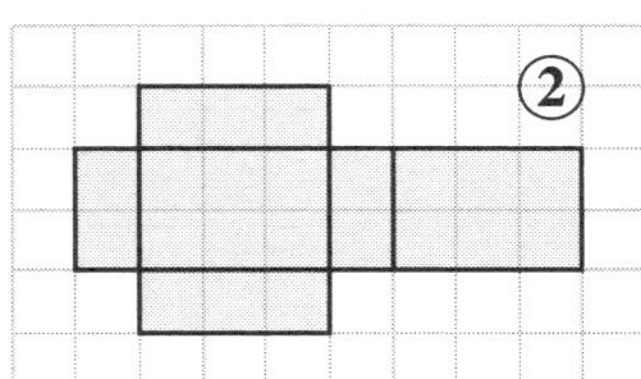	Dessin ② **Bravo !**	Aucun Faux Le patron ② permet de construire un pavé.	Dessin ① Faux Il manque une face.	**Leçon 72** Exercice 4 *(p. 147)*
12	Sur quel dessin les figures sont-elles symétriques par rapport à la droite rouge ?		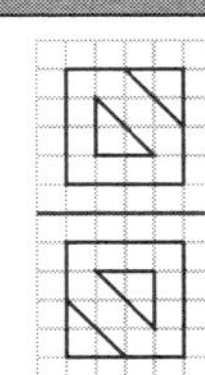 Faux On a obtenu cette figure par rotation.	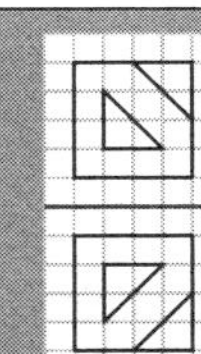 **Bravo !**	 Faux On a obtenu cette figure par translation.	**Leçon 70** Exercice 1 *(p. 143)*

Fais le point (4)

Mesures

	Énoncé	A	B	C	Aide
13	Range par ordre croissant : 75 cL ; 1 L ; 500 mL	500 mL 1 L 75 cL Faux 1 L = 1 000 mL > 500 mL	1 L 75 cL 500 mL Faux Tu as rangé par ordre décroissant.	500 mL 75 cL 1 L **Bravo !**	**Leçon 68** Mémo *(p. 138)* Exercice 2 *(p. 139)*
14	Les figures A et B ont-elles la même aire ? Le même périmètre ? 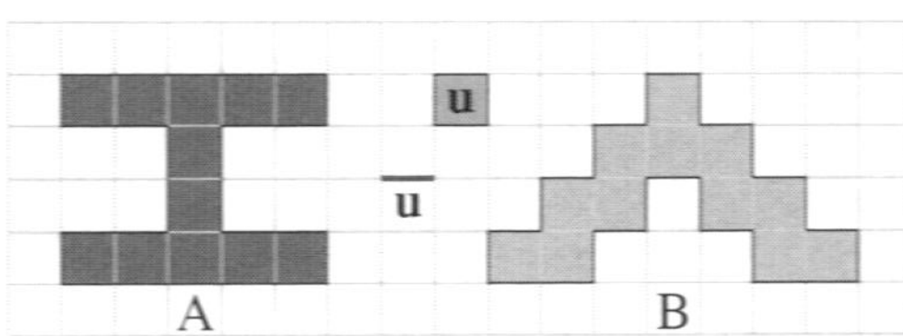	Même aire, périmètre différent. Faux	Aire différente, même périmètre. Faux	Même aire, même périmètre **Bravo !**	**Leçon 60** Mémo *(p. 124)* Exercices 3, 4, 5 et 6 *(p. 125)*

Atelier problèmes (4)

(manuel de l'élève p. 154)

A Problèmes pour apprendre à chercher *(Démarche d'investigation)*

Problème 1

Un enfant paie la moitié du prix d'une place adulte.
Le coût des places pour quatre adultes et deux enfants équivaut au coût des places pour cinq adultes.
– Le prix de la place de cinéma pour un adulte est 9 € ; (45 = 9 × 5).
– Le prix de la place de cinéma pour un enfant est 4,50 €.

Problème 2

La longueur est le double de la largeur.
Le périmètre mesure six largeurs ; (240 = 40 × 6).
La largeur mesure 40 m, et la longueur 80 m.

Problème 3

On le trouve par tâtonnement. On établit la liste de tous les couples de nombres dont un est le double de l'autre, l'âge d'Isaure ne pouvant être qu'un nombre pair. La différence entre ces deux nombres devant être égale à 22 (différence d'âge entre Édouard et sa mère).

Âge d'Édouard	Double de son âge	Différence d'âge
10	20	10
15	30	15
20	40	20
21	42	21
22	44	22

Édouard aura 22 ans dans 20 ans.

B Problèmes à étapes

Problème 4

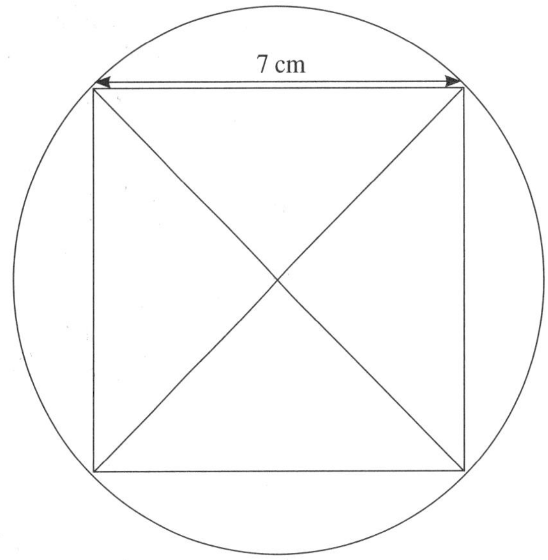

Pour trouver le centre du cercle passant par les sommets du carré, il faut tracer les deux diagonales. La mesure du rayon du cercle est égale à la moitié de la diagonale.

Problème 5

– M. Dupond récupère 225 € ; (150 + 75 = 225).
– Il va dépenser 675 € ; (900 – 225 = 675).

Problème 6

Rajiv peut coller 66 photos ; (11 × 6 = 66).
Il a 119 photos ; (38 + 36 + 45 = 119).
6 × 19 < 119 < 6 × 20
Pour placer toutes ses photos, il lui faut 20 pages.
Rajiv doit ajouter 9 pages supplémentaires à son classeur ; (20 – 11 = 9).

Problème 7

Certaines informations de cet énoncé ne sont pas nécessaires pour répondre à la question.
Il faut prendre en compte le poids de l'ours à l'âge de trois ans, soit 40 kg.
Entre son 3e et son 10e anniversaire, on compte 7 ans.
L'ours prend 105 kg ; (7 × 15 = 105).
À dix ans, l'ours pèse 145 kg ; (105 + 40 = 145).

Présentation de la Période 5

(manuel de l'élève p. 155)

Observations préliminaires

Toutes les remarques relatives à la présentation de la Période 1 (page 25) demeurent valables pour cette nouvelle période. L'enseignant peut s'y reporter utilement pour l'exploitation de la page. Les prix, les performances des sauteurs et des lanceurs sont exprimés par des nombres décimaux et utilisés dans certains calculs ; à l'aide d'une calculatrice, le barman effectue la somme de nombres décimaux ; les unités de mesure servent à exprimer les performances des athlètes ; on peut calculer le périmètre du sautoir ; les tarifs du menu permettent de multiplier un nombre décimal par un entier.

	Leçons		Leçons
• Lire, écrire, décomposer, comparer des nombres décimaux.	74, 76	• Résoudre des problèmes relevant de la proportionnalité.	84, 91
• Construire une figure à partir d'un message.	75	• Résoudre un problème.	79, 87
• Calculer la somme, la différence de nombres décimaux.	77, 78, 80, 85	• Calculer le périmètre du carré et du rectangle.	86
• Multiplier par 10, 100, 1 000.	81	• Utiliser la calculatrice.	88
• Multiplier un décimal par un entier.	82	• Trouver un quotient décimal.	89
• Utiliser les unités de mesure.	83	• Tracer un graphique.	90

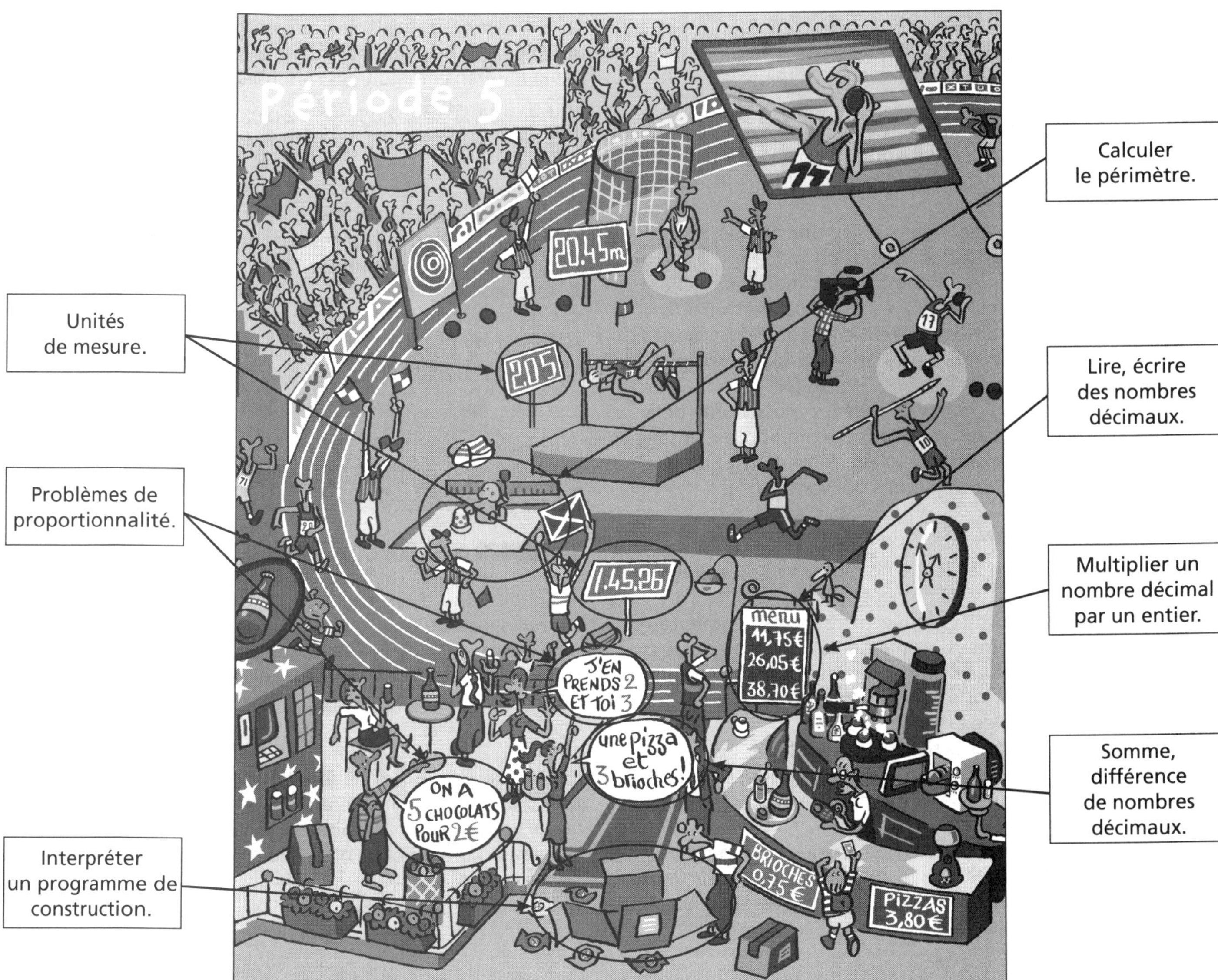

74 Nombres décimaux *(1)*

(manuel de l'élève p. 156-157)

COMPÉTENCE : Passer de l'écriture fractionnaire à l'écriture décimale et réciproquement.

Calcul mental

Dictée de fractions simples.
L'enseignant dit : « trois quarts ». L'élève écrit $\frac{3}{4}$.
Première séquence : un tiers ; un demi ; un quart ; quatre tiers ; trois demis ; un cinquième ; sept demis ; cinq quarts ; trois cinquièmes ; sept tiers.
Deuxième séquence : deux cinquièmes ; cinq tiers ; deux dixièmes ; un quart ; trois quarts ; un tiers ; sept quarts ; trois dixièmes ; cinq demis ; un sixième.

Observations préliminaires

La comparaison de certaines propriétés des nombres entiers avec celles des nombres décimaux favorise la compréhension de ces derniers :
– intercaler un nombre entre deux décimaux est toujours possible, ce qui n'est pas vrai pour deux nombres entiers ;
– le nombre de chiffres est un critère de comparaison de deux nombres entiers et ne l'est plus pour deux nombres décimaux.

Activités collectives

Lire, débattre

Cette activité, à laquelle l'enseignant consacre quelques minutes, introduit celle qui va suivre. Les élèves observent les prix affichés. L'enseignant les invite à réagir et note les remarques au tableau : « Les nombres ont une virgule. », « Ce sont des prix exprimés en euros. », etc.
C'est la première fois que les nombres décimaux sont abordés à l'école. Néanmoins, les élèves ont déjà rencontré ces nombres dans leur entourage quotidien : à la boulangerie, au supermarché, sur les catalogues de vente par correspondance, etc.
Intuitivement, un bon nombre d'élèves possèdent déjà quelques connaissances sur ces nouveaux nombres. L'enseignant les invite alors à découvrir leur formation ainsi que leurs propriétés au travers des leçons qui vont suivre.

Chercher

A Dans cette première partie, les nombres proposés se limitent aux dixièmes.
Les élèves observent la droite graduée et lisent les commentaires associés. Ils découvrent qu'un même nombre peut s'écrire de différentes façons et se prononcer aussi de différentes manières. L'enseignant insiste sur le rôle de la virgule qui sépare la partie entière de la partie décimale.
Après cette phase d'introduction du vocabulaire, les élèves répondent aux questions. L'aide de la droite graduée permet à tous les élèves de réussir le passage de l'écriture fractionnaire à l'écriture décimale.
L'enseignant rappelle aux enfants que lorsque le numérateur de la fraction est plus petit que le dénominateur, la fraction est inférieure à 1. La partie entière du nombre est donc 0.
Les élèves risquent d'éprouver quelques difficultés avec le dernier item. L'enseignant les invite alors à tracer une droite graduée en dixièmes de 9 à 11 afin de pouvoir placer la fraction $\frac{102}{10}$.
Réponses :
a. $A = \frac{8}{10} = 0{,}8$; $B = \frac{15}{10} = 1{,}5$; $C = \frac{32}{10} = 3{,}2$
b. $\frac{12}{10} = 1{,}2$; $\frac{3}{10} = 0{,}3$; $\frac{35}{10} = 3{,}5$; $\frac{102}{10} = 10{,}2$

B L'enseignant écrit au tableau la fraction $\frac{425}{100}$ et sa décomposition $4 + \frac{25}{100}$ ou $4 + \frac{2}{10} + \frac{5}{100}$. Les enfants comparent cette décomposition terme à terme avec le nombre décimal 4,25. S'ils le désirent, ils peuvent reproduire et utiliser le tableau du Mémo. L'enseignant, quant à lui, l'utilisera au moment de la mise en commun des réponses.
$\frac{132}{100} = 1{,}32$; $\frac{305}{100} = 3{,}05$; $\frac{8}{100} = 0{,}08$; $\frac{92}{100} = 0{,}92$

C Cette partie est consacrée à l'association de la désignation orale et de l'écriture chiffrée, et réciproquement. Le recours au tableau du Mémo est conseillé pour les élèves en difficulté.
a. une unité deux dixièmes : 1,2
b. quatre dixièmes : 0,4
c. cinq unités douze centièmes : 5,12
d. trente-huit centièmes : 0,38
34,6 ; 0,45 ; 124,01 ; 9,99 ; 10,1

Activités individuelles

S'exercer, résoudre

1, 2 Ce sont deux exercices d'application portant sur la connaissance de la valeur de chacun des chiffres composant une écriture à virgule, en fonction de sa position, et sur la capacité à situer exactement ou approximativement des nombres décimaux sur une droite graduée de 1 en 1, de 0,1 en 0,1.
15,86 ; 5,1 ; 0,87
Pour l'exercice **2**, l'enseignant rappellera lors de la correction que la partie entière est située à gauche de la virgule et la partie décimale, à droite de la virgule. Il utilisera aussi le tableau du Mémo pour bien fixer la valeur de chaque chiffre suivant sa position.
$A = 0{,}6$; $B = 1{,}5$; $C = 2{,}3$; $D = 2{,}5$.

3, 4 Ces deux exercices portent sur le passage d'un nombre décimal à une écriture fractionnaire et réciproquement. L'enseignant demande aux élèves en difficultés d'utiliser le tableau du Mémo.

3 $\frac{79}{10} = 7{,}9$ $\frac{537}{10} = 53{,}7$

$\frac{7}{10} = 0{,}7$ $\frac{36}{100} = 0{,}36$

$\frac{205}{10} = 20{,}5$ $\frac{80}{100} = 0{,}8$

4 deux unités trois dixièmes : 2,3
neuf dixièmes : 0,9
trois unités quatre-vingt-cinq centièmes : 3,85
quarante-cinq centièmes : 0,45
sept unités cinq centièmes :7,05

5 Cet exercice concerne encore la compétence à situer un nombre décimal sur une droite graduée. La difficulté repose ici sur le fait que les « graduations entières » ne sont pas données. Mathéo conseille d'ailleurs de les retrouver avant d'effectuer l'exercice.
Les élèves observent la droite graduée et constatent que les graduations rouges sont espacées de 10 sous-graduations. Ils en déduisent donc que les graduations rouges représentent les unités et les sous-graduations, les dixièmes. En observant cette fois-ci le chiffre des unités des nombres à placer sur la droite graduée, ils peuvent en conclure que les graduations rouges portent les nombres entiers 6, 7 et 8.
Les lettres A, B, C et D correspondent respectivement aux nombres : 6,4 ; 6,9 ; 7,2 et 8,2.

6 Cet exercice permet de vérifier que les élèves connaissent la valeur de chaque chiffre et ne confondent pas les dixièmes et les centièmes. Comme pour les exercices précédents, l'enseignant orientera les élèves en difficulté vers le tableau du Mémo.
$\frac{189}{10} = 18{,}9$; $\frac{38}{100} = 0{,}38$; $\frac{189}{100} = 1{,}89$; $\frac{38}{10} = 3{,}8$; $\frac{30}{100} = 0{,}30 = 0{,}3$
Avec ce dernier item, l'enseignant fera remarquer qu'il n'est pas nécessaire d'écrire 0,30. Il peut compléter cette remarque par un petit exercice en utilisant le procédé La Martinière : il demande aux élèves d'écrire sur leur ardoise le nombre à virgule égal à chacune des fractions décimales qu'il écrit au tableau, par exemple : $\frac{300}{100}$; $\frac{80}{10}$…

7 Le dernier exercice permet une nouvelle fois aux élèves de vérifier leurs connaissances sur la signification de chacun des chiffres d'un nombre décimal. C'est la réciproque de l'exercice 4.
7,9 : sept unités neuf dixièmes
5,37 : cinq unités trois dixièmes sept centièmes ou 5 unités 37 centièmes
45,03 : quatre dizaines cinq unités trois centièmes ou quarante-cinq unités trois centièmes
0,07 : sept centièmes

Banque d'exercices : nos 1 à 5 p. 186 du manuel de l'élève.

①

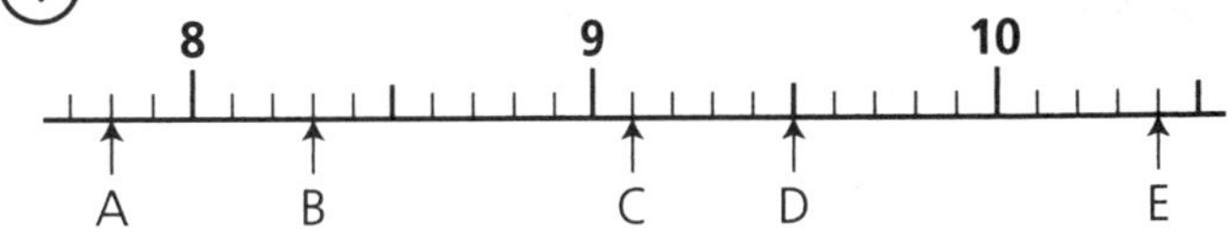

A : 7,8 ; B : 8,3 ; C : 9,1 ; D : 9,5 ; E : 10,4

② **a.** $\frac{8}{10} = 0{,}8$; $\frac{15}{10} = 1{,}5$; $\frac{143}{10} = 14{,}3$; $\frac{1\,245}{10} = 124{,}5$

b. $\frac{75}{100} = 0{,}75$; $\frac{109}{100} = 1{,}09$; $\frac{6}{100} = 0{,}06$; $\frac{320}{100} = 3{,}2$

③ $1{,}25 = \frac{125}{100}$; $0{,}04 = \frac{4}{100}$; $10{,}5 = \frac{105}{10}$; $1{,}05 = \frac{105}{100}$;
$0{,}15 = \frac{15}{100}$

④ $\frac{148}{10} = 14 + \frac{8}{10} = 14{,}8$

$\frac{504}{100} = 5 + \frac{4}{100} = 5{,}04$

$\frac{21}{100} = \frac{2}{10} + \frac{1}{100} = 0{,}21$

⑤ **a.** $1 + \frac{8}{10} + \frac{3}{100} = \frac{183}{100}$; $2 + \frac{25}{100} = \frac{225}{100}$;

$14 + \frac{3}{10} = \frac{143}{10}$; $20 + \frac{3}{100} = \frac{2\,003}{100}$

b. $1 + \frac{8}{10} + \frac{3}{100} = 1{,}83$; $2 + \frac{25}{100} = 2{,}25$;

$14 + \frac{3}{10} = 14{,}3$; $20 + \frac{3}{100} = 20{,}03$

Réinvestissement

Pour construire le losange, les élèves font appel à deux propriétés qu'ils ont découvertes à la leçon 51 :
– les diagonales d'un losange sont perpendiculaires ;
– les diagonales d'un losange se coupent en leur milieu.
Les élèves réinvestissent donc le tracé des droites perpendiculaires et la recherche du milieu d'un segment, avant de relier les quatre sommets de ce quadrilatère.

Prolongements

Dictée de nombres
Les élèves en difficulté reproduisent le tableau du Mémo sur leur cahier d'essai. L'enseignant leur propose d'abord de transcrire les nombres dans ce tableau avant de les écrire sur leur cahier. Lorsqu'ils se sentent un peu plus à l'aise, le tableau n'est plus qu'un support visuel. Enfin, ils doivent écrire les nombres sans aucune aide.

75 Programmes de construction

(manuel de l'élève p. 158-159)

COMPÉTENCES : Construire une figure à partir d'un message.
Rédiger la description d'une figure pour en permettre la construction.

Calcul mental

Comparer une fraction à 1.

L'enseignant dit : « trois cinquièmes ». L'élève écrit $\frac{3}{5} < 1$.

Première séquence : trois cinquièmes ; sept dixièmes ; trois demis ; cinq quarts ; un cinquième ; deux demis ; neuf dixièmes ; quatre tiers ; dix centièmes ; vingt dixièmes.

Deuxième séquence : un quart ; quatre-vingt centièmes ; deux tiers ; huit tiers ; douze dixièmes ; trois quarts ; un tiers ; cinq demis ; treize dixièmes ; trois cinquièmes.

Matériel

- Une photocopie des dessins joints en annexe par groupe de deux ou trois enfants.
- Le matériel du dessin géométrique, des feuilles de papier.

Observations préliminaires

Une bonne préparation à la leçon consiste à mettre les enfants dans la situation concrète de rédaction d'un programme de construction d'une figure, puis de construction d'une figure à partir d'un programme.

Une difficulté qu'il faudra surmonter par la discussion tient à ce qu'on entend par « reproduction de la figure ». S'agit-il d'une figure isométrique, semblable, positionnée de la même façon sur la feuille de papier ? En général, à moins que les dimensions ne soient imposées par le programme ou sur le dessin, on se contentera d'une figure semblable.

Activités collectives

Les enfants sont répartis en groupes de trois ou quatre. Les différents groupes sont éloignés autant qu'il se peut les uns des autres. La discussion est encouragée entre partenaires d'un même groupe, elle est prohibée entre les groupes. Chaque groupe reçoit une photocopie de l'un ou l'autre des dessins A et B qui figurent en annexe. Les titulaires du dessin A doivent le décrire par écrit de telle sorte que ceux du dessin B puissent le reproduire et, réciproquement, ces derniers décrivent le dessin B pour que les premiers le reproduisent. L'enseignant observe les élèves et transmet d'un groupe à l'autre les messages qu'ils ont rédigés. Les enfants doivent alors construire la figure décrite par le programme qu'ils ont reçu. Ils peuvent alors demander, toujours par écrit, des compléments d'information à leurs correspondants. La validation se fait par la comparaison des modèles et des productions. En cas d'erreurs, une discussion collective s'engage pour déterminer les raisons des erreurs : message mal rédigé ou mauvaise interprétation des exécutants.

Lire, débattre

Cette phase d'investigation devrait conduire les enfants à proposer une description précise et complète de la figure. Plusieurs modalités peuvent être envisagées selon que la demande provient par téléphone, Internet, ou par lettre.

Chercher

A a. Après lecture des programmes, la meilleure façon de trouver une réponse justifiée consiste à dessiner, à main levée, chacune des figures décrites.

Les programmes ① et ③ décrivent correctement la figure proposée. Le programme ② peut éventuellement conduire les enfants à la construire, mais aussi à construire par exemple les figures ci-dessous. Si aucun des élèves ne s'en est rendu compte, l'enseignant les dessine au tableau. Le programme ② est donc ambigu : il manque de précision.

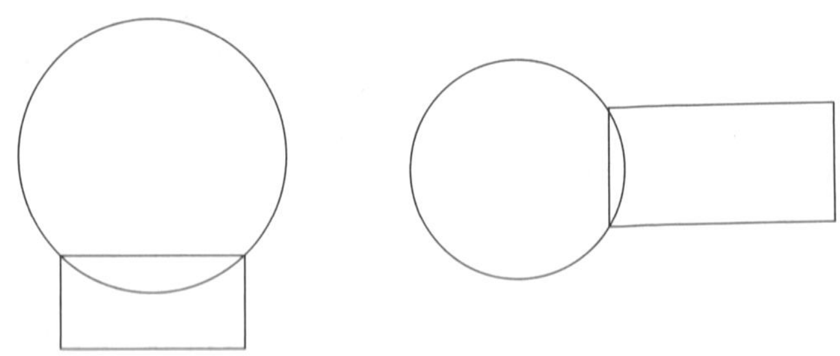

b. L'information essentielle qui manque dans le programme ② est le renseignement portant sur la taille du cercle. Plusieurs formulations sont possibles : « Ces deux sommets doivent être diamétralement opposés sur le cercle. » ; « Le diamètre du cercle est égal à la longueur du rectangle. » ; « Le rectangle contient une moitié du cercle. »... Mais il est clair que plutôt que compléter le programme ②, il vaut mieux revenir au programme ① le plus clair et le plus concis.

B Plusieurs rédactions du programme sont possibles. Les différentes productions des enfants sont lues, comparées et discutées. Le résultat de la discussion pourrait être la rédaction suivante : « Trace un carré. Trace un cercle de centre le centre du carré et de diamètre le côté du carré ».

C Les productions des enfants sont comparées et discutées. On doit obtenir le tracé ci-dessous.

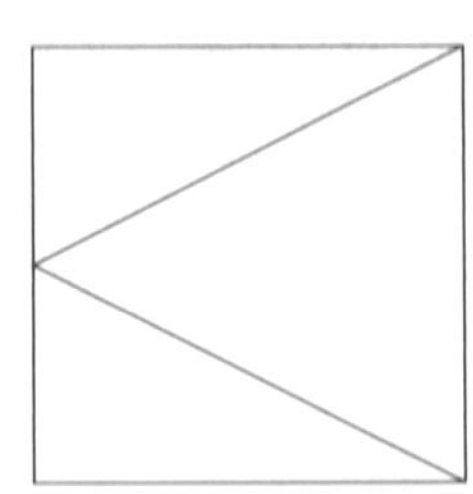

Activités individuelles

S'exercer, résoudre

1 Le programme B est le seul qui décrit précisément la figure. Le programme A donne naissance à toute une série de carrés inclus dans un grand carré. La discrimination se fait par la mise en œuvre, à main levée, des deux programmes.

2 Le programme en ordre est le suivant :
– Trace un carré de 4 cm de côté.
– Trace les deux diagonales, elles se coupent au point O.
– Trace un cercle de centre O dont le diamètre est égal au côté du carré.
Il est impossible de construire en commençant par la seconde ou la troisième instruction.

3 La figure **B** est la seule qui corresponde au message. Les figures **A** et **C** ne respectent pas la deuxième instruction. Si la lecture ne permet pas aux enfants de répondre à la question, la meilleure méthode pour entraîner leur conviction consiste à faire exécuter le programme. Un tracé à main levée est amplement suffisant.

4 Plusieurs rédactions du programme sont possibles. Au moment de la correction, les différentes productions sont affichées, comparées et discutées. La mise en commun peut aboutir à la rédaction suivante :
« Trace un cercle. Trace deux diamètres perpendiculaires de ce cercle. Trace un carré admettant pour côtés deux de ces demi-diamètres. »
Ou encore :
« Trace un carré. Trace un cercle de centre un des sommets du carré et de rayon le côté du carré. Prolonge les deux rayons, côtés du carré, pour obtenir deux diamètres du cercle. »

5 Seule la première consigne peut être prolongée. La seconde exige que l'on ait déjà placé les points A, B, C et D ; la dernière est une affirmation factuelle.
Les deux segments AB et DC sont les diagonales du carré. Elles sont donc perpendiculaires. C'est le mot qui manque dans la première consigne.

L'exercice est difficile pour un enfant du CM1 et devrait être réservé aux plus aguerris ou encore étudié collectivement.

Calcul réfléchi

Trouver des différences égales pour simplifier les calculs.
La méthode est indiquée sur l'exemple effectué.
On obtient successivement : 30 ; 21 ; 22 ; 41 et 44.

Banque d'exercices : nos 6 et 7 p. 186 du manuel de l'élève

(6)

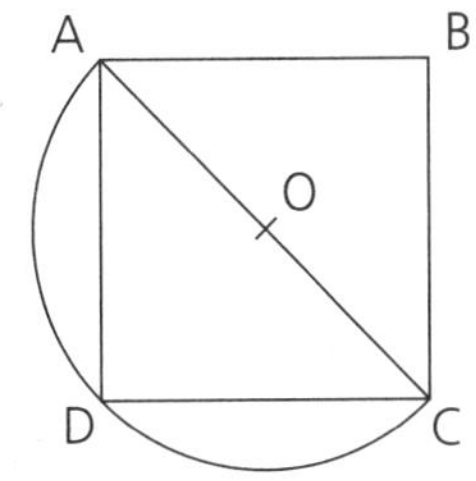

(7) Trace un carré ABCD.
Trace ses diagonales AC et BD.
Marque leur milieu O.
Trace le cercle de centre O et de diamètre AC.

Matériel à photocopier pour l'activité collective préparatoire

Leçon 75 – Programme de construction

Nom : ....

Prénom : ....

A

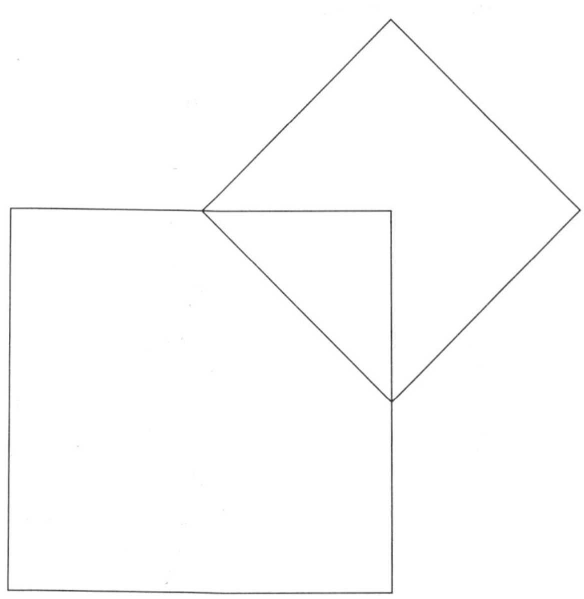

B

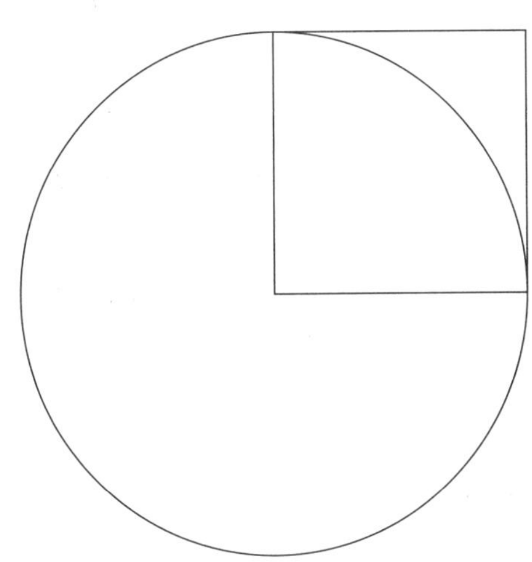

76 Nombres décimaux (2)

(manuel de l'élève p. 160-161)

COMPÉTENCES : Comparer, ordonner, intercaler des nombres décimaux.

Calcul mental

Tables de multiplication de 7, 8 et 9.

L'enseignant dit : « 8 × 7 ». L'élève écrit 56.

Première séquence : 8 × 7 ; 7 × 7 ; 9 × 5 ; 9 × 6 ; 8 × 3 ; 7 × 6 ; 7 × 9 ; 7 × 5 ; 8 × 9 ; 9 × 9.

Deuxième séquence : 8 × 5 ; 7 × 4 ; 7 × 8 ; 9 × 4 ; 8 × 6 ; 9 × 8 ; 8 × 4 ; 9 × 7 ; 9 × 3 ; 8 × 8.

Activités collectives

Lire, débattre

Cette démarche d'investigation à laquelle l'enseignant consacre quelques minutes introduit la séquence qui va suivre. Les élèves observent les temps réalisés à l'épreuve du 50 mètres par cinq élèves de CM1.

Un personnage indique que c'est Fatima qui a gagné, mais Mathéo exprime un doute : « *Comment le vérifier ?* »

Certains élèves émettent des hypothèses que l'enseignant note dans un coin du tableau ; puis, il les invite ensuite à découvrir les différentes méthodes présentées dans leçon.

Chercher

A Dans cette première partie, les élèves apprennent à comparer et ordonner les nombres décimaux. Ils observent d'abord les méthodes proposées par les personnages du manuel, les commentent collectivement. L'enseignant revient alors sur les hypothèses notées au tableau durant l'activité Lire, débattre. Les élèves les valident ou non, les complètent...

L'enseignant les invite ensuite à établir le classement de cette course : ils rangent les nombres dans l'ordre croissant en utilisant la méthode de leur choix. Il peut demander à un élève de préciser la notion d'ordre croissant : du nombre le plus petit vers le nombre le plus grand.

Les erreurs sont courantes, car certains enfants utilisent encore le nombre de chiffres pour comparer deux nombres décimaux. Il leur est difficile de reconnaître que 6,24 est inférieur à 6,8 alors qu'ils savent que 624 est supérieur à 68. Il est donc nécessaire de sérier les difficultés et de proposer à ces élèves la méthode qu'ils comprennent le mieux avant d'aller vers celle qui permet de comparer plus rapidement.

Pour comparer des nombres décimaux, on peut :

- avoir recours à une droite graduée ;
- écrire les nombres décimaux sous la forme de fractions décimales de même dénominateur, puis comparer les numérateurs ;
- comparer d'abord les parties entières, puis les parties décimales en commençant par les dixièmes, puis les centièmes...

C'est Hobiana qui a gagné l'épreuve et non Fatima qui finit deuxième, car : 6,01 < 6,1 < 6,24 < 6,8 < 7,1

B Dans cette deuxième partie, les élèves vont prendre conscience que l'on peut toujours intercaler un nombre entre deux nombres décimaux.

Ils observent collectivement le schéma composé de droites graduées et le commentent. L'enseignant intervient pour demander des précisions, aider à la reformulation. Si on partage une unité en dix parties égales, on obtient des dixièmes. Si on partage un dixième en dix parties égales, on obtient des centièmes et ainsi de suite à l'infini...

Sur leurs cahiers d'essai, les élèves recopient et complètent les encadrements avec les nombres de leur choix. Pendant ce temps, l'enseignant reproduit le schéma au tableau afin de faciliter la correction des réponses qui s'avèrent nombreuses puisque on peut intercaler une infinité de nombres décimaux entre deux autres nombres. Pour aider les élèves en difficulté, l'enseignant rappelle que 3,3 = 3,30 = 3,300. Donc pour écrire un nombre compris entre 3,3 et 3,4, il suffit d'écrire un nombre compris entre 3,30 et 3,40, à savoir : 3,31 ou 3,32 ou 3,33... jusqu'à 3,39.

C Cette activité est consacrée à l'encadrement d'un nombre décimal entre deux nombres entiers. Si la partie entière donne directement la valeur de la borne inférieure de l'encadrement, les élèves éprouvent souvent des difficultés pour trouver la borne supérieure. La droite graduée est l'outil mathématique le plus approprié pour les aider.

1 < 1,6 < 2 ; 2 < 2,47 < 3 ; 0 < 0,4 < 1 ; 28 < 28,07 < 29

D En continuité avec la précédente activité, les élèves recherchent le nombre entier le plus proche du nombre décimal donné, ce qui revient à choisir une des bornes de l'encadrement précédent. Ici encore, la droite graduée est l'outil le mieux adapté pour venir en aide aux élèves. Cette droite doit être graduée en repérant les demi-graduations.

Par exemple :

3 — 3,5 — 4

Le nombre 3,6 est placé à droite de 3,5 ; il est donc plus proche de l'entier 4 que de l'entier 3. Certains élèves poseront la question pour le nombre 3,5 qui est au milieu du segment. Dans ce cas, on peut s'appuyer sur la règle des arrondis dans les conversions monétaires qui indique que l'on prend le nombre par excès, c'est-à-dire 4.

3,6 → 4 ; 9,9 → 10 ; 12,09 → 12 ; 0,3 → 0.

Activités individuelles

S'exercer, résoudre

1 Cet exercice d'application porte sur la comparaison des nombres décimaux et l'utilisation des signes : <, =, >. L'enseignant veille à la bonne compréhension de ces signes avant de lancer les élèves dans l'activité. Il renvoie les élèves en difficulté au Mémo ou à l'utilisation de droites graduées sur le cahier d'essai.

a. 5,5 < 5,7 ; 17,2 > 16,8 ; 8 > 7,9
b. 0,25 < 0,5 ; 4,50 = 4,5 ; 5,03 < 5,30

2 Cet exercice d'application porte sur l'ordre des nombres décimaux.

L'enseignant demande à un élève de rappeler la notion d'ordre croissant et d'ordre décroissant.

a. ordre croissant : 3,1 < 3,36 < 3,7 < 3,74 < 3,9
b. ordre décroissant : 7,7 > 7,07 > 7 > 0,77 > 0,7

3 C'est une application concrète que les élèves (ou leurs parents) utilisent souvent dans la vie quotidienne.
Les fraises coûtent environ 6 €, le livre 9 €, le baladeur 35 € et le sachet de bonbons 1 €.

4, 5 Ces exercices permettent de vérifier si les élèves savent encadrer ou intercaler des nombres décimaux.

4 18 < 18,3 < 19 ; 27 < 27,7 < 28 ; 67 < 67,1 < 68 ; 0 < 0,99 < 1 ; 87 < 87,91 < 88 ; 50 < 50,99 < 51.

5 Il existe une infinité de réponses.

6 Avant de commencer ce problème, l'enseignant découpe quatre étiquettes et écrit sur chacune d'elles l'un des chiffres donnés, ainsi que la virgule : [2] [0] [5] [,].
Un élève volontaire vient former un nombre au tableau avec ces étiquettes, puis un nouvel élève vient proposer un autre nombre en changeant l'ordre des étiquettes, et ainsi de suite. Les élèves créent des nombres qu'ils notent sur leur cahier et qu'ils rangent ensuite dans l'ordre croissant.
La consigne précise d'écrire seulement quatre nombres, mais les élèves qui terminent rapidement peuvent rechercher tous les nombres qu'il est possible d'écrire avec ces étiquettes.
0,25 < 0,52 < 2,05 < 5,02 < 20,5 < 25,0 < 50,2 < 52,0

7 Ce dernier problème fait référence à l'activité de la séquence du « Lire, débattre ». Des athlètes ont réalisé des performances qu'il faut ranger dans l'ordre décroissant pour établir le podium de cette compétition. Attention : pour la course, le vainqueur est celui qui réalise le plus petit temps alors qu'au triple saut, le gagnant est celui qui réalise le plus long saut !
a. Performances dans l'ordre croissant :
14,47 < 14,64 < 14,72 < 14,78 < 14,82 < 15,11
b. Médaille d'or : Smith (Jamaïque) avec 15,11 m
Médaille d'argent : Savigne (Cuba) avec 14,82 m
Médaille de bronze : Pyatykh (Russie) avec 14,78 m.

Banque d'exercices : n°s 8 à 11 p. 186 du manuel de l'élève.

(8) **a.** Nombres décimaux de la liste plus grands que 3 : 4,07 > 3 ; 3,48 >3 ; 27,15 > 3
b. Nombres décimaux plus petits que 2 : 1,8 < 2 ; 0,9 < 2
c. Nombres décimaux compris entre 1 et 3 : 1 < 1,8 < 3 ; 1 < 2,45 < 3

(9) Il est toujours possible d'intercaler un nombre décimal entre deux nombres entiers ou entre deux nombres décimaux. Par exemple :
a. Tous les décimaux : de 2……. à 2,9999999
b. Tous les décimaux : de 3,2000000……. à 3,8999999

(10) Nombres dans l'ordre décroissant :
20,3 > 20,14 > 5,5 > 5,05 > 3,7

(11) 12 < 12,7 < 13 ; 26 < 26,09 < 27 ; 12 < 12,37 < 13 ;
0 < 0,75 <1 ; 26 < 26,90 < 27

Réinvestissement

Pour compléter le patron de ces deux cubes, les élèves peuvent se reporter à la leçon 72.
Voici les constructions possibles :

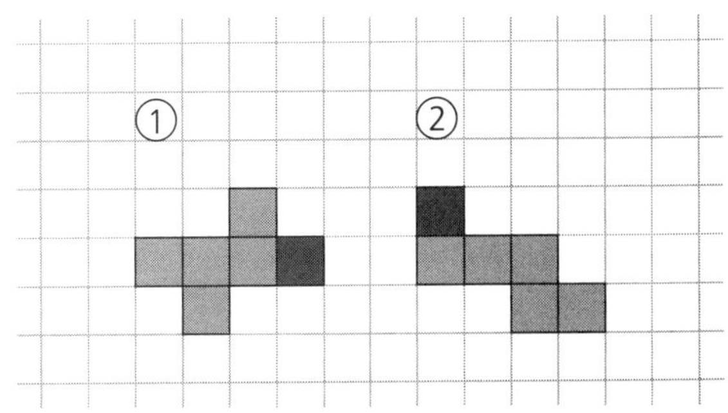

Prolongements

Cahier d'activités mathématiques CM1 : Fiches 38 à 40 pages 41 à 43.

7 CALCUL RÉFLÉCHI Ajouter des nombres décimaux simples

(manuel de l'élève p. 162)

COMPÉTENCE : Calculer des sommes de nombres décimaux par un calcul en ligne.

Calcul mental

Multiplier un décimal par 10.
L'enseignant dit : « 1,25 × 10 ». L'élève écrit 12,5.
1,25 × 10 ; 3,6 × 10 ; 45,2 × 10 ; 2,13 × 10 ; 4,125 × 10 ; 0,8 × 10 ; 0,24 × 10 ; 0,05 × 10 ; 19,05 × 10 ; 0,32 × 10.

Activités collectives

Comprendre et choisir

A Les enfants lisent le calcul à effectuer : 0,8 + 0,4, puis observent la technique proposée par Théo. Ils commentent la droite graduée.
Quand on ajoute 0,4 à 0,8 on dépasse l'unité de deux dixièmes : 0,8 + 0,4 = 1,2.
Les enfants observent ensuite la technique proposée par Léa. Elle choisit de calculer 0,8 + 0,4 en transformant les nombres décimaux en dixièmes : 0,8 + 0,4 c'est 8 dixièmes + 4 dixièmes.
8 dixièmes + 4 dixièmes = 12 dixièmes ;
12 dixièmes = 10 dixièmes + 2 dixièmes = 1 unité et 2 dixièmes.
0, 8 + 0, 4 = 1,2.

B **a.** Les enfants observent le premier calcul de Thomas. Ils doivent remarquer que le nombre décimal 2,8 a été décomposé en sa partie entière (2) et sa partie décimale (0,8).
1 + 2,8 = 1 + 2 + 0,8 = 3 + 0,8 = 3 unités et 8 dixièmes = 3,8.
Ils peuvent alors vérifier ce résultat en construisant une droite graduée comme celle de Théo.
b. Pour le deuxième calcul de Thomas, les enfants doivent remarquer que, pour faciliter les calculs, ce sont les deux nombres décimaux qui ont été décomposés en parties entières et parties décimales. Ils effectuent d'abord la somme des parties entières, puis la somme des parties décimales ; ils écrivent ensuite le résultat en s'aidant, comme Théo, de la droite graduée ou en s'appuyant sur la technique de Léa.
1,3 + 2,5 = 1 + 0,3 + 2 + 0,5 = 3 + 0,3 + 0,5 = 3 + 0,8 = 3,8

Activités individuelles

S'exercer, résoudre

Ces exercices visent la compréhension de la numération décimale et la maîtrise de la technique opératoire en privilégiant le calcul mental. Il s'agit de calculer mentalement les opérations, cependant la remarque de Mathéo, rappelle que le calcul réfléchi permet l'appui de l'écrit pour noter les calculs intermédiaires si nécessaire.

1 Cet exercice est la reprise à l'identique de l'activité **A** « Comprendre et choisir ». Les sommes sont inférieures ou supérieures à l'unité.

a.	0,4 + 0,5 = 0,9	0,8 + 0,2 = 1	0,5 + 0,3 = 0,8	0,5 + 0,5 = 1
b.	0,9 + 0,2 = 1,1	0,8 + 0,3 = 1,1	0,7 + 0,7 = 1,4	1,5 + 0,5 = 2

2 Cet exercice vise à consolider la compréhension de l'activité **B** « Comprendre et choisir ».
Il fait intervenir la somme de parties entières et de parties décimales.
a. 3,5 + 4 = 7,5 8 + 3,1 = 11,1 1,5 + 2,3 = 3,8 1,5 + 1,5 = 3
b. 2,3 + 0,7 + 1,2 = 4,2 0,5 + 1,5 + 4 = 6 0,2 + 3,4 + 0,8 = 4,4

3 L'écriture des suites de nombres permet de vérifier que les enfants maîtrisent l'ajout de dixièmes et le passage à l'unité. Avant de se lancer dans l'écriture des suites proposées, ils doivent trouver la consigne qui permet de passer d'un nombre au suivant dans chacune des suites : ajouter deux dixièmes pour la première et cinq dixièmes pour la seconde.
a. 0,4 0,6 0,8 1 1,2 1,4 1,6 1,8 2 2,2 2,4 2,6 2,8 3
b. 5,2 5,7 6,2 6,7 7,2 7,7 8,2 8,7 9,2 9,7 10,2 10,7 11,2 11,7

4 Cet exercice demande une explication sur le vocabulaire informatique et le fonctionnement d'une clé USB.
2,3 + 1,7 = 4
La capacité de la clé est 4 Go.

78 Additionner et soustraire des nombres décimaux

(manuel de l'élève p. 163)

COMPÉTENCES : Maîtriser les algorithmes de l'addition et de la soustraction des nombres décimaux.

Calcul mental

Écrire une fraction décimale sous la forme d'un nombre à virgule.

L'enseignant écrit au tableau : $\frac{124}{100}$. L'élève écrit sur l'ardoise : 1,24.

$\frac{124}{100}$; $\frac{47}{10}$; $\frac{254}{100}$; $\frac{98}{100}$; $\frac{3}{10}$; $\frac{100}{100}$; $\frac{68}{10}$; $\frac{86}{100}$; $\frac{173}{10}$; $\frac{9}{10}$

Observations préliminaires

La technique de l'addition et de la soustraction des nombres décimaux et celle des nombres entiers sont identiques ; la virgule ne pose pas de problème particulier aux élèves, lorsque ces derniers ont correctement construit le concept de nombre décimal. L'enseignant profite de cette leçon pour montrer l'importance du calcul approché.
« Le calcul posé ne doit pas faire l'objet d'une recherche de virtuosité excessive. Il doit être abordé principalement dans l'optique de la compréhension des propriétés qui interviennent dans chaque « technique opératoire ».

Activités collectives

Comprendre

A Les enfants lisent la première question et justifient le choix de l'addition. L'enseignant les invite à calculer mentalement la valeur approchée de l'opération, puis ils la copient sur leur cahier d'essai en soulignant l'importance de l'alignement des colonnes : centaines, dizaines, unités, dixièmes et centièmes, puis ils l'effectuent.
Un enfant volontaire vient poser l'opération au tableau en prenant soin de tracer les colonnes et d'écrire le nom du rang de chacune d'elles, puis il l'effectue. La correction est collective. La classe valide le résultat. L'enseignant est attentif aux passages des retenues, particulièrement à celui des dixièmes au rang des unités.
Les enfants vérifient l'addition avec leur calculatrice. Si nécessaire, l'enseignant leur rappelle que sur une calculatrice le point remplace la virgule. Ils rédigent la réponse.

Les enfants lisent ensuite la deuxième question. Ils justifient la soustraction, puis en indiquent la valeur approchée avant de la calculer en colonnes. Après lecture du conseil de Mathéo *(« Quelle est l'utilité des zéros ? »)*, les élèves donnent leur avis, puis effectuent la soustraction. Ils veillent également au passage de la retenue du rang des dixièmes à celui des unités, comme pour l'addition. Ils vérifient le résultat avec la calculatrice et rédigent la réponse.

B L'enseignant demande aux élèves de poser sur leur cahier d'essai les deux opérations. Il observe leur travail. L'exercice lui permet de vérifier la parfaite maîtrise de la technique opératoire : alignement des virgules et exactitude des calculs. Le calcul approché est exigé avant le calcul posé. La correction collective permet d'analyser les éventuelles erreurs (position des nombres, retenue oubliée, calcul inexact).

12,6 + 38,45 = 51, 05 63, 32 – 45 = 18, 32

À l'issue de la leçon l'enseignant peut demander à la classe de rédiger un mémo qui pourra être affiché :
Pour additionner ou soustraire des nombres décimaux, placer :
– les unités sous les unités ;
– la virgule sous la virgule ;
– les dixièmes sous les dixièmes..., etc.
– Ne pas oublier de mettre la virgule dans le résultat obtenu.
– On peut compléter les parties décimales par des zéros pour qu'elles aient le même nombre de chiffres après la virgule. On peut aussi placer des zéros après la virgule d'un nombre entier pour qu'apparaisse la partie décimale :
Ex. : 200 – 24,50 peut se poser 200,00 – 24,50 = 175,50
– Pour vérifier le résultat de la soustraction on pose l'addition : 175,5 + 24,5 = 200.

Activités individuelles

S'exercer, résoudre

Ces exercices de calculs balaient les difficultés rencontrées dans le calcul des algorithmes de l'addition et de la soustraction des nombres décimaux. L'utilisation régulière de ce genre d'exercice permet de consolider la maîtrise de l'algorithme.

1 4,35 + 5, 75 = 10,1 28 + 45,85 = 73,85
8,32 + 4,5 = 12,82 325,6 + 89 + 7,6 = 422,2

2 52,86 – 8,52 = 44,34 100 – 37,4 = 62,6
28,52 – 19 = 9,52 12,5 – 5,25 = 7,25

3 Les enfants justifient la situation soustractive, effectuent le calcul, puis rédigent la réponse.
574,8 – 515,3 = 58,7
L'écart entre ces deux vitesses est 58,7 km.

4 Ce problème met en valeur l'intérêt de calculer mentalement la valeur approchée du résultat avant d'effectuer les opérations.
Six calculs sont possibles. Les calculs approchés de 6,85 + 12 ; 5,15 + 12 ; 4,9 + 12 qui donnent un résultat supérieur à 15 ne sont pas retenus. Il ne reste plus qu'à calculer :
6,85 + 5,15 = 12 → 15 – 12 = 3
6,85 + 4,9 = 11,75 → 15 – 11,75 = 3,25
5,15 + 4,9 = 10,05 → 15 – 10,05 = 4,95

Banque d'exercices : nos 12 à 16 p. 186 du manuel de l'élève.

12

```
    2 7, 3 5
+     7, 2 1
-----------
= 3 4, 5 6
```
27,35 + 7,21 = 34,56

```
    3 4, 4
+     8, 7 5
-----------
= 4 3, 1 5
```
34,4 + 8,75 = 43,15

```
    1 7 6, 9
+     9 7,
-----------
= 2 7 3, 9
```
176,9 + 97 = 273,9

```
    3 4 8
      1 6, 0 8
+     5 6, 7
-------------
= 4 2 0, 7 8
```
348 + 16,08 + 56,7 = 420,78

(13)

	1	3	1,	6
−		4	3,	2
=		8	8,	4

131,6 – 43,2 = 88,4

	4	9,	8	0
−	1	7,	3	4
=	3	2,	4	6

34,4 – 8,75 = 25,65

	2	0	5,	3	2
−		8	4,	0	0
=	1	2	1,	3	2

205,32 – 84 = 121,32

	3	2	7,	0	0
−		1	4,	7	6
=	3	1	2,	2	4

327 – 14,76 = 312,24

(14)

	2	5	8,	0	0
−		6	4,	5	**2**
=	**1**	9	**3,**	**4**	8

258 – 64,52 = 193,48

			2,	**1**	5
+	1	6	5		
+		**1**	7,	8	
=	1	8	**4,**	9	5

2,15 + 165 + 17,8 = 184,95

(15) 4 – (1,76 + 0,99) = 1,25
L'équerre coûte 1,25 €.

(16) **a.** Compter de 0,2 en 0,2 :
3,4 ; 3,6 ; 3,8 ; 4 ; 4,2 ; 4,4 ; 4,6 ; 4,8
b. Compter de 0,05 en 0,05 :
17,75 ; 17,80 ; 17,85 ; 17,90 ; 17,95 ; 18 ; 18,05 ; 18,10 ; 18,15

Réinvestissement

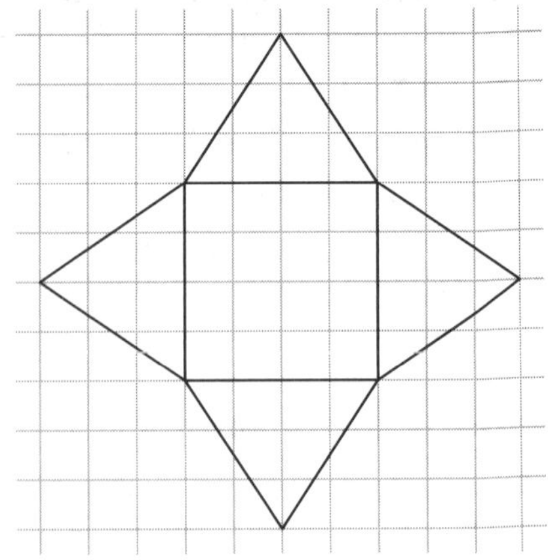

Prolongements

Cahier d'activités mathématiques CM1, Fiche 41 page 44.

79 PROBLÈMES
Procédures personnelles (5)

(manuel de l'élève p. 164)

COMPÉTENCES : Élaborer une démarche personnelle pour résoudre des problèmes.
Formuler et communiquer sa démarche et ses résultats sous des formes variées.
Argumenter à propos de la validité d'une solution produite par soi-même ou par un camarade.

Calcul mental

Comparer des nombres décimaux.
L'enseignant dit : « 1,25 et 1,8 ». L'élève écrit 1,25 < 1,8.
1,25 et 1,8 ; 6,20 et 6,2 ; 3,4 et 3,125 ; 12,2 et 9,65 ; 0,875 et 1,2 ; 34,5. et 28,9 ; 0,8 et 0,75 ; 6,7 et 6,700 ; 0,84 et 54.

Matériel

Une feuille de papier format 50 × 65 cm (ou A3) et des gros feutres pour chaque groupe de quatre ou cinq enfants.

Activités collectives

Chercher, argumenter

L'enseignant écrit au tableau la phrase présentant la situation et la question. Les enfants lisent et demandent des explications s'ils ne sont pas certains d'avoir compris la situation ou la question posée. L'enseignant leur demande de mettre en œuvre une démarche d'investigation.

Phase 1 – Recherche personnelle
Les enfants essaient de résoudre individuellement le problème. Ils peuvent schématiser, tâtonner, manipuler et, s'ils le souhaitent, utiliser du matériel, par exemple des pièces factices, etc. L'enseignant n'intervient pas.

Phase 2 – Recherche en groupe
Après quelques minutes de recherche, les enfants forment des équipes de quatre. Ils mettent en commun leurs résultats et justifient leurs choix pour parvenir à une réponse commune. Si plusieurs d'entre eux ont trouvé la même réponse en utilisant des démarches différentes, ils vérifient la pertinence de chaque démarche.
Quand les participants du groupe se sont mis d'accord sur une démarche commune, ils la rédigent d'une façon claire et lisible par tous sur une grande feuille.
Très souvent, les présentations des enfants sont incomplètes et nécessitent une explication orale. L'enseignant peut proposer à chaque groupe de rédiger un compte rendu de leur travail qui puisse être compris par tous sans explication orale.

Phase 3 – Mise en commun
Si l'enseignant a demandé à ses élèves de réaliser une présentation écrite complète, les feuilles de chaque groupe sont affichées et observées par tous, chacun essayant de comprendre la démarche de ses camarades.
Sinon, chaque rapporteur vient présenter à tour de rôle la proposition de son groupe.
L'enseignant sollicite la participation des autres groupes pour débattre sur la validité des solutions et les différents types d'erreurs.
En cas de réponses contradictoires, il faut envisager la possibilité de réponses différentes, élucider les causes d'erreur, admettre que les démarches pour parvenir à la réponse exactes peuvent être très différentes...

Phase 4 – Travail à partir du manuel
Après discussion, puis validation de la réponse collective, les enfants l'examinent individuellement et la comparent avec celles que les différents groupes ont proposées. L'enseignant demande à chacun de chercher à la comprendre, de reproduire le tableau et de le terminer.
Le résultat obtenu est comparé à celui qui a été retenu par chaque groupe.
Le tableau récapitule l'ensemble des combinaisons possibles de deux parfums si l'on dispose de cinq parfums. Le nombre de cases obtenu ne correspond pas à la réponse attendue car :
– il admet une boule vanille/ vanille, or on demande deux parfums différents. Il faut donc barrer toutes les cases placées sur la diagonale.
– il distingue la combinaison vanille / fraise et fraise/ vanille ce qui n'a pas de raison d'être quand on commande une glace avec ces deux parfums. Il faut donc barrer toutes les cases placées au-dessous (ou au-dessus) de la diagonale.
Il ne reste donc que 10 combinaisons possibles.

	Vanille	Fraise	Chocolat	Pistache	Citron
Vanille	~~V-V~~	V-F	V-Ch	V-P	V-C
Fraise	F-V	~~F-F~~	F-Ch	F-P	F-C
Chocolat	Ch-V	Ch-F	~~Ch-Ch~~	Ch-P	Ch-C
Pistache	P-V	P-F	P-Ch	~~P-P~~	P-C
Citron	C-V	C-F	C-Ch	C-P	~~C-C~~

Activités individuelles

S'exercer, résoudre

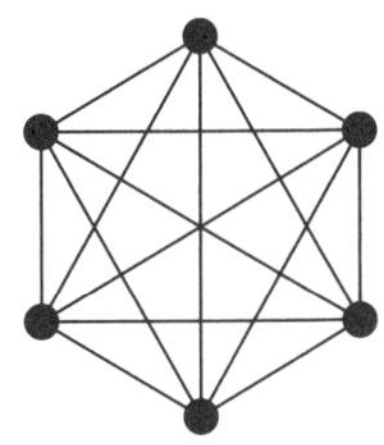

1 Cette situation incite à une représentation intéressante qui permet de bien visualiser le résultat.
De chaque île partent 5 ponts. Comme l'archipel compte 6 îles, il y a donc 6 × 5 = 30 départs de ponts ; mais comme chaque pont est commun à deux îles, il y a 15 ponts (30 : 2 = 15). On peut vérifier facilement sur le croquis ci-contre.

2 Cette situation est assez fréquente dans le domaine sportif ; les enfants disputent fréquemment des tournois où chaque équipe doit rencontrer chacune des autres équipes.
Nous aurons encore la réponse : (5 × 4) / 2 = 10, comme dans le calcul des cornets de deux boules de glace.
Il est intéressant de faire observer que deux situations qui n'ont rien de commun en apparence se résolvent en appliquant la même procédure.

3 L'une des procédures de résolution possibles est celle-ci :
Chacune des 6 personnes serre la main à 5 autres personnes.
À première vue, il y a donc 30 poignées de mains (6 × 5 = 30) ; mais chaque poignée de main est comptée deux fois, car elle concerne deux personnes : cela fait donc 15 poignées de main échangées (30 : 2 = 15).
Le croquis précédent pour les îles et les ponts peut-être utilisé ici pour schématiser cette situation.

Prolongements

Si l'enseignant veut proposer des problèmes de recherche différents, il peut choisir parmi les trois proposés dans l'Atelier problèmes (5), A « Problèmes pour apprendre à chercher », page 188 du manuel de l'élève.

80 CALCUL RÉFLÉCHI Moitié de nombres impairs

(manuel de l'élève p. 165)

COMPÉTENCE : Savoir calculer la moitié d'un nombre impair.

Calcul mental

Trouver le chiffre des dixièmes.

L'enseignant dit : « Quel est le chiffre des dixièmes dans 12,5 ? » L'élève écrit 5.

12,5 ; 24,6 ; 56,8 ; 39,7 ; 67,8 ; 38,41 ; 45,76 ; 50,45 ; 64,34 ; 70,15.

Observations préliminaires

Il nous semble utile, selon le niveau de la classe, de commencer cette leçon par un calcul mental portant sur la moitié d'un nombre pair.

Activités collectives

Comprendre et choisir

Les enfants lisent les bulles de la bande dessinée et prennent partie pour la fille ou le garçon. Au cours de cette phase d'investigation, ils justifient leur choix. L'enseignant demande pourquoi le garçon de la BD déclare que l'opération n'est pas possible. Il en profite pour faire calculer mentalement des moitiés de nombres pairs. Il attire l'attention des enfants sur la table des doubles et des moitiés des petits nombres impairs que présente Mathéo. Les enfants justifient les égalités en effectuant mentalement les sommes des décimaux.

A Les enfants se groupent par deux. Le premier de la paire lit et complète le calcul de Zoubir, le second agit pareillement avec le calcul d'Aglaé. Les enfants comparent leurs résultats. Lorsque tous les enfants ont terminé leurs calculs, l'enseignant demande à deux volontaires de venir au tableau présenter, l'un la méthode de Zoubir, l'autre celle d'Aglaé.
L'intervention de l'enseignant porte sur la distinction entre nombre pair et nombre impair. Il fait constater :
- que la décomposition de Zoubir se fait à partir du nombre de dizaines puis en utilisant un petit nombre impair facile à partager en deux comme le montre le tableau de Mathéo ;
- que celle d'Aglaé se fait à partir du plus grand nombre pair immédiatement inférieur au nombre donné.
Il insiste sur le fait qu'il n'existe pas une seule procédure pour calculer la moitié d'un nombre.
Les enfants choisissent la décomposition qui leur convient. Pour certains, prendre la moitié d'un nombre de dizaines peut s'avérer plus facile que prendre la moitié d'un nombre pair d'unités.

B Il s'agit d'une simple question à laquelle les enfants peuvent répondre facilement après avoir réalisé l'activité **A**. La moitié d'un nombre entier n'est pas toujours un nombre entier. C'est un nombre entier si le nombre est pair, c'est un nombre décimal si le nombre est impair.

C C'est aussi une question qui suit logiquement la précédente. La moitié d'un nombre impair a toujours 5 dixièmes pour partie décimale. Les enfants justifient leur réponse.

Activités individuelles

S'exercer, résoudre

1, 2 Ces exercices progressifs permettent de vérifier les acquis de l'activité **A** du « Comprendre et choisir ». Le premier porte sur les nombres inférieurs à 20, le second sur des nombres supérieurs à 20.

3 Ce problème simple peut se résoudre mentalement.
Poids du petit du canari : 13,5 g

4 Géométrie et calcul sont liés dans ce problème. Le calcul de la moitié est remplacé par le calcul du milieu du segment. La distance du point I au point A est la moitié du segment de mesure impaire 21 cm.
Le point I se trouve à 10,5 cm du point A.

5 Le partage en deux parts équitables conduit au calcul de la moitié : chacun des jumeaux recevra la moitié de 45 €, soit 22,5 €.

6 Petit problème à deux opérations : les enfants doivent savoir que moitié est synonyme de demi et comprendre que la somme à payer est égale à un tarif complet plus un demi-tarif, soit 33 € plus la moitié de 33 €, soit 16,5 €.
Ils devront payer 49,50 €
33 + 16,5 = 49,5

Banque d'exercices : n° 17 p. 187 du manuel de l'élève.

(17) La moitié de 85 est 42,5.
85 + 42,5 = 127,5
La masse totale des fruits est 127,5 kg.

Réinvestissement

Dans 3 057 195, le chiffre 7 représente les milliers.
Dans 7 245 610, le chiffre 7 représente les millions.
Dans 1 423 729, le chiffre 7 représente les centaines d'unités.
Dans 2 728 032, le chiffre 7 représente les centaines de mille.
Dans 4 302 876, le chiffre 7 représente les dizaines d'unités.
Dans 5 371 641, le chiffre 7 représente les dizaines de mille.

81 CALCUL RÉFLÉCHI Multiplier un nombre décimal par 10, 100, 1 000

(manuel de l'élève p. 166)

COMPÉTENCE : Calculer en ligne le produit d'un nombre décimal par 10, 100, 1 000.

Calcul mental

Trouver le nombre des dixièmes.
L'enseignant dit : « Quel est le nombre de dixièmes dans 1,2 ? » L'élève écrit 12.
1,2 ; 8,4 ; 9,8 ; 0,5 ; 5,3 ; 10,1 ; 17,5 ; 26,8 ; 34,6 ; 45,9.

Matériel

Une calculatrice par enfant.

Activités collectives

Comprendre

A **a.** Les enfants lisent le début du problème et commentent la solution proposée par Karim. Ils recopient le canevas du raisonnement sur leur cahier d'essais. Ils vérifient la conversion des euros en centimes : 0,65 € = 65 c, effectuent mentalement la multiplication par 10, complètent le calcul : 65 × 10 = 650, convertissent les 650 centimes en euros : 650 c = 6,50 € et, enfin, complètent la réponse : 0,65 × 10 = 6,50.
Les enfants vérifient le résultat avec la calculatrice.
b. Les élèves effectuent individuellement la suite du problème. Ils multiplient 1,15 et 0,80 par 10. La correction est collective. L'enseignant demande un volontaire pour calculer la somme dépensée pour l'achat des tartelettes et un autre volontaire pour calculer la somme dépensée pour l'achat des brioches. Les autres enfants valident ou invalident les calculs des volontaires.
c. L'enseignant demande ensuite d'écrire le prix d'un bonbon, le prix d'une tartelette et le prix d'une brioche. La somme dépensée par Karim pour chaque achat est écrite en face de chacun de ces prix
0, 65 × 10 = 6,50   1,15 × 10 = 11,5   0,80 × 10 = 8
Les enfants observent le déplacement de la virgule quand on multiplie un nombre décimal par 10. L'enseignant les invite à écrire une règle pour fixer, sous la forme de Mémo, la multiplication d'un nombre décimal par 10.

B Les enfants recopient le tableau proposé dans l'activité et, munis d'une calculatrice, le complètent.

×	4,125	0,58	1,2
100	412,5	58	120
1 000	4 125	580	1 200

Ils peuvent alors observer facilement le déplacement de la virgule quand on multiplie un nombre décimal par 100 et 1 000 et compléter le Mémo commencé dans l'activité précédente.

Activités individuelles

S'exercer et résoudre

1 Cet exercice essentiel constitue un entraînement à la maîtrise de la multiplication d'un nombre décimal par 10, 100, 1000 et permet de vérifier la bonne connaissance de la règle.
a. 9,72 × 10 = 97,2   9,72 × 100 = 972   9,72 × 1 000 = 9 720
b. 5,5 × 10 = 55   13,8 × 100 = 1 380   20,9 × 1 000 = 20 900
c. 0,85 × 10 = 8,5   0,025 × 10 = 0,25   0,7 × 10 = 7

2 Cet exercice est plus difficile que le précédent, car pour trouver l'un des termes du produit il requiert l'analyse du résultat.
0,9 × 10 = 9   0,007 × 100 = 0,7
0,8 × 100 = 80   1,2 × 10 = 12

3 Ce problème peut se résoudre mentalement comme dans la vie courante. Il met en valeur l'utilité des connaissances apprises.
Le secrétaire du club des nageurs paiera 25,40 €.
0,54 × 10 = 5,40 ; 0,20 × 100 = 20 ; 5,40 + 20 = 25,40

Réinvestissement

$\frac{1}{4} = 0{,}25$; $\frac{1}{2} = 0{,}50$; $\frac{3}{4} = 0{,}75$; $\frac{3}{2} = 1{,}5$

Banque d'exercices : n° 18 p. 187 du manuel de l'élève.

(18) 7,2 × 100 = 720   0,45 × 1 000 = 450
14,3 × 10 = 143   6,708 × 1 000 = 6 708

82 La multiplication posée *(3)* : produit d'un décimal par un entier (manuel de l'élève p. 167)

COMPÉTENCE : Maîtriser l'algorithme de la multiplication d'un décimal par un entier.

Calcul mental

Somme de petits nombres décimaux.
L'enseignant dit : « 0,5 + 0,6 ». L'élève écrit « 1,1 ».
0,5 + 0,6 ; 2,3 + 1,8 ; 1,1 + 2,8 ; 4,5 + 3,3 ; 5,4 + 2,1 ; 8,5 + 1,2 ; 3,1 + 6,3 ; 3,8 + 0,9 ; 1,5 + 7,2 ; 6,4 + 2,5.

Matériel

Calculatrices.

Observations préliminaires

Plusieurs démarches différentes peuvent être choisies pour amener les enfants à découvrir comment multiplier un nombre décimal par un nombre entier.
a. Transformer le nombre décimal en dixièmes ou en centièmes, suivant le nombre de chiffres de la partie décimale. On obtient alors un nombre entier de dixièmes ou de centièmes que l'on multiplie par le nombre entier. Le résultat obtenu est un nombre entier de dixièmes ou de centièmes qu'il suffit alors de transformer en unités.
Exemple : 3,26 = 326 centièmes. 326 × 12 = 3 912 ;
3 912 centièmes = 39,12 unités.
Les enfants effectuent plusieurs opérations semblables, observent les résultats et peuvent alors découvrir la règle à appliquer ensuite.
b. Effectuer plusieurs produits de nombres décimaux par un entier avec la calculatrice.
Les enfants écrivent les résultats au tableau, les observent et en déduisent la règle à appliquer.

C'est cette dernière démarche que nous avons adoptée. Après de nombreuses expériences, elle nous a paru plus efficace pour la majorité des enfants qui, débarrassés de la difficulté des calculs et de l'angoisse de l'erreur, peuvent alors se concentrer sur la compétence à atteindre dans cette leçon : « maîtriser l'algorithme de la multiplication d'un décimal par un entier ». Dans ce cas, la difficulté nouvelle consiste à placer la virgule au résultat.

Si l'enseignant souhaite cependant adopter la première démarche, il peut utiliser la leçon du manuel, la calculatrice étant alors réservée pour vérifier l'application de la règle.
Dans les deux cas, certains résultats pourront étonner les enfants quand ils constateront que la calculatrice n'applique pas la règle trouvée. En effet, elle affiche 25,4 pour le produit de 6,35 par 4. On compte un seul chiffre après la virgule au résultat alors qu'on en compte deux à 6,35. Ce résultat est une excellente occasion de revoir les égalités, par exemple 25,4 = 25,40...

Activités collectives

Comprendre

Les enfants observent et vérifient le travail de Thibaut dans le manuel ou au tableau si l'enseignant l'a reproduit en vue de la discussion collective. Un enfant vérifie ce résultat avec une calculatrice, puis les résultats suivants donnés dans le manuel. L'enseignant propose ensuite quelques multiplications supplémentaires. Les résultats sont notés au tableau, les chiffres après la virgule écrits ou soulignés en rouge.

Quand les enfants disposent d'une dizaine de résultats, l'enseignant leur demande de les observer et de trouver une règle qui indique où l'on doit placer la virgule dans la multiplication d'un décimal par un entier. Ils peuvent se grouper par trois ou quatre pour rédiger cette formule. La mise en commun de ce travail devrait aboutir à une réponse proche de celle-ci :
« *Quand on multiplie un nombre décimal par un nombre entier, le nombre de chiffres après la virgule au résultat est le même que le nombre de chiffres après la virgule dans le nombre décimal multiplié* ».
Plusieurs multiplications sont ensuite effectuées individuellement sans l'aide de la calculatrice. Les erreurs éventuelles sont commentées et corrigées.
Le cas évoqué dans les observations préliminaires est proposé aux enfants, par exemple : 2,35 × 4 = 9,4 ; 3,25 × 8 = 26.
L'enseignant explique encore que pour la dernière opération il est inutile d'écrire 3,25 × 8 = 26,00, même si cette réponse n'est pas erronée.
En fin de séance, l'enseignant demande aux enfants : « *Qu'avez-vous appris aujourd'hui ?* » Ils doivent donner une réponse proche de celle-ci : « Nous avons appris à multiplier un nombre décimal par un nombre entier. »

S'exercer, résoudre

1 Cet exercice porte exclusivement sur la place de la virgule, le produit des nombres entiers étant donné. Les causes d'erreurs doivent alors être recherchées : étourderie, connaissance imparfaite des tables de multiplication ou mauvaise application de la formule trouvée.
12,4 × 28 = 347,2 124 × 0,28 = 34,72 1,24 × 28 = 34,72
0,124 × 28 = 3,472 124 × 0,028 = 3,472

2 Cet exercice pourra être donné en plusieurs fois. Les erreurs éventuelles doivent orienter l'enseignant quant à la remédiation à proposer : erreur de calcul ou mauvais placement de la virgule.

a. 87,4 × 3 = 262,2	6,72 × 4 = 26,88
b. 6 × 30,7 = 184,2	8 × 5,18 = 41,44
c. 3,409 × 7 = 23,863	4,15 × 7 = 29,05
d. 2,9 × 27 = 78,3	52 × 0,45 = 23,4
e. 174 × 1,3 = 226,2	0,25 × 126 = 31,5

3 Ce problème permet de vérifier :
– si les enfants comprennent l'énoncé et interprètent correctement texte et dessin ;
– s'ils savent effectuer correctement une addition et une multiplication de nombres décimaux.
Ici aussi les remédiations doivent porter sur chacune des lacunes constatées.

Poussins : 0,75 × 3 = 2,25	Ils doivent parcourir 2,250 km.
Minimes : 1,6 + 0,75 = 2,35	Ils doivent parcourir 2,350 km.
Cadets : 1,6 × 3 = 4,8	Ils doivent parcourir 4,800 km.

Banque d'exercices : n°s 19 et 20 p. 187 du manuel de l'élève.

(19) 7,2 × 34 = 244,8 — 12,96 × 57 = 738,72
35,04 × 28 = 981,12 — 20,9 × 46 = 961,4

(20) 12,56 × 27 = 339,12
Le montant de la commande est 339,12 €.

Calcul réfléchi

Ajouter 0,5 à un multiple de 0,5.

2,5 + 0,5 = 3 — 4,5 + 0,5 = 5
5,5 + 0,5 = 6 — 9,5 + 0,5 = 10

Prolongements

Pour faire prendre conscience aux élèves que les acquis de cette leçon ont une application immédiate dans la vie de tous les jours, il peut être intéressant de leur proposer de calculer, à partir d'un ticket de caisse de supermarché ou d'une page de catalogue de vente par correspondance, le prix de quelques séries d'objets. Il sera utile aussi de les entraîner à vérifier l'ordre de grandeur des résultats trouvés.

83 Unités de mesure et système décimal

(manuel de l'élève p. 168-169)

COMPÉTENCES : Faire le point sur les unités de mesure déjà étudiées.
Préciser leur originalité et leur universalité.

Calcul mental

Multiplier un décimal par 100.

L'enseignant dit : « 1,15 × 100 ». L'élève écrit « 115 ».

Première séquence : 1,15 × 100 ; 14,4 × 100 ; 16,01 × 100 ; 4,9 × 100 ; 1,458 × 100 ; 0,25 × 100 ; 10,15 × 100 ; 405,6 × 100 ; 0,05 × 100 ; 1,009 × 100.

Deuxième séquence : 5,1 × 100 ; 5,01 × 100 ; 51 × 100 ; 51,41 × 100 ; 12,3 × 100 ; 0,1 × 100 ; 0,10 × 100 ; 0,01 × 100 ; 54,1 × 100 ; 1,01 × 100.

Activités collectives

Chercher

L'enseignant invite les élèves à observer les documents. Il vérifie la bonne compréhension de certains mots ou expressions : cahiers de doléances, États généraux, etc. Les élèves échangent leurs idées et constatent que sous l'Ancien Régime, pour les masses, par exemple, les unités étaient nombreuses : livre, marc, once, gros, denier. Les relations entre ces diverses unités étaient compliquées, c'était un système en base 8 avec des exceptions.

En revanche, le système décimal est plus commode, plus simple, car il est en base 10, il est codifié et strict…

L'enseignant fait enfin remarquer que, même si le changement d'unité avait un grand intérêt, la population de l'époque a certainement eu du mal à s'adapter. Le parallèle est possible avec les changements de monnaie qui se sont opérés en 1960 et en 2002 (l'ancien franc puis le franc sont remplacés par l'euro).

Pour approfondir leurs connaissances, les enfants peuvent consulter les sites Internet suivants :

http://pagesperso-orange.fr/longueur.masse.temps/index.htm
http://fr.wikipedia.org/wiki/Système_international_dunités

L'enseignant demande aux élèves d'observer le tableau du Mémo.

– « *Qui peut lire les unités qui figurent dans ce tableau ?* »
– « *Recopiez ce tableau en écrivant en toutes lettres les unités qui y figurent.* »
– « *Quelle remarque pouvez-vous faire pour les mots de chaque colonne ?* »

Après discussion, les élèves constatent que les mots qui figurent dans la même colonne commencent par le même préfixe : **hecto**mètre, **hecto**gramme, **hecto**litre.

Le tableau des préfixes qui figure dans le manuel est commenté et explicité.

A Après ces explications concernant les préfixes (kilo-, hecto-, déca-, etc.) les enfants sont capables de constater que les mesures du système métrique progressent ou régressent (elles sont de 10 en 10 fois plus grandes ou plus petites).

déca, hecto, kilo → × 10, × 100, × 1 000

déci, centi, milli → $\frac{1}{10}$, $\frac{1}{100}$, $\frac{1}{1\,000}$.

C'est la raison pour laquelle le système métrique est un système **décimal**.

B Dans cette deuxième partie, les enfants mettent en pratique les conversions d'unités qui constituent des activités délicates pour des élèves du CM1.

L'enseignant reproduit le Mémo au tableau, et les enfants l'utilisent lors de la correction collective.

Quelques élèves viennent, à tour de rôle, écrire un nombre dans le tableau du Mémo et effectuer la conversion. La classe valide les bonnes réponses.

L'enseignant en profite pour établir le lien entre le système décimal et les nombres décimaux.

Il peut compléter le tableau en ajoutant une première ligne

milliers	centaines	dizaines	unités	dixièmes	centièmes	millièmes

– « *Comment passe-t-on de l'hecto au kilo ?* » On multiplie par 10.
– « *Du déca à l'hecto ?* » On multiplie par 10.

Etc.

1 mL = 0,001 L	1 mg = 0,001 g	1 L = 0,01 hL
1 g = 0,01 hg	1 km = 1 000 m	1 m = 100 cm

C Les enfants écrivent les mesures dans le tableau de conversion.

L'enseignant fait constater que la partie exprimée en mètres est la partie entière du nombre décimal. Cette partie du nombre est à gauche de la virgule. La partie décimale, placée à droite de la virgule, s'exprime en centimètres ou millimètres.

Dans un premier temps, le tableau de conversion est un outil efficace pour éviter par exemple l'oubli des zéros dans les parties entières ou décimales :

3 m 5 cm = 3,05 m
7 m 3 dm 2 mm = 7,302 m
9 dm 1 cm = 0,91 m

D L'enseignant demande : « *Quelle précaution doit-on prendre avant d'effectuer ce calcul ?* »

Les remarques des élèves reformulées et reprises permettent de conclure que les mesures doivent être exprimées avec la même unité : le mètre. Les enfants réinvestissent leur acquis sur les changements d'unités avant d'effectuer le calcul.

1 m 4 dm 8 cm = 1,48 m   205 cm = 2,05 m
1,48 + 2,05 = 3,53 m

Activités individuelles

S'exercer, résoudre

1 Cet exercice permet à l'enseignant de s'assurer de la connaissance du sens des préfixes qui composent les noms des unités en mettant en parallèle ceux que les élèves confondent souvent, par exemple déca-, déci-.

Les mesures les plus grandes sont dans chaque cas :

a. 1 décalitre	1 décamètre	1 centilitre.
b. 1 hectogramme	1 litre	1 kilomètre.

2 Cet exercice présenté de manière ludique (devinettes) reprend les relations entre les unités du système métrique étudiées précédemment.

a. Je suis le centilitre. **b.** Je suis le kilomètre.
c. Je suis le décagramme. **d.** Je suis le millilitre.

3 En relation avec des mesures d'objets concrets, cet exercice permet de vérifier la maîtrise des changements d'unité.
Le tableau de conversion peut venir en aide aux élèves en difficulté, mais il est souhaitable qu'ils apprennent rapidement à s'en passer.

a. 2 460 m = 2,460 km **b.** 2 025 mm = 2,025 m
c. 64 cm = 0,64 m **d.** 200 mg = 0,2 g
e. 12 cL = 0,12 L

4, **5** Ces exercices proposent également des conversions mais plus délicates, avec des zéros intercalés. Le recours au tableau de conversion est une aide pour vérifier les réponses.

4 a. 1 m 5 dm = 1,5 m 1 m 8 mm = 1,008 m
1 m 5 cm = 1,05 m
b. 2 dL 3 mL = 0,203 L 1 L 3 dL = 1,3 L
1 L 8 cL = 1,08 L

5 a. 200 m = 0,2 km 5 hm 30 m = 0,530 km
50 dam = 0,5 km
b. 150 g = 0,150 kg 2 hg 9 g = 0,209 kg
50 dag = 0,5 kg

6 Les calculs de ce problème se font tout d'abord en grammes :
Poids de la chatte : 1 248 g ; (416 × 3)
Poids du chaton : 624 g ; (1 248 : 2)
624 g = 0,624 kg

7 Si nécessaire, les mots « lieue » et « toise » sont expliqués. L'enseignant vérifie que la notion d'arrondi « au kilomètre près » est comprise ; dans le cas contraire, il peut donner quelques exemples.
Le calcul est d'abord réalisé en mètres, puis le résultat converti en kilomètres. L'enseignant met en garde les enfants contre les erreurs d'opérations (tables, retenues oubliées) ou erreur de placement de la virgule.
1,949 × 300 × 7 = 4 092,9
Le petit Poucet parcourt 4 092,9 m ou 4,0929 km, soit environ 4 km.

Banque d'exercices : n° 21 p. 187 du manuel de l'élève.

(21) **a.** Un quart de litre est égal à 0,25 litre.
b.

	0,	2	5	0
–	0,	2	1	2
=	0,	0	3	8

0,25 – 0,212 = 0,038
La différence entre ces deux contenances est 0,038 litre.

Calcul réfléchi

Ajouter des multiples de 0,25.
Les élèves observent l'exemple.
Ils utilisent les calculs intermédiaires proposés pour effectuer les additions.
3,25 + 2,25 = 5,5 ; 4,50 + 3,50 = 8 ; 3,75 + 4,25 = 8 ;
6,75 + 1,50 = 8,25.

84 PROBLÈMES Approche de la proportionnalité

(manuel de l'élève p. 170-171)

COMPÉTENCE : Résoudre des problèmes relevant de la proportionnalité en utilisant des raisonnements personnels appropriés.

Calcul mental

Diviser un nombre par 10.

L'enseignant dit : « 15 divisé par 10 ». L'élève écrit 1,5.

Première séquence : 15 ; 21 ; 35 ; 62 ; 106 ; 154 ; 199 ; 200 ; 256 ; 1 264.

Deuxième séquence : 28 ; 31 ; 38 ; 52 ; 96 ; 114 ; 129 ; 278 ; 506 ; 2 432.

Activités collectives

Lire, débattre

Les enfants lisent la bande dessinée et la commentent. Ils expliquent leur point de vue sur l'affirmation : « Un poisson rouge coûte le même prix qu'une carpe ». L'enseignant note au tableau les différentes démarches d'investigation. À la fin des activités « Chercher », à l'appui des nouvelles connaissances, il invitera les élèves à valider ou réfuter leurs hypothèses.

Chercher

L'enseignant note le problème au tableau. Les élèves le lisent silencieusement. Ils effectuent une recherche personnelle pendant une dizaine de minutes puis se groupent par cinq. Chaque groupe choisit un rapporteur qui viendra exposer les solutions du groupe au tableau. Les enfants interviennent individuellement dans la discussion qui suit les exposés pour valider les résultats proposés.

A Les enfants ouvrent le manuel et analysent la démarche de Charly. Ils expliquent pourquoi Charly choisit de calculer en progressant de 30 en 30 et trouvent par anticipation le nombre qui viendra après 90.

Il utilise la suite des multiples de 30, pas à pas :

- Pour 30 €, il peut acheter 4 poissons.
- Pour 60 €, le double de 30, il peut acheter le double de 4 poissons, soit 8 poissons.
- Pour 90 €, le triple de 30, il peut en acheter 12, soit le triple de 4.

Les enfants complètent les calculs de Charly, et l'enseignant leur demande alors de trouver la nouvelle somme en euros annoncée par Charly : après 90, Charly dira : « Pour 120 €, j'ai ... ».

Ils doivent bien sûr donner le nombre de poissons qu'il pourra acheter avec cette somme et la comparent avec le résultat de leur recherche personnelle.

Les enfants observent ensuite les calculs d'Alice et les commentent. Elle ne procède pas comme Charly. Elle cherche directement combien de fois 30 € est contenu dans 120 €. Quand les enfants ont trouvé que 120 c'est 4 × 30, ils complètent la première phrase d'Alice. Si on peut acheter 4 poissons avec 30 €, avec 120 € on en achète 4 fois plus, car 120 c'est 4 fois 30. L'enseignant demande combien de poissons Charly peut acheter. Quand les élèves l'ont trouvé, ils complètent la deuxième phrase d'Alice.

Les élèves comparent et commentent les raisonnements de Charly et d'Alice. Celui d'Alice est plus rapide que celui de Charly.

L'enseignant fait constater qu'il n'existe pas de solution unique pour arriver au résultat. Pour ce faire, il se sert des résultats positifs des recherches personnelles des enfants.

B **a.** Les élèves lisent la question que se pose Tania. Les solutions proposées par Charly et Alice ne peuvent pas s'appliquer de façon automatique pour résoudre ce problème. Les enfants lisent le raisonnement proposé par Tania. Elle décompose : 45 = 30 + 15. Les enfants en discutent le bien-fondé. Avec 30 €, elle peut acheter 4 poissons et 15 € étant la moitié de 30 €, elle pourra en acheter 2, la moitié de 4 poissons. Les enfants complètent alors le calcul de Tania.

b. Chaque élève résout individuellement le nouveau problème posé par Tania.

La solution reprend celle proposée précédemment par Tania. 75 c'est 60 + 15. Avec 60 € (deux fois 30), Tania aura 8 poissons (4 × 2).

Avec 15 € (la moitié de 30), Tania aura 2 poissons (la moitié de 4).

Elle pourra acheter 10 poissons (8 + 2).

Activités individuelles

S'exercer, résoudre

1 Cet exercice propose de vérifier, avec des nombres simples qui permettent le calcul mental, les calculs proposés dans les activités A et B du Chercher.

12 est le double de 6 ; 6 boulards coûtent 8 € ; 12 boulards coûtent le double de 8 €, donc 16 €.

3 est la moitié de 6 ; 6 boulards coûtent 8 € ; 3 boulards coûtent la moitié de 8 €, soit 4 €.

15 = 12 + 3 ; 15 boulards coûtent 20 € (16 + 4)

ou 15 = 3 × 5 ; 15 boulards coûtent 20 € (4 × 5).

La correction montre qu'il peut y avoir plusieurs solutions pour trouver la réponse.

2 La présentation sous forme de tableau simplifie la lecture de l'énoncé.

Les nombres choisis sont simples et permettent une mise en relation plus facile.

12 est le triple de 4 ; 6 est la moitié de 12 ; 10 = 4 + 6 ; 20 = 10 × 2 ou 20 = 4 × 5

La correction montre qu'il y a plusieurs possibilités de trouver le résultat.

Nombres d'invités	4	12	6	10	20
Masse de pâtes en g	240	720	360	600	1 200

3 Ce problème propose des calculs plus nombreux avec des nombres plus grands.
L'enseignant, s'il le souhaite, demande aux élèves de rajouter une ligne dans ce tableau : « Nombre de sacs de ciment ».

Nombre de sacs de ciment	1	2	3	4	10
Ciment en kg	25	50	75	100	250
Sable en L	40	80	120	160	400
Gravier en L	50	100	150	200	500
Eau en L	12	24	36	48	120

4 La comparaison des deux tableaux montre que les tarifs des tirages du magasin *Photoboum* augmentent de la même façon que le nombre des tirages. Ce qui n'est pas vrai pour les tarifs du magasin *Zoomphoto*.
Dans le magasin *Photoboum*, on peut donc prévoir le tarif pour 1 000 photos : 160 €.
La correction montrera les diverses façons de calculer le prix des 1 000 photos :
500 × 2 ; 200 × 5 ; 500 + 300 + 200...

5 Ce problème à multiples questions est de facture classique. Les calculs sont facilités par le choix des nombres : les multiples de 5 sont familiers aux enfants.
a. Il faut 10 L de gazole pour parcourir 200 km ; 2,5 L pour 50 km ; 17,5 L pour 350 km.
b. Avec 25 L, la voiture parcourt 500 km et 1 000 km avec 50 L.
L'enseignant organise les données et les résultats sous la forme d'un tableau.

Gazole en L	5	10	2,5	17,5	25	50
Distance en km	100	200	50	350	500	1 000

6 Le jardinier a gagné 100 € (50 × 2) chez Mme Auran ; 150 € (50 × 3) chez M. Dupré et 75 € (la moitié de 150) chez Mme Nicolas.

Banque d'exercices : n°s 22, 23 et 24 p. 187 du manuel de l'élève

(exercices communs à la leçon 91)

(22) 2 croissants coûtent 1,50 €.
4 croissants coûtent 3 €.
8 croissants coûtent 6 €.
Julien paie 6 €.

(23) Trois sachets de dattes pèsent 380 g.
Neuf sachets pèsent trois fois plus.
380 × 3 = 1 140
Les 9 sachets de dattes représentent une masse de 1 140 g ou 1 kg 140g.

(24) Pour 2 personnes, les quantités d'ingrédients sont divisées par 2 :
– 100 g de chocolat pâtissier,
– 3 blancs d'œufs,
– 10 cL de crème liquide,
– 40 g de sucre en poudre,
– 1 demi-pincée de sel.

Pour 6 personnes, les quantités d'ingrédients nécessaires pour 2 personnes sont multiplées par 3 :
– 300 g de chocolat pâtissier,
– 9 blancs d'œufs,
– 30 cL de crème liquide,
– 120 g de sucre en poudre,
– 1 pincée et demie de sel.

Calcul réfléchi

Il permet de vérifier la maîtrise de l'addition de deux nombres décimaux particuliers dont la somme des dixièmes donne une unité.
3,7 + 1,3 = 5 2,6 + 2,4 = 5 5,9 + 5,1 = 11
7,5 + 6,5 = 14 8,2 + 1,8 = 10

85 CALCUL RÉFLÉCHI
Organiser des calculs

(manuel de l'élève p. 172)

COMPÉTENCES : Organiser et effectuer des calculs du type 1,2 + 4,7 + 0,8 en regroupant les nombres décimaux permettant le complément à l'unité (1,2 + 0,8) + 4,7.

Calcul mental

Somme d'un entier et d'un décimal.

L'enseignant dit : « 6 + 2,45 ». L'élève écrit 8,45.

6 + 2,45 ; 4 + 3,5 ; 9 + 0,75 ; 1 + 3,06 ; 7 + 7,85 ; 18 + 2,6 ; 10 + 6,3 ; 20 + 0,09 ; 8 + 2,4 ; 9 + 1,18.

Activités collectives

Comprendre

A Avant d'organiser un calcul du type 1,2 + 4,7 + 0,8, les élèves doivent être capables de trouver le complément à l'unité.

Dans cette première partie, ils lisent la situation problème. L'enseignant s'assure que l'ensemble de la classe a bien saisi les données du problème, puis il demande quelle technique on pourrait mettre en œuvre pour répondre à la question.

Certains écrivent les nombres en dixièmes avant d'additionner et réinvestissent ainsi les acquis de la leçon 77. D'autres proposent d'utiliser une droite numérique. D'autres enfin découvrent l'intérêt à regrouper deux des termes de la somme dont les dixièmes se complètent pour former une unité.

C'est cette dernière technique que l'enseignant privilégie ensuite en insistant sur la somme des parties entières, sans oublier le complément à l'unité.

Fatousia : 1,9 + 0,1 = 1 + 0 + 1 = 2

et Yu : 1,4 + 1,6 = 1 + 1 + 1 = 3

C'est Yu qui a pêché la masse la plus importante de poissons.

Pour asseoir la maîtrise du complément à l'unité, l'enseignant propose aux élèves d'autres calculs, par le procédé La Martinière : 2,2 + 0,8 ; 1,7 + 1,3 ; 0,5 + 3,5...

B **a.** et **b.** Quand les élèves maîtrisent le complément à l'unité, ils sont confrontés à l'organisation de calculs par regroupement des nombres décimaux qui le permettent. Implicitement, ils vont être confrontés aux lois sur la commutativité et l'associativité de l'addition.

Chacun des élèves lit la situation problème, observe les débuts des calculs proposés et répond aux deux premières questions. L'enseignant aide les élèves en difficulté à repérer les nombres susceptibles d'être regroupés. Dans un second temps, les élèves se groupent par deux (ou plus) pour comparer leurs résultats.

On insistera sur la méthode d'Océane qui utilise le complément à l'unité, et que l'on privilégiera par la suite.

1,6 + 0,8 + 0,4 = (1,6 + 0,4) + 0,8 = 2 + 0,8 = 2,8

Mathis a pêché 2,8 kg de poissons.

c. L'enseignant propose alors de répondre à cette dernière question en insistant sur le choix de la technique : grouper les nombres qui permettent le complément à l'unité.

0,7 + 1,2 + 2,3 + 0,8 = (0,7 + 2,3) + (1,2 + 0,8) = 3 + 2 = 5

Océane a pêché 5 kg de poissons.

Activités individuelles

S'exercer, résoudre

1 Cet exercice d'application porte d'abord sur le complément à l'unité (**a.**), puis sur l'organisation de calculs (**b.** et **c.**).

Les réponses sont les suivantes :

a. 6,1 + 0,9 = 7 ; 0,3 + 6,7 = 7 ; 2,8 + 1,2 = 4

b. 3,5 + 1,7 + 0,5 = (3,5 + 0,5) + 1,7 = 5,7

4,1 + 2,3 + 0,9 = (4,1 + 0,9) + 2,3 = 7,3

0,8 + 1,2 + 3,4 = (0,8 + 1,2) + 3,4 = 5,4

c. 3,4 + 0,8 + 0,6 + 2,2 = (3,4 + 0,6) + (0,8 + 2,2) = 7

0,2 + 1,7 + 1,8 + 2,3 = (0,2 + 1,8) + (1,7 + 2,3) = 6

2 L'énoncé de ce problème est simple et ne devrait pas poser de difficultés de compréhension.

1,8 + 2,3 + 2,2 = (1,8 + 2,2) + 2,3 = 6,3

La longueur de route goudronnée est 6,3 km.

3 La difficulté réside dans la grandeur des nombres, car l'élève devra gérer la retenue en plus du complément à l'unité. L'enseignant indique aux élèves qu'ils peuvent utiliser leur cahier d'essais afin de noter les résultats intermédiaires.

6,80 + 5,60 + 6,20 + 8,40 = (6,80 + 6,20) + (5,60 + 8,40)
= 13 + 14 = 27

Maeva a dépensé 27 €.

Réinvestissement

Le travail demandé permet d'évaluer la maîtrise des tracés du cercle et des segments perpendiculaires sur papier uni à l'aide des instruments (prévoir une feuille de format A5 par élève).

Les élèves doivent aussi prêter attention au doublement des dimensions : le rayon du cercle mesurera 4 cm, les côtés du triangle rectangle mesureront 6 et 8 cm.

Prolongements

Cahier d'activités mathématiques CM1 : Fiches n°s 13 et 14 p. 16 et 17.

86 Périmètre du carré et du rectangle

(manuel de l'élève p. 173)

COMPÉTENCE : Calculer le périmètre du carré et du rectangle à l'aide de formules.

Calcul mental

Multiplier un décimal par 10.
L'enseignant dit : « 23,5 × 10 ». L'élève écrit 235.
23,5 × 10 ; 36,8 × 10 ; 4,12 × 10 ; 0,13 × 10 ; 412,5 × 10 ; 0,78 × 10 ; 0,04 × 10 ; 13,05 × 10 ; 49,5 × 10 ; 3,2 × 10.

Observations préliminaires

Trop longtemps on a considéré qu'il n'existait qu'une seule manière de calculer le périmètre du rectangle, et LA formule consacrée était souvent apprise sans être construite solidement par les enfants, d'où les fréquentes confusions avec le calcul de l'aire du rectangle.
Il existe différentes façons de calculer le périmètre d'un rectangle, et la plus efficace est celle qui permet de calculer le plus facilement possible. Il est donc souhaitable que les enfants participent à la rédaction des formules et maîtrisent plusieurs démarches.
Pour beaucoup d'enfants, par exemple, le plus simple pour calculer mentalement le périmètre d'un rectangle de 35 m sur 24 m est de calculer ainsi :
(35 + 35) + (24 + 24) = 70 + 48 ; d'autres préféreront calculer (35 + 24) × 2.
Nous conseillons donc aux enseignants de faire rechercher différentes manières de calculer le périmètre du rectangle, de les comparer, de rédiger les formules qui semblent les plus efficaces et de les appliquer à bon escient.

Activités collectives

Chercher

A L'enseignant présente la première situation proposée dans le manuel ; il trace au tableau le rectangle en donnant les dimensions : 28 m et 17 m. Il pose le problème et demande aux enfants de rechercher au moins deux façons de calculer le périmètre du premier bassin.
Les enfants travaillent individuellement puis, quand tous ont trouvé au moins une solution, ils peuvent, par groupes de trois ou quatre, comparer résultats et techniques, vérifier les résultats et, éventuellement, trouver d'autres démarches.
La mise en commun au tableau permet de recenser les différentes manières de calculer un périmètre. On obtiendra sans doute :
- 28 + 17 + 28 + 17 = 90 m
- (28 x 2) + (17 × 2) = 90 m
- (28 + 17) × 2 = 90 m

Chaque démarche est illustrée au tableau en coloriant par exemple les côtés comptabilisés.
Au cours de la mise en commun des réponses, si aucun élève ne l'a indiqué, l'enseignant rappelle aux élèves que l'on appelle communément longueur (L en abrégé) le grand côté du rectangle, et largeur (l) le petit côté. Il leur demande ensuite, en utilisant ces mots, de rédiger une ou deux formules qui permettent de calculer le périmètre d'un rectangle et de repérer la plus « économique » : celle qui exige le moins de calculs.
Les deux formules choisies pour calculer le périmètre du rectangle seront sans doute :
- P = (L + l) × 2 (deux opérations seulement)
- P = (L × 2) + (l × 2)

Un travail semblable est ensuite réinvesti pour le calcul du périmètre du carré. La recherche est ici plus simple, et les enfants parviendront sans doute facilement aux résultats.
- Périmètre du bassin : 23 m × 4 = 92 m

La formule pour calculer le périmètre du carré sera :
- P = côté × 4

B La démarche inverse est alors proposée : « *Le périmètre du carré étant de 20 m, quelle est la longueur du côté ?* »
Après un moment de recherche individuelle, quelques enfants présentent leurs solutions en utilisant sans doute la division par 4 ou la multiplication à trou : 20 : 4 = 5 ; 20 = 4 × ...

Activités individuelles

S'exercer, résoudre

1 Le rectangle mesure 65 mm de long et 22 mm de large.
(65 + 22) × 2 = 87 × 2 = 174
Le périmètre est 174 mm.

2 Voici le tableau complété.

Carré	A	B	C
Côté	75 m	48 cm	30 mm
Périmètre	300 m	192 cm	120 mm

3 a. La principale difficulté réside dans la lecture de l'énoncé.
P = (11 + 9) × 2 = 40 m
Périmètre du rectangle et du carré : 40 m.
b. Le côté du carré mesure 10 m (40 : 4 = 10)

4 a. Le côté du carré mesure 7 cm.
La largeur du rectangle mesure 5 cm ; sa longueur mesure 7 cm.
(12 – 7 = 5)

b. Le périmètre du carré est 28 cm (7 × 4 = 28).
Le périmètre du rectangle est 24 cm (7 + 5) × 2 = 24.

Banque d'exercices : n° 25 p. 187 du manuel de l'élève

(25) P = (18 + 9) × 2 = 54
Le périmètre du terrain de volley-ball mesure 54 m.

Prolongements

Pour vérifier les acquis de ces recherches, l'enseignant propose quelques problèmes simples qui permettront aux enfants d'utiliser les formules qu'ils ont mises au point et à l'enseignant de repérer les enfants qui ont encore besoin d'une aide personnalisée.

1. Un rectangle a une longueur de 45 cm et une largeur de 36 cm. Quel est son périmètre ?

2. Quel est le périmètre d'un carré de 36 m de côté ?

3. Combien mesure le côté d'un carré dont le périmètre est 72 m ?

87 PROBLÈMES
Formuler la question

(manuel de l'élève p. 174-175)

COMPÉTENCES : Comprendre un énoncé.
Mettre en œuvre un raisonnement pour formuler la question.

Calcul mental

Somme de petits nombres décimaux.

L'enseignant dit : « 0,5 + 0,6 ». L'élève écrit 1,1.

Première séquence : 0,5 + 0,6 ; 2,3 + 1,8 ; 1,1 + 2,8 ; 4,5 + 3,3 ; 5,4 + 2,1 ; 8,5 + 1,2 ; 3,1 + 6,3 ; 3,8 + 0,9 ; 1,5 + 7,2 ; 6,4 + 2,5.

Deuxième séquence : 0,7 + 1,3 ; 4,3 + 8,7 ; 5,3 + 0,8 ; 3,5 + 4,1 ; 6,4 + 9,2 ; 4,5 + 2,6 ; 3,3 + 8,3 ; 6,7 + 4,1 ; 3,2 + 4,3 ; 4,7 + 9,8.

Activités collectives

Lire, chercher

A L'enseignant invite les élèves à lire l'énoncé du problème. Il s'assure de la bonne compréhension de la situation. L'illustration peut aider les élèves en difficulté.

La classe est divisée en plusieurs groupes pour répondre aux questions de cette première partie et rédiger les réponses. L'enseignant passe d'un groupe à l'autre pour observer les méthodes mises en œuvre, aider les élèves en difficulté, suggérer une piste de travail, exiger un raisonnement écrit… Chaque groupe désigne un rapporteur qui vient énoncer les résultats du groupe lors de la mise en commun. Une discussion s'engage, la classe valide les solutions approuvées.

a. On ne peut pas répondre à la question « *Combien d'enfants ne mangent pas à la cantine ?* », car on ne connaît pas l'effectif de cette école.

– Sans effectuer de calcul, on peut répondre à la question « *Combien de yaourts aux fruits jaunes compte-t-on dans un lot ?* », puisque la réponse est donnée dans l'énoncé. Il y a 6 yaourts aux fruits jaunes dans un lot.

– Les deux autres bulles contiennent de véritables questions de problème qui relèvent d'une résolution mathématique.

b. $7 \times 8 = 56$

Le cuisinier dispose de 56 yaourts aux fruits rouges.

$(7 \times 8) + (6 \times 6) = 92$

Le cuisinier dispose de 92 yaourts.

$92 > 90$

Le cuisinier pourra donner un yaourt à chaque enfant.

Suite à la mise en commun, l'enseignant demande aux groupes d'élèves de réaliser une affiche récapitulative :

> « Dans une situation, il y a un problème si la question …
> – porte sur les données de l'énoncé (ou une partie) ;
> – n'appelle pas une simple réponse de lecture ;
> – demande d'effectuer au moins un calcul pour y répondre ;
> – est correctement formulée. »
> La liste des propositions ci-dessus n'est pas exhaustive.

B Durant cette deuxième activité, chaque élève travaille d'abord seul avant de comparer ses résultats avec d'autres camarades. La correction est collective : les élèves qui communiquent leurs réponses s'appuient sur l'affiche précédemment conçue pour étayer leur choix.

a. On ne peut pas répondre à la question : « *Quelle est la superficie du parc du château de Versailles ?* », car elle ne fait référence à aucune donnée de l'énoncé.

b. 40 000 + 15 000 = 55 000

Les jardiniers ont planté 55 000 arbres.

c. Plusieurs questions peuvent être rédigées. En voici quelques-unes :

– « *Combien d'arbres comptait le parc du château de Versailles après la tempête ?* »

350 000 – 8 000 = 342 000

Le parc comptait 342 000 arbres après la tempête.

– « *Combien d'arbres compte actuellement le parc du château de Versailles ?* »

342 000 + 55 000 = 397 000

Actuellement, le parc compte environ 397 000 arbres.

– « *Durant combien d'années les jardiniers ont-ils replanté des arbres ?* »

2006 – 2000 = 6

Les jardiniers ont replanté des arbres pendant 6 ans.

Activités individuelles

S'exercer, résoudre

1 C'est une application fidèle du travail mené en activité de recherche. L'enseignant demande aux élèves de se référer régulièrement à l'affiche précédemment conçue.

a. On ne peut pas répondre à la question : « *Quelle est la distance jusqu'à l'aéroport ?* », car aucune donnée de ce type ne figure dans l'énoncé. C'est Louise qui l'a posée.

– Sans effectuer de calcul, on peut répondre à la question « *Qu'indique le compteur mardi soir ?* », puisque la réponse est donnée dans l'énoncé. Mardi soir, le compteur indique 33 240 km. C'est Aïcha qui a posé cette question.

– Les deux autres enfants, Yanis et Hugo, ont posé de véritables questions de problème qui relèvent d'une résolution mathématique.

b. 32 875 + 285 = 33 160

Lundi soir, le compteur indique 33 160 km.

33 240 – 33 160 = 80

Le taxi parcourt 80 km le mardi.

2 Ce problème présente une difficulté : le pronom relatif « dont » qui inclut les 4 pelotes dans les 13 précédemment citées. C'est donc une donnée inutile en regard des questions posées.

On ne peut pas répondre aux questions **a.** et **c.**, car il n'y a aucune donnée dans l'énoncé à ce sujet. La réponse à la question **b.** est la suivante :

$13 \times 85 = 1\,105$

Manon utilise 1 105 m de fil de laine pour confectionner un pull-over.

3 Voici un véritable problème de la vie courante.
On ne peut pas répondre à la question concernant le prix d'une brioche, car il n'y a aucune donnée dans l'énoncé à ce sujet.
Le montant des achats est 3,30 €.
0,90 + (3 × 0,80) = 3,30
Les élèves peuvent utiliser plusieurs méthodes pour résoudre la dernière question :
– le calcul : 3,30 + 1,70 = 5
Manon a donné un billet de 5 €.
– la logique : il existe des billets de 5 €, 10 € ou 20 € et en observant les nombres, Manon ne peut avoir donné qu'un billet de 5 €.

Calcul réfléchi

Complément d'un nombre décimal à un nombre entier.
Les élèves observent tous les compléments à l'unité, c'est-à-dire à 10 dixièmes.
L'enseignant met en garde les élèves sur le fait que trouver le complément à l'unité génère une unité supplémentaire (la retenue) qu'il ne faut pas oublier.
3,8 + **1,2** = 5 ; 4,5 + **1,5** = 6 ; 5,9 + **2,1** = 8 ; 7,3 + **1,7** = 9 ; 9,6 + **0,4** = 10

88 Calculatrice et décimaux

(manuel de l'élève p. 176-177)

**COMPÉTENCES : Utiliser une calculatrice avec les nombres décimaux.
Utiliser la touche « diviser ».**

Calcul mental

Tables de multiplication de 6, 7 et 8.
L'enseignant dit : « 7 × 7 ». L'élève écrit 49.
Première séquence : 8 × 7 ; 7 × 6 ; 6 × 5 ; 8 × 6 ; 8 × 3 ; 7 × 6 ; 9 × 6 ; 7 × 5 ; 4 × 6 ; 6 × 6.
Deuxième séquence : 8 × 5 ; 7 × 4 ; 7 × 8 ; 6 × 4 ; 8 × 6 ; 6 × 8 ; 8 × 4 ; 6 × 7 ; 6 × 3 ; 8 × 8.

Observations préliminaires

Le calcul instrumenté est largement répandu dans la vie courante. Il est donc essentiel que l'école soit en prise avec cette réalité de notre temps.
Cette utilisation n'est pas contradictoire avec les techniques opératoires traditionnelles. Au contraire, c'est une occasion de faire fonctionner le calcul mental, le calcul approché.
Si les calculatrices ne font pas partie du matériel de la classe, on demandera aux élèves d'apporter des calculatrices « basiques » quatre opérations, qui suffisent pour le travail à l'école.
Les élèves ont déjà utilisé la calculatrice à plusieurs reprises dans ce manuel. L'enseignant appréciera lui-même s'il est nécessaire de revenir sur l'utilisation (touches [ON/C], [OFF] ou [CE] suivant les modèles) et les fonctions de base de la calculatrice (touches [+], [–], [×], [=]).
Cette leçon est un réinvestissement des notions acquises dans les leçons précédentes, et notamment sur les nombres décimaux. Le fait d'ajouter la manipulation de la calculatrice permet de la rendre plus ludique.

Activités collectives

Lire, débattre

L'enseignant invite les élèves à lire l'affirmation de l'enfant. Ils formulent toutes les remarques qui leur viennent à l'esprit. Quelques élèves relèveront probablement que, dans certains cas, la calculatrice n'est pas un outil efficace.
On retient du débat : « la calculatrice ne fait jamais d'erreurs, mais c'est celui qui saisit les nombres ou qui choisit l'opération qui en commet. »
Les élèves prennent ainsi conscience que la calculatrice n'est qu'un outil qu'il faut maîtriser à bon escient.

Chercher

A **a.** Les élèves travaillent individuellement, chacun avec sa calculatrice. Ils découvrent rapidement que la touche [.] permet de saisir la virgule.
b. Dans les leçons 77 et 85, les élèves ont déjà mis en œuvre différentes techniques pour calculer mentalement. L'enseignant leur fait remarquer que pour effectuer ces calculs, l'utilisation de la calculatrice n'est pas indispensable. Elle permet seulement de vérifier les résultats.
Si certains éprouvent des difficultés, l'enseignant leur rappelle les relations entre les nombres entiers, apprises à la leçon 20 : 25 × 2 = 50 ; 25 × 3 = 75 ; 25 × 4 = 100 ; 75 × 2 = 150...

Réponses :
3,5 + 2,5 = **6** ; 1,50 × 2 = **3** ; 0,25 × 4 = **1** ; 0,75 × 2 = **1,5**
S'il le juge nécessaire, l'enseignant organise un concours de calcul : « Plus vite que la calculatrice ». La classe est divisée en deux groupes : un groupe dans lequel chaque élève possède une calculatrice et un groupe sans. L'enseignant énonce ensuite des sommes de petits nombres décimaux. Les élèves sans calculatrice essaient de calculer plus vite que ceux qui la possèdent.
c. Afin d'éviter des erreurs dans la saisie des nombres, il convient de calculer mentalement une valeur approchée du résultat.
Les élèves observent l'exemple, l'enseignant demande à l'un d'entre eux d'expliquer le travail à réaliser qui constitue un réinvestissement des apprentissages de la leçon 76 (« Chercher **D** » : trouver le nombre entier le plus proche).
Réponses :
6,9 + 17,25 → 7 + 17 = **24** → **24,15**
34,80 – 22,75 → 35 – 23 = **12** → **12,05**
25,18 × 4 → 25 × 4 = **100** → **100,72**
d. Les enfants peuvent utiliser la calculatrice pour résoudre un problème visant la mise en œuvre des procédures personnelles.
Les multiples façons d'utiliser cet outil permettent d'en renforcer la maîtrise et de mettre en pratique les propriétés sur les nombres et sur les opérations, le plus souvent de façon implicite.
Pour passer d'un nombre à un autre nombre, sans effacer ni éteindre la calculatrice, il faut effectuer une opération ou une suite d'opérations. Les élèves s'aperçoivent vite qu'il est plus rapide de calculer mentalement la différence entre les deux nombres (la soustraction est l'opération opposée à l'addition) et de l'ajouter ou de la soustraire à celui déjà saisi sur la calculatrice.
L'enseignant demande aux élèves d'écrire le programme effectué, c'est-à-dire de dessiner les touches utilisées.
Réponses :
[2] [–] [0,2] [=] [1,8] ; [8,39] [+] [0,01] [=] [8,4]
[0,5] [+] [3,5] [=] [4] ou [0,5] [×] [8] [=] [4]

B **a.** Les élèves repèrent rapidement la touche qui permet d'effectuer une division, car elle ressemble à une fraction.
b. Ils découvrent les quotients décimaux. Ils s'aperçoivent que ce ne sont pas toujours des nombres entiers comme dans la division euclidienne.
Ici aussi, afin d'éviter les erreurs de saisie des nombres sur la calculatrice, il convient de calculer mentalement une valeur approchée du résultat.
Réponses :
1 204 divisé par 16 → 1 200 : 20 = 60 → Le quotient de 1 204 par 16 est 75,25.
969 divisé par 34 → 960 : 30 = 32 → Le quotient de 969 par 34 est 28,5.

Pour s'assurer que tous les élèves manipulent correctement l'outil, l'enseignant donne les divisions suivantes à effectuer sous forme de concours de calcul : 178 divisé par 4 ; 7 245 divisé par 18 ; 876 divisé par 24…

C Cette dernière activité a pour but de montrer aux élèves que la division est l'opération inverse de la multiplication.

Activités individuelles

S'exercer, résoudre

1 Cette application permet de vérifier la capacité des élèves à effectuer un calcul long à l'aide de la calculatrice. L'enseignant demande de calculer mentalement une valeur approchée du résultat avant de se lancer dans la saisie des nombres.
Le montant à payer est 21,69 €.

2 Cette application vise la complémentarité des calculs : le calcul mental approché et le calcul exact avec la calculatrice.
22,15 + 12,75 → 22 + 13 = 35 → 34,9
5,85 – 4,09 → 6 – 4 = 2 → 1,76
90,76 – 49,85 → 91 – 50 = 41 → 40,91

3 L'enseignant demande aux élèves d'écrire le programme effectué, c'est-à-dire de dessiner les touches qu'ils ont utilisées.
Plusieurs solutions sont possibles. Voici celles réalisées en une seule opération :

[4] [–] [0,4] [=] [3,6]   [5,99] [+] [0,01] [=] [6]

[4,5] [+] [40,5] [=] [45]   [4,5] [×] [10] [=] [45]

4 Les élèves pratiquent la différence des deux nombres pour compléter les opérations à trous.
135,53 + 123,57 = 259,1 ; 124,85 + 231,4 = 356,25

5 Le problème est simple sans données inutiles. Il suffit de trouver l'opération et d'utiliser la calculatrice.
305,256 : 56 = 5,451 Le circuit mesure 5,451 km.

6 Ce problème permet d'attirer l'attention sur les automatismes fâcheux : comme dans la leçon les élèves ont découvert la touche « diviser », ils ont alors tendance à n'effectuer que des divisions avec les données fournies dans l'énoncé.
0,75 × 15 = 11,25
Une caisse de 15 bouteilles contient 11,25 L.

7 Il s'agit d'un problème à étapes : plusieurs opérations sont nécessaires pour trouver la solution.
0,350 × 24 = 8,4 Les 24 pots pèsent 8,4 kg.
8,4 + 0,750 = 9,15 Le carton avec les 24 pots pèsent 9,15 kg.

Réinvestissement

Les réponses sont innombrables, puisqu'on peut toujours intercaler un nombre entre deux nombres décimaux.
Voici quelques exemples :
2,3 < 2,5 < 3   4,5 < 4,8 < 4,9
3,1 < 3,15 < 3,2
0,25 < 0,26 < 0,28   0,15 < 0,156 < 0,16

Banque d'exercices : n° 26 p. 187 du manuel de l'élève.

(26)

Jambon	11,40 €
Yaourt	3,35 €
Camembert	**1,45 €**
Jus de fruit	2,80 €
Café	3,75 €
Total	22,75 €

22,75 – (11,40 + 3,35 + 2,80 + 3,75) = 1,45
Le camembert coûte 1,45 €.

89 La division posée *(2)* : quotient décimal

(manuel de l'élève p. 178-179)

COMPÉTENCE : Diviser un entier par un entier avec un quotient décimal.

Calcul mental

Somme de nombres décimaux.
Le maître dit : « 1,5 + 0,3 ». L'élève écrit « 1,8 ».
Première séquence : 1,5 + 0,3 ; 1,3 + 1,2 ; 2,1 + 0,8 ; 3,5 + 1,3 ; 2,4 + 1,1 ; 5,5 + 0,2 ; 8,1 + 1,3 ; 7,8 + 1,9 ; 3,5 + 6,2 ; 4,4 + 5,5.
Deuxième séquence : 0,3 + 2,3 ; 3,3 + 8,4 ; 8,3 + 1,8 ; 2,5 + 6,1 ; 6,7 + 1,2 ; 8,5 + 6,1 ; 4,3 + 2,3 ; 6,9 + 2,1 ; 4,2 + 0,7 ; 3,7 + 5,2.

Observations préliminaires

Au cours des leçons précédentes, quand les enfants effectuaient une division on leur demandait de calculer le quotient entier et le reste s'il y avait lieu. Dans les problèmes proposés un quotient décimal ne se justifiait pas.
Quand on calcule combien d'équipes de 6 joueurs on peut former avec 45 enfants, répondre « 7 équipes, il reste 3 enfants » est suffisant. Répondre que l'on peut former 7,5 équipes n'a guère de sens. Il n'en est pas de même avec les situations proposées ici.
Lorsque six personnes mangent ensemble au restaurant et paient 75 € pour les six, il n'est pas satisfaisant de dire que chacun va payer 12 € et qu'il restera 3 €. Le partage de ces trois euros justifie la recherche d'un quotient décimal : chacun paiera 12,50 €.
Il est donc important, au-delà de l'apprentissage de la technique, de faire prendre conscience qu'il existe des situations où il est absurde de poursuivre la division après la virgule. L'exercice **5** permet de le vérifier.

Activités collectives

Lire, débattre

Les enfants observent la situation, lisent les bulles et font part de leurs suggestions. Ils doivent parvenir au constat que le prix d'un DVD est supérieur à 9 € et inférieur à 10 €.
L'enseignant leur indique alors qu'ils vont apprendre aujourd'hui à calculer le prix exact d'un DVD.

Chercher

A L'enseignant demande aux enfants d'observer les différentes étapes de la division.
– Ils maîtrisent normalement la première étape (*cf.* leçon 50). L'enseignant se contente de faire observer qu'il reste 3 € que l'on va partager encore en 4 pour obtenir des centimes.
– Il faut donc placer une virgule au quotient. On transforme, pour cela, les 3 € en 30 dixièmes d'euros que l'on partage en 4. Il reste 2 dixièmes.
– On transforme les 2 dixièmes en 20 centièmes que l'on peut diviser par 4. Il reste 0.

B Pour vérifier si les enfants ont compris la marche à suivre, l'enseignant leur demande de calculer le prix de chacun des pots de confiture.
Même si le reste n'est pas nul, il leur précise qu'après le calcul au centième, ils ne poursuivent pas au-delà de deux chiffres après la virgule : on dit que l'on calcule le résultat « au centième ».
Ceux qui ont trouvé montrent leurs réponses à l'enseignant.
Si les opérations sont exactes les enfants peuvent commencer l'exercice **1** du manuel.
Ceux qui ont eu des difficultés participent à une correction collective au tableau.
15 divisé par 6 = 2,5. On écrit 2,50 €
8 divisé par 3 = 2,666666. On écrit 2,66 € ou 2,67 € si l'on veut la réponse la plus proche au centième :

Tous les enfants lisent le Mémo, puis l'enseignant demande à ceux qui n'ont pas su répondre correctement d'effectuer les opérations suivantes au centième :
55 divisé par 4 94 divisé par 3 142 divisé par 8
Ceux qui éprouveraient encore des difficultés peuvent travailler au tableau avec l'aide de l'enseignant ou d'un camarade.

Activités individuelles

S'exercer, résoudre

1 L'enseignant rappelle le sens des expressions : au dixième près, au centième près. Pour les élèves en difficulté on précisera un chiffre ou deux chiffres après la virgule.
a. 312 divisé par 5 = 62,4 765 divisé par 6 = 127,5
70 divisé par 8 = 8,75
b. 310 divisé par 3 = 103,33 8 divisé par 7 = 1,14
100 divisé par 8 = 12,5

2 Un album coûte 14,75 €. 118 divisé par 8 = 14,75
Un DVD coûte 18,25 €. 73 divisé par 4 = 18,25

3 Longueur d'un côté : 52,5 cm ou 525 mm. 210 : 4 = 52,5

4 Si les enfants ont posé d'autres questions que celles proposées ci-dessous, l'enseignant les acceptera si elles sont logiques et si la réponse à la question est exacte.
a. J'ai payé 82 € un bidon de 5 kg de peinture.
Quel est le prix d'un bidon de peinture ?
82 divisé par 5 = 16,40 €.
b. Alice a découpé un ruban de 28 m en 6 morceaux de même longueur.
Quelle est la longueur d'un morceau ?
28 divisé par 6 = 4,66 m
c. Tante Julia a acheté 7 rosiers qui coûtent 13 € chacun.
Quel est le prix des 7 rosiers ?
7 × 13 = 91 €.
Si des enfants ont posé la question : « *Quel est le prix d'un rosier ?* » et effectué une division, l'enseignant leur demande de relire la première phrase et d'expliquer le sens du mot « chacun ».

5 Avant de donner cet exercice aux enfants, l'enseignant leur pose ce problème :
« *Théo doit transporter 9 cartons dans la classe. À chaque voyage, il peut transporter 2 cartons. Combien fera-t-il de voyages ?* »
La réponse 9 : 2 = 4,5 n'est pas satisfaisante. Pour transporter tous les cartons, l'enfant devra faire 5 voyages. Dans un problème, il est parfois absurde de poursuivre une division après la virgule. Dans les exercices suivants, ils doivent donner une réponse vraisemblable.
a. Il faudra 9 tables (8 tables de 6 et une table de 2)
50 = (6 × 8) + 2
b. Un ananas pèse 1,75 kg — 14 divisé par 8 = 1,75
c. Chacun doit payer 13,75 €. — 55 divisé par 4 = 13,75
d. On pourra former 13 équipes de 6. Il restera 4 enfants.
82 = (6 × 13) + 4

6 Masse des 4 palettes : 338 kg — 620 – 282 = 338
Masse d'une palette : 84,5 kg — 338 divisé par 4 = 84,5

Réinvestissement

Périmètre de chacun des deux terrains :
258 m — (78 + 51) × 2 = 258
Longueur du côté du terrain carré :
64,50 m — 258 : 4 = 64,5

Banque d'exercices : nos 27 et 28 p. 187 du manuel de l'élève.

(27) 250 divisé par 6 = 41,66
175 divisé par 8 = 21,87
718 divisé par 3 = 239,33

(28) Une baguette de pain coûte 0,85 €.
17 divisé par 20 = 0,85

90 Tracer un graphique

(manuel de l'élève p. 180)

COMPÉTENCE : Tracer un graphique en courbe.

Calcul mental

Somme de nombres décimaux.

L'enseignant dit : « 1,5 + 1,5 ». L'élève écrit 3.

1,5 + 1,5 ; 1,8 + 1,2 ; 4 + 1,8 ; 12,5 + 5,5 ; 4,4 + 5,6 ; 13,6 + 15,2 ; 25,5 + 15,5 ; 19,5 + 20,5 ; 42,1 + 5,8 ; 21,1 + 9,9.

Activités collectives

Chercher

L'enseignant demande aux enfants d'observer le tableau et le graphique. Il vérifie s'ils savent ce qu'est un carnet de santé et ce que représentent les nombres inscrits dans le tableau.

Si nécessaire, après les interventions des enfants, il apporte quelques compléments. Il établit le parallèle entre le tableau et le graphique en comparant les données pour les trois premières années, puis il précise aux enfants ce qu'ils doivent faire : reproduire le graphique et le compléter à l'aide des données du tableau.

Pour s'assurer que les graduations du tableau sont interprétées correctement, il pose les questions du manuel :

a. « *Verticalement, à quel poids un interligne correspond-il ?* » → « à 1 kg puisque le 5 est sur la 5e graduation. »

« *Horizontalement, à quoi correspond chaque graduation ?* » → « à une année. »

b. Les élèves travaillent ensuite individuellement ou par deux ; ils reproduisent sur leur cahier de recherche le graphique tel que le donne le manuel. Avant de poursuivre, l'enseignant s'assure que ce travail est exécuté correctement, car il serait absurde de reporter des données sur un tracé incorrect.

Le tracé des premiers points est réalisé collectivement sous le contrôle de l'enseignant :

« *À 4 ans, quel était le poids de Yanis ?* » → « 15 kg. »

« *Comment allons-nous reporter ce renseignement sur le graphique ?* »

Les enfants marquent les points correspondant à chaque année, puis ils les relient. Ils terminent seuls le tracé du graphique qui sera corrigé ensuite collectivement.

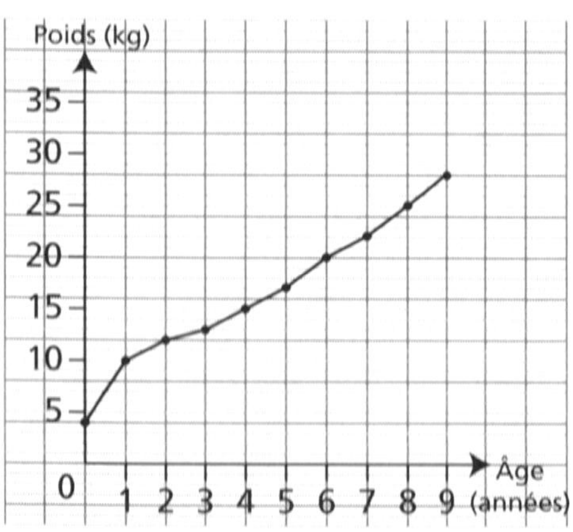

c. L'enseignant pose les questions du manuel :

– Yannis a pris le plus de poids la première année, cela se remarque très bien sur le graphique : la courbe grimpe rapidement.

– C'est la troisième année qu'il a pris le moins de poids : 1 kg.

Activités individuelles

S'exercer, résoudre

1 Les enfants ne devraient pas éprouver de grandes difficultés à reproduire le graphique, les graduations correspondant aux carreaux du cahier. L'enseignant s'assure cependant que celui-ci est correctement tracé avant que les élèves n'inscrivent les données.

La question **a.** est traitée oralement et collectivement avant le tracé du graphique (**b.**). L'enseignant s'assure que les enfants connaissent le sens du mot « crue ».

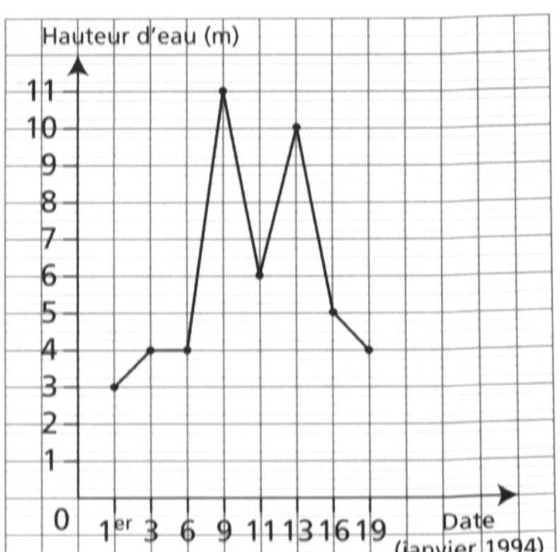

Les questions **c.** seront traitées après la correction collective du tracé du graphique.

Pour répondre à ces questions l'utilisation du graphique est requise, car il fait apparaître visuellement les différentes progressions.

– Le niveau de l'eau n'a pas augmenté régulièrement.

– Les 9 et 13 janvier 1994, la hauteur d'eau a été très importante.

– Une crue est dangereuse, car la montée des eaux est soudaine, rapide. Elle peut submerger des zones d'habitation et causer ainsi de graves inondations.

Banque d'exercices : n° 29 p. 187 du manuel de l'élève.

(29)

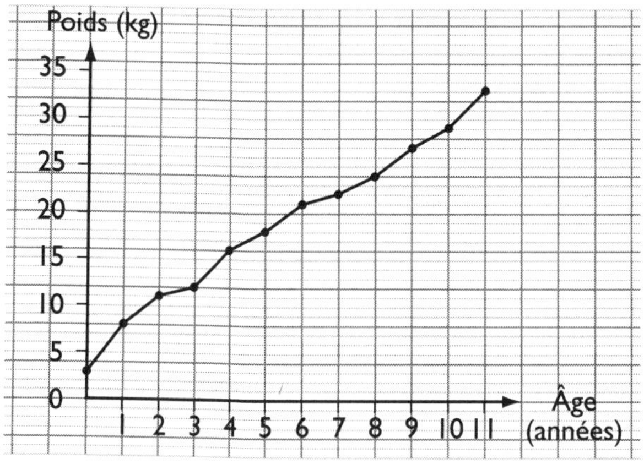

91 PROBLÈMES La proportionnalité en cuisine

(manuel de l'élève p. 181)

COMPÉTENCE : Réinvestir la proportionnalité dans des situations de la vie quotidienne.

Calcul mental

Dictée de fractions simples.
L'enseignant dit : « trois demis ». L'élève écrit $\frac{3}{2}$.
trois demis ; un demi ; un quart ; deux tiers ; six tiers ; cinq tiers ; neuf dixièmes ; trois quarts ; sept neuvièmes ; quatre cinquièmes.

Matériel

Le tableau à photocopier pour l'activité du « Lire, chercher » proposé en annexe à la fin de la leçon.

Activités collectives

Lire, chercher

Les enfants lisent l'énoncé et commentent le tableau à reproduire. Pour faciliter leur travail, l'enseignant distribue à chacun d'eux une photocopie du tableau (*cf.* l'annexe de la leçon) ; il leur accorde quelques minutes d'investigation pour élaborer une démarche de résolution du problème.
Ils remarquent que la recette donnée pour 6 personnes ne figure pas dans le tableau où l'on demande les quantités d'ingrédients pour 3, 9, 12 personnes. Si aucun enfant ne propose d'ajouter une colonne au tableau pour noter les quantités pour 6 personnes de façon à disposer efficacement des données utiles, l'enseignant les invite à le faire.
Les enfants calculent d'abord seuls avant de se regrouper par quatre pour confronter leurs résultats. La mise en commun se fait en s'appuyant sur les écrits des rapporteurs de chaque groupe et permet de comparer les différentes démarches. L'enseignant ordonne les raisonnements.
– *« Comment calculer les quantités d'ingrédients nécessaires pour 3 personnes ? »*
Une seule solution : la moitié des quantités d'ingrédients utilisés pour 6 personnes.
– *« Comment calculer les quantités d'ingrédients pour 9 personnes ? »*
Deux solutions : il faut le triple d'ingrédients que ceux pour trois personnes ou on ajoute aux ingrédients nécessaires pour 6 ceux nécessaires pour 3.
– *« Comment calculer les quantités d'ingrédients nécessaires pour 12 ? »*
Trois solutions : on double les quantités des ingrédients nécessaires pour 6, ou on multiplie par 4 les quantités d'ingrédients nécessaires pour trois personnes, ou encore on ajoute les quantités d'ingrédients nécessaires pour 3 personnes à celles nécessaires pour 9.
Les enfants sont appelés à se prononcer sur la méthode la plus rapide.
L'enseignant demande alors de continuer les calculs avec les autres ingrédients : la farine, les poires et le beurre.

Activités individuelles

S'exercer, résoudre

1 Ce problème reprend en plus simple l'activité « Lire, chercher ». Il suffit de prendre la moitié des quantités d'ingrédients nécessaires à la fabrication du sorbet. Il fait partie des problèmes que les enfants peuvent traiter mentalement.
Pour préparer un demi-kilo de sorbet, il faut : 90 g de sucre ; 30 g de glucose ; 40 g d'eau ; 340 g de pulpe de fraise.

2 Il faut calculer les quantités d'ingrédients pour 10 personnes. Les données fournies favorisent la solution par addition des quantités nécessaires pour 6 personnes à celles nécessaires pour 4.
L'addition des petits décimaux est la seule difficulté opératoire.
Pour 10 personnes, il faut : 1,25 L de lait (0,75 + 0,5) ; 10 jaunes d'œuf (6 + 4) ; 200 g de sucre en poudre (180 + 20).

3 Il faut s'assurer en premier lieu que les enfants connaissent le sens du mot « supplémentaire ». Les opérations avec le décimal 1,5 sont les seules difficultés de calcul. Elles permettent de renforcer les relations entre les décimaux.
a. Lorsqu'on connaît les quantités d'ingrédients pour 6 personnes, il en faut 4 fois plus pour 24,
soit : 6 kg de raisin (1,5 × 4) ; 8 citrons (2 × 4) ; 96 cubes de glace (24 × 4).
b. Pour 3 personnes supplémentaires, c'est-à-dire 27 personnes en tout, il faudra ajouter la moitié des quantités de la recette pour 6 personnes aux quantités de la recette pour 24 personnes, soit : 0,750 kg de raisin, 1 citron, 12 cubes de glace à ajouter respectivement à 6 kg de raisin, à 8 citrons et à 96 cubes de glace.
Pour 27 personnes, il faut 6,750 kg de raisin, 9 citrons et 108 cubes de glace.
Ou encore, pour 27 personnes, il faut 9 fois plus d'ingrédients que pour 3 personnes, soit : 6,750 kg de raisin (0,750 × 9) ; 9 citrons ; 108 cubes de glace (12 × 9).

4 Comme le problème précédent, il permet de réinvestir la connaissance des petits décimaux et de revoir les relations entre 0,5, 1 et 1,5.
Pour trouver le nombre d'invités, les enfants doivent chercher la relation entre $\frac{1}{2}$ L d'eau (0,5 L) et un litre et demi.
$\frac{1}{2}$ = 0,5 c'est le tiers de 1,5.
a. Antoine a donc invité 2 personnes (2 est le tiers de 6).
b. Il faut diviser par 3 les quantités données pour 6 personnes, soit :
1 cuillère à café de thé vert ; $\frac{1}{3}$ de poignée de menthe fraîche et 2 cuillerées de cassonade.

Banque d'exercices : n°s 20, 21 et 22, p. 187 du manuel de l'élève.
(exercices communs à la leçon 84)

(20) 2 croissants coûtent 1,50 €.
4 croissants coûtent 3 €.
8 croissants coûtent 6 €.
Julien paie 6 €.

(21) Trois sachets de dates pèsent 380 g.
Neuf sachets pèsent trois fois plus : 380 × 3 = 1 140
Les 9 sachets de dattes représentent une masse de 1 140 g ou 1 kg 140g.

22 a.

Nombre de bouteilles achetées	6	24	48	54	60	72
Nombre de lots	1	4	8	9	10	12
Nombre de paquets de biscuits offerts	2	8	16	18	20	24

b. Pour un achat de 48 bouteilles, on reçoit 16 paquets de biscuits.
Pour un achat de 54 bouteilles, on reçoit 18 paquets de biscuits.
c. Pour un achat de 60 bouteilles, on reçoit 20 paquets de biscuits.
Pour un achat de 72 bouteilles, on reçoit 24 paquets de biscuits.

Leçon 91 – PROBLÈMES La proportionnalité en cuisine

Nom : ....

Prénom : ....

« Lire, chercher » p. 181 du manuel

Ingrédients	... personnes	... personnes	... personnes	... personnes
Crème fraîche				
Lait				
Œufs				
Roquefort				

Ingrédients	... personnes	... personnes	... personnes	... personnes
Crème fraîche				
Lait				
Œufs				
Roquefort				

92 Mobilise tes connaissances
L'atmosphère de la Terre

(manuel de l'élève p. 182-183)

Toutes les remarques formulées en leçon 21, page 58, concernant l'objectif et la présentation générale des pages « Mobilise tes connaissances » sont valables pour cette leçon. Nous conseillons donc aux enseignants de s'y reporter.

Matériel

Par équipe de quatre enfants une feuille de format A3 ou une feuille de papier Canson 50 × 65 cm.

Présentation collective

L'enseignant invite les enfants à observer rapidement les documents des deux pages, puis il leur demande d'indiquer précisément les thèmes présentés.
Il donne enfin la parole à ceux qui veulent apporter des informations supplémentaires, poser des questions ou répondre à celles de leurs camarades. Il s'assure, en posant quelques questions, que les informations données ont bien été comprises. Il est probable que les enfants demanderont si, au-delà de la stratosphère, il n'y a plus rien. L'enseignant trouvera en fin de leçon quelques informations supplémentaires. Il précisera aussi que toutes les mesures données sont des moyennes et que les épaisseurs de chaque couche varient assez nettement suivant le lieu. Par exemple, elles sont différentes aux pôles et à l'équateur.
Le travail présenté sur ces deux pages peut être réparti en deux séances qui correspondent chacune à une page. La première page est consacrée à la composition de l'atmosphère, la seconde à la pollution et à la protection de l'environnement.

Travail individuel et en groupe

Les enfants recherchent les données utiles pour répondre aux questions, effectuent les calculs nécessaires et rédigent les réponses. Ils peuvent trouver sur ces deux pages tous les renseignements utiles pour répondre, ils ne sont donc pas obligés de consulter d'autres documents.
Après un moment de travail individuel, l'enseignant leur permet, de collaborer avec deux ou trois de leurs camarades pour la rédaction collective des réponses.

Mise en commun

La mise en commun des résultats permet la confrontation des travaux des petits groupes. Si les réponses divergent, l'enseignant demande à chacun de justifier ses résultats. Il n'intervient que si les réponses ne sont pas suffisamment explicites pour tous.

Réponses aux questions

1 La partie bleue, $\frac{4}{5}$ du disque, correspond à l'azote, et la partie orange, $\frac{1}{5}$ du disque, à l'oxygène. À cette échelle, les autres gaz présents dans l'atmosphère : dioxyde de carbone, gaz rares, qui entrent pour environ $\frac{1}{100}$ dans la composition de l'atmosphère, sont considérés comme négligeables et ne sont pas représentés sur ce graphique.

2 $\frac{9}{10} = 0,9$ $\frac{1}{5} = \frac{2}{10} = 0,2$

3 La couche d'ozone est environ à 25 km d'altitude.

4 Un ballon sonde peut monter jusqu'à une altitude d'environ à 40 km.

5 Dans la stratosphère, la température la plus élevée est 0° en son point le plus chaud qui est aussi le plus élevé (*cf.* graphique en fin de leçon).

6 L'indice ATMO est noté de 0 à 10. La note 0 indique une absence de pollution, la note 10 signale la plus forte pollution. Quand le seuil d'alerte est franchi, à compter de 8, il est impératif de prendre des mesures pour réduire la pollution : vitesse limitée, arrêt de certains rejets industriels...

7 Les moyens de transport rangés du plus polluant au moins polluant (on ne tient compte ici que du dégagement de CO_2) :
Voiture : 180 g – Bus : 80 g – Tramway : 20 g – Vélo : 0 g (cependant, le cycliste émet quelques grammes de dioxyde de carbone en respirant).

8 a. Une voiture émet 180 g de CO_2 par km ;
pour mille km, 1 000 fois plus, donc 180 kg ;
pour 20 000 km, une voiture émet 20 000 fois plus, soit 3 600 kg de CO_2 (180 × 20 000 = 3 600 000).
b. Le covoiturage permet de réduire le nombre de véhicules en circulation, donc de diminuer les émissions de CO_2.

9 L'aire du trou dans la couche d'ozone est d'environ 25 millions de km².
50 × 500 000 = 25 000 000

Prolongements

A – Connaissance de l'atmosphère

Si les enfants se montrent particulièrement intéressés par l'étude de l'atmosphère et les problèmes de pollution, l'enseignant peut leur proposer divers sujets d'enquête. Ils trouveront des informations utiles sur les sites mentionnés dans le livre de l'élève ainsi qu'aux adresses suivantes :
http://www.ens-lyon.fr/Planet-Terre/Infosciences/Climats/Structure-atm/Structure/structatm.html
http://www.meteoisere.com/fichestechniques/page%20atmosphere.htm
http://www.meteoisere.com/fichestechniques/atmosphere.htm
L'atmosphère se divise en plusieurs grandes parties : troposphère, stratosphère, mésosphère et thermosphère.

• **La troposphère**
Elle s'étend de la surface du sol jusqu'à environ 10 km d'altitude. C'est une zone dense et turbulente, dans laquelle se déroule la plus grande partie des phénomènes météorologiques. Au fur et à mesure qu'on s'élève dans la troposphère, la température décroît de façon régulière d'environ 6 degrés tous les 1 000 mètres. Paradoxalement, à la limite supérieure de cette couche, il fait plus froid à l'équateur (– 85 °C) qu'aux pôles (– 50 °C).

• **La stratosphère**

La caractéristique principale de cette couche est qu'au fur et à mesure qu'on s'élève à l'intérieur, la température reste presque constante avant de se mettre à augmenter après 25 km d'altitude pour atteindre un maximum de 0 °C environ. Cette couche dont la hauteur atteint 40 km est le siège de vents variables très violents. Elle est caractérisée par l'absence quasi totale de vapeur d'eau, c'est donc une région sèche. C'est aux environs de 30 km que le ciel devient complètement noir.

C'est au milieu de cette zone, entre 25 et 35 km, que se situe la couche d'ozone, très importante pour la vie terrestre du fait qu'elle absorbe la plus grande partie des rayons ultraviolets émis par le Soleil.

• **La mésosphère**

Cette couche atmosphérique qui s'étend approximativement entre 50 et 85 km d'altitude se caractérise essentiellement par une nouvelle baisse de la température, qui atteint alors sa plus basse valeur à son sommet, – 90 °C. C'est vers 70 km, que les sons cessent d'être transmis.

• **La thermosphère**

C'est dans cette zone que circulent la plupart des satellites artificiels. De nouveau la température croît, et très rapidement, dépassant 0 °C vers 140 km, au sortir de l'atmosphère dite « dense », et se stabilisant aux environs de 900 °C dans sa partie supérieure, vers 500 km environ. La pression y devient presque nulle et les molécules d'air sont très rares.

Cette couche est également responsable de la réflexion des ondes radio (ondes courtes) qui peuvent, ainsi que l'expérimentent quotidiennement les radioamateurs, faire le tour de la Terre. Du point de vue météorologique, elle est le siège des aurores polaires.

La séparation entre la troposphère et la stratosphère porte le nom de tropopause. La stratopause sépare pour sa part la stratosphère de la mésosphère et enfin la mésopause sépare la mésosphère de la thermosphère.

Le graphique ci-dessous montre les variations de température et de pression en fonction de l'altitude, et nous indique quelques repères.

B – Actions contre la pollution

De nombreuses écoles, collèges et lycées ont entrepris des actions :
– pour informer les élèves et leur entourage ;
– pour lutter contre les différentes pollution.

On peut trouver sur le site http://eduscol.education.fr/D0001/resultats.htm :
– des exemples d'actions entreprises pour :
– informer les élèves et leur faire prendre conscience du rôle qu'ils peuvent jouer ;
– informer leurs camarades de l'école, les parents et la population de leur quartier, les pouvoirs publics par le journal scolaire, des lettres, des affiches, des pièces de théâtre ;
– entreprendre des actions concrètes pour lutter contre quelques causes de pollution dans leur environnement.

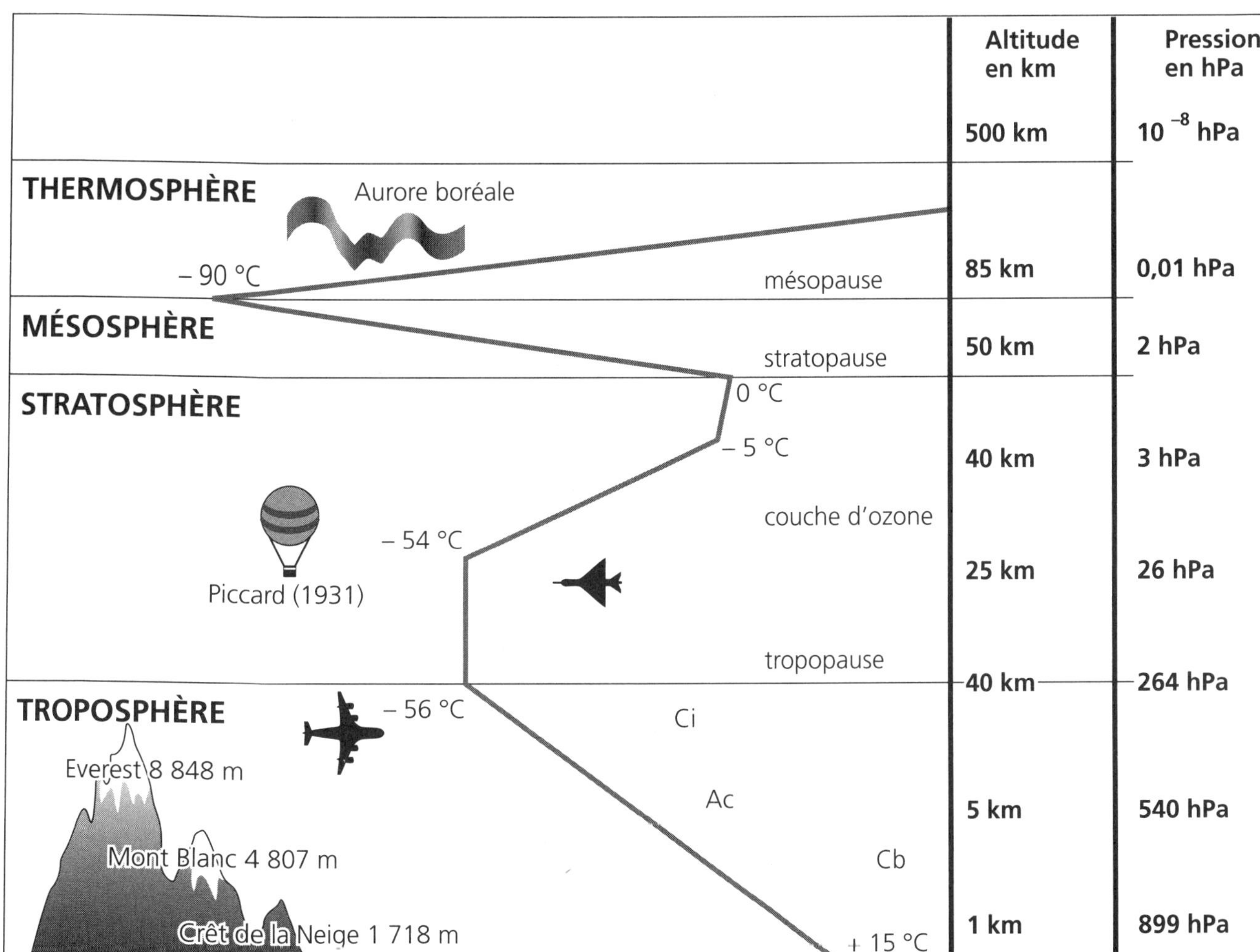

Fais le point (5)

Fiche autocorrective pour l'élève

(manuel de l'élève p. 184-185)

Problèmes

	Énoncé	A	B	C	Aide
1	Pour préparer un clafoutis pour 8 personnes, il faut : 2 pommes, 4 œufs, 20 cL de lait, 60 g de farine et 120 g de sucre. Que faut-il pour 4 personnes ?	1 pomme 2 œufs 5 cL lait 40 g farine 500 g sucre Faux Il faut diviser **tous** les ingrédients par deux.	1 pomme 2 œufs 10 cL lait 30 g farine 60 g sucre **Bravo !**	1 pomme 2 œufs 15 cL lait 20 g farine 100 g sucre Faux Il faut diviser **tous** les ingrédients par deux.	**Leçon 84** Mémo *(p. 170)* Leçon 91 *(p. 181)*
2	M. Girard est apiculteur. Il possède 25 ruches qu'il installe à 800 m d'altitude. Chaque ruche compte environ 20 000 abeilles et produit en moyenne 6 kg de miel par an. Quelles questions peux-tu poser pour obtenir un énoncé de problème ?	Quelle quantité de nougat peut-il préparer ? Faux Tu ne connais pas la recette du nougat !	Environ combien d'abeilles possède-t-il ? **Bravo !**	Quel poids de miel récolte-t-il chaque année ? **Bravo !**	**Leçon 87** *(p. 174)*

Géométrie

	Énoncé	A	B	C	Aide
3	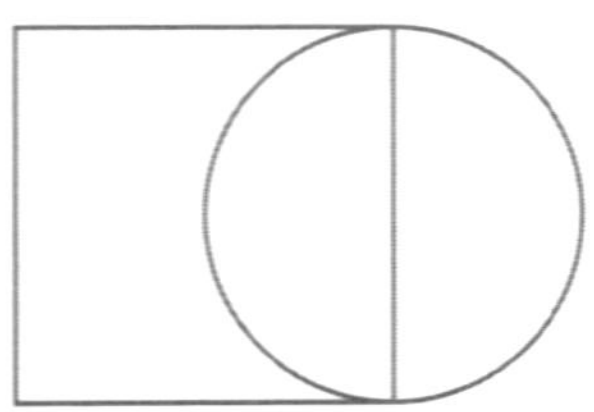 Quel programme de construction permet de reproduire cette figure ?	– Trace un carré. – Trace un cercle qui passe par 2 sommets du carré. Faux Tu peux obtenir cette solution : 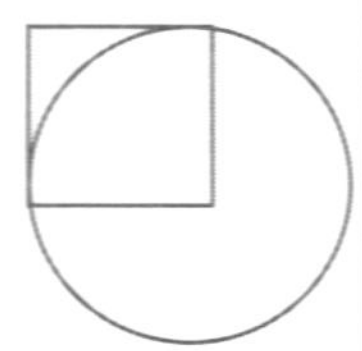	– Trace un cercle. – Trace un carré qui touche le cercle. Faux Cela manque de précisions !	– Trace un carré. – Trace un cercle qui a pour diamètre un coté du carré. **Bravo !**	**Leçon 75** Chercher A *(p. 158)* Exercice 1 *(p. 159)*

Mesures

	Énoncé	A	B	C	Aide
4	500 m c'est égal à …	5,0 km Faux C'est 5 000 m.	0,5 km **Bravo !**	0,5 hm Faux C'est 50 m.	**Leçon 83** *(p. 168)*

Fais le point (5)

	Énoncé	A	B	C	Aide
5	250 cL c'est égal à …	2,50 L **Bravo !**	0,25 L Faux C'est 25 cL.	25,0 L Faux C'est 2 500 cL.	**Leçon 83** *(p. 168)*
6	Quel est le périmètre d'un rectangle de 25 cm de long et 14 cm de large ?	78 cm **Bravo !**	64 cm Faux Tu n'as pas ajouté le dernier côté de 14 cm.	39 cm Faux C'est le demi-périmètre.	**Leçon 86** Mémo *(p. 173)*

Connaissance des nombres

	Énoncé	A	B	C	Aide
7	Quel nombre est égal à $\frac{125}{100}$?	12,5 Faux C'est $\frac{125}{10}$.	1,25 **Bravo !**	0,125 Faux C'est $\frac{125}{1\,000}$.	
8	Quelle fraction est égale à 18,5 ?	$\frac{1\,850}{1\,000}$ Faux C'est 1,85	$\frac{185}{100}$ Faux : C'est 1,85	$\frac{185}{10}$ **Bravo !**	
9	Écris en chiffres : 46 unités 85 centièmes.	4,685 Faux C'est 4 unités et 685 millièmes.	46,85 **Bravo !**	468,5 Faux C'est 468 unités et 5 dixièmes.	**Leçon 74** Mémo *(p. 156)* Exercices 1, 3 et 5 *(p. 157)*
10	Quel est le nombre **A** ? 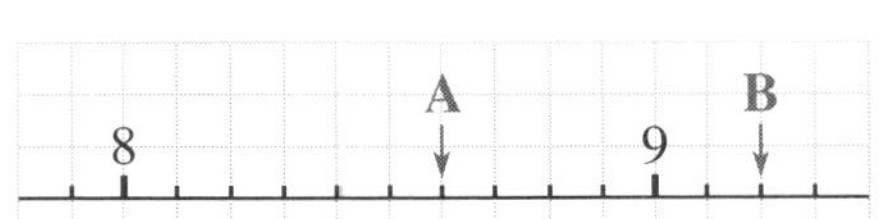 	8,06 Faux Tu confonds dixièmes et centièmes.	8,5 Faux Tu t'es trompé d'un dixième.	8,6 **Bravo !**	
11	Quel est le nombre **B** ?	9,2 **Bravo !**	9,02 Faux Tu confonds dixièmes et centièmes.	0,92 Faux Attention, tu réponds au hasard.	

	Énoncé	A	B	C	Aide
12	Quel est le nombre suivant ? 7,7 ; 7,8 ; 7,9 ; …	7,10 Faux Car 7,10 = 7,1.	7,11 Faux Attention, tu réponds au hasard.	8 **Bravo !**	**Leçon 76** Chercher B Mémo *(p. 160)* Exercices 2 et 5 *(p. 161)*
13	Range par ordre croissant : 4 ; 40,4 ; 0,44 ; 4,04	40,4 4,04 4 0,44 Faux Tu confonds ordre croissant et décroissant.	4 4,04 **0,44** 40,4 Faux Compare d'abord les unités.	0,44 4 4,04 40,4 **Bravo !**	
14	Quel nombre est compris entre 3,4 et 3,5 ?	3,6 Faux 3,6 est plus grand que 3,5.	3,48 **Bravo !**	3,52 Faux 3,52 est plus grand que 3,5.	

Calcul

15	Quel est le résultat de 6,25 + 12,8 ?	190,5 Faux Tu as mal placé la virgule.	19,05 **Bravo !**	1 905 Faux Tu as oublié la virgule.	**Leçon 78** Mémo Exercice 1 *(p. 163)*
16	Quel est le résultat de 24,6 – 8,7 ?	25,9 Faux Tu as oublié la retenue au rang des dizaines.	159 Faux Tu as oublié la virgule.	15,9 **Bravo !**	
17	Quel nombre complète cette égalité : 7,8 × … = 780 ?	10 Faux Tu déplaces la virgule d'un rang à droite.	100 **Bravo !**	1 000 Faux Tu déplaces la virgule de trois rangs à droite.	**Leçon 81** Mémo Exercice 1 *(p. 166)*
18	Quelles touches de la calculatrice utilises-tu pour passer de 3,89 à 5 ?	+ 0 . 1 1 = Faux Tu as oublié une unité.	– 0 . 1 1 = Faux Tu as soustrait au lieu d'additionner.	+ 1 . 1 1 = **Bravo !**	**Leçon 88** Chercher A Exercice 3 *(p. 177)*
19	Retrouve le quotient exact de 148 : 5.	29,3 Faux Ne confonds pas le reste et la partie décimale.	29,6 **Bravo !**	296 Faux Tu as oublié la virgule.	**Leçon 89** *(p. 179)*

Atelier problèmes (5)

(manuel de l'élève p. 188)

A Problèmes pour apprendre à chercher *(Démarche d'investigation)*

Problème 1

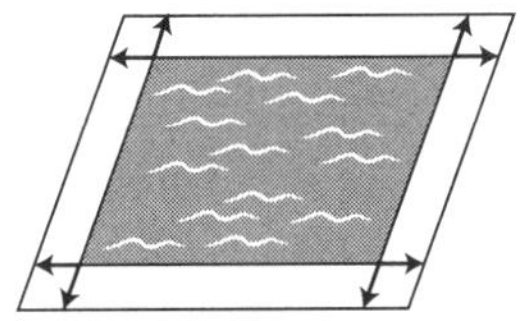

32 – 24 = 8
La margelle mesure un mètre ;
(8 × 1 = 8).

Problème 2

– Seuls les cubes qui se trouvent au centre de chaque face ont une face rouge.
Il y a 6 faces, donc 6 cubes ont une seule face rouge.
– 12 cubes ont deux faces rouges. (Attention de ne pas compter deux fois le même petit cube.)
– Seuls les cubes qui se trouvent à chaque sommet ont trois faces rouges.
Il y a 8 sommets, donc 8 cubes ont trois faces rouges.
– Aucun cube n'a 4 faces rouges.
– Le cube est constitué de 27 petits cubes.
6 + 12 + 8 = 26 ; (26 petits cubes ont au moins une face rouge).
– Il reste un cube qui n'est pas peint.

Problème 3

On le trouve par tâtonnement.
– Pour un grand cube avec une arête de 3 petits cubes, on utilise 27 petits cubes ; (3 × 3 × 3 = 27).
– Pour un grand cube avec une arête de 4 petits cubes, on utilise 64 petits cubes ; (4 × 4 × 4 = 64).
– Pour un grand cube avec une arête de 5 petits cubes, on utilise 125 petits cubes ; (5 × 5 × 5 = 125).
– Pour un grand cube avec une arête de 6 petits cubes, on utilise 216 petits cubes ; (6 × 6 × 6 = 216).
Avec 200 petits cubes, on peut construire un grand cube constitué de 125 petits cubes, avec une arête de 5 petits cubes.

B Problèmes à étapes

Problème 4

(1,20 × 10) + (0,30 × 100) + (0,54 × 100) = 12 + 30 + 54 = 96
Charles paie 96 €.

Problème 5

Une année, c'est 365 jours.
– La famille prenait 1 460 bains par an ; (365 × 4 = 1 460).
– Elle utilisait 219 000 litres d'eau ; (1 460 × 150 = 219 000).
– Elle dépensait 54 750 centimes ou 547,5 € ; (219 000 × 0,25 = 54 750).

La famille prend 1 095 douches par an ; (365 × 3 = 1 095).
– Elle utilise 32 850 litres d'eau pour les douches ; (1 095 × 30 = 32 850).
– Elle utilise 54 750 litres d'eau pour le bain ; (365 × 150 = 54 750).
– Elle utilise en tout 87 600 litres d'eau ; (54 750 + 32 850 = 87 600).
– Elle dépense 21 900 centimes ou 219 € ; (87 600 × 0,25 = 21 900).

La famille réalise une économie de 328,50 € ; (547,50 – 219 = 328,50 €).

Problème 6

(0,80 × 10) + (0,25 × 100) = 8 + 25 = 33
Zoé dépense 33 €.
Elle doit donner le billet de 50 €.
La marchande lui rendra 17 € ; (50 – 33 = 17)

Évaluations du calcul mental

Évaluation 1

Nom : .... Prénom : .... Date : ....

◆ Calcul mental : résultats mémorisés, procédures automatisées

Compétences	Évaluation
1. Connaître les tables d'addition (de 1 à 9) et de multiplication (de 2 à 9).	
2. Additionner ou soustraire mentalement des dizaines entières (nombres inférieurs à 100) ou des centaines entières (nombres inférieurs à 1 000).	
3. Organiser et effectuer mentalement, sur des nombres entiers, un calcul additif, soustractif, multiplicatif ou un calcul de division en s'appuyant sur des résultats mémorisés et en utilisant de façon implicite les propriétés des nombres et des opérations.	
4. Connaître le complément à la dizaine supérieure pour tout nombre inférieur à 100.	

➢ Écris les résultats des opérations dictées par l'enseignant(e).

❶					
	....	....	....	....	....

❷					
	....	....	....	....	....

❸					
	....	....	....	....	....

➢ Écris le complément à la dizaine supérieure des nombres dictés par l'enseignant(e).

❹					
	....	....	....	....	....

◆ Connaissance des nombres

Compétences	Évaluation
5. Connaître, savoir écrire et nommer les nombres entiers, les fractions et les nombres décimaux. En connaître la valeur de chacun des chiffres.	

➢ Écris en chiffres les nombres dictés par l'enseignant(e).

❺					
	....	....	....	....	....

◆ Calcul réfléchi

Compétences	Évaluation
6. Multiplier ou diviser un nombre entier ou décimal par 10, 100, 1 000	
7. Organiser et effectuer avec l'aide de l'écrit, sur des nombres entiers, un calcul additif, soustractif, multiplicatif ou un calcul de division en s'appuyant sur des résultats mémorisés et en utilisant de façon implicite les propriétés des nombres et des opérations.	

➢ Écris les résultats des opérations dictées par l'enseignant(e).
Tu peux utiliser ton cahier d'essai pour noter des résultats intermédiaires.

❻					
	....	....	....	....	....

❼					
	....	....	....	....	....

Évaluation 1

Consignes

*Lors de la passation (en fin de période ou régulièrement au cours de la période), l'enseignant indique aux élèves la compétence évaluée afin qu'ils remplissent les cases correspondantes. Il choisit **cinq** items dans la liste proposée.*

◆ Calcul mental : résultats mémorisés, procédures automatisées

Compétences	Évaluation
1. Connaître les tables d'addition (de 1 à 9) et de multiplication (de 2 à 9).	
2. Additionner ou soustraire mentalement des dizaines entières (nombres inférieurs à 100) ou des centaines entières (nombres inférieurs à 1 000).	
3. Organiser et effectuer mentalement, sur des nombres entiers, un calcul additif, soustractif, multiplicatif ou un calcul de division en s'appuyant sur des résultats mémorisés et en utilisant de façon implicite les propriétés des nombres et des opérations.	
4. Connaître le complément à la dizaine supérieure pour tout nombre inférieur à 100.	

➢ Dicter ces opérations. Les élèves écrivent seulement le résultat dans chaque case.

1	7 × 4	5 × 8	9 × 3	6 × 7	8 × 8	4 × 9	7 × 8	9 × 6	7 × 7	6 × 8
2	30 + 80	60 + 90	50 + 110	120 + 70	80 + 70	40 + 80	50 + 130	170 + 60	220 + 90	370 + 50
3	25 + 9	12 – 7	18 + 6	24 + 8	35 – 29	46 – 8	53 + 7	42 – 38	24 + 35	67 – 61

➢ Dicter ces nombres. Les élèves écrivent seulement le complément à la dizaine supérieure.

4	61	84	37	98	56	29	76	92	43	65

◆ Connaissance des nombres

Compétences	Évaluation
5. Connaître, savoir écrire et nommer les nombres entiers, les fractions et les nombres décimaux. En connaître la valeur de chacun des chiffres.	

➢ Dicter ces nombres. Les élèves les écrivent en chiffres.

5	3 025	974	26 086	710 608	80 090	645 008	94 300	905 020	48 080	684 297

◆ Calcul réfléchi

Compétences	Évaluation
6. Multiplier ou diviser un nombre entier ou décimal par 10, 100, 1 000	
7. Organiser et effectuer avec l'aide de l'écrit, sur des nombres entiers, un calcul additif, soustractif, multiplicatif ou un calcul de division en s'appuyant sur des résultats mémorisés et en utilisant de façon implicite les propriétés des nombres et des opérations.	

➢ Dicter ces opérations. Les élèves écrivent seulement le résultat dans chaque case. Les élèves ont plus de temps et peuvent utiliser leur cahier d'essai.

6	68 × 10	34 × 100	97 × 1 000	50 × 100	90 × 10	645 × 10	73 × 100	67 × 1 000	60 × 100	59 × 1 000
7	55 + 14	48 + 27	double de 27	45 + 35	moitié de 38	38 – 17	53 + 19	37 + 8	double de 43	moitié de 42

Évaluation 2

Nom : .... Prénom : .... Date : ....

◆ Calcul mental : résultats mémorisés, procédures automatisées

Compétences	Évaluation
1. Connaître les tables d'addition (de 1 à 9) et de multiplication (de 2 à 9).	
2. Additionner ou soustraire mentalement des dizaines entières (nombres inférieurs à 100) ou des centaines entières (nombres inférieurs à 1 000).	
3. Organiser et effectuer mentalement, sur des nombres entiers, un calcul additif, soustractif, multiplicatif ou un calcul de division en s'appuyant sur des résultats mémorisés et en utilisant de façon implicite les propriétés des nombres et des opérations.	
4. Multiplier ou diviser un nombre entier ou décimal par 10, 100, 1 000.	
5. Connaître le complément à la dizaine supérieure pour tout nombre inférieur à 100.	

➢ Écris les résultats des opérations dictées par l'enseignant(e).

1	....	....	....	....	....
2	....	....	....	....	....
3	....	....	....	....	....
4	....	....	....	....	....

➢ Écris le complément à la centaine supérieure des nombres dictés par l'enseignant(e).

5	....	....	....	....	....

◆ Connaissance des nombres

Compétences	Évaluation
6. Connaître, savoir écrire et nommer les nombres entiers, les fractions et les nombres décimaux. En connaître la valeur de chacun des chiffres.	

➢ Écris en chiffres les nombres dictés par l'enseignant(e).

6	....	....	....	....	....

◆ Calcul réfléchi

Compétences	Évaluation
7. Organiser et effectuer avec l'aide de l'écrit, sur des nombres entiers, un calcul additif, soustractif, multiplicatif ou un calcul de division en s'appuyant sur des résultats mémorisés et en utilisant de façon implicite les propriétés des nombres et des opérations.	

➢ Écris les résultats des opérations dictées par l'enseignant(e).
Tu peux utiliser ton cahier d'essai pour noter des résultats intermédiaires.

7	....	....	....	....	....

Évaluation 2
Consignes

*Lors de la passation (en fin de période ou régulièrement au cours de la période), l'enseignant indique aux élèves la compétence évaluée afin qu'ils remplissent les cases correspondantes. Il choisit **cinq** items dans la liste proposée.*

◆ Calcul mental : résultats mémorisés, procédures automatisées

COMPÉTENCES	ÉVALUATION
1. Connaître les tables d'addition (de 1 à 9) et de multiplication (de 2 à 9).	
2. Additionner ou soustraire mentalement des dizaines entières (nombres inférieurs à 100) ou des centaines entières (nombres inférieurs à 1 000).	
3. Organiser et effectuer mentalement, sur des nombres entiers, un calcul additif, soustractif, multiplicatif ou un calcul de division en s'appuyant sur des résultats mémorisés et en utilisant de façon implicite les propriétés des nombres et des opérations.	
4. Multiplier ou diviser un nombre entier ou décimal par 10, 100, 1 000.	
5. Connaître le complément à la dizaine supérieure pour tout nombre inférieur à 100.	

➢ Dicter ces opérations. Les élèves écrivent seulement le résultat dans chaque case.

1	6 × 4	7 × 8	8 × 3	7 × 6	6 × 8	7 × 9	8 × 8	6 × 6	8 × 9	8 × 4
2	80 – 50	90 + 70	300 – 80	150 + 70	280 – 30	420 + 80	250 – 80	170 + 90	320 – 70	30 + 150
3	25 + 19	12 × 720	38 + 46	25 + 75	35 × 200	46 + 19	53 + 32	42 + 19	24 × 20	67 + 53
4	24 × 10	63 × 100	19 × 1 000	30 × 100	971 × 10	64 × 1 000	325 × 100	49 × 10	548 × 100	1 208 × 10

➢ Dicter ces nombres. Les élèves écrivent seulement le complément à la centaine supérieure.

5	691	840	375	198	225	279	761	920	403	650

◆ Connaissance des nombres

COMPÉTENCES	ÉVALUATION
6. Connaître, savoir écrire et nommer les nombres entiers, les fractions et les nombres décimaux. En connaître la valeur de chacun des chiffres.	

➢ Dicter ces nombres. Les élèves les écrivent en chiffres.

6	23 825 000	974 000	220 006	18 710 658	804 790	6 405 008	904 300	92 012 030	48 080 100	68 450 297

◆ Calcul réfléchi

COMPÉTENCES	ÉVALUATION
7. Organiser et effectuer avec l'aide de l'écrit, sur des nombres entiers, un calcul additif, soustractif, multiplicatif ou un calcul de division en s'appuyant sur des résultats mémorisés et en utilisant de façon implicite les propriétés des nombres et des opérations.	

➢ Dicter ces opérations. Les élèves écrivent seulement le résultat dans chaque case. Les élèves ont plus de temps et peuvent utiliser leur cahier d'essai.

7	55 – 9	48 × 9	double de 127	45 × 11	moitié de 128	38 × 9	53 – 19	37 × 11	double de 243	moitié de 92

Évaluation 3

Nom : .... Prénom : .... Date : ....

◆ Calcul mental : résultats mémorisés, procédures automatisées

COMPÉTENCES	ÉVALUATION
1. Connaître les tables d'addition (de 1 à 9) et de multiplication (de 2 à 9).	
2. Additionner ou soustraire mentalement des dizaines entières (nombres inférieurs à 100) ou des centaines entières (nombres inférieurs à 1 000).	
3. Organiser et effectuer mentalement, sur des nombres entiers, un calcul additif, soustractif, multiplicatif ou un calcul de division en s'appuyant sur des résultats mémorisés et en utilisant de façon implicite les propriétés des nombres et des opérations.	

➢ Écris les résultats des opérations dictées par l'enseignant(e).

1	....	....	....	....	....
2	....	....	....	....	....
3	....	....	....	....	....

◆ Connaissance des nombres

COMPÉTENCES	ÉVALUATION
4. Connaître, savoir écrire et nommer les nombres entiers, les fractions et les nombres décimaux. En connaître la valeur de chacun des chiffres.	

➢ Écris en chiffres les nombres dictés par l'enseignant(e).

4	....	....	....	....	....

◆ Calcul réfléchi

COMPÉTENCES	ÉVALUATION
5. Multiplier ou diviser un nombre entier ou décimal par 10, 100, 1 000.	
6. Organiser et effectuer avec l'aide de l'écrit, sur des nombres entiers, un calcul additif, soustractif, multiplicatif ou un calcul de division en s'appuyant sur des résultats mémorisés et en utilisant de façon implicite les propriétés des nombres et des opérations.	

➢ Écris les résultats des opérations dictées par l'enseignant(e).
Tu peux utiliser ton cahier d'essai pour noter des résultats intermédiaires.

5	....	....	....	....	....
6	....	....	....	....	....

Évaluation 3

Consignes

*Lors de la passation (en fin de période ou régulièrement au cours de la période), l'enseignant indique aux élèves la compétence évaluée afin qu'ils remplissent les cases correspondantes. Il choisit **cinq** items dans la liste proposée.*

◆ Calcul mental : résultats mémorisés, procédures automatisées

Compétences	Évaluation
1. Connaître les tables d'addition (de 1 à 9) et de multiplication (de 2 à 9).	
2. Additionner ou soustraire mentalement des dizaines entières (nombres inférieurs à 100) ou des centaines entières (nombres inférieurs à 1 000).	
3. Organiser et effectuer mentalement, sur des nombres entiers, un calcul additif, soustractif, multiplicatif ou un calcul de division en s'appuyant sur des résultats mémorisés et en utilisant de façon implicite les propriétés des nombres et des opérations.	

➢ Dicter ces opérations. Les élèves écrivent seulement le résultat dans chaque case.

1	5 × 6	6 × 8	7 × 3	9 × 6	6 × 9	7 × 5	5 × 8	6 × 7	8 × 7	5 × 4
2	800 + 500	900 + 700	300 + 800	1 500 + 700	2 800 + 300	4 200 + 800	200 + 800	1 700 + 900	3 200 + 700	300 + 1 500
3	double de 25	moitié de 150	Combien de fois 5 dans 65 ?	Combien de fois 5 dans 80 ?	135 - 131	406 - 399	53 × 20	42 × 50	24 × 11	53 × 11

◆ Connaissance des nombres

Compétences	Évaluation
4. Connaître, savoir écrire et nommer les nombres entiers, les fractions et les nombres décimaux. En connaître la valeur de chacun des chiffres.	

➢ Dicter ces nombres. Les élèves les écrivent en chiffres.

4	2 005 000	900 800	22 080 006	180 608	800 700	61 400 000	chiffre des milliers dans 9 048 300	chiffre des milliers dans 10 015 030	chiffre des milliers dans 8 082 100	chiffre des milliers dans 6 450 297

◆ Calcul réfléchi

Compétences	Évaluation
5. Multiplier ou diviser un nombre entier ou décimal par 10, 100, 1 000.	
6. Organiser et effectuer avec l'aide de l'écrit, sur des nombres entiers, un calcul additif, soustractif, multiplicatif ou un calcul de division en s'appuyant sur des résultats mémorisés et en utilisant de façon implicite les propriétés des nombres et des opérations.	

➢ Dicter ces opérations. Les élèves écrivent seulement le résultat dans chaque case.
Les élèves ont plus de temps et peuvent utiliser leur cahier d'essai.

5	120 divisé par 10	800 divisé par 10	450 divisé par 10	320 divisé par 10	580 divisé par 10	1 000 divisé par 10	210 divisé par 10	600 divisé par 10	90 divisé par 10	1 540 divisé par 10
6	46 × 5	52 × 5	38 × 50	12 × 50	53 – 27	74 – 47	38 × 12	42 × 12	21 × 4	46 × 4

Évaluation 4

Nom : .... Prénom : .... Date : ....

◆ Calcul mental : résultats mémorisés, procédures automatisées

Compétences	Évaluation
1. Connaître les tables d'addition (de 1 à 9) et de multiplication (de 2 à 9).	
2. Additionner ou soustraire mentalement des dizaines entières (nombres inférieurs à 100) ou des centaines entières (nombres inférieurs à 1 000).	
3. Organiser et effectuer mentalement, sur des nombres entiers, un calcul additif, soustractif, multiplicatif ou un calcul de division en s'appuyant sur des résultats mémorisés et en utilisant de façon implicite les propriétés des nombres et des opérations.	
4. Multiplier ou diviser un nombre entier ou décimal par 10, 100, 1 000.	
5. Évaluer un ordre de grandeur d'un résultat en utilisant un calcul approché, évaluer le nombre de chiffres d'un quotient.	

➢ Écris les résultats des opérations dictées par l'enseignant(e).

1	....	....	....	....	....
2	....	....	....	....	....
3	....	....	....	....	....
4	....	....	....	....	....

➢ Arrondis à la centaine la plus proche les nombres dictés par l'enseignant(e).

5	....	....	....	....	....

◆ Connaissance des nombres

Compétences	Évaluation
6. Connaître, savoir écrire et nommer les nombres entiers, les fractions et les nombres décimaux. En connaître la valeur de chacun des chiffres.	

➢ Écris en chiffres les nombres dictés par l'enseignant(e).

6	....	....	....	....	....

◆ Calcul réfléchi

Compétences	Évaluation
7. Multiplier ou diviser un nombre entier ou décimal par 10, 100, 1 000.	
8. Organiser et effectuer avec l'aide de l'écrit, sur des nombres entiers, un calcul additif, soustractif, multiplicatif ou un calcul de division en s'appuyant sur des résultats mémorisés et en utilisant de façon implicite les propriétés des nombres et des opérations.	

➢ Écris les résultats des opérations dictées par l'enseignant(e).
Tu peux utiliser ton cahier d'essai pour noter des résultats intermédiaires.

7	....	....	....	....	....
8	....	....	....	....	....

Évaluation 4
Consignes

Lors de la passation (en fin de période ou régulièrement au cours de la période), l'enseignant indique aux élèves la compétence évaluée afin qu'ils remplissent les cases correspondantes. Il choisit ***cinq*** *items dans la liste proposée.*

◆ Calcul mental : résultats mémorisés, procédures automatisées

Compétences	Évaluation
1. Connaître les tables d'addition (de 1 à 9) et de multiplication (de 2 à 9).	
2. Additionner ou soustraire mentalement des dizaines entières (nombres inférieurs à 100) ou des centaines entières (nombres inférieurs à 1 000).	
3. Organiser et effectuer mentalement, sur des nombres entiers, un calcul additif, soustractif, multiplicatif ou un calcul de division en s'appuyant sur des résultats mémorisés et en utilisant de façon implicite les propriétés des nombres et des opérations.	
4. Multiplier ou diviser un nombre entier ou décimal par 10, 100, 1 000.	
5. Évaluer un ordre de grandeur d'un résultat en utilisant un calcul approché, évaluer le nombre de chiffres d'un quotient.	

➢ Dicter ces opérations. Les élèves écrivent seulement le résultat dans chaque case.

1	7 × 6	9 × 8	8 × 3	9 × 8	7 × 9	Combien de fois 7 dans 56 ?	Combien de fois 8 dans 72 ?	Combien de fois 6 dans 48 ?	Combien de fois 9 dans 63 ?	Combien de fois 7 dans 42 ?
2	700 – 500	950 + 70	1300 – 800	150 + 750	280 – 30	450 + 850	200 – 80	170 + 50	132 + 70	350 – 150
3	46 + 39	53 + 72	42 + 35	24 + 71	83 + 61	49 divisé par 7 ?	54 divisé par 6 ?	35 divisé par 7 ?	48 divisé par 6 ?	64 divisé par 8 ?
4	120 divisé par 10	830 divisé par 10	4 500 divisé par 100	32 100 divisé par 100	2 580 divisé par 10	10 000 divisé par 100	21 400 divisé par 100	6 040 divisé par 10	97 000 divisé par 100	15 420 divisé par 10

➢ Dicter ces nombres. Les élèves les arrondissent à la centaine la plus proche.

5	930	1 520	1 960	1 020	1 476	3 552	247	318	8 967	239

◆ Connaissance des nombres

Compétences	Évaluation
6. Connaître, savoir écrire et nommer les nombres entiers, les fractions et les nombres décimaux. En connaître la valeur de chacun des chiffres.	

➢ Dicter ces nombres. Les élèves les écrivent en chiffres.

6	9 400 100	2 750 000	1 380 600	8 200 700	614 000	un quart	deux tiers	trois cinquièmes	trois quarts	un dixième

◆ Calcul réfléchi

Compétences	Évaluation
7. Multiplier ou diviser un nombre entier ou décimal par 10, 100, 1 000.	
8. Organiser et effectuer avec l'aide de l'écrit, sur des nombres entiers, un calcul additif, soustractif, multiplicatif ou un calcul de division en s'appuyant sur des résultats mémorisés et en utilisant de façon implicite les propriétés des nombres et des opérations.	

➢ Dicter ces opérations. Les élèves écrivent seulement le résultat dans chaque case.
Les élèves ont plus de temps et peuvent utiliser leur cahier d'essai.

7	320 divisé par 10	180 divisé par 10	7 500 divisé par 100	3 900 divisé par 100	580 divisé par 10	1 800 divisé par 100	2 400 divisé par 100	600 divisé par 10	900 divisé par 100	1 540 divisé par 10
8	16 × 8	51 × 8	38 × 15	12 × 15	53 × 21	73 divisé par 2	89 divisé par 2	47 divisé par 2	210 divisé par 5	160 divisé par 5

Évaluation 5

Nom : .... Prénom : .... Date : ....

◆ Calcul mental : résultats mémorisés, procédures automatisées

COMPÉTENCES	ÉVALUATION
1. Connaître les tables d'addition (de 1 à 9) et de multiplication (de 2 à 9).	
2. Multiplier ou diviser un nombre entier ou décimal par 10, 100, 1 000.	
3. Organiser et effectuer des calculs du type 1,5 + 0,5 ; 2,8 + 0,2 ; 1,5 x 2; en s'appuyant sur les résultats mémorisés et en utilisant de façon implicite les propriétés des nombres et des opérations.	

➢ Écris les résultats des opérations dictées par l'enseignant(e).

❶

....	....	....	....	....

❷

....	....	....	....	....

❸

....	....	....	....	....

◆ Connaissance des nombres

COMPÉTENCES	ÉVALUATION
4. Connaître, savoir écrire et nommer les nombres entiers, les fractions et les nombres décimaux. En connaître la valeur de chacun des chiffres.	

➢ Écris en chiffres les nombres dictés par l'enseignant(e).

❹

....	....	....	....	....

◆ Calcul réfléchi

COMPÉTENCES	ÉVALUATION
5. Organiser et effectuer avec l'aide de l'écrit, sur des nombres entiers, un calcul additif, soustractif, multiplicatif ou un calcul de division en s'appuyant sur des résultats mémorisés et en utilisant de façon implicite les propriétés des nombres et des opérations.	
6. Organiser et effectuer des calculs du type 1,5 + 0,5 ; 2,8 + 0,2 ; 1,5 x 2 ; en s'appuyant sur les résultats mémorisés et en utilisant de façon implicite les propriétés des nombres et des opérations.	

➢ Écris les résultats des opérations dictées par l'enseignant(e).
Tu peux utiliser ton cahier d'essai pour noter des résultats intermédiaires.

❺

....	....	....	....	....

❻

....	....	....	....	....

Évaluation 5

Consignes

*Lors de la passation (en fin de période ou régulièrement au cours de la période), l'enseignant indique aux élèves la compétence évaluée afin qu'ils remplissent les cases correspondantes. Il choisit **cinq** items dans la liste proposée.*

◆ Calcul mental : résultats mémorisés, procédures automatisées

Compétences	Évaluation
1. Connaître les tables d'addition (de 1 à 9) et de multiplication (de 2 à 9).	
2. Multiplier ou diviser un nombre entier ou décimal par 10, 100, 1 000.	
3. Organiser et effectuer des calculs du type 1,5 + 0,5 ; 2,8 + 0,2 ; 1,5 x 2; en s'appuyant sur les résultats mémorisés et en utilisant de façon implicite les propriétés des nombres et des opérations.	

➢ Dicter ces opérations. Les élèves écrivent seulement le résultat dans chaque case.

1	7 × 7	9 × 6	7 × 3	9 × 6	8 × 9	8 × 6	9 × 7	8 × 5	8 × 8	7 × 6
2	1,3 × 10	5,2 × 10	6,14 × 10	1,67 × 100	2,06 × 100	5,7 × 100	14 divisé par 10	27 divisé par 10	154 divisé par 10	274 divisé par 100
3	4 + 3,9	5 + 1,2	2 + 3,5	2,4 + 6,1	8,3 + 1,9	3,6 + 0,9	5,3 + 7,2	4,2 + 3,5	1,4 + 7,1	1,03 + 1,1

◆ Connaissance des nombres

Compétences	Évaluation
4. Connaître, savoir écrire et nommer les nombres entiers, les fractions et les nombres décimaux. En connaître la valeur de chacun des chiffres.	

➢ Dicter ces nombres. Les élèves les écrivent en chiffres.

4	trois quart	cinq demis	quatre cinquièmes	trois dixièmes	2 unités 4 dixièmes	1 unité 3 centièmes	1 dizaine 4 dixièmes	75 centièmes	245 dixièmes	32 dixièmes

◆ Calcul réfléchi

Compétences	Évaluation
5. Organiser et effectuer avec l'aide de l'écrit, sur des nombres entiers, un calcul additif, soustractif, multiplicatif ou un calcul de division en s'appuyant sur des résultats mémorisés et en utilisant de façon implicite les propriétés des nombres et des opérations.	
6. Organiser et effectuer des calculs du type 1,5 + 0,5 ; 2,8 + 0,2 ; 1,5 x 2 ; en s'appuyant sur les résultats mémorisés et en utilisant de façon implicite les propriétés des nombres et des opérations.	

➢ Dicter ces opérations. Les élèves écrivent seulement le résultat dans chaque case.
Les élèves ont plus de temps et peuvent utiliser leur cahier d'essai.

5	74 – 53	95 – 72	132 – 112	157 – 56	286 – 187	452 – 331	201 – 198	171 – 150	132 – 117	358 – 157
6	1,5 + 0,5	2,25 + 0,5	6 + 2,25	3,25 + 1,75	1,8 + 3,2	5,7 + 6,3	4,6 + 5,4	2,6 + … = 4	0,5 + … = 3	5,3 + … = 8

Évaluations des périodes

Évaluation 1

Nom : .... Prénom : .... Date : ....

◆ Connaissance des nombres

Compétences	**Évaluation**
1. Connaître, savoir écrire et nommer les nombres entiers.	
2. Comparer, ranger, encadrer ces nombres.	
3. Évaluer un ordre de grandeur d'un résultat en utilisant un calcul approché.	

1 a. Écris en lettres : 3 030 : ....

b. Écris en chiffres : neuf cent cinq mille six cents : ....

c. Complète l'égalité : (7 × 1 000) + (6 × 100) + (5 × 10) + 8 = ...

d. Que représente le chiffre 3 dans 39 751 ? ....

2 Range par ordre croissant : 2 654 ; 2 546 ; 2 099 ; 2 990 ; 2 909.

....

3 Écris la valeur approchée de 698 + 401 + 199 : ....

◆ Géométrie

Compétences	**Évaluation**
4. Reconnaître de manière perceptive une figure plane dans une configuration plus complexe.	
5. Percevoir qu'une figure possède un ou plusieurs axes de symétrie.	
6. Vérifier que des droites sont perpendiculaires, les tracer.	

4 Écris le nom de chaque figure :

A : ....

B : ....

C : ....

D : ....

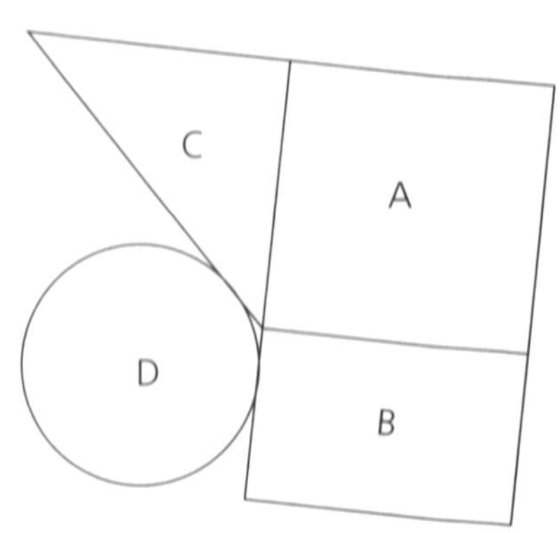

5 Parmi ces figures, laquelle possède :

a. seulement 1 axe de symétrie ? ....

b. 4 axes de symétrie ? ....

6 a. Repasse en vert les droites perpendiculaires.

b. Trace la droite d_4 perpendiculaire à la droite d_3 qui passe par le point A.

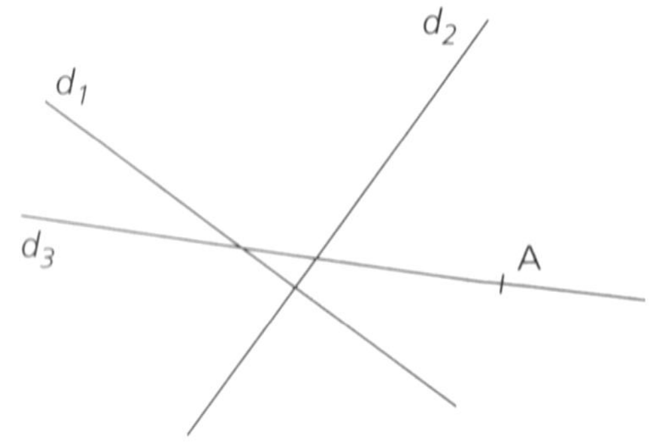

◆ Calcul

Compétences	Évaluation
7. Connaître la propriété fondamentale d'une différence. Aborder la technique de la soustraction.	
8. Maîtriser l'algorithme de la soustraction.	
9. Multiplier par 10, 100, 1 000.	
10. Multiplier par un nombre entier de dizaines, de centaines.	
11. Multiplier par un nombre d'un chiffre (calcul en ligne).	
12. Comprendre la structuration arithmétique des nombres 100 et 1 000.	

7 a. Relie quand c'est égal.

34 – 26 •	• 34 – 16
55 – 18 •	• 65 – 25
36 – 18 •	• 65 – 28

b. Calcule sans poser l'opération.

224 – 26 = ...

309 – 12 = ...

1 046 – 1 025 = ...

8 Pose et effectue.

a. 3 043 – 954

b. 8 209 – 4 310

9 Calcule : 65 × 10 = ... 44 × 100 = ... 69 × 1 000 = ...

12 × .... = 1 200 97 × .... = 970 50 × .... = 50 000

10 Calcule : 25 × 20 = ... 11 × 30 = ... 60 × 50 = ...

13 × 200 = ... 20 × 300 = ... 60 × 400 = ...

11 Calcule en ligne : 29 × 6 = ...

12 a. Colorie les étiquettes égales à 100.

25 + 85 | 75 + 25 | 10 × 10 | 90 + 10

b. Colorie les étiquettes égales à 1 000.

900 + 100 | 100 × 10 | 995 + 15 | 750 + 250

◆ Mesures

Compétences	**Évaluation**
13. Connaître et utiliser les unités de longueur. Utiliser les équivalences entre ces unités.	
14. Lire l'heure sur un cadran à aiguilles.	

13 a. Écris en centimètres (cm).

La longueur du banc : 2 m 50 cm : .... La hauteur de l'étagère : 270 mm : ....

b. Range ces longueurs en ordre croissant : 15 dm ; 1 m ; 99 mm .... < .... < ....

c. Trace ci-dessous un segment de 95 mm.

14 a. Écris l'heure :

du matin : .... du soir : ....

b. Quelle heure sera-t-il un quart d'heure plus tard :

le matin ? .... le soir ? ....

◆ Problèmes

Compétences	**Évaluation**
15. Reconnaître une situation additive ou soustractive simple.	
16. Reconnaître des situations multiplicatives.	
17. Rechercher les informations pertinentes dans différents documents pour résoudre un problème.	

15 et **16** Chez la fleuriste, Yvan achète 7 roses à 3 l'une et un joli vase à 16 €.
Combien paie-t-il ?

....

....

....

....

17 Pour ses 6 ans, les parents de Julien l'emmènent à la Cité de Sciences. Ils visitent l'exposition « Ombres et lumière » et le sous-marin « Argonaute ».
Combien paient-ils ?

Tarifs et billets	
Expositions d'Explora	8 € Plein tarif (– 7 ans gratuit)
La cité des enfants 2-7 ans	6 € Tarif unique par pers.
La cité des enfants 5-12 ans	6 € Tarif unique par pers.
Ombres et lumière	6 € Tarif unique par pers.
Sous-marin Argonaute	3 € Tarif unique (– 7 ans gratuit)

....

....

....

....

....

....

....

Évaluation 1
Correction

◆ Connaissance des nombres

1 a. **trois mille trente.** **b.** **905 600.**
c. (7 × 1 000) + (6 × 100) + (5 × 10) + 8 = **7 658**
d. Dans 39 751 le chiffre trois représente les **dizaines de mille**.

2 **2 099 ; 2 546 ; 2 654 ; 2 909 ; 2 990.**

3 Valeur approchée de 698 + 401 + 199 → **1 300**.

◆ Géométrie

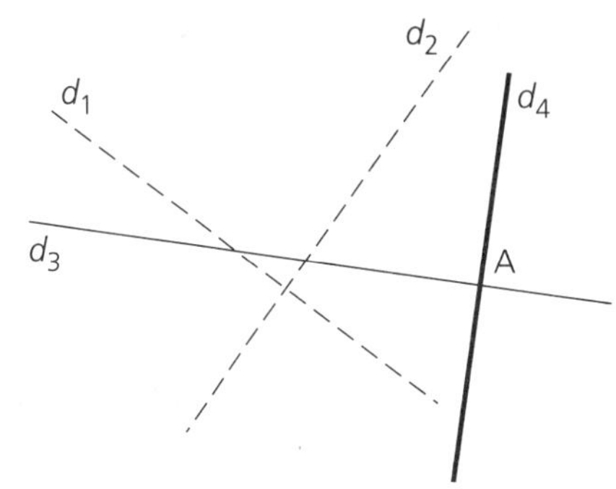

4 A : **carré** B : **rectangle** C : **triangle rectangle isocèle** D : **cercle**
5 Seulement 1 axe de symétrie : **le triangle rectangle isocèle C.**
4 axes de symétrie : **le carré A.**

6 a. En tiretés les droites perpendiculaires.
b. La droite d_4 est perpendiculaire à la droite d_3 et passe par le point A.

◆ Calcul

7 a. Relie quand c'est égal.

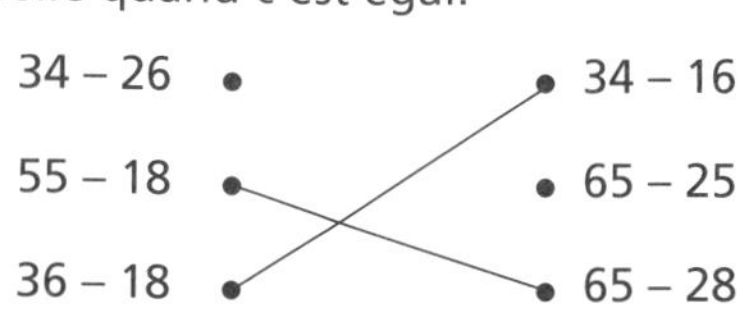

b. Calcule sans poser l'opération.
224 – 26 = **198**
309 – 12 = **297**
1 046 – 1 025 = **21**

8 Pose et effectue. 3 043 – 954 = **2 089** 8 209 – 4 310 = **3 899**

9 Calcule :
65 × 10 = **650**
12 × **100** = 1 200
44 × 100 = **4 400**
97 × **10** = 970
69 × 1000 = **69 000**
50 × **1 000** = 50 000

10 Calcule :
25 × 20 = **500**
13 × 200 = **2 600**
11 × 30 = **330**
20 × 300 = **6 000**
60 × 50 = **3 000**
60 × 400 = **24 000**

11 Calcule en ligne : 29 × 6 = **174**

12 a. Étiquettes égales à 100 : **75 + 25 ; 10 × 10 ; 90 + 10**
b. Étiquettes égales à 1 000 : **900 + 100 ; 100 × 10 ; 750 + 250**

◆ Mesures

13 a. Écris en centimètres (cm) : 2 m 50 cm = **250 cm** ; 270 mm = **27 cm**
b. Range ces longueurs en ordre croissant : **99 mm < 1 m < 15 dm**
c. Un segment de 95 mm (9 cm 5 mm).

14 a. Heure du matin : 8 h 35 min **Heure du soir : 20** h 35 min
b. Un quart d'heure plus tard : le matin : **8 h 50 min** ; le soir : **20 h 50 min**

◆ Problèmes

15 et **16** **Chez la fleuriste, Yvan paie 37 euros : (7 × 3) + 16 = 37**

17 **Les parents de Julien paient 24 euros : (6 × 3) + (3 × 2) = 24**

Évaluation 2

Nom : .... Prénom : .... Date : ....

◆ Connaissance des nombres

Compétences	Évaluation
1. Reconnaître les multiples de 2, 5 et 10. Savoir construire une table de multiples.	
2. Lire, écrire, comparer, ordonner les nombres de la classe des millions.	

1 a. Entoure en rouge les multiples de 2 et en bleu les multiples de 5.

105 208 3 486 350 855 4 000 211

b. Parmi les nombres ci-dessus, recopie les multiples de 10.

....

c. Écris les multiples de 15 compris entre 300 et 375.

....

2 a. Que représente le chiffre 7 dans 4 795 521 ? ....

b. Écris en chiffres : trois millions huit cent quarante mille ....

c. Range ces nombres par ordre décroissant : 8 950 000 ; 10 000 000 ; 999 999 ; 1 030 899.

....

d. Quel est le nombre de milliers dans 6 004 957 ? ....

e. Quel est le nombre de millions dans 62 637 596 ? ....

◆ Calcul

Compétences	Évaluation
3. Multiplier un nombre par un nombre d'un chiffre ou de deux chiffres.	

3 Pose et effectue.

a. 273 × 6 = ...

b. 829 × 43 = ...

◆ Géométrie

Compétences	Évaluation
4. Reconnaître et tracer des droites parallèles.	
5. Reconnaître et tracer les triangles à partir de leurs propriétés.	

4 a. À l'aide de la règle et de l'équerre, retrouve les droites parallèles. Écris chaque paire de droites parallèles.

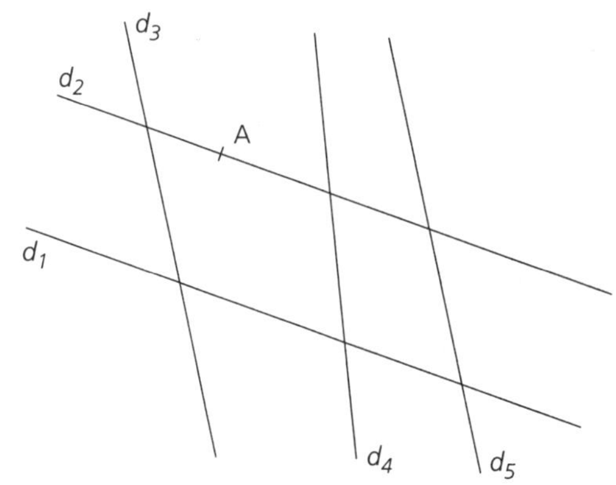

b. Trace la parallèle à la droite d_3 qui passe par le point A.

5 a. Écris :

– **R** dans le triangle rectangle ;

– **I** dans le triangle isocèle ;

– **E** dans le triangle équilatéral.

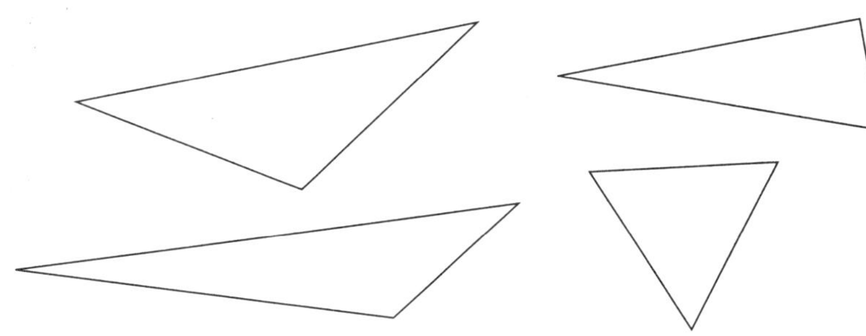

b. Trace un triangle isocèle ABC.
Le côté AC est déjà tracé ci-contre.

◆ Mesures

Compétences	Évaluation
6. Lire l'heure.	
7. Calculer une durée.	
8. Se repérer dans le temps et utiliser un calendrier.	
9. Connaître, effectuer des conversions et des opérations sur les mesures de longueur.	

6 Quelles sont les heures indiquées par ces horloges ?

a. Le matin :

b. Le soir :

7 Quelle est la durée écoulée entre les heures indiquées par ces deux horloges ?

8 Aujourd'hui nous sommes le vendredi 30 mai. Quelle sera la date une semaine plus tard ?

9 a. Entoure chaque fois la bonne réponse :

– À pied, quelle distance parcours-tu en 1 heure environ ?	3 dam	300 hm	3 km
– Quelle est environ la hauteur d'une porte ?	2 km	2 m	2 dm
– Quelle est environ la longueur d'un stade ?	1 dam	1 km	1 hm

b. Convertis ces longueurs.

8 km 50 m = ... m   12 km 2 hm = ... m

6 500 m = ... km   20 hm = ... km

c. Calcule ces longueurs.

2 km 50 m + 6 hm = ...

1 km 6 dam + 56 m = ...

◆ Problèmes

COMPÉTENCES	ÉVALUATION
10. Trouver, de façon empirique, le quotient et le reste d'une division.	
11. Lire, interpréter quelques représentations : diagrammes, graphiques.	

10 Il faut 25 cm de ruban pour entourer un cadeau. Mounir possède 180 cm de ruban. Combien de cadeaux peut-il empaqueter ?

....

....

....

....

11 Ce graphique indique le nombre d'élèves d'un collège de 2001 à 2008.

a. Combien de filles ont fréquenté ce collège en 2004 ? ....

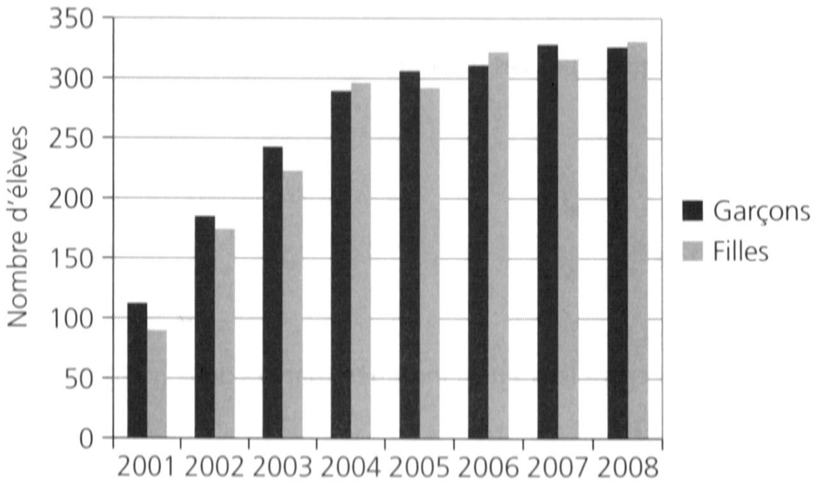

b. Quelles sont les années où les filles sont plus nombreuses que les garçons ? ....

c. Quel est environ l'effectif complet du collège en 2008 ? ....

Évaluation 2
Correction

◆ Connaissance des nombres

1 a. Les multiples de deux : **208 ; 3 486 ; 4 000 ; 350**
Les multiples de cinq : **105 ; 855 ; 350 ; 4 000**
b. Les multiples de dix : **4 000 ; 350**
c. 315 ; 330 ; 345 ; 360

2 a. Le chiffre 7 dans 4 795 521 représente **les centaines de mille**.
b. 3 840 000
c. 999 999 ; 1 030 899 ; 8 950 000 ; 10 000 000
d. Nombre de milliers dans 6 004 957 → **6 004**
e. Nombre de millions dans 62 637 596 → **62**

◆ Calcul

3 a. 273 × 6 =**1 638** **b.** 829 × 43 = **35 647**

◆ Géométrie

4 a. Paires de droites parallèles : d_1 **et** d_2 ; d_3 **et** d_5.
b. La droite d_6 est parallèle à d_3.

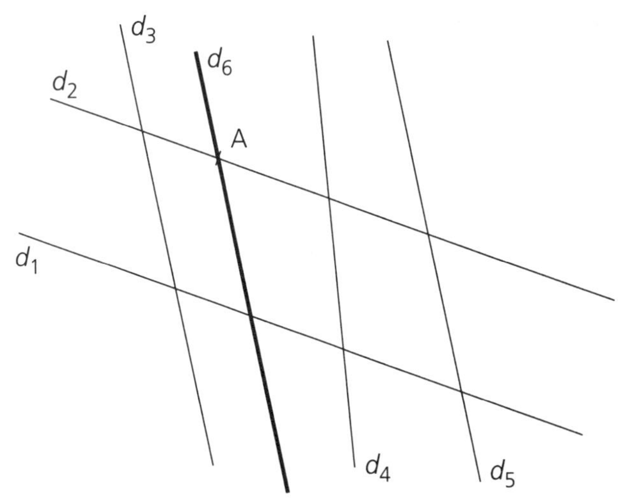

5 a. **b.**

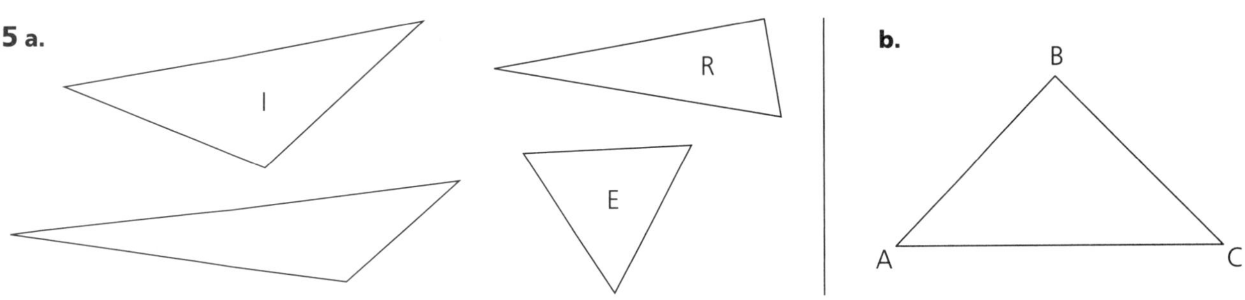

◆ Mesures

6 Le matin : **8 h 10 min** Le soir : **15 h 55**

7 La durée écoulée entre les heures de ces deux horloges : **7 h 45 min**.

8 La date une semaine plus tard : **le 6 juin**.

9 a. Distance à pied : **3 km** hauteur d'une porte : **2 m** longueur d'un stade : **1 hm**
b. 8 km 50 m = **8 050 m** 12 km 2 hm = **12 200 m** 6 500 m = **6 km 500 m** 20 hm = **2 km**
c. 2 km 50m + 6 hm = **2 650 m** 1 km 6 dam + 56 m = **1 116 m.**

◆ Problèmes

10 Mounir peut empaqueter 7 cadeaux, et il lui reste 5 cm de ruban.
180 = (25 × 7) + 5

11 a. En 2004, environ **300 filles** ont fréquenté ce collège.
b. Lors des années **2004, 2006, 2008** les filles ont été plus nombreuses que les garçons.
c. L'effectif complet du collège en 2008 est environ de **650 élèves**.

Évaluation 3

Nom : .... Prénom : .... Date : ....

◆ Géométrie

Compétences	**Évaluation**
1. Compléter une figure par symétrie axiale.	
2. Percevoir un solide, le décrire en vue de l'identifier, en donner le nom. Utiliser à bon escient le vocabulaire : sommet, arête, face, cube, pavé ou parallélépipède rectangle.	
3. Comparer des angles. Reproduire un angle donné en utilisant un gabarit.	
4. Reconnaître les quadrilatères à partir de leurs propriétés et les tracer.	

1 Trace le symétrique de la figure par rapport à l'axe de symétrie noir.

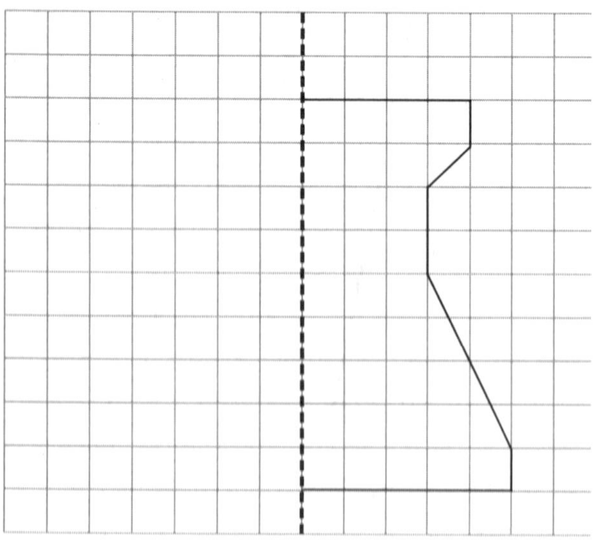

2 a. Colorie une face de ce solide. Entoure deux sommets. Repasse trois arêtes en bleu.

b. Quel est le nom de ce solide ?

....

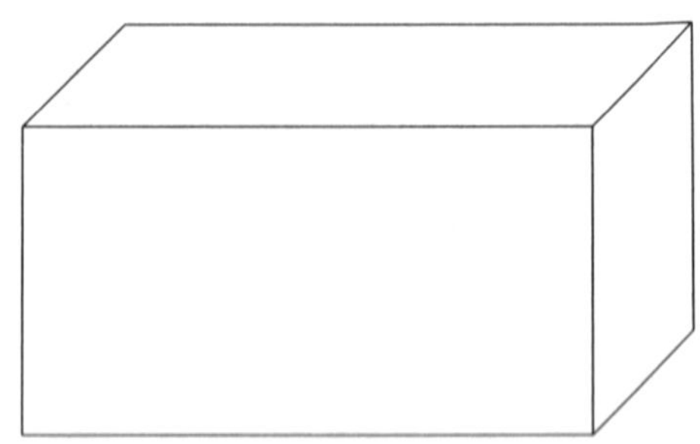

c. Moi, j'ai six faces carrées, je suis un :

....

3 Observe cette figure. Écris les noms des :

– angles aigus : ....

– angles obtus : ....

– angles droits : ....

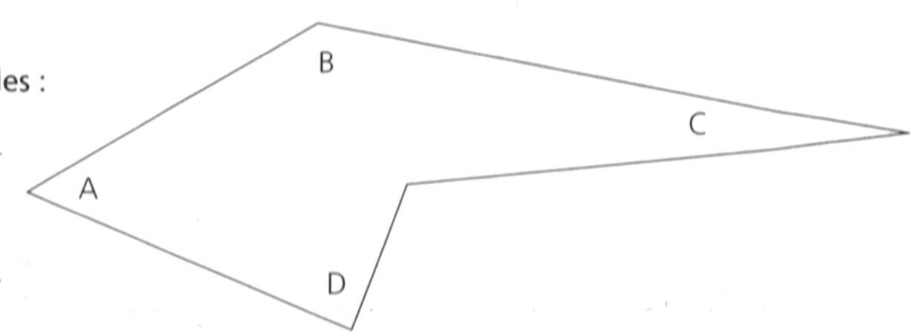

4 a. Écris le nom des quadrilatères.

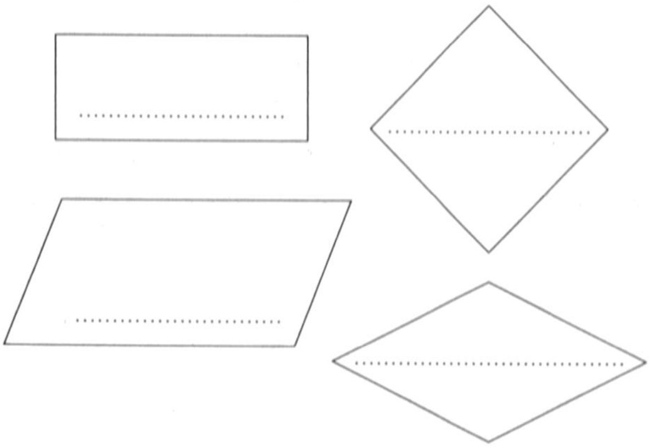

b. Termine la construction de ce carré.

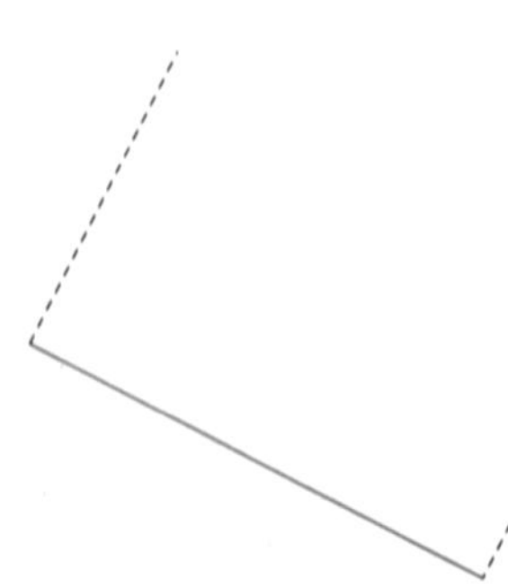

◆ Calcul

COMPÉTENCES	ÉVALUATION
5. Rechercher le quotient et le reste par encadrement entre deux multiples du diviseur.	
6. Diviser par un nombre d'un chiffre (calcul en ligne).	
7. Calculer le quotient et le reste de la division euclidienne d'un nombre par un nombre de un chiffre.	
8. Connaître et utiliser les expressions : demi, tiers, quart .	

5 a. Encadre 75 entre deux multiples consécutifs de 9 : .... < 75 < ....

b. Écris le quotient et le reste de la division de 75 par 9 sous la forme :

75 = (9 × ....) + ... quotient : .... reste : ....

6 Calcule en ligne le quotient et le reste des divisions suivantes.

a. 75 divisé par 7

....

....

b. 110 divisé par 9

....

....

7 Calcule les divisions suivantes et complète les égalités.

7 2 9 | 4

729 = (4 × ....) + ...

8 3 0 | 7

830 = (7 × ....) + ...

8 Écris.

La moitié de 60 est .... Le tiers de 75 est .... Le quart de 100 est ....

47 est la moitié de .... 30 est le tiers de .... 20 est le quart de ....

◆ Mesures

COMPÉTENCES	ÉVALUATION
9. Connaître les multiples et sous-multiples du gramme. Effectuer des calculs simples sur les masses.	
10. Mesurer l'aire de surfaces, les classer et les ranger selon leur aire.	
11. Construire une surface qui a même aire qu'une surface donnée.	

9 a. Convertis :

– en grammes (g) : 7 kg = ... 5 kg 500 g = ... 1 kg 50 g = ...

– en centigrammes (cg) : 3 g = ... 900 mg = ... 19 dg = ...

– en milligrammes (mg) : 1 g = ... 5 cg = ... 1 dg = ...

b. Dans son cartable, Héloïse place son livre d'images qui pèse 1 kg 100 g, sa trousse de 250 g et son classeur de 950 g.
Le cartable vide pèse 1 kg.
Combien pèse le cartable plein d'Héloïse?

....

....

10 Quelles figures ont la même aire ?

....

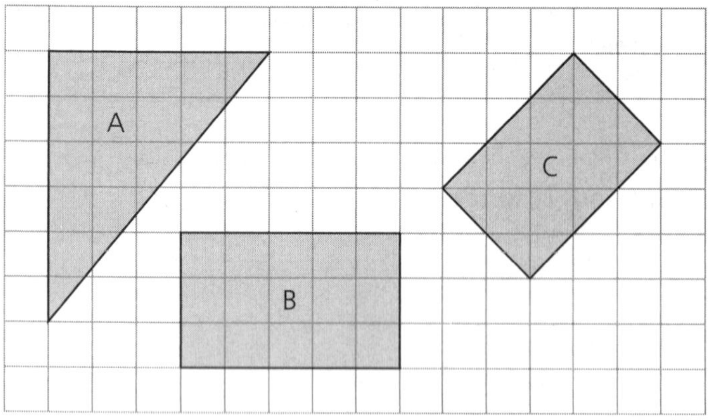

11 Construis un rectangle et un carré qui ont pour aire 16 carreaux.

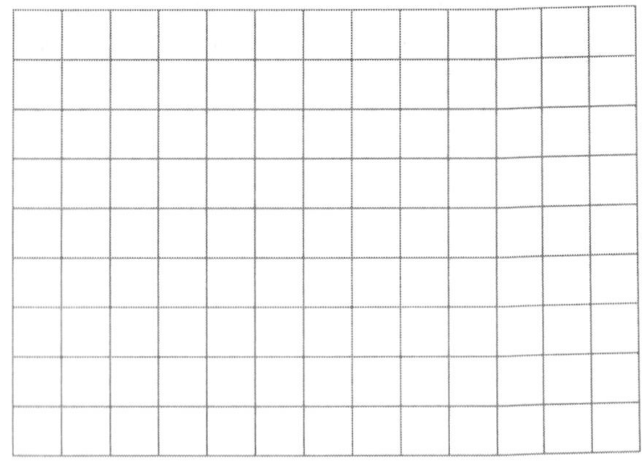

◆ Problèmes

COMPÉTENCES	ÉVALUATION
12. Schématiser un énoncé de problème pour en faciliter la résolution.	
13. Résoudre en utilisant les connaissances sur les nombres et opérations.	

12 308 touristes prennent place sur un bateau. Lors du premier arrêt, 98 passagers descendent et 69 montent. Combien de passagers ce bateau transporte-t-il lorsqu'il repart ?

a. Trouve le schéma qui correspond au problème ci-dessus. C'est le schéma ....

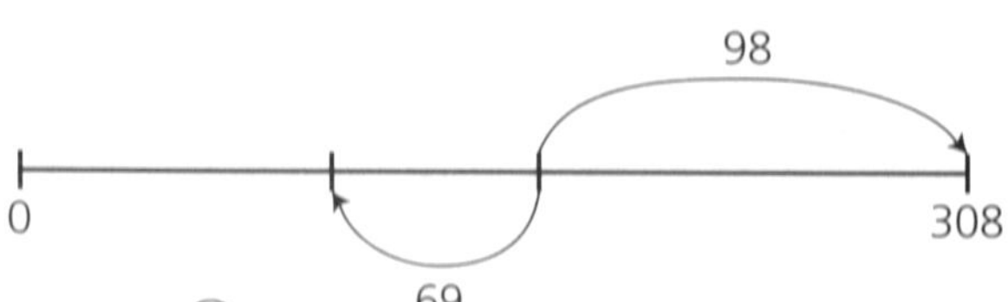

Schéma ①

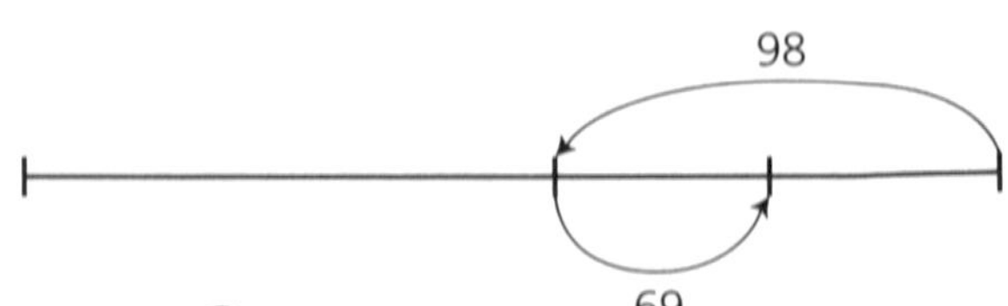

Schéma ②

b. Résous ce problème.

....

....

....

13 Une bouteille contient 200 cL d'eau. J'en reverse le quart.
Combien d'eau reste-t-il dans la bouteille ?

....

....

....

Évaluation 3
Correction

◆ Géométrie

1

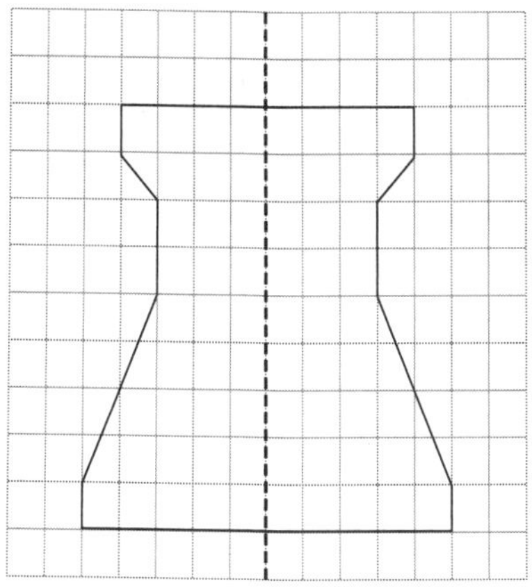

2 a.

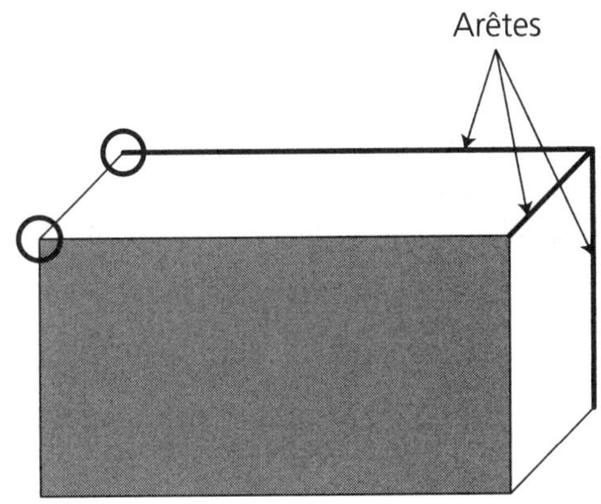

b. Pavé ou parallélépipède rectangle. **c. Cube**

3 Angles aigus : **A** et **C** Angle obtus : **B** Angle droit : **D**

4 a.

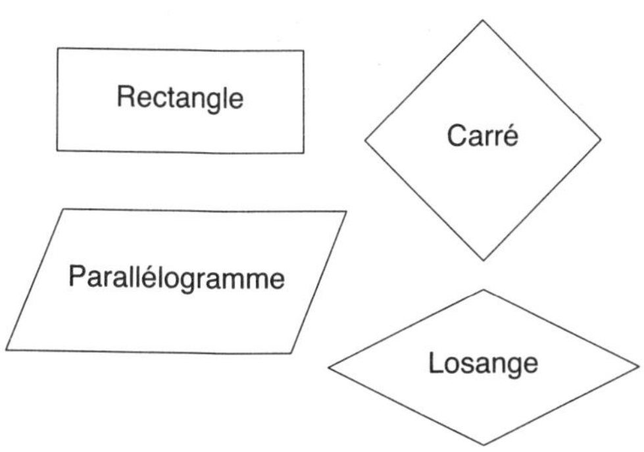

b.

◆ Calcul

5 a. Encadre 75 entre deux multiples consécutifs de 9 : **72 < 75 < 81**
b. 75 = (9 × **8**) + **3** quotient : **8** reste : **3**

6 a. 75 divisé par 7 : **quotient 10 reste 5** **b.** 110 divisé par 9 : **quotient 12 reste 2**

7 729 = (4 × **182**) + **1** 830 = (7 × **118**) + **4**

8 La moitié de 60 est **30**. Le tiers de 75 est **25**. Le quart de 100 est **25**.
47 est la moitié de **94**. 30 est le tiers de **90**. 20 est le quart de **80**.

◆ Mesures

9 a. en grammes : 7 kg = **7 000 g** 5 kg 500 g = **5 500 g** 1 kg 50 g = **1 050 g**
en centigrammes (cg) 3 g = **300 cg** 900 mg = **90 cg** 19 dg = **190 cg**
en milligrammes (mg) 1 g = **1 000 mg** 5 cg = **50 mg** 1 dg = **100 mg**

b. Le cartable d'Éloïse plein pèse **3 300 g**
(1 100 + 250 + 950 + 1 000 = 3 300).

10 Les **figures A** et **B** ont la même aire.

11 Exemples : **carré 4 × 4 ; rectangle 2 × 8.**

◆ Problèmes

12 a. C'est **le schéma** ② qui correspond au problème.
b. 308 – 98 = 210 **210 + 69 = 279**
Lorsqu'il repart, ce bateau transporte 279 passagers.

13 Il reste **150 cL.**
Le quart de 200 est 50.
200 – 50 = 150.

Évaluation 4

Nom : .... Prénom : .... Date : ....

◆ Connaissance des nombres

COMPÉTENCES	ÉVALUATION
Utiliser, dans des cas simples, des fractions ou des sommes d'entiers et de fractions, une unité étant choisie :	
1. pour coder des mesures de longueurs ;	
2. pour coder des mesures d'aires ;	
3. pour construire un segment (ou une surface) de longueur (ou d'aire) donnée.	

1 Écris la longueur de chacune de ces bandes avec l'unité **u**.

A 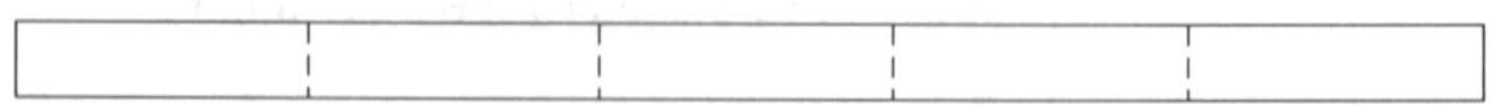 ....

B 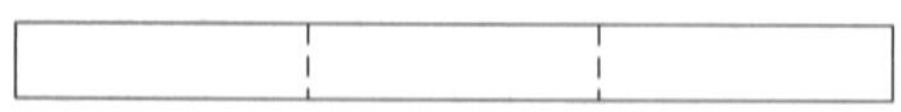 ....

2 Pour chaque disque, indique la fraction de la partie hachurée.

① ② ③

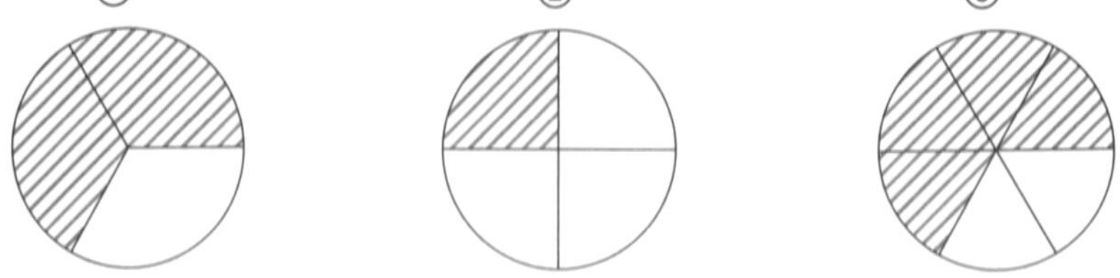

....

3 a. Trace un segment AB de longueur $\frac{1}{2}$**u** et un segment CD de longueur $\frac{2}{3}$**u**.

u

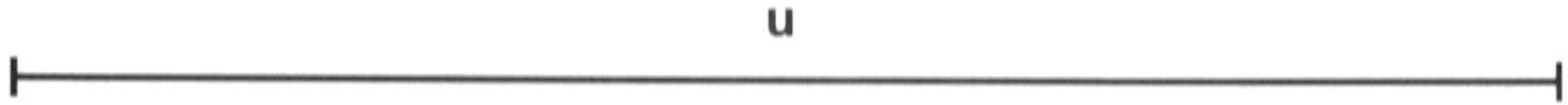

A ⊢- - - - - -

C ⊢- - - - - -

b. Colorie :

– en bleu $\frac{25}{100}$ de ce carré ;

– en vert $\frac{6}{10}$ de ce carré.

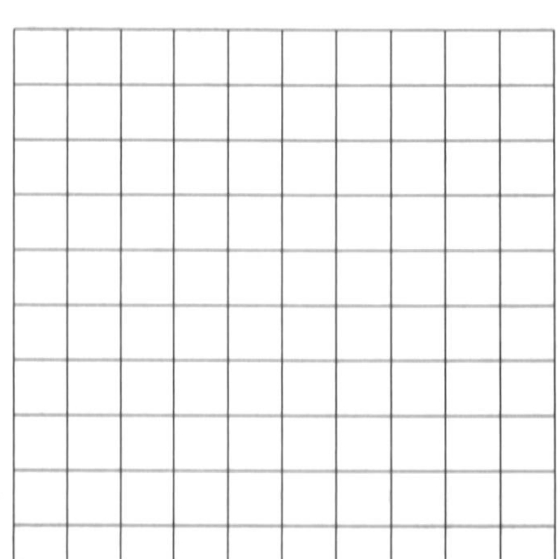

◆ Géométrie

COMPÉTENCES	ÉVALUATION
4. Connaître et savoir utiliser à bon escient le vocabulaire : centre, rayon et diamètre pour le cercle.	
5. Reconnaître, construire ou compléter un patron de cube, de parallélépipède rectangle.	
6. Tracer, sur papier quadrillé, la figure symétrique d'une figure donnée par rapport à une droite donnée.	

4 a. Repasse le diamètre du cercle en bleu.
b. Trace en rouge un rayon du cercle.
c. Nomme O le centre du cercle.

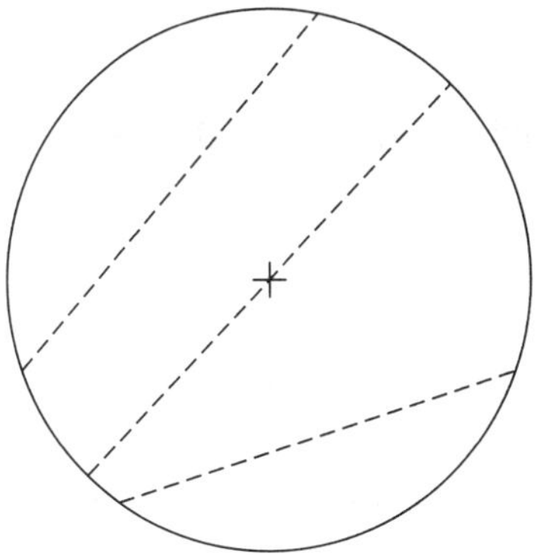

5 a. Colorie les patrons de cube.

b. Complète ce patron de cube.

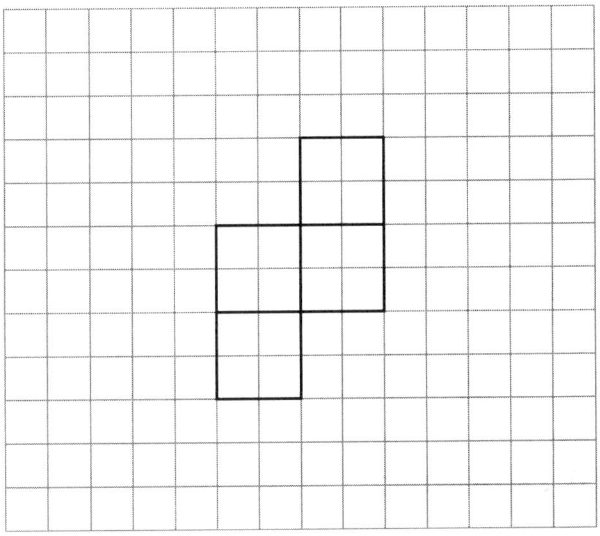

6. Trace la figure symétrique par rapport à l'axe de symétrie en pointillés.

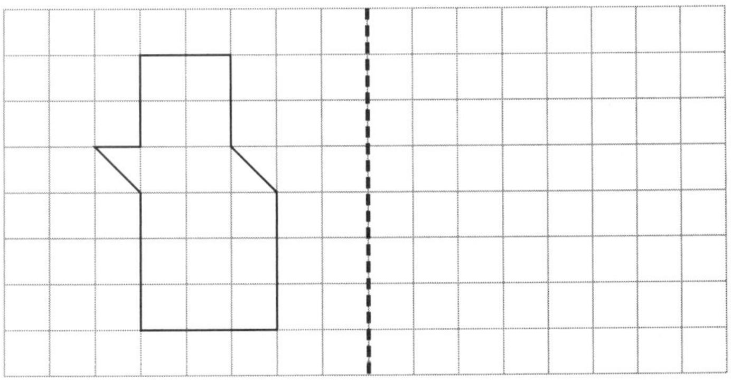

◆ Mesures

COMPÉTENCES	ÉVALUATION
7. Connaître les unités légales du système métrique pour les contenances (litre, ses multiples et ses sous-multiples usités).	
8. Savoir que deux surfaces peuvent avoir la même aire sans avoir le même périmètre et peuvent avoir le même périmètre sans avoir la même aire.	

7 Convertis :

a. en millilitres (mL) : 700 cL = ... 5 dL = ... 1 L 50 cL = ...

en centilitres (cL) : 3 L = ... 400 mL = ... 35 dL = ...

en décilitres (dL) : 2 L = ... 50 cL = ... 1 500 mL = ...

b. Mathieu prépare un litre de jus de fruits. Il utilise 50 cL de jus d'orange, 1 dL de jus de pamplemousse. Il le complète avec de l'eau pétillante.
Quelle quantité d'eau pétillante doit-il ajouter ?

....

....

8 Trace deux figures dont l'aire mesure 16 carreaux et dont le périmètre est différent.

◆ Problèmes

COMPÉTENCES	ÉVALUATION
9. Mettre en œuvre un raisonnement.	
10. Résoudre en utilisant les connaissances sur les nombres et opérations.	

9 et **10** Mon nombre de millions est 37 ; mon chiffre des centaines est 9 ; mon chiffre des unités est 4 et mon chiffre des dizaines est le même que celui des dizaines de millions.
Qui suis-je ?

a. Colorie l'étiquette de celui qui a trouvé la bonne solution.

Arthur	Soraya	Yanis
37 934	37 000 934	37 934 000

b. Quelles erreurs ont commises les deux autres enfants ?

....

....

Évaluation 4
Correction

◆ Connaissance des nombres

1 A $1 + \frac{1}{4}$ u ou $\frac{5}{4}$ u ; B $\frac{3}{4}$ u

2 ① $\frac{2}{3}$; ② $\frac{1}{4}$; ③ $\frac{4}{6}$ ou $\frac{2}{3}$

3 a.

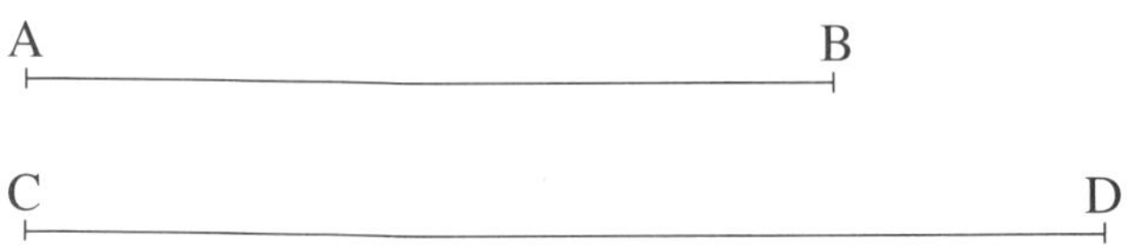

b. Par exemple :

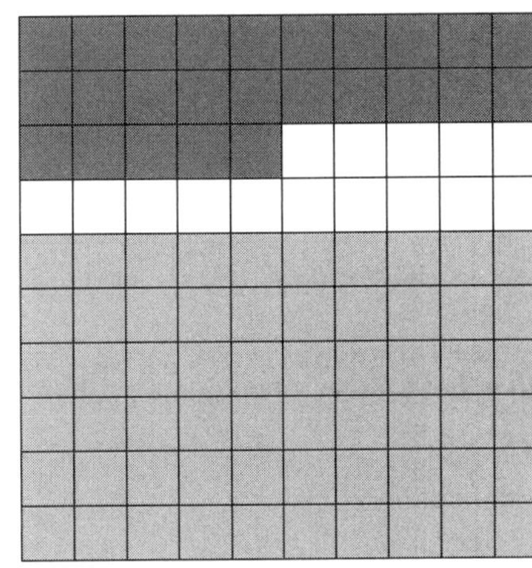

◆ Géométrie

4

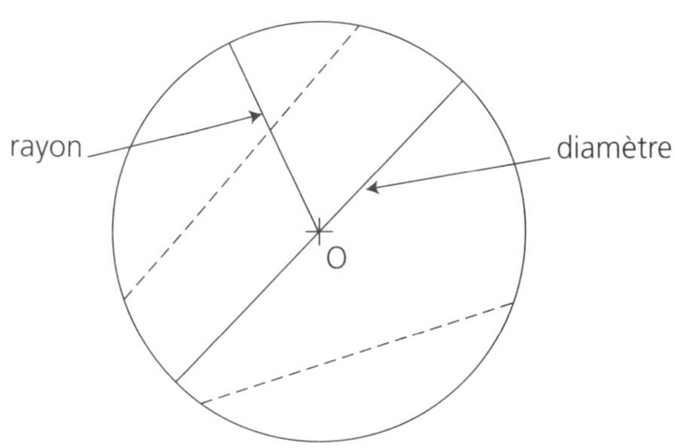

5

a.

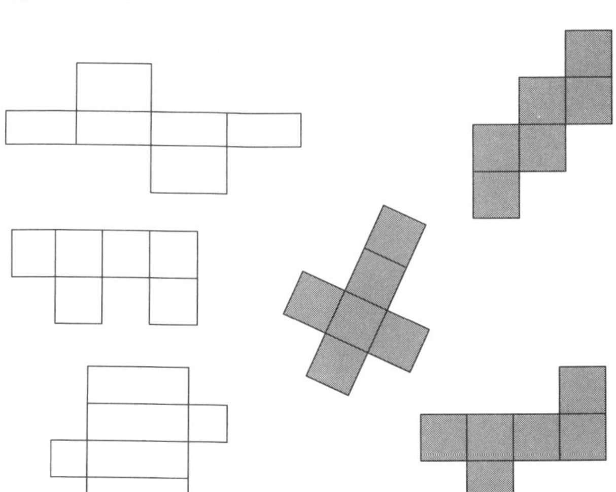

b. Par exemple :

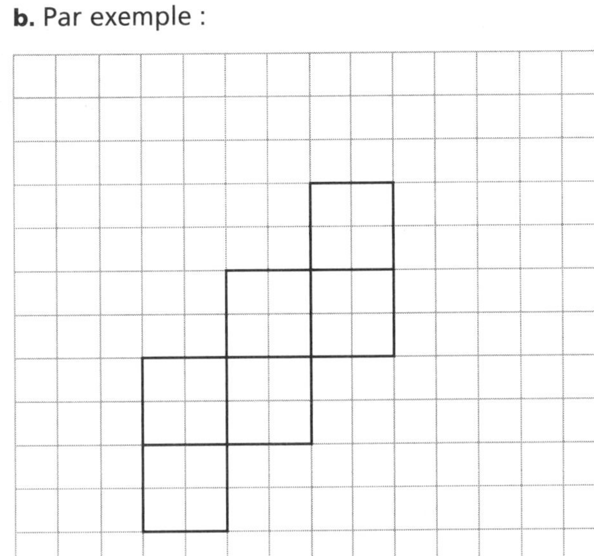

6

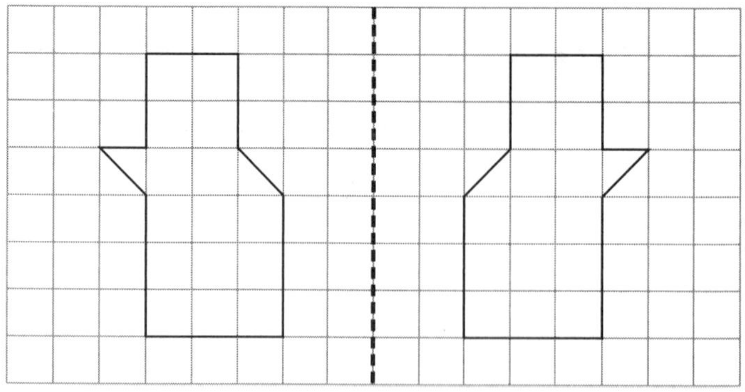

◆ Mesures

7 a. en millilitres : 700 cL = **7 000 mL** 5 dL = **500 mL** 1 L 50 cL = **1 500 mL**
en centilitres : 3 L = **300 cL** 400 mL = **40 cL** 35 dL = **350 cL**
en décilitres : 2 L = **20 dL** 50 cL = **5 dL** 1 500 mL = **15 dL**

b. 50 cL de jus d'orange ; 1 dL de jus d'orange = 10 cL
1 L = 100 cL
100 – (50 + 10) = 40 cL
Mathieu doit ajouter 40 cL d'eau pétillante.

8 Par exemple :

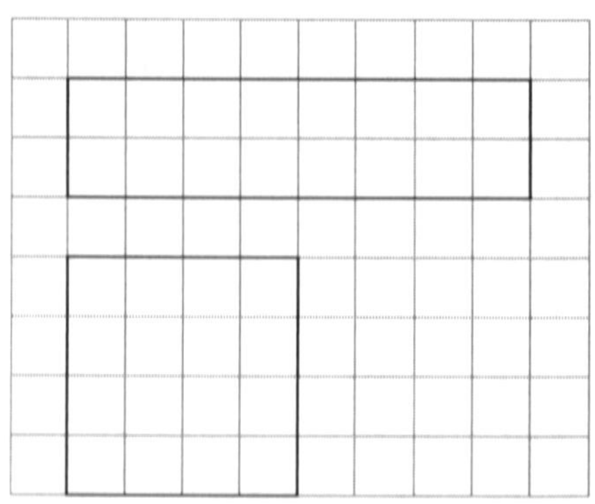

◆ Problèmes

9
a.

Arthur	Soraya	Yanis
37 934	37 000 934	37 934 000

b. Arthur a confondu les milliers et les millions.
Yanis a confondu le chiffre des unités avec le chiffre des unités de milliers ainsi que celui des chiffres des dizaines avec celui des dizaines de milliers.

Évaluation 5

Nom : .... Prénom : .... Date : ....

◆ Connaissance des fractions simples et des nombres décimaux

COMPÉTENCES	ÉVALUATION
1. Connaître la valeur de chacun des chiffres composant une écriture à virgule, en fonction de sa position.	
2. Associer les désignations orales et l'écriture chiffrée d'un nombre décimal dont la partie décimale ne va pas au-delà du centième.	
3. Savoir passer, dans des cas simples, pour un nombre décimal, d'une écriture à virgule à une écriture fractionnaire (fractions décimales) et réciproquement.	
4. Comparer deux nombres décimaux donnés par leurs écritures à virgule, lorsque leurs parties décimales sont de même longueur ; de longueurs différentes.	
5. Encadrer un nombre décimal par deux entiers consécutifs.	
6. Intercaler des nombres décimaux entre deux nombres entiers consécutifs ; entre deux décimaux.	
7. Situer exactement ou approximativement des nombres sur une droite graduée.	

1 Que représente le chiffre 3 pour chacun de ces nombres ?

5,308	13,57	45,031	738, 61	322,09
3 est le chiffre des	3 est le chiffre des	3 est le chiffre des	3 est le chiffre des	3 est le chiffre des ....

2 et **3** Complète le tableau selon l'exemple.

3 unités 2 dixièmes	$3 + \frac{2}{10}$	**3,2**
8 unités 2 dixièmes 3 centièmes	....	....
....	$2 + \frac{9}{10} + \frac{5}{100}$	....
....	....	20,07
3 centaines 1 dixième	....	....

4 Complète par < ou > ou =.

0,4 .... 0,6 6,25 .... 6,26 0,08 0,56

2,8 .... 2,80 451,32 .... 451,07 27,34 27,304

5 Encadre chaque nombre décimal par deux nombres entiers consécutifs : 5 < 5,9 < 6

.... < 32,5 < .... < 2,09 < .... < 108,43 < ....

.... < 0,02 < .... < 67,01 < .... < 17,97 < ....

6 Place un nombre dans chaque encadrement.

19 < .... < 20 | 3 < .... < 4 | 75 < .... < 76

0,3 < .... < 0,4 | 9,2 < .... < 9,3 | 41,08 < .... < 41,09

7 Écris dans chaque case le nombre décimal correspondant.

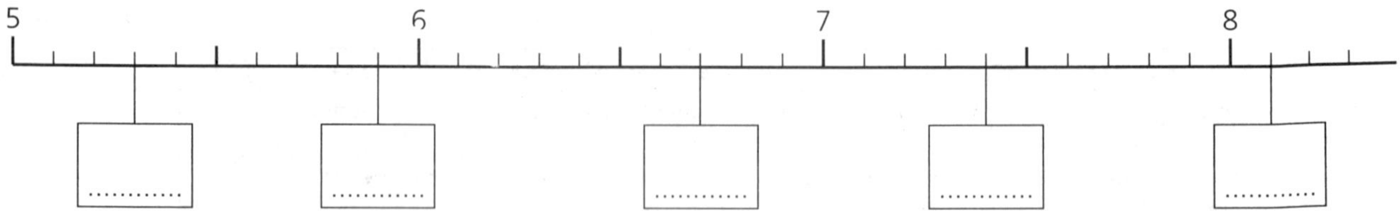

◆ Géométrie

COMPÉTENCES	ÉVALUATION
8. Tracer une figure (sur papier uni, quadrillé ou pointé) soit à partir d'un modèle, soit à partir d'une description, d'un programme de construction ou d'un dessin à main levée.	

8 Construis la figure correspondant au programme ci-dessous.
a. Trace un rectangle ABCD. Sa longueur AB mesure 8 cm, sa largeur est la moitié de sa longueur.
b. Trace un cercle de diamètre AD et un cercle de diamètre BC.

◆ Calcul

COMPÉTENCES	ÉVALUATION
9. Multiplier un nombre entier ou décimal par 10, 100, 1 000.	
10. Calculer des sommes et des différences de nombres entiers ou décimaux, par un calcul écrit en ligne ou posé en colonnes.	
11. Multiplier un nombre décimal par un entier.	
12. Diviser un nombre entier par un entier avec un quotient décimal.	

9 Effectue sans poser les opérations.

7,25 × 10 = ... | 0,048 × 10 = ... | 10,16 × 100 = ...

53,419 × 100 = ... | 4,105 × 1 000 = ... | 6,59 × 1 000 = ...

10 Pose et effectue.

a. 141,03 + 64 + 27,2 = ...

b. 275,6 – 48,53 = ...

11 Pose et effectue.

325,7 × 42 = ...

12 Pose et effectue.

62 divisé par 8 = ...

◆ Mesures

COMPÉTENCES	ÉVALUATION
13. Connaître les unités légales du système métrique pour les longueurs (mètre, ses multiples et ses sous-multiples usités), les masses (gramme, ses multiples et ses sous-multiples usités) et les contenances (litre, ses multiples et ses sous-multiples usités) et les équivalences entre les unités usuelles.	
14. Calculer le périmètre du carré et du rectangle à l'aide des formules usuelles.	

13 Écris les mesures sous forme décimale.

a. 500 m = ... km
7 hm 3 dam = ... km

b. 750 g = ... kg
30 hg 5 g = ... kg

c. 70 cL = ... L
578 L = ... hL

14 a. Calcule le périmètre de ce carré.

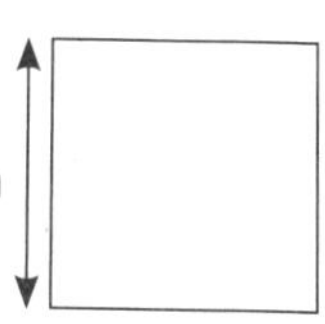

....
....
....

b. Calcule le périmètre de ce rectangle.

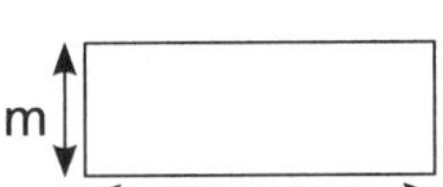

....
....
....

◆ Problèmes

COMPÉTENCES	ÉVALUATION
15. Mettre en œuvre un raisonnement pour formuler la question	
16. Résoudre des problèmes en utilisant les connaissances sur les nombres et opérations, *relevant de la proportionnalité*	

15 Charlemagne est né le 2 avril 742. Il est mort à Aix-la-Chapelle (en Allemagne), le 28 janvier 814. Il fut roi des Francs et fut couronné Empereur d'Occident le 25 décembre 800.

Réponds aux questions quand c'est possible.

a. À quel âge est mort Charlemagne ? ....

b. À quel âge fut-il couronné empereur ? ....

c. Combien d'années a-t-il été empereur ? ....

16 Au supermarché, le lot de 6 bouteilles de lait Bio est vendu 9 €.
Chloé achète seulement 3 bouteilles, Arsène en achète 12.
Combien chacun paiera-t-il ?

....
....
....
....

Évaluation 5
Correction

◆ Connaissance des fractions simples et des nombres décimaux

1

5,308	13,57	45,031	738,61	322,09
3 est le chiffre **des dixièmes**	3 est le chiffre **des unités**	3 est le chiffre **des centièmes**	3 est le chiffre **des dizaines**	3 est le chiffre **des centaines**

2 et **3**

3 unités 2 dixièmes	$3 + \frac{2}{10}$	**3,2**
8 unités 2 dixièmes 3 centièmes	$\mathbf{8 + \frac{2}{10} + \frac{3}{100}}$	**8,23**
2 unités 9 dixièmes 5 centièmes	$2 + \frac{9}{10} + \frac{5}{100}$	**2,95**
20 unités 7 centièmes	$\mathbf{20 + \frac{7}{100}}$	20,07
3 centaines 1 dixième	$\mathbf{300 + \frac{1}{10}}$	**300,1**

4

0,4 < 0,6   6,25 < 6,26   0,08 < 0,56

2,8 = 2,80   451,32 > 451,07   27,34 > 27,304

5

32 < 32,5 < **33**   **2** < 2,09 < **3**   **108** < 108,43 < **109**

0 < 0,02 < **1**   **67** < 67,01 < **68**   **17** < 17,97 < **18**

6 Place un nombre dans chaque encadrement. **(exemples)**

19 < **19,3** < 20   3 < **3,5** < 4   75 < **75,6** < 76

0,3 < **0,32** < 0,4   9,2 < **9,28** < 9,3   41,08 < **41,081** < 41,09

7

Écris les nombres décimaux qui correspondent dans chaque case.

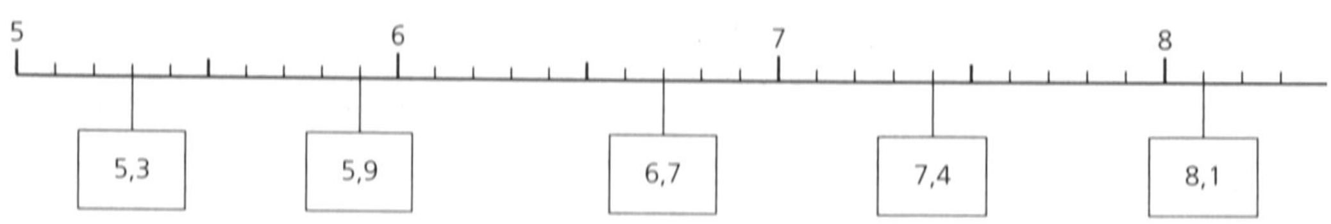

◆ Géométrie

8

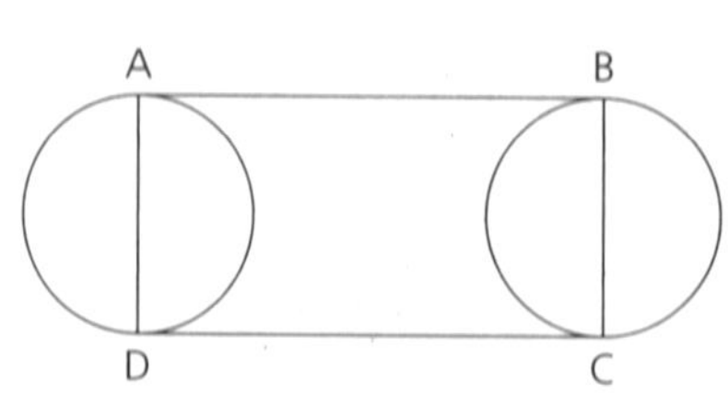

◆ Calcul

9 7,25 × 10 = **72,5**   0,048 × 10 = **0,48**   10,16 × 100 = **1 016**

53,419 × 100 = 5 341,9   4,105 × 1 000 = **4 105**   6,59 × 1 000 = **6 590**

10 a. 141,03 + 64 + 27,2 = **232,23**

b. 275,6 – 48,53 = **227,07**

11 325,7 × 42 = **13 679,4**

12 62 divisé par 8 = **7,75**

◆ Mesures

13 a. 500 m = **0,5 km** ;   **b.** 750 g = **0,75 kg**   **c.** 70 cL = **0,7 L**

7 hm 3 dam = **0,73 km**   30 hg 5 g = **3,005 kg**   578 L = **5,78 hL**

14 a. Périmètre du carré : P = 6 × 4 = **24 m**
b. Périmètre du rectangle : P = (8 + 3) × 2 = **22 m**

◆ Problèmes

15 a. Charlemagne est mort à **72 ans**.
b. Il fut couronné empereur à **58 ans**.
c. Il a été empereur pendant **14 ans**.

16 **Chloé paiera 4,50 €.**   **Arsène paiera 18 €.**

Annexes

Annexe 1

Fractions et nombres décimaux

1. Petit rappel théorique

D'un point de vue algébrique, c'est le besoin de pouvoir associer une solution à toute équation du premier degré à coefficients dans N, ensemble des nombres entiers naturels, $a \times x = b$, $a \neq 0$, qui conduit à construire l'ensemble des nombres rationnels. Une telle équation est entièrement déterminée par ses coefficients a et b. Leur couple (a, b), noté b/a, est une fraction. Elle identifie l'unique solution de l'équation. Dans le cas particulier où b est un multiple de a, on retrouve la solution entière. En remarquant que des équations ont la même solution si et seulement si on passe de l'une à l'autre en multipliant (ou en divisant lorsque c'est possible) leurs coefficients par un même nombre, on obtient la notion de fractions équivalentes. Une classe de fractions équivalentes est un nombre rationnel. L'inconvénient des nombres rationnels est qu'on ne dispose pas d'un moyen commode de les écrire : on peut seulement choisir une des fractions qui les représentent. Les fractions décimales (celles dont la classe contient une fraction dont le dénominateur est une puissance de 10) jouissent quant à elles de cette propriété : elles admettent une écriture finie unique dans notre système de numération de position de base dix, leur écriture décimale. Ce sont les nombres décimaux. Leur importance pratique tient à cette propriété ainsi qu'à celle de pouvoir encadrer avec une précision arbitraire tout nombre réel les nombres qui expriment les mesures.

2. Comment faire apparaître la nécessité d'introduire ces nouveaux nombres que sont les fractions ?

Le plus naturel est sans doute de partir d'un problème de mesure.
La méthode préconisée dans les programmes consiste à exprimer la mesure d'une aire (leçon 59 page 122 du manuel de l'élève CM1) ou la mesure d'un segment en choisissant pour unité la mesure d'un autre segment (leçon 61, page 126, *ibid.*). Cette procédure est cousine de celle qui consiste à graduer une demi-droite et à chercher à coder les points intermédiaires (leçon 63, page 130, *ibid.*).
Guy Brousseau a, par ailleurs, proposé une construction des nombres rationnels (ce n'est pas au programme, mais l'expérience est passionnante) à partir de la question « *Quelle est l'épaisseur d'une feuille de papier ?* » Le problème se prête bien à une recherche pratique dans la classe : en mesurant, on trouve zéro, mais on peut mesurer un tas de feuilles de papier ; ce faisant, on ne peut pas caractériser l'épaisseur de la feuille par un nombre. Il faut un couple de nombres : celui qui donne le nombre de feuilles du tas et celui qui donne l'épaisseur du tas. Ainsi, les nombres entiers ne suffisent pas toujours à caractériser une mesure[1]. Les enfants construisent progressivement les fractions d'où l'on déduit les nombres décimaux.

1. Le lecteur intéressé pourra consulter : *Les Décimaux*, IREM de Bordeaux, sous la direction de Guy Brousseau.

3. LES PROPRIÉTÉS ESSENTIELLES

Les fractions sont très peu utilisées dans la vie courante, à l'exception des « petites fractions simples » : $\frac{1}{2}$, $\frac{1}{4}$ et parfois, mais rarement, $\frac{1}{3}$. Elles n'intéressent en fait que les professionnels des mathématiques et les Anglo-Saxons, qui n'ont pas encore assimilé le système métrique. C'est tout le contraire pour les nombres décimaux qui tirent leur intérêt de deux propriétés :

• Tout nombre réel peut être approché avec une précision arbitraire par des nombres décimaux ;

• Dans notre système de numération, tout nombre décimal s'écrit de manière unique à l'aide d'une suite finie de chiffres.

Ces deux propriétés sont relatives à l'ordre. Les propriétés algébriques des nombres décimaux sont au contraire assez médiocres du fait que le rapport de deux nombres décimaux n'est pas, sauf exception, un nombre décimal. Ce sont ces propriétés que les enfants devront progressivement assimiler. Les exercices de codage des points d'une demi-droite graduée, les exercices d'intercalation sont un bon moyen d'entretenir ces connaissances. Cependant, c'est le statut des nombres décimaux qui est l'objectif premier du travail pédagogique. Les évaluations nationales désignent la confusion entre nombres entiers naturels et nombres décimaux comme cause des erreurs les plus fréquentes des élèves (notamment celles qui concernent la comparaison des nombres décimaux et celles qui sont commises sur les opérations alors que les mêmes algorithmes opératoires fonctionnent sans erreur sur les nombres entiers naturels).

Annexe 2

Les jeux numériques

Ils peuvent compléter les séances de calcul mental type La Martinière ou faire l'objet de séances spécifiques, car ils demandent un temps plus long, une installation spécifique…
Il en existe toute une série : dés, cartes, dominos, marelles ou damiers en sont les supports les plus courants.
Voici, à titre d'exemples, quelques jeux à pratiquer par la classe entière.

1. Les lotos

Prévoir des cartons 3×4 avec une case noire par ligne. Les autres cases portent des nombres écrits dans le système de numération ordinaire. Au CM1, il faut prévoir un jeu avec des nombres dans la tranche 70 à 100 (certains seront écrits plusieurs fois sur le même carton), un autre comportant des nombres judicieusement choisis pour leur richesse en diviseurs (comme 360 ou 128) ou parce qu'ils présentent des difficultés particulières liées aux divergences entre numération écrite et numération orale (comme 676 ou 496). Le travail de l'enseignant consiste à écrire des étiquettes adaptées aux objectifs de la séance et qui seront tirées d'une boîte les unes après les autres (écritures additives, soustractives, multiplicatives, littérales...).

Exemple : [12×25] [soixante-dix-sept] [$200 + 90 + 3$]

Les enfants cherchent si le nombre annoncé figure sur leur carton et, dans ce cas, posent un jeton sur la case correspondante. Le premier dont toutes les cases sont recouvertes (jeu à carton plein) ou dont une ligne est recouverte (jeu à ligne) a gagné. Il importe évidemment de vérifier l'annonce. Le gagnant peut devenir le meneur de jeu, et ainsi de suite.

2. Les papiers

Les enfants découpent des bouts de papier sur lesquels ils inscrivent des nombres imposés.
Par exemple : [100] [100] [50] [50] [40] [40] [30] [10] …

L'enseignant dit un nombre (dans l'exemple : multiple de dix). Les enfants doivent alors le composer à l'aide de leurs bouts de papier.

Exemples pour « cent quarante » : [100] [40] [100] [30] [10] [50] [50] [40]

L'enseignant peut imposer des contraintes : utiliser au moins trois bouts de papier, ne pas utiliser les 100, etc.

3. Les lectures cachées

L'enseignant écrit au tableau une suite de nombres. Il demande aux élèves (un seul à la fois) de lire à haute voix les doubles, les moitiés, les restes de la division par 5 des nombres écrits, etc.

Exemple : À partir de la suite de nombres : 60 ; 100 ; 40 ; 16 ; 120 ; 7 :
l'enfant dit la moitié : 30 ; 50 ; 20 ; 8 ; 60 ; 3,5 ;
ou bien le quart : 15 ; 25 ; 10 ; 4 ; 30 ; 1,75 ;
ou encore le double : 120 ; 200 ; 80 ; 32 ; 240 ; 14.

4. Le jeu du portrait

L'enseignant, ou un élève, ou un groupe d'élèves, choisit un nombre. La classe ou l'élève élu doit le deviner en posant des questions auxquelles il ne sera répondu que par « oui » ou par « non ».

5. La dictée de rangement

Quand les enfants réussissent bien à l'épreuve de dictée de nombres, l'enseignant leur demande d'écrire sous la dictée une suite de deux, puis de trois nombres (la suite est énoncée et écrite dans un second temps), puis enfin d'écrire en l'ordonnant (du plus petit nombre au plus grand ou du plus grand au plus petit) une suite dictée dans le désordre.
Exemple : le maître dit : 1,8 ; 1,25 ; 1,09 et attend de l'enfant qu'il écrive : 1,09 ; 1,25 ; 1,8…

6. Jeux crayons-papier

Ce sont le plus souvent des jeux pour deux joueurs. En voici quelques exemples.
Le lecteur intéressé pourra en trouver d'autres, notamment, dans les brochures *Jeux 1* et *Jeux 2* publiées par l'APMEP.

a. Attraper 15

Les neuf premiers nombres entiers sont écrits sur une feuille : 1, 2, 3, 4, 5, 6, 7, 8, 9
Tour à tour, chacun des deux joueurs choisit l'un de ces nombres, l'écrit d'un côté de la feuille et le raye de la liste. L'adversaire ne pourra plus le choisir. Le vainqueur est le premier dont la somme des nombres est égale à 15 ou le premier qui bloque son adversaire en l'empêchant de jouer.
Exemple de déroulement : 1, 2, 3, ~~4~~, ~~5~~, ~~6~~, 7, 8, ~~9~~

Celia	Pierre	
5	9	
6	4	
3	2	Pierre gagne.

Les stratégies gagnantes reposent sur la décomposition de 15 en somme de trois nombres d'un chiffre.

b. La course à 21

Les joueurs disposent au départ du nombre 21 qu'ils peuvent matérialiser par 21 croix. Chacun barre tour à tour une ou deux croix. Le perdant est celui qui barre la dernière croix. Le jeu repose sur la connaissance du reste de la division d'un nombre par 3 : pour laisser une croix à son adversaire, il suffit de lui en laisser quatre, ou sept, ou dix, etc.
L'enseignant peut changer les paramètres du jeu suivant les besoins du moment : modifier le nombre de croix au départ, le nombre de croix qu'on peut barrer (une, deux ou trois par exemple si on désire utiliser la division par 4), etc.

Annexe 3

Multiplications dans le monde

Dans le manuel de l'élève sont présentées deux techniques pour poser et effectuer une multiplication, mais il en existe bien d'autres.

Plusieurs techniques utilisent la base 2. Elles ne requièrent la connaissance de toutes les tables de multiplication autre que la multiplication par 2 :
• la technique égyptienne est notamment connue grâce au papyrus *Rhind*, écrit au XVIIe siècle av. J.-C., où le sage Ahmès expose les connaissances mathématiques de son temps, qui viennent en partie des Babyloniens ;
• la technique russe est une variante de la technique égyptienne.

D'autres techniques utilisent la décomposition décimale des nombres et se caractérisent par le produit de chaque chiffre du premier nombre par chaque chiffre du second. Elles nécessitent donc de connaître les tables de multiplications d'un chiffre par un autre. Cependant, plusieurs types de disposition ont été adoptés au cours des temps :
– la technique grecque, décrite dans le manuel de l'élève ;
– la technique contemporaine, décrite également dans le manuel, car c'est actuellement la plus répandue ;
– la technique *per gelosia* (par jalousies) qui se pratiquait au Moyen Âge en Chine, en Inde, chez les Arabes aussi bien qu'en Occident, et se pratique encore aujourd'hui en Turquie ;
– les bâtons de Neper, mathématicien écossais, qui mit au point en 1617 un instrument de calcul très utilisé au XVIIe siècle permettant de calculer des multiplications. Il fonctionne sur le même principe que la technique *per gelosia*.

Enfin, une méthode graphique vient compléter ce panel. Pour de plus amples informations, on peut consulter le site Internet : http://www.glumbert.com/media/multiply

Voici quelques exemples de ces techniques.

1. La technique égyptienne

Elle consiste à utiliser le double des nombres jusqu'à un nombre inférieur ou égal au multiplicande : 32 + 4 = 36.
Ensuite, il suffit de sélectionner les doubles correspondant à la décomposition du multiplicande. La somme de ces doubles donne le résultat de la multiplication.

Exemple : 345 × 36

Doubler	Doubler		Ajouter
345	1		
690	2		
1 380	**4**	→	**1 380**
2 760	8		
5 520	16		
11 040	**32**	→	**11 040**
			12 420

345 × 36 = 12 420

2. La technique russe

Elle consiste à calculer simultanément les moitiés successives de l'un des nombres et les doubles successifs de l'autre.
Ensuite, il suffit de sélectionner les doubles correspondant à des moitiés impaires. La somme de ces doubles donne le résultat de la multiplication.

Exemple : 345 × 36

Prendre la moitié	Doubler		Ajouter
345	**36**	→	**36**
172	~~72~~		
86	~~144~~		
43	**288**	→	**288**
21	**576**	→	**576**
10	~~1 152~~		
5	**2 304**	→	**2 304**
2	~~4 608~~		
1	**9 216**	→	**9 216**
			12 420

345 × 36 = 12 420

3. Technique *per gelosia*

Elle utilise un tableau avec des cases centrales coupées par des diagonales. Ces cases servent à écrire les produits des nombres en suivant la méthode de remplissage d'un tableau à double entrée : la partie inférieure reçoit l'unité et la partie supérieure la dizaine s'il y a lieu.
Lorsque tous les produits sont calculés, il faut effectuer la somme pour chaque diagonale, en commençant en bas à droite, en notant les retenues dans la diagonale suivante.

Exemple : 345 × 36

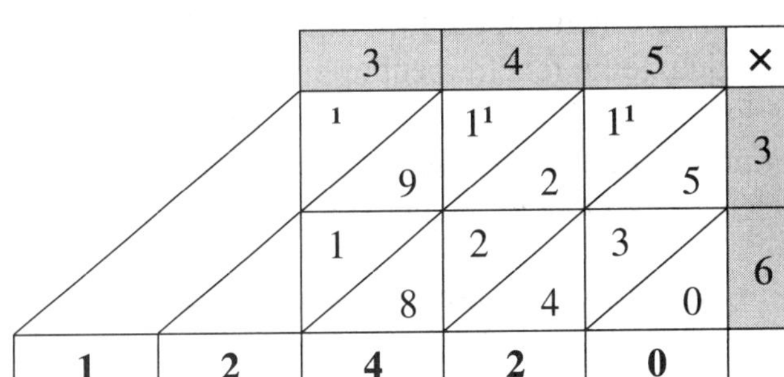

345 × 36 = 12 420

Annexe 4

Ateliers informatiques

Les programmes, avec la mise en œuvre du socle commun de connaissances et de compétences, insistent à juste titre sur l'intérêt qu'apportent les outils informatiques dans la plupart des situations d'enseignement, et notamment à l'apprentissage de l'espace et de la géométrie (logiciels de géométrie dynamique et logiciels de dessin)[1].

Nous pensons apporter une aide non négligeable aux enseignants en leur proposant les quatre activités géométriques complémentaires qui permettent aux enfants d'approfondir les notions étudiées sous une forme différente qui les libère des difficultés liées aux tracés avec les instruments : tracer des droites perpendiculaires, tracer des droites parallèles, tracer des quadrilatères, tracer le symétrique d'une figure.

Mise en œuvre

Ces activités ont été conçues pour que les enfants puissent les pratiquer seuls en suivant pas à pas les consignes, soit à l'école, soit à la maison sur l'ordinateur familial, même si l'outil informatique ne leur est pas tout à fait familier.

Les logiciels utilisés pour ces ateliers sont des logiciels libres (*open source*). Ils sont intéressants tant sur le plan de leur coût et de leur fiabilité que sur celui de la souplesse d'adaptation qu'ils offrent aux utilisateurs :

➢ *Déclic32*, logiciel de géométrie dynamique

Pour télécharger le logiciel *Déclic32*, saisir l'adresse http://emmanuel.ostenne.free.fr/ dans la barre d'Adresse de votre navigateur Internet, puis appuyer sur Entrée. Si la connexion n'est pas déjà lancée, l'établir en répondant par l'affirmative à la question posée dans la fenêtre qui apparaît à l'écran.
Sur le site d'Emmanuel Ostenne, cliquer sur le logo Déclic, puis sur Téléchargement. Cliquer ensuite sur le lien de la dernière version complète du logiciel *Déclic32*. Une première fenêtre apparaît, cliquer sur Enregistrer. (Suivant le navigateur Internet utilisé, une deuxième fenêtre peut apparaître, choisir alors le dossier dans lequel sera téléchargé le logiciel, puis cliquer sur Enregistrer).
Pour installer le logiciel, ouvrir le dossier dans lequel le logiciel a été précédemment téléchargé. Double cliquer sur Setup et suivre les instructions de l'installation.

➢ OpenOffice.org, suite bureautique

Pour télécharger le logiciel *OpenOffice.org*, saisir l'adresse http://fr.openoffice.org/ dans la barre d'Adresse de votre navigateur Internet, puis appuyer sur Entrée. Si la connexion n'est pas déjà lancée, l'établir en répondant par l'affirmative à la question posée dans la fenêtre qui apparaît à l'écran.
Sur le site francophone *OpenOffice.org*, cliquer sur Espace Téléchargement. Dans les menus déroulants, sélectionner un système d'exploitation et un serveur proche de chez vous. Cliquer enfin sur le bouton Télécharger. Une première fenêtre apparaît, cliquer sur Enregistrer. (Suivant le navigateur Internet utilisé, une deuxième fenêtre peut apparaître, choisir alors le dossier dans lequel sera téléchargé le logiciel, puis cliquer sur Enregistrer).

1. *Bulletin Officiel*, hors-série n° 5 du 12 avril 2007.

Pour installer le logiciel, double cliquer sur le logiciel précédemment téléchargé et suivre les instructions de l'installation.

Bien sûr, ces activités sont tout à fait transposables à d'autres logiciels, mais cela demande une certaine connaissance de l'outil informatique et des logiciels utilisés.

Durant le temps scolaire, l'école devrait être en mesure de proposer deux modes d'exploitation :

1. La classe dispose d'un matériel informatique. Un ou deux ordinateurs sont en fond de classe : les élèves peuvent librement les utiliser dès lors qu'ils ont terminé leurs travaux en cours ou bien l'accès est réglementé par un tour de rôle ou un contrat de travail.

2. Le matériel informatique est regroupé dans une salle. L'enseignant programme, au cours de son créneau horaire de réservation de la salle informatique, une séance sur le maniement d'un logiciel de géométrie dynamique, par exemple.

Si les élèves n'ont pas le temps de terminer les activités, ils enregistrent leur document, selon la procédure suivante :

– cliquer sur « Fichier », puis sur « Enregistrer sous » ;

– une fenêtre s'ouvre : choisir le dossier dans lequel ce document sera enregistré, par exemple : « Mes documents » ;

– taper un nom de fichier dans la case prévue à cet effet et cliquer sur « Enregistrer ».

Lors d'une nouvelle séance, l'élève ouvre son document : soit à partir du dossier « Mes documents » par un double-clic sur le nom de son document, soit à partir du logiciel :

– cliquer sur « Fichier », puis sur « Ouvrir » ;

– une fenêtre s'ouvre : choisir le dossier dans lequel le document a été enregistré, par exemple : « Mes documents » ; cliquer sur le nom du fichier puis sur « Ouvrir ».

Annexe 5

Grandeurs et mesures

1. Historique du système métrique

➢ Un trop grand nombre d'unités

En 1788, près de 2 000 unités de mesure ont cours sur le territoire français. Chaque produit à mesurer a sa propre unité. L'inventaire d'une ferme peut comprendre 100 *mines* de blé, 5 *muids* de légumes au grenier, 3 *queues* de vin, 7 *mirres* d'huile, quelques *penses* de fromage, 6 *corbes* de foin, 4 *aunes* d'étoffes, quelques *cordes* de bois à brûler, etc.

On mesurait une longueur en *point*, *ligne*, *pouce*, *pied*, *toise*, *perche*, *palme*, *lieue* ou *aune*, les volumes en *boisseau*, *setier*, *picotin*, *litron*, *velte*, *demoiselle*, *chopine*, *pinte*, *roquille*, *tonneau*... On pesait en *livre*, *onces*, *drachmes*, *scrupules*, *grains*...

Les mesures agraires avaient un rapport avec la valeur et le labeur nécessaire au travail, par exemple une *bichée* correspondait à la surface que l'on pouvait ensemencer avec un bichet de grains.

➢ Une même unité a des valeurs différentes

La valeur d'une unité diffère d'une province à l'autre, d'un village à l'autre et même quelquefois à l'intérieur d'une même cité.

– La *lieue* de Picardie vaut 4,444 km, celle de Touraine 3,933 km, celle de Bretagne 4,581 km, celle de Provence 5,849 km, celle de Paris 4,18 km.

– L'*aune*, unité utilisée pour mesurer les étoffes, vaut 0,677 m à Bourges, 1,188 m à Paris, 1,432 m à Laval.

– Le *pied* vaut 0,299 m en Normandie, 0,270 m à Avignon, 0,341 m à Lyon, 0,289 m à Strasbourg, 0,335 m à Mâcon...

– La *bichée* dépend de la fertilité du terrain.

2. Pourquoi cela ?

Chaque prince, duc, marquis, comte veut sa propre mesure : « *Dans mes terres, on pèse et on mesure comme je le décide* ». Une telle décision revêt une grande importance pour le seigneur, car les impôts sont payés en nature. En augmentant un étalon de volume, par exemple le boisseau avec lequel on mesure le blé, le serf paie plus d'impôts !

Or, avant la Révolution le peuple réclame une égalité devant l'impôt et la suppression des privilèges. D'autre part, le commerce est entravé par cette multiplicité de mesures, sources de fraudes.

Dans les cahiers de doléances établis pour la convocation des États Généraux du 1er mai 1789, on trouve en premier lieu la nécessité d'harmoniser les unités de mesure : **« Un même roi, un même poids, une même mesure pour le même royaume »**.

3. Les étalons avant la Révolution

À Paris, les étalons de poids et de mesures étaient confiés à divers corps ou corporations. Ils avaient valeurs dans cette cité.

a. Mesures de longueur

• La toise

L'étalon légal, déposé au grand Châtelet, avait été renouvelé assez souvent, et en dernier lieu en 1766 : il fut alors choisi égal à la toise du Pérou, déposée au cabinet de l'Académie des Sciences, au Louvre. Cet étalon légal était une règle de fer, à talons, scellée dans un mur accessible au public. Il fut détruit en 1802.

• ***L'aune***
L'étalon de l'aune était confié à la garde des marchands merciers, qui le conservaient dans leur bureau de la rue Quincampoix. Comme l'étalon de toise, c'était une règle de fer, avec talons ; au dos, elle portait, gravé en grosses capitales *Aune des Marchands Merciers et Grossiers, 1554,* et était divisée en demies, quarts, tiers, sixièmes... Ces subdivisions étaient d'ailleurs très défectueuses.

b. Poids
L'étalon de poids était conservé à l'Hôtel des Monnaies, et se trouve aujourd'hui au Conservatoire des Arts et Métiers. C'est une série de poids à godet, s'imbriquant les uns dans les autres, pesant au total 50 marcs (25 livres) et formant ce qu'on appelle la pile de Charlemagne car datant de Charlemagne. Les poids qui s'y rapportaient étaient dits « *poids-de-marc* ».
On avait étalonné à partir de cette pile les poids déposés dans tous les Hôtels des Monnaies, de sorte que le poids de marc était connu dans toute la France où il servait, pour ainsi dire, de poids universel. C'est aussi sur la pile de Charlemagne qu'on avait étalonné les poids déposés au Châtelet et ceux dont la garde était confiée conjointement aux Apothicaires et aux Épiciers ; ces corporations avaient le droit de contrôler, deux ou trois fois par an, les poids et les balances de tous les marchands et artisans de Paris.

c. Volumes
• ***Mesures pour les liquides***
L'étalon, conservé à l'Hôtel de Ville, était confié à la garde du Prévôt des Marchands et des Échevins.
• ***Mesures pour les grains, les matières sèches***
Les étalons étaient conservés par les soins des Jurés-Mesureurs du sel qui, pour la garde de ce dépôt, avaient une chambre à l'Hôtel de Ville. Ces mesures étaient différentes selon qu'il s'agissait de blé, d'avoine, de sel, de charbon, etc. Cependant, peu à peu, des ordonnances diminuèrent cette diversité. Les Jurés-Mesureurs pour le sel étaient chargés de l'étalonnage des mesures dont ils conservaient les étalons.

4. Des essais d'uniformisation

Des essais d'uniformisation ont eu lieu, sous l'Empire Romain et sous Charlemagne, essentiellement pour contrôler et uniformiser la recette des impôts. La féodalité eut ensuite vite raison de cette uniformisation.
La fin de la féodalité fut donc une condition nécessaire à la réussite de toute tentative d'uniformisation des poids et mesures. Cette condition est remplie le 11 août 1789. L'assemblée nationale vote l'article 17 : « Les droits d'étalonnage sont supprimés ».
L'article 18 mentionne : « Les municipalités pourvoiront gratuitement à l'étalonnage et à la vérification des poids et mesures. »
Le seigneur perd alors son droit sur la mesure.

➢ Quel étalon choisir ?
Après la proclamation de la Déclaration Universelle des Droits de l'Homme, la Révolution française veut imposer l'universalité des mesures. Seul un étalon tiré de la nature même peut être adopté par tous les peuples.
L'unité de temps, la seconde, par son lien avec le jour solaire moyen, s'était depuis longtemps imposée. Dès le XVIIe siècle, depuis les travaux d'Huyghens sur le mouvement pendulaire, on savait fabriquer des horloges très précises. Cette précision dans la mesure du temps avait été demandée par les marins pour connaître précisément leur longitude et éviter bien des naufrages.
On voulut alors associer l'unité de longueur à l'unité de temps en choisissant pour unité de longueur la longueur d'un pendule simple battant la seconde. Cette unité de longueur correspondait d'ailleurs pratiquement à 1 mètre.

Mais en 1672, à Cayenne, proche de l'équateur, l'astronome Jean Richer fit une découverte inattendue. Dix mois durant il observa les oscillations d'un pendule. Un pendule qui battait la seconde à Paris, oscillait là-bas plus lentement : il fallait le raccourcir d'une ligne un quart soit de 2,81 mm. Ce phénomène était dû à la rotondité imparfaite de la Terre, plus plate aux pôles qu'à l'équateur.
On s'orienta donc vers une unité de longueur indépendante de l'unité de temps. On choisit alors, comme référence, la Terre.
Le 30 Mars 1791, on décida que cette nouvelle unité de longueur s'appellerait mètre (du grec « *métron* », mesure) et serait égale à la dix millionième partie du quart d'un méridien terrestre.
C'est alors que commença une folle expédition qui dura sept années, de 1792 à 1799, dans la période mouvementée de la Révolution, afin de mesurer la longueur d'un méridien avec un étalon de l'époque, la toise du Pérou.
Deux astronomes, Delambre et Méchain, mesurèrent avec précision la longueur d'une partie d'un méridien entre Dunkerque et Barcelone par la méthode dite de triangulation. Ils trouvèrent que le quart du méridien mesurait 5 130 740 toises.

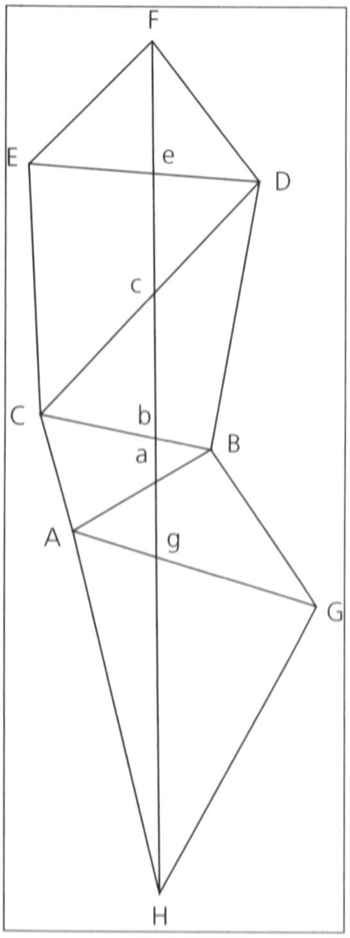

Technique de la « triangulation plane » utilisée pour mesurer un segment de méridien

Partant d'un point F situé sur le méridien à mesurer, on constitue sur le terrain un réseau de points : F, E, D. C, B, A, G, H situés aux sommets de collines, tours, clochers... et visibles les uns des autres, en particulier la nuit quand on les éclaire par un feu. Ces points sont reliés de manière à former une suite de triangles : FED, EDC, CBD, ABC, ABH, AGH.

- On mesure les angles de ces triangles à l'aide d'une lunette et d'un rapporteur.
- On mesure sur le terrain la longueur d'un des segments, AB par exemple. qu'on appelle la base. Ce segment doit être horizontal et bien dégagé sur toute sa longueur pour permettre la mise bout à bout de perches (mesurant environ 4 mètres) : bord de mer, d'un fleuve, ou bien route droite en plaine.
- On calcule de proche en proche les côtés des triangles ABC, BCD, CDE, DEF, ABG, AGH par les formules :

$$AC = AB \,.\, \frac{\sin \widehat{B}}{\sin \widehat{C}} \text{ et } BC = AB \,.\, \frac{\sin \widehat{A}}{\sin \widehat{C}}$$

- On détermine les angles $\widehat{eFE}$ et $\widehat{eFD}$.
- On calcule successivement les longueurs Fe, ec, cb, ba, ag, gH d'où l'on déduit la longueur FH.

On peut aussi déterminer les projections orthogonales de F, E, D, C. B, A, G sur le méridien de F.

En général, pour minimiser les erreurs, on effectue au moins deux fois les mesures et calculs à partir de bases différentes.

On trouva alors, en prenant la dix millionième partie de cette valeur, qu'un mètre correspondait à 3 pieds 11,44 lignes de Paris.
Dès 1795, on fixa les noms des multiples en utilisant les préfixes grecs « *déca*, *hecto* et *kilo* » et ceux des sous-multiples à l'aide des préfixes latins « *déci*, *centi* et *milli* ».
L'unité de masse, le kilogramme, fut fixée au poids de 1 dm^3 d'eau à 0 °C. Par la suite, on constata que l'eau avait une densité maximale à 4 °C et on prit celle nouvelle référence.
Le 22 Juin 1799, après le résultat connu de la mesure du méridien, on fabriqua des étalons en platine : une règle pour le mètre et un cylindre pour le kilogramme.
Le 10 Décembre 1799 le système métrique devint obligatoire en France. Cela ne fut pas si simple ! Le système fut abandonné par Napoléon puis par Louis XVIII. Il deviendra à nouveau obligatoire le 4 juillet 1837, sous Louis Philippe. Depuis il est resté en vigueur.

Le système métrique décimal est donc le fruit de la Révolution française et a été adopté par la quasi-totalité des pays du monde (sauf le Royaume-Uni, les États-Unis, le Canada…) et par tout le monde scientifique.

➢ L'évolution des étalons

Jusqu'au 14 octobre 1960, l'étalon du mètre était une règle en platine (en réalité un alliage de platine et d'iridium), conservée au pavillon des poids et mesure à Sèvres. Des copies avaient été distribuées aux autres pays du monde.

Afin d'augmenter la précision des mesures, on changea d'étalon en abandonnant la règle de platine. On rattacha la définition du mètre à un certain multiple de longueur d'onde d'une radiation émise par un atome de césium.

Le 21 Octobre 1983, étant donné la nécessité d'accroître encore la précision des mesures de longueur pour passer d'une précision d'un cent millionième à un cent milliardième, on adopta une nouvelle définition du mètre.

Depuis cette date, il n'y a plus d'étalon de longueur, mais un étalon de vitesse qui est la vitesse de la lumière, vitesse universelle, dans le vide. Le mètre est défini à partir de cet étalon : il est égal à la distance que parcourt la lumière en 1/299 792 458 seconde.

Au pavillon des poids et mesure, seul subsiste l'étalon de masse qui est un cylindre de platine iridié de 39 mm de haut et de 39 mm de diamètre.

➢ Le système international d'unités

Le système international d'unité (S.I.) est composé de sept unités de base : mètre, kilogramme, seconde, ampère, kelvin, mole, candela.

Nature	Unité	Symbole	Définition
longueur	mètre	m	Le mètre est la longueur du trajet parcouru dans le vide par la lumière pendant une durée de 1/299 792 458 de seconde. (1983)
masse	kilogramme	kg	Le kilogramme est la masse du prototype en platine iridié déposé au Bureau international des poids et mesures. (1889)
temps	seconde	s	La seconde est la durée de 9 192 631 770 périodes de la radiation correspondant à la transition entre les deux niveaux hyperfins de l'état fondamental de l'atome de césium 133 à une température de 0 kelvin. (1967)
courant électrique	ampère	A	L'ampère est l'intensité d'un courant constant qui, maintenu dans deux conducteurs parallèles, rectilignes, de longueur infinie, de section circulaire négligeable et placés à une distance de un mètre l'un de l'autre dans le vide produirait entre ces conducteurs une force égale à 2.10^{-7} newton par mètre de longueur. (1948)
température	kelvin	K	Le kelvin est égal à la fraction 1/273,16 de la température thermodynamique du point triple de l'eau. (1967) Cette définition fait du kelvin une mesure de température égale en variation à celle du degré Celsius, mais basée sur le Zéro absolu.
quantité de matière	mole	mol	La mole est la quantité de matière contenant autant d'entités élémentaires qu'il y a d'atomes dans 0,012 kilogramme de carbone 12. (1971)
intensité lumineuse	candela	cd	La candela est l'intensité lumineuse, dans une direction donnée, d'une source qui émet un rayonnement monochromatique de fréquence 540.10^{12} hertz et dont l'intensité énergétique dans cette direction est de 1/683 watt par stéradian. (1979)

Toutes les unités des autres grandeurs physiques sont exprimées à partir de ces unités de base. Par exemple, l'unité de vitesse est le mètre par seconde (m/s), celle d'accélération le mètre par seconde carré (m/s^2).

L'unité de force (ou de poids) est le newton (N) déduit de la formule qui traduit le principe fondamental de la dynamique : F = m.a (m masse, a accélération) : donc 1 N est égal à 1 kg . m/s^2.

Il en est de même des unités de pression, de charge électrique, d'énergie…

Les multiples ou sous multiples de ces unités sont légales.

Référence : *Le mètre du Monde*, Denis Guedj, Éditions du Seuil.

Site Internet : http://www.utc.fr/~tthomass/Themes/Unites/

Annexe 6

Résolution de problèmes

1. Analyse sommaire de difficultés rencontrées lors de la résolution de problèmes

1. Sens externe et sens interne

Un énoncé de problème est d'abord un texte rédigé en français. Il décrit généralement une scène de la vie ou raconte une histoire qui se développe dans le temps et fait appel à une certaine connaissance du contexte dans lequel elle se déroule. Ce texte comporte le plus souvent des nombres. Il comprend de plus une ou plusieurs questions.

Pour que l'enfant résolve le problème, il faut tout d'abord qu'il puisse donner du sens à la scène qu'évoque l'énoncé. Il s'agit ici du sens externe aux mathématiques. Par exemple, des deux énoncés qui suivent, le premier peut être considéré comme facile et le second comme difficile. Pourtant, ils recouvrent l'un et l'autre la même structure mathématique.

Énoncé 1

Fatima achète au marché une caisse de pommes qu'elle paie 18 € et une caisse d'oranges qu'elle paie 25 €.
Combien Fatima a-t-elle dépensé en tout ?

Énoncé 2

Édouard demande à son courtier d'acheter 18 Saint-Gobain et 25 Aéroport de Paris.
Combien d'actions Édouard a-t-il achetées ?

Il faudra aussi que l'enfant construise le sens mathématique du problème. Ce sens est celui qui lie, dans les énoncés qui précèdent, les nombres 18, 25 et le nombre inconnu qui est l'objet de la question : 18 + 25 = 45.

2. Difficultés d'ordre sémantique et syntaxique

Les énoncés de problèmes font souvent appel à des mots inducteurs d'opérations comme » *il reste* », « *fois* », « *plus* »..., de termes lexicaux abstraits comme « *dont* », « *chacun* », « *parmi* » ou encore à des opérateurs synaptiques, explicites ou non, par exemple « *de plus* », « *plus que* », « *en moins* »... Ces opérateurs peuvent avoir le même signe ou, au contraire, des signes opposés à ceux des orateurs mathématiques qui interviennent dans la mise en équation du problème. Par exemple, des deux énoncés qui suivent, le premier (énoncé 3) est facile, car l'opérateur sémantique et l'opérateur mathématique sont de même signe, alors que le second (énoncé 4) est plus difficile, car ces deux opérateurs ont des signes opposés.

Énoncé 3

Jacques a 24 billes. Pierre en a 6 de moins que Jacques.
Combien de billes Pierre possède-t-il ?

Énoncé 4

Jacques a 24 billes. Il a 6 billes de plus que Marie.
Combien de billes Marie possède-t-elle ?

Enfin, la place de la question dans l'énoncé accentue ou diminue la difficulté du problème. Ainsi les énoncés suivants ne sont pas traités avec la même facilité :

Énoncé 5

Combien de billes Marie a-t-elle perdues pendant la récréation ?
Ce matin, elle en avait 18 et ce soir 13.

Énoncé 6
Pierre avait 18 billes ce matin. Il a joué à la récréation et ce soir il en a seulement 13. Combien de billes Pierre a-t-il perdues ?

3. Dévolution de la tâche
Il est nécessaire que les enfants se situent par rapport à la tâche (la résolution du problème) et non par ce qu'ils pensent être l'attente de l'enseignant : trouver la bonne opération entre les nombres du problème en appliquant mécaniquement celle qui leur vient en mémoire. La possibilité d'analyser l'énoncé a pour prix la liberté de l'élève de choisir, conjecturer, exiger.

4. Les représentations que les enfants se font de l'énoncé
Elles peuvent être influencées, indépendamment de la connaissance du contexte, par les conditions de vie familiales ou sociales des enfants. C'est souvent le cas lorsque l'énoncé met en scène des personnages non anonymes de la vie familiale : maman, papa, mon frère ou ma sœur. Les distorsions entre les actions des personnages réels et ceux de l'énoncé peuvent avoir des effets surprenants.

2. Proposition d'activités

➢ Activité 1 : Apprendre à lire un énoncé
Voici trois méthodes possibles, parmi d'autres :

1. Lire silencieusement l'énoncé, puis le raconter
Cacher l'énoncé et demander à un enfant de le raconter à la classe, avec ses propres mots. Faire compléter, critiquer ou valider le récit par les autres enfants de la classe. Revenir à l'énoncé et le faire relire à haute voix. Si les questions ont été séparées du texte de l'énoncé proprement dit, reprendre le même travail sur ces questions.

2. Préparer un questionnaire sur l'énoncé
Énoncé
Fatima achète au marché une caisse de pommes qu'elle paie 18 € et une caisse d'oranges qu'elle paie 25 €.
Combien a-t-elle dépensé en tout ?

Dans le cas de l'énoncé ci-dessus, le questionnaire pourrait, par exemple, être le suivant :
– Fatima a-t-elle acheté des légumes ou des fruits ?
– Où fatima a-t-elle fait ses achats ?
– 18 est-il le nombre de pommes ou le prix des pommes ?

Les enfants lisent l'énoncé, puis répondent au questionnaire. Une phase de correction collective précède la phase de résolution du problème. Le travail proposé ci-dessus qui s'appuie sur la maîtrise du français et des acquis en mathématiques est fortement transdisciplinaire.

3. Proposer des tests de closure sur des énoncés
Après lecture de l'énoncé, celui-ci est caché L'enseignant donne alors le texte de l'énoncé où un mot sur cinq est remplacé par un blanc. Il s'agit de reconstruire l'énoncé.

➢ Activité 2 : Apprendre à construire des représentations de l'énoncé
1. Mettre en scène l'énoncé et le faire jouer ou mimer par les enfants sous le regard critique de leurs camarades.

2. Mettre en œuvre le travail de groupe
La classe est répartie en groupes de quatre ou cinq enfants. Chaque groupe désigne un rapporteur et un secrétaire. La tâche consiste à étudier le problème, rédiger la solution puis présenter sa solution à la classe.

Au cours du travail, les enfants seront amenés à confronter leurs différentes représentations du problème et à trouver un consensus. En cas de divergences, le débat entre pairs sera arbitré par le maître, mais chaque élève de la classe aura la possibilité de faire valoir ses arguments.

➢ Activité 3 : Apprendre à traduire un énoncé

Résoudre un problème à énoncé consiste :
– à le mettre en équation, c'est-à-dire à abstraire le contexte pour ne conserver que les relations qui lient les nombres connus ou inconnus (la bonne question) ;
– à résoudre l'équation ou les équations (effectuer les opérations) ;
– à interpréter la ou les solutions pour répondre aux questions du problème.

La mise en équation consiste à effectuer une traduction de l'énoncé en langage symbolique. Cette traduction passe le plus souvent par une suite d'étapes intermédiaires : recherche des données utiles, schématisation, mise en ordre des données à l'aide d'outils divers. Ces étapes ne sont pas toutes toujours nécessaires. Elles doivent cependant faire l'objet d'un apprentissage.
On pourra notamment :
– souligner, ou entourer en rouge, les données relatives à une grandeur déterminée (par exemple, faire souligner en rouge les nombres qui désignent des prix, et en vert ceux qui désignent des masses) ou qui sont en relation avec une question du problème ;
– réécrire ces mêmes données sous forme de liste ou de tableau, selon le cas ;
– réécrire les données sous forme de schémas. Les enfants ne schématisent pas spontanément, il faut rendre ces outils familiers pour qu'ils puissent les utiliser.

➢ Activité 4 : Apprendre à se situer pas rapport à la tâche

Une bonne méthode consiste à varier les activités et les formes de problèmes[1].
On pourra, en particulier proposer :

a) des problèmes avec des questions dont les réponses requièrent une simple lecture et pas toujours la mise en œuvre d'une opération. Ces questions pourront d'ailleurs être de type mathématique ou non ;
b) des problèmes à données surabondantes relativement aux questions posées, certaines données numériques s'avérant inutiles pour résoudre le problème ;
c) des problèmes dans lesquels certaines données manquent. Celles-ci seront fournies après que les enfants auront constaté que l'on ne peut pas répondre à la question ;
d) des problèmes dont les données sont extérieures à l'énoncé. Elles peuvent alors se trouver dans un document d'accompagnement : catalogue, ticket de caisse, billet de chemin de fer ou dans une banque de données accessible en classe (dictionnaire, internet, registres de l'école, etc.) ;
e) de mettre en ordre un énoncé dont les phrases sont données dans le désordre ;
f) des énoncés sans question, le travail consistant à formuler les questions possibles du problème ;
g) des énoncés dans lesquels manquent les données numériques, le travail consiste à leur donner des valeurs plausibles ;
h) enfin aux enfants de rédiger un énoncé de problème. Cela peut être fait à partir de documents supports, par exemple deux ou trois images représentant des scènes d'une petite histoire comportant des nombres.

1. Voir l'ouvrage d'Alain Descaves : *Comprendre des énoncés, résoudre des problèmes*, Coll. « Pédagogies pour demain », Hachette Éducation, Paris 0000.

Annexe 7

Approche de la proportionnalité

Le concept de proportion est très ancien : les penseurs grecs l'ont introduit dans un cadre qui n'était pas précisément numérique mais géométrique et lié à la mesure des grandeurs : longueurs, aires et volumes. Au cours de l'histoire, ces proportions ont lentement acquis, et non sans conflit, le statut de nombre. Elles sont à l'origine de la notion de nombre réel : il a fallu attendre le XIXe siècle pour que ceux-ci fassent l'objet d'une construction rigoureuse et explicite. Le lent processus qui a conduit à inclure les nombres entiers naturels et les nombres entiers rationnels dans l'ensemble des nombres réels permet de se faire une idée des difficultés que les enfants doivent surmonter pour maîtriser la proportionnalité.

On dit que quatre nombres *a, b, c* et *d* forment une proportion lorsque les rapports $\frac{a}{c}$ et $\frac{b}{d}$ sont égaux. Par extension, deux suites de nombres non nuls a_1, a_2, a_3..., *an et* b_1, b_2, b_3,... , *bn* sont proportionnelles si :

$$\frac{a_1}{b_1} = \frac{a_2}{b_2} = \frac{a_3}{b_3} = \dots \frac{a_n}{b_n} = t$$

Dans un langage plus moderne, les deux suites sont proportionnelles si les nombres *b* sont les images des nombres *a* par une fonction linéaire. Si *t* désigne le rapport commun (ou coefficient de proportionnalité), la fonction linéaire est la fonction: $F: x \mapsto t \,.\, x$ définie sur un ensemble convenable. Cette fonction vérifie la propriété fondamentale: pour tout couple (x, y) de nombres, $F(x + y) = F(x) + F(y)$: *l'*image d'une somme est la somme des images. Plusieurs cas peuvent se produire :

a) *t* est un nombre entier naturel, et la fonction est définie sur les nombres entiers naturels. Alors, on retrouve simplement les propriétés de la multiplication des nombres entiers bien connue des élèves du CM : la multiplication est distributive sur l'addition.

Exemple :

Tony achète deux gâteaux à la pâtisserie. Il paie 4 €.
Combien paiera-t-il s'il achète 4, 6, ou 3 gâteaux semblables ?

En euros : Prix d'un gâteau : 4 : 2 = 2.
Prix de 4 gâteaux: 2 × 4 = 8.
Etc.

Nombre de gâteaux	1	2	3	4	5	6
Prix en €	....	....	....	....	....	....

b) *t* est un nombre entier naturel, mais la fonction est définie sur un ensemble plus vaste, par exemple les nombres décimaux ou les fractions. On se trouve dans une situation plus compliquée mais assez familière aux enfants de CM. Il s'agit de la multiplication « externe » des nombres décimaux par les nombres entiers qui généralise simplement l'addition réitérée. Il est assez commode de donner du sens à cette multiplication dans un cadre de mesure. C'est toujours la distributivité de la multiplication « externe » sur l'addition (interne) qui est en œuvre.

Exemple :

Daniel et sa famille souhaitent partir en vacances en Angleterre. Le cours de la livre sterling (£) est, ce jour-là, de 1,42 €. Daniel achète 400 £, son épouse 300 £ et sa fille 180 £.
a. Quelle somme en euros chacun devra-t-il débourser?
b. Quelle est la somme en euros déboursée par la famille?

• somme en euros payée par Daniel : 1,42 × 400 = 568
• somme en euros payée par son épouse : 1,42 × 300 = 426
• somme en euros payée par sa fille : 1,42 × 180 = 255,60
• somme en euros déboursée par là famille : 568 + 426 + 255,60 = 1 249,60

Vérification :
1,42 × (400 + 300 + 180) = 1 249,60

£	1	400	300	180	880
€	.....	.....	.....	.....	.....

c) Le coefficient *t* n'est plus entier mais rationnel (représentable par une fraction). La situation est beaucoup plus complexe. On ne sait pas multiplier par une fraction ou un nombre décimal à l'école élémentaire. Néanmoins, certains problèmes peuvent être résolus par les enfants en utilisant l'aspect « isomorphisme additif » de la fonction linéaire sous-jacente. Il faut pour cela que la situation permette la construction du sens par les enfants.

Exemple :
Les enfants de l'école de Camaret ont convenu que cinq billes de terre valent 2 agates. Jacques est chargé de vérifier les transactions sur les billes. Pour l'aider, construis un tableau qui indique les valeurs d'échange de 10, 20, 100 billes de terre, de 4, 6, 8, 10 agates.

Billes de terre	0	5	10	15	20	25	100
Agates	0	2	4	6	8	10	40

d) le coefficient *t* n'est même plus rationnel, c'est un nombre réel irrationnel, espèce la plus générale mais totalement dénuée de sens pour les enfants de l'école élémentaire.

Pourtant, ici encore, le sens général de certaines situations de mesure autorise la résolution du problème de proportionnalité.

Exemple :
Quelle distance Paul a-t-il parcourue avec sa belle bicyclette bleue ? Il a donné 1 000 tours de roue ; le diamètre de la roue mesure 70 cm.

Il faut pour cela savoir calculer le périmètre d'un disque à partir de son diamètre. La recherche expérimentale est possible au CM. Il faut prévoir un grand nombre d'objets circulaires : boîtes de conserve, gobelets, assiettes, roues diverses, CD, disques noirs, etc., en fait, mesurer les périmètres (utiliser du ruban ou de la ficelle). En faire mesurer les diamètres : petit problème pratique de géométrie manipulatoire.

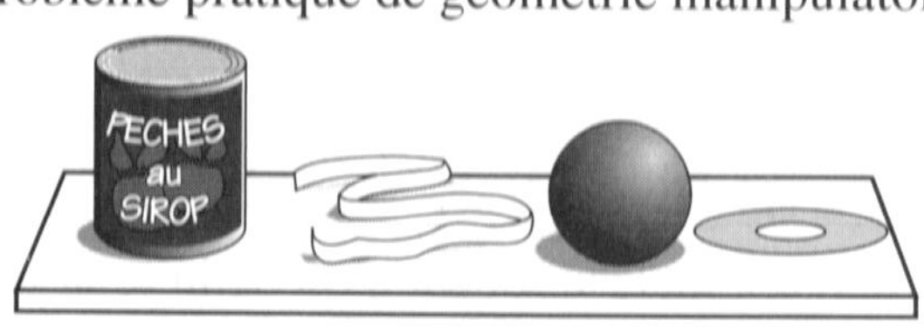

Cette activité se prête bien au travail de groupe : chaque équipe de trois ou quatre enfants mesure les périmètres et les diamètres de deux ou trois disques. Les résultats sont affichés au tableau sous la forme suivante :

Le tableau fait l'objet d'une étude collective : on remarque que les périmètres sont à peu près trois fois plus grands que les diamètres. Le calcul et une réflexion sur les ordres de grandeurs permettent de recevoir l'information et de lui donner du sens : le rapport est constant, il vaut à peu de chose près 3,14 et on le nomme π.

Tous ces problèmes sont du niveau des élèves du CM. Ils construisent eux-mêmes, avec l'aide du maître, les procédures de résolution. Pour conclure, s'il n'est pas question d'étudier la proportionnalité en tant que telle, on ne doit pas se satisfaire de l'étude des situations de type **a)** qui sont en fait du niveau du cycle des apprentissages fondamentaux, bien qu'il soit nécessaire de les reprendre au cycle des approfondissements. Par ailleurs, il importe de ne pas confondre « compétences exigibles » et notions et concepts faisant l'objet d'un travail pour que les premières soient solidement construites.
Approcher la proportionnalité par la résolution de problèmes est au contraire au coeur des pratiques du cycle des approfondissements. Ce qui n'appartient pas aux programmes, ce sont les exercices structuraux demandant aux enfants de vérifier qu'un tableau de nombres est un tableau de proportionnalité, ou de le modifier pour qu'il le devienne, ou de le compléter, etc. En effet, ces exercices visent à renforcer la connaissance de la proportionnalité en soi, indépendamment de tout contexte problématique.
« Il faut préserver les concepts fondamentaux, les mots nécessaires pour les utiliser, les exercices pour les apprendre, les situations qui leur donnent du sens », écrit le père de la didactique des mathématiques en France[1]. Et dans le même article « Si le professeur dit complètement ce qu'il veut que l'élève fasse, celui-ci ne peut pas le produire comme le résultat d'une pensée personnelle et n'a pas besoin d'apprendre l'activité intellectuelle nécessaire. » Nous faisons nôtres ces deux exhortations.

1. Article de Guy Brousseau dans le *JDI* n° 1502 de novembre 1996.

Notes personnelles

Notes personnelles

Notes personnelles

Achevé d'imprimer en Italie par Grafica Veneta
Dépôt légal : 06/2009 - Collection n° 85 - Édition n° 01 - 11/7480/4